A NEW
ENGLISH GRAMMAR SELF-TAUGHT

山崎 貞
新自修英文典

大阪大学教授
毛利可信増訂

東京 研究社 発行

はしがき

　生れ落ちるから日夕親しんでいる自国語なら、別に文法などやらないでも相応に使いこなすこともできよう。しかし他国語を学ぶのに母国語に熟すると同じやり方で行けというのは、その国に生れ変れというに等しく不可能である。日本人が英語を学ぶのはたいてい十三、四歳中学に入ってからで、それも一週わずか数時間に過ぎず、英人につく機会などは全然ない者が多い。そういう境遇の者にいわゆる自然法を強いるのは、その愚や誠に及ぶべからずである。

　他国語を学ぶには、どうしてもまず一通りその国語の性質を明らかにしてかからなくてはならぬ。国語の性質を教えるものは、すなわち文典である。なるほど文法に詳しいからとて、必ずしもりっぱな文章は書けまい、むずかしい本は読めまい、けれどもまた文法を知らずして文を作ろう、本を読もうというのは、舵なくして舟を進めようとするようなものである。

　要するに、われわれが英語を学ぶには、一方文法に通ずるとともに、一方なるべく多くの書を読み文を作り、ただちにその文法の知識を応用して行くのが最上の方法である。

　英語の文法書としてはりっぱなものがたくさんある。しかしそれは教師の指導を待って初めて実用の効を生ずるものである。また近ごろ独習用文法書も続々出版されているが、多くは理論に偏し、実例に乏しく、いちじるしく実習の方面が閑却されているの観がある。そこで編者は文法の知識をただちに英作文、英文解釈の実用方面に結びつけ、同時に学習者の理解記憶に便利な組織によって英文法を説いてみようと思い、本書の稿を起こしたのである。

　編者は正則英語学校に学び、同校に教え、同校の教授法を信ずる

ものであるから本書の組織、材料などの点において同校に負うところの多いことはいうまでもないが、また一方 Jespersen, Kruisinga, Mätzner, Onions, Sonnenschein, Sweet など諸家の文法書に負うところも少なくない。

　大正十年晩秋

山　崎　　　貞

　父がなくなってからもう三十何年たつというのに、その著書である『新自修英文典』はいまもって英語学習者に親しまれている。しかしこの長い年月の間に、世の中は大きく変わり、英語そのものも変化し、内容に古い個所が目立つようになってきたことは争われない。

　こんど大阪大学の毛利先生が、深い学識と経験をもとに、英文法学の成果を取り入れて、十分に手を加えてくださったので、本書はふたたび読者諸君の期待にこたえることができるようになった。ほんとうにうれしいことである。

　このたいへんな仕事を快く引きうけてくださった毛利先生に厚くお礼を申しあげるとともに、いろいろ尽力を惜しまれなかった研究社の方々に心から感謝の意を表する。

　1963 年春

山 崎 不 二 夫

増訂にあたって

　このたび、山崎貞先生の『新自修英文典』の改訂増補を依嘱されて、わたくしは、この名著を、内容・外観ともに、現代の感覚に一致したものにするためには、次のような四つの点から手を加える必要があると考え、これらの項目について改訂の方針をたてた。
　(1)　英語そのものの移り変わり：　原著が書かれてから今日にいたる何十年の間に、英語そのものが変化している。その当時は正しかった用法が今では誤りであるとか、古めかしいとかいう例が少なくない。この点に注目して、現代英語の慣用語法を正しく紹介するように配慮した。
　ただ、本書の読者諸君が接する英文が、必ずしも現代英語と限られているわけではない。高校の教材などには、19世紀後半の英文も含まれているのが実状であるから、多少古い英語の語法も、本書で全く無視することは適当でないと思われた。この点の調整にも相当の苦心を要した。
　(2)　文法学の進歩：　英語表現の約束を、整理・分類して一つの体系にまとめるのが英文法であるが、文法的とり扱いの方法も時代とともに進歩する。文法用語の定義とか、どういう項目を設けてどのような説明の仕方をするかという、技術的な問題である。これには、最近の学説を参照しつつ、しかも原著の体系を尊重しながら、本書として無理のないものに落ち着かせる必要があった。
　(3)　例文の内容と時代の変化：　原著が書かれた当時は「くるま」と言えば「人力車」のことであり、「火星へ飛行機で行きたい」「わたしは飛行機を見たことがない」などという例文も自然なものであったろう。今なら、「火星へロケットで行きたい」「わたしは電子計

算機を見たことがない」とでもするところである。

　これらは生活文化の推移によるものであるが、そのほか事実の訂正を要するものもあった。たとえば、「地球から最も遠い遊星は海王星である」という例文は、冥王星の発見された今日、訂正を必要とする。

　このように、（英文・和文両方にわたって）例文の内容を修正し、現代的なトピックを織り込まなければならないものがたくさんあった。わたしとしては、語法そのものの練習としては、さしつかえないものでも、このような時代の変化からみて不適当と思われる例文は、新しい例文ととりかえ、また文体も、その新しい内容に合うように修正する方針をとった。

　(4)　本文の記述：　これは説明の日本文の補正のことである。当用漢字・新かなづかい・新送りがなの表記法に改めることはもちろん、日本語の記述全般にわたって手直しを試みた。これは、日本語の表現形式や、日本人の発想法が、長年の間に多くの変化を受けているのであるから、当然のことと言えよう。

　以上の改訂にあたって、わたくし個人の発想法や言語観を反映することは極力避けて、できるかぎり原著者の意図が正しく伝達されるように努力したことは言うまでもない。

　本書が、この改訂により、従来の真価をますます発揮し、またその上に多少とも新しい利用価値が付け加えられるならば、増訂者の喜びはまことに大きいと言うべきである。

　昭和 38 年 4 月

毛　利　可　信

CONTENTS

INTRODUCTION (序論)

I. Letters and Words (字と語) 1
II. English Sounds and Phonetic Signs (英語の音と音標文字) . . 2
III. Parts of Speech (品詞) 7
    Interchange of Parts of Speech (品詞の交代) 13
IV. Sentence (文) 13
    (1) Elements of the Sentence (文の要素) 15
    (2) Kinds of Sentences (文の種類) 18
      (a) Sentence Classified by Use (用法から見た文の種類) . 18
      (b) Sentence Classified by Structure (構造から見た文の
          種類) 21
    (3) Word Order (語順) 23

1. NOUN (名詞)

(A) **CLASSES OF NOUNS** (名詞の種類) 26–58
I. Proper Noun (固有名詞) 26
    Proper Noun used as Common Noun (固有名詞の普通名
    詞転用) 27
    "The" with Proper Nouns (固有名詞と定冠詞) 29
II. Common Noun (普通名詞) 33
    Uses of Common Nouns (普通名詞の用法) 34
III. Collective Noun (集合名詞) 38
IV. Material Noun (物質名詞) 44

	Uses of Material Nouns (物質名詞の用法)	45
	Material Noun used as Common Noun (物質名詞の普通名詞転用)	47
V.	Abstract Noun (抽象名詞)	49
	Uses of Abstract Nouns (抽象名詞の用法)	52
	Abstract Noun used as Common Noun (抽象名詞の普通名詞転用)	53
	Abstract Noun used as Collective Noun (抽象名詞の集合名詞転用)	55
	Idiomatic Uses of Abstract Nouns (抽象名詞の慣用)	55
	Idiomatic Plural (慣用複数)	57
(B)	**INFLECTIONS OF NOUNS** (名詞の変化)	59–95
I.	Number	59
	Formation of the Plural (複数の作り方)	60
	Omission of the Plural Inflection (複数語尾の省略)	69
II.	Person (人称)	71
III.	Gender (性)	72
	Modes of denoting Gender (性の示し方)	72
	Remarks on Gender (性に関する注意)	75
IV.	Case (格)	80
	(1) Nominative Case (主格)	81
	(2) Possessive Case (所有格)	82
	Formation of the Possessive (所有格の作り方)	82
	Meaning of the Possessive (所有格の意義)	84
	Uses of the Possessive (所有格の用法)	86
	Remarks on the Possessive (所有格に関する注意)	89
	(3) Objective Case (目的格)	91
	(4) Nouns in Apposition (同格名詞)	94

2. PRONOUN (代名詞)

I. Personal Pronoun (人称代名詞) 97
   Remarks on Personal Pronouns (人称代名詞に関する注意) . . 98
   Uses of "It" ("It"の用法) 102
   Uses of Cases (格の用法) 106
   Possessive Pronoun (所有代名詞) 108
   Compound Personal Pronoun (複合人称代名詞) 110
II. Demonstrative Pronoun and Demonstrative Adjective
   (指示代名詞および指示形容詞) 113
   "This" and "That" 116
   "One" 119
   "Other" 122
   "Such" 128
   "Same" 131
   "Some", "Any", "No", "Not a" and "None" 135
     (a) As Indefinite Quantitative (不定数量形容詞として) . . 136
     (b) As Indefinite Demonstrative (不定指示形容詞として) . 141
   Indefinite Pronoun (不定代名詞) 144
   "Each" 146
   "Every" 146
   "Either" and "Neither" 149
   "All" 149
   "Both" 152
III. Interrogative Pronoun (疑問代名詞) 154
   Dependent Interrogative (従属疑問詞) 156
   Indefinite Interrogative Pronoun (不定疑問代名詞) 157
   Interrogative Adjective (疑問形容詞) 158
IV. Relative Pronoun (関係代名詞) 160
   Restrictive and Non-restrictive Relatives (制限関係詞と

x 目　　　次

　　　非制限関係詞） 161
　　"Who" and "Which" 162
　　"That" 164
　　Omission of the Relative (関係代名詞の省略) 167
　　Omission of the Antecedent (先行詞の省略) 167
　　"What" 168
　　Compound Relative Pronoun (複合関係代名詞) 170
　　Quasi-relative Pronoun (擬似関係代名詞) 172
　　Relative Adjective (関係形容詞) 174

3.　ADJECTIVE (形容詞)

(A) **CLASSES OF ADJECTIVES** (形容詞の種類) 177-197

　I. Pronominal Adjective (代名形容詞) 177
　II. Quantitative Adjective (数量形容詞) 178
　　(1) Indefinite Quantitative Adjective (不定数量形容詞) . . . 178
　　　"Many" and "Few" 178
　　　"Much" and "Little" 181
　　　"Several" 182
　　　"Enough" 183
　　(2) Numeral (数詞) 184
　　　(a) Cardinal Numeral (基数詞) 184
　　　(b) Ordinal Numeral (序数詞) 187
　　　(c) Multiplicative Numeral (倍数詞) 190
　III. Qualifying Adjective (性質形容詞) 193

(B) **USES OF ADJECTIVES** (形容詞の用法) 197-202

　　(1) Attributive Use (付加的用法) 198
　　(2) Predicative Use (叙述的用法) 200
　　(3) Adjective used as Noun (形容詞の名詞転用) 200

(C) **COMPARISON** (比較) 202-212

目 次　　　　　　　　xi

Formation of Comparative and Superlative (比較級および
最上級の作り方) 203
Irregular Forms of the Degrees (不規則な比較形) 204
Uses of the Comparative (比較級の用法) 206
Uses of the Superlative (最上級の用法) 208
Comparison in a Descending Scale (下向的比較) 210
Latin Comparative (ラテン比較級) 211

4. ARTICLE (冠詞)

I. Indefinite Article (不定冠詞) 214
　　Uses of the Indefinite Article (不定冠詞の用法) 215
　　Special Uses of the Indefinite Article (不定冠詞の特殊用法) . 217
II. Definite Article (定冠詞) 219
　　Uses of the Definite Article (定冠詞の用法) 219
　　Special Uses of the Definite Article (定冠詞の特殊用法) .. 223
Position of the Article (冠詞の位置) 224
Equivalents for the Article (冠詞相当語) 225
Omission of the Article (冠詞の省略) 226
Repetition of the Article (冠詞の反復) 232

5. VERB (動詞)

(A) **CLASSES OF VERBS** (動詞の種類) 235–257
I. Complete Transitive Verb (完全他動詞) 235
　　Reflexive Construction (再帰的構文) 236
II. Incomplete Transitive Verb (不完全他動詞) 238
III. Dative Verb (授与動詞) 240
Transitive as Intransitive (他動詞の自動詞転用) 243
IV. Complete Intransitive Verb (完全自動詞) 246
V. Incomplete Intransitive Verb (不完全自動詞) 247
Intransitive as Transitive (自動詞の他動詞転用) 249

	Other Kinds of Verbs (動詞の他の分類)	255
	(a) Principal and Auxiliary (本動詞と助動詞)	256
	(b) Finite Verb and Verbid (定形動詞と準動詞)	256
(B)	**INFLECTIONS OF VERBS** (動詞の変化)	258–279
I.	Conjugation (活用)	258
	(1) Regular Verb (規則動詞)	259
	(2) Irregular Verb (不規則動詞)	261
II.	Concord (一致)	269
	Special Rules of the Concord (一致の特例)	270
III.	Voice (態)	275
(C)	**MOOD AND TENSE** (法と時制)	280–391
I.	Tenses of the Indicative Mood (直説法の時制)	281
	Formation of the Tenses (時制の作り方)	282
	(1) Present (現在)	284
	(2) Progressive Present (進行形現在)	288
	Verbs without the Progressive Form (進行形を欠く動詞)	290
	(3) Past (過去)	294
	(4) Progressive Past (進行形過去)	294
	(5) Future (未来)	295
	(6) Progressive Future (進行形未来)	295
	" Shall " and " Will "	296
	Volitional Verb and Non-volitional Verb (意志動詞と無意志動詞)	298
	(a) Non-Volitional Future (無意志未来)	299
	(b) Volitional Future (意志未来)	301
	" Shall " and " Will " in Questions (疑問文における " Shall " と " Will ")	305
	(a) Non-Volitional Form (無意志形)	305
	(b) Volitional Form (有意志形)	307

	" Who will? " and " Who shall? "	309
	" Shall " and " Will " in Indirect Narration (間接話法における " Shall " と " Will ")	310
	Special Uses of " Will " (" Will " の特殊用法)	313
	Special Uses of " Shall " (" Shall " の特殊用法)	315
(7)	Present Perfect (現在完了)	317
	Formation of the Present Perfect (現在完了の形成) . . .	317
	Meaning of the Present Perfect (現在完了の意義) . . .	318
	Uses of the Present Perfect (現在完了の用法)	320
(8)	Progressive Present Perfect (進行形現在完了)	327
(9)	Past Perfect (過去完了)	330
(10)	Progressive Past Perfect (進行形過去完了)	333
(11)	Future Perfect (未来完了)	334
(12)	Progressive Future Perfect (進行形未来完了)	335
II. Tenses of the Subjunctive Mood (仮定法の時制)	336
(1)	Subjunctive Present (仮定法現在)	338
(2)	Subjunctive Past (仮定法過去)	340
(3)	Subjunctive Past Perfect (仮定法過去完了)	342
(4)	Subjunctive Future (仮定法未来)	343
III. Conditional Mood (帰結法)	344
(1)	Simple Conditional Form (帰結法単純形)	345
(2)	Compound Conditional Form (帰結法複合形)	346
	Notes on the Uses of " Should " and " Would " (" Should " および " Would " の用法についての注意) . . .	347
	Special Uses of " Should " (" Should " の 特殊用法)	347
	Special Uses of " Would " (" Would " の特殊用法)	351
IV. Imperative Mood (命令法)	353
	Forms of the Imperative (命令法の形)	353
	Uses of the Imperative (命令法の用法)	356
V. Modal Auxiliaries (法の助動詞)	358

	(1) Present (現在)	359
	"May"	359
	"Can"	362
	"Must"	363
	(2) Present Perfect (現在完了)	366
	(3) Past (過去)	367
	(4) Past Perfect (過去完了)	370
	"May", "Can" and "Must" with their Wanting Parts	374
VI.	Conditional Sentence (条件文)	376
	Forms of the Protasis (条件の形)	378
VII.	Sequence of Tenses (時制の一致)	382
VIII.	Direct and Indirect Narrations (直接話法と間接話法)	385

(D) **VERBID** (準動詞) 394–442

I.	Infinitive (不定詞)	394
	Forms of the Infinitive (不定詞の形)	394
	Uses of the Infinitive (不定詞の用法)	396
	(1) Noun Infinitive (名詞的不定詞)	397
	(a) Noun Infinitive as Subject (主語としての不定詞)	397
	(b) Noun Infinitive as Object (目的語としての不定詞)	398
	(c) Noun Infinitive as Complement (補語としての不定詞)	400
	(2) Root-infinitive (原形不定詞)	404
	(3) Adjective Infinitive (形容詞的不定詞)	408
	(4) Adverbial Infinitive (副詞的不定詞)	411
	(a) Infinitives qualifying Verbs (動詞を修飾する不定詞)	411
	(b) Infinitives qualifying Adjectives (形容詞を修飾する不定詞)	413
	(c) Infinitives qualifying Adverbs (副詞を修飾する不定詞)	414
	(5) Absolute Infinitive (独立不定詞)	415
II.	Participle (分詞)	417

Forms of the Participle (分詞の形) 418
Uses of the Participle (分詞の用法) 419
  (1) Participle as Adjective (形容詞としての分詞) 419
    (a) Present Participle (現在分詞) 421
    (b) Past Participle of the Transitive Verb (他動詞の過去分詞) 421
    (c) Past Participle of the Intransitive Verb (自動詞の過去分詞) 422
    (d) Quasi-participle (擬似分詞) 423
  (2) Participle as Complement (補語としての分詞) 423
    (a) Present Participle as Complement (補語としての現在分詞) 424
    (b) Past Participle as Complement (補語としての過去分詞) 425
  (3) Participial Construction (分詞構文) 428
III. Gerund (動名詞) 434
  (1) Forms of the Gerund (動名詞の形) 434
  (2) Gerund and Participle compared (動名詞と分詞との比較) 434
  (3) Gerund and Infinitive compared (動名詞と不定詞との比較) 435
  (4) Preposition and Gerund (前置詞と動名詞) 436
  (5) Gerundive Construction (動名詞構文) 438
  (6) Gerund and Noun compared (動名詞と名詞との比較).. 440
  (7) Uses of the Perfect Form (完了形の用法) 441
  (8) Idiomatic Uses of the Gerund (動名詞の慣用) 441
(E) **AUXILIARY VERB** (助動詞)................ 443–453
  "Do" 446
  "Need" 451
  "Dare" 452

目　次

"Ought" 453

6. ADVERB (副詞)

I. Demonstrative Adverb (指示副詞) 455
II. Interrogative Adverb (疑問副詞) 458
　　Indefinite Interrogative Adverb (不定疑問副詞) 459
III. Relative Adverb (関係副詞) 459
IV. Simple Adverb (単純副詞) 462
　　"Ago", "Before", and "Since" 464
　　"Yet" and "Still" 465
　　"Much", "Very", and "Too" 465
　　"Little" and "A Little" 466
　　"Hardly", "Scarcely", and "Seldom" 467
　　"Yes" and "No" 468
　Formation of Adverbs (副詞の作り方) 469
　Uses of Adverbs (副詞の用法) 471
　Position of Adverbs (副詞の位置) 472
　Comparison of Adverbs (副詞の比較) 476

7. PREPOSITION (前置詞)

Forms of Prepositions (前置詞の形) 478
The Object of a Preposition (前置詞の目的語) 479
Prepositions as Other Parts of Speech (前置詞の他品詞転用) . 481
Uses of Prepositions (前置詞の用法) 482
　(1) Preposition of Time (時の前置詞) 482
　(2) Preposition of Place (場所の前置詞) 485
　(3) Separation and Adherence (分離と付着) 492
　(4) Source or Origin (源泉または出所) 492
　(5) Comparison and Agreement (比較と一致) 493
　(6) Material (材料) 494

目　次　　　　　　　xvii

- (7) Cause (原因) 495
- (8) Reason (理由) 496
- (9) Purpose (目的) 497
- (10) Result (結果) 498
- (11) Standard and Rate (基準と割合) 498
- (12) Reference (関連) 499
- (13) Opposition (反対) 500
- (14) Agent and Instrument (動作主と手段) 500
- (15) Exclusion and Addition (除外と付加) 501

8. CONJUNCTION (接続詞)

- I. Coordinate Conjunction (等位接続詞) 504
  - (1) Copulative Conjunction (連結接続詞) 505
  - (2) Alternative Conjunction (選択接続詞) 506
  - (3) Adversative Conjunction (反意接続詞) 507
  - (4) Causal Conjunction (因由接続詞) 508
- II. Subordinate Conjunction (従属接続詞) 508
- Other Parts of Speech as Conjunctions (他品詞の接続詞転用) .. 513

9. INTERJECTION (間投詞) 515

"EXERCISE" 解答 517

INDEX 559

新自修英文典

INTRODUCTION
序　　論

I. LETTERS AND WORDS
字 と 語

1 人の音声のうち、最小単位として、一定の意味を持つものを **Word**（語）といい、語を筆写する記号を **Letter**（字）という。「アイウエオ」の 50 音ですべての日本語を書きあらわすことができるように、"ABC" 26 字をいろいろに組み合わせて十何万という英語を書きあらわすことができる。たとえば「い」「ぬ」の 2 字で「いぬ」という 1 語を書きあらわすことができ、「ね」「こ」の 2 字で「ねこ」という 1 語を書きあらわすことが できるように、英語でも d, o, g の 3 字で dog という 1 語を書きあらわすことができ、c, a, t の 3 字をつづり合わせて cat という語を書きあらわすことができる。"ABC" 以下 26 文字を一括して **Alphabet**（字母）という。

2 日本では昔から口で実際に話す言葉よりも文字に書かれた文章語が重んぜられ、われわれは知らず知らずのうちに、言語とは書かれたものであり、字がそのまま語であるかのように考えがちになっている。この点については言語意識を明らかにして、字と語（または記号と音）とを厳格に区別しておかなくてはならない。

[1]

つぎに英語を学ぶ場合最も注意すべきことは、同じ文字が場合によってちがった音をあらわすことである。たとえば ass の a はアー、ape の a はエイと発音し、同じ a でもいろいろに発音する。これは時代を経過するにつれて発音が移り変ってゆくが、その発音を示す符号である文字のつづりだけは もとのままであることが 多いために 音とつづりとの間に ずれ ができたのである。そのために英語の発音は はなはだやっかいなものである。

日本語では かな の 50 音字で 言葉を 写し、昔は、旧かなづかいで書いたとおりに発音していたのであるが、今日では、文字と実際の発音との間に ずれ が大きくなった ため、新かなづかい が行なわれるようになった。

さて、今日の英語では、つづりのとおりに発音されるとは限らないので、発音を示すには音標文字を用いる。

II. ENGLISH SOUNDS AND PHONETIC SIGNS
英語の音と音標文字

3 Word は通例数個の **Sound** (音) からなり立っている。音はその形成される様式から見て、**Vowel** (母音) と **Consonant** (子音) との 2 種に分けられる。

英語の音をあらわすのに用いられる **International Phonetic Signs** (万国音標文字) は International Phonetic Association (万国音声学会) が制定したもので、この音標文字は 1 字 1 音をあらわし、ふつうの文字のように同字異音、異字同音、数字 1 音 1 字数音というようなことはない。ふつうの文字と区別するため、音標文字はすべて [ ] に入れて記す。

4 Vowel　のどから 出てくる気流が 口内の どこでもさえぎられず、自由に流出する場合の音を **Vowel**（母音）という。

[i]　**it, him** などの i で、日本語のイと思って大差ない。ただし、強勢のないところでは、wanted [wɔ́ntid̬] など、日本語のエに近くなるから、注意せよ。

[i:]　は上記 [i] を引き延ばした音で、[:] は引き延ばすことを示す。**he** の e, b**ee** の ee, **eat** の ea, pol**i**ce の i などは、この音である。

[e]　g**e**t の e, fr**ie**nd の ie, m**a**ny の a などの音で、日本語のエとほぼ同じである。

[æ]　c**a**t, **a**dd などの a の音で、日本語にはない音である。エというときの口構えでアというつもりで発音すればこの音になる。

[ɑ:]　f**a**ther の a, **ar**m の ar, h**ear**t の ear などをあらわす音で、大きく口を開いてアーといえば、この音になる。

[ɔ]　f**o**x, h**o**t などの o, w**a**tch, w**a**nt などの a の音で、口を大きく開き、奥の方でオを出せば、これになる。

[ɔ:]　上の [ɔ] を引き延ばした音で、b**ou**ght, p**or**t の ou, or, b**a**ll, w**ar**m の a, ar などは、この音である。

[ʌ]　b**u**t の u, s**o**n の o, c**ou**sin の ou などをあらわす音である。舌の先を、下の歯のうらにつけてアと発音する。

[u]　日本語のウに似ているが、もっと口を丸く突き出して発する音である。p**u**t の u, b**oo**k の oo, w**o**lf の o などこれである。

[u:]　は [u] を引き延ばした音で、b**oo**t, t**o**, r**u**le などにおける oo, o, u はこれである。

[ə]　はアともイともウともつかぬあいまいな音で、どの母音でも弱くぞんざいに発音すれば、みなこの音になる。**a**bove の a, fath**er** の er などは、これである。

[ə:]　は [ə] を長くした音で g**ir**l, h**er**, f**ur**, w**or**k などの ir, er, ur, or は、この音をあらわす。

5 2個の母音が一息に発音される場合を **Diphthong**（二重母音）という。英語の二重母音は次の九つである。

[ei] 日本語のエイとほぼ同じで fame, they における a, ey の音である。エーとまっすぐに引き延ばさないように注意。

[ou] オウと同じで old, no, low などにおける o, ow である。オーとならないように。

[ai] は ice, bite などの i, by, fly などの y の音である。

[au] は out, loud などの ou, now, how などの ow の音。

[ɔi] boy, oil における oy, oi の音。

[iə] here の ere, beer の eer は、この音である。ただしこれを [iːə] のように長く発音する人もある。

[ɛə] care における are, there, where における ere は、この音である。口を大きくあけてエアと発音する。

[ɔə] for の or, door の oor に当る音であるが、これを [ɔː] のように発音する人も多い。

[uə] poor の oor の音であるが、[uːə] と長く発音する人もある。

6 Consonant のどから出てくる気流が、口中のどこかで一度くいとめられ、それを押し破って出る場合の破裂音、くいとめられた気流が鼻に抜ける場合の鼻音、気流の通路がせばめられるために生ずる摩擦音の3種を総称して **Consonant**（子音）という。英語の子音は次にあげる20余りである。

破 裂 音：――

[p]　pen, top などの p の音。

[b]　上の [p] の濁音で、boy, job などの b の音。

[t]　ten, hat などの t の音。

[d]　上記 [t] の濁音で、dog, bad などの d の音。

[k]　kite, book などの k の音、sick, sack などの ck の音、

cake, cat などの c の音が、これである。
- [g] 上記 [k] の濁音で、good, dog などの g の音。

鼻　音：——
- [m] man, him などの m の音。唇を閉じる。
- [n] net, hen などの n の音。舌の位置は [d] と同じ、または日本語のヌを発音するときと同じ。
- [ŋ] これは king, song などの ng の音をあらわす。日本語のンのあとへ、ごく軽くグを添えた音。

摩擦音：——
- [l] long, until などの l の音。
- [w] we, warm などの w の音。ウにならないように。
- [f] flag, life などの f や、philosophy, laugh などの ph, gh の音。
- [v] 上記 [f] の濁音で、verb, have などの v の音。
- [θ] は thief, mouth などの th の音。
- [ð] は上記 [θ] の濁音で、this, brother などの th の音。
- [s] sun, mouse などの s の音。
- [z] 上記 [s] の濁音で、dozen, buzz などの z 音のほかに、boys, his などの s もこの音である。
- [ʃ] は ship の sh, sugar の s, official の c, machine の ch, nation の t などの音である。
- [ʒ] は [ʃ] の濁音で、pleasure の s, azure の z の音。
- [tʃ] は [t] [ʃ] 両者の密着したもので、church の ch, catch の tch, question の t などの音である。
- [dʒ] は上記の [tʃ] の濁音で、Japan の j, judge の j および dg, gentle の g, soldier の d などいずれもこの音である。上記 [ʒ] とこの [dʒ] とを混同しないよう。
- [r] right, grass などの r の音。

[j] **y**es の y, Europ**e** の e などの音をあらわす。

[h] **h**orse の h, **wh**ole の wh などをあらわす音。

7 個々の音が単独に発音されることはまれで、通例は母音の前後に子音がついて発音上の単位である **Syllable**（音節）を構成する。音節を分けるには **Hyphen** (-) を用いる。

　一音節語：— I, O, dog, strength

　二音節語：— pa-per, hand-some

　三音節語：— beau-ti-ful, im-por-tance

　四音節語：— a-rith-me-tic, ac-com-plish-ment

8 二音節以上の語は、必ずその中のどの音節かを特に強く発音する。これを、その音節に **Stress** (or **Accent**)（強勢）を置くという。強勢の所在を示すには、ふつうの文字で記す場合は強音節の後に、音標文字で記す場合は強音節の Vowel の上に **Accent** 符号 (′) をつけるのが通例である。

pa′per [péipə]　　　　　hand′some [hǽnsəm]
beau′tiful [bjúːtifəl]　　impor′tance [impɔ́ːtəns]
arith′metic [əríθmətik]　accom′plishment [əkɔ́mpliʃmənt]
na′tional [nǽʃənəl]　　what [*h*wæt]

【注意】 音標文字のなかで斜体で記したものは、それが発音されないこともあることを示すものである。

EXERCISE 1

次の語を音標文字で記せ。

1. system, field, ate, random
2. laugh, knowledge, broad, young
3. could, shoe, verb, about
4. great, though, style, pound
5. buoy, idea, prayer, tour
6. bank, measure, method, bishop
7. nature, year, magazine, composition

III. PARTS OF SPEECH
品　　詞

9　語の種類を **Part of Speech** (品詞) という。英語では語を次の8種に分け、これを **Eight Parts of Speech** (8品詞) という。

1. **Noun** (名詞)
2. **Pronoun** (代名詞)
3. **Adjective** (形容詞)
4. **Verb** (動詞)
5. **Adverb** (副詞)
6. **Preposition** (前置詞)
7. **Conjunction** (接続詞)
8. **Interjection** (間投詞)

【注意】　文法家によっては Adjective の中から Article (冠詞) を分立させて9種とし、なおまた Verb の中から Auxiliary Verb (助動詞) を独立させて10種とする人もある。

くわしいことはそれぞれ各論へ行って述べることとし、序論ではまず8品詞の定義を挙げ、なお研究を進める上に必要な事項だけをざっと述べておく。

10　1. **Noun** (名詞) ── 有形無形一切の事物の名をあらわす語をいう。

   Columbus discovered **America**. (コロンブスがアメリカを発見した)
   There is a **book** on the **desk**. (机の上に本がある)
   The **people** welcomed the **party**. (人々は一隊を歓迎した)
   Blood is thicker than **water**. (血は水よりも濃い、他人より身内)
   Health is better than **wealth**. (健康は富にまさる)

上の例文中太字で印刷した語を見ると、人名、地名、物の名、集合体の名、液体の名、無形の概念につけた名などいろいろあるが、いずれも Noun である。

11　一つ二つと数えられる物の名は語尾変化その他の方法によってその **Number** (数) を区別する。たとえばひとりの少年、1冊の本は "boy", "book" であるが、ふたり以上、2冊以上になると

"boys", "books" といわなければならない。一つの場合を **Singular**(単数)といい、二つ以上の場合を **Plural**(複数)という。

12　2.　**Pronoun**(代名詞)——名詞の代わりに用いる語をいう。

> Napoleon was a great man. **He** (=*Napoleon*) was a Frenchman. (ナポレオンはえらい人であった。彼はフランス人であった)
> Tokyo is the capital of Japan. **It** (=*Tokyo*) has a population of nearly ten millions. (東京は日本の首府である。それは一千万近くの人口を持つ)
> I have a gold watch, and my sister has also **one** (=*a gold watch*). **Mine** (=*My watch*) is better than **hers** (=*her watch*). (私は金時計がある。私の妹も一つある。私のは彼女のよりも上等だ)

13　3.　**Adjective**(形容詞)——名詞を修飾する(すなわち、名詞にある意味を付加する)語をいう。

　a rich man　(富裕な人)　　　**a fine** ship　(りっぱな船)

の "rich", "fine" はそれぞれ "man", "ship" という名詞を修飾する形容詞である。

14　**Article**(冠詞)——"**a**", "**an**" および "**the**" の三つは形容詞の一種であるが、便宜上これを Article(冠詞)という名のもとに置く。

　"a" および "an" は "one"(一つの)という形容詞が転化したもので、どれと定めず1個のものを指すときに用いるものであるから、これを **Indefinite Article**(不定冠詞)といい、"a" は Consonant(子音)の前に、"an" は Vowel(母音)の前に用いる。

　"the" は "this"(この), "that"(その)などの軽い意味で、特定のものをさすときに用いるから、これを **Definite Article**(定冠詞)という。

> I see **a** girl. **The** girl has **an** apple. **The** apple is ripe. (少女が見える。少女はりんごを持っている。りんごは熟している)

15 4. **Verb**（動詞）—— 事物の動作、状態などを述べる語をいう。動作、状態の主体をあらわす語を **Subject**（主語）という。

>The boy **struck** the dog. （少年が犬を打った）
>The earth **moves** round the sun. （地球は太陽の周囲をまわる）
>Snow **is** white. （雪は白くある——雪は白い）

などにおいて " struck ", " moves " は動作を述べ、" is " は状態を述べるもので、いずれも動詞であり、" boy ", " earth ", " snow " はそれぞれ動詞の主語である。

16 動詞の働きが主体自身だけに とどまって他の事物におよばないものを **Intransitive Verb**（自動詞）という。

>Flowers **bloom**. （花が咲く）　　Birds **sing**. （鳥が歌う）

といえば「咲く」「歌う」という動作は花、鳥に止まって他の物におよばないから " bloom ", " sing " は自動詞である。

17 自動詞の中には、他の語を補わなければ完全な意味をあらわし得ないものがある。

>He **is** *a scholar*. （彼は学者である）
>He **is** *poor*. （彼は貧乏である）

の " is " は日本語の「...は...である」の「ある」に当る語で、単独では完全な意味をなさない。" a scholar " あるいは " poor " が加わって初めて完全な意味をあらわす。同様に

>He **became** *a merchant*. （彼は商人になった）
>He **became** *rich*. （彼は富裕になった）

にあっても " became " だけではまとまった意味をあらわさない。" a merchant ", " rich " がついて、はじめて意味が完全になる。こういう自動詞を **Incomplete Intransitive Verb**（不完全自動詞）といい、その補助となる語を **Complement**（補語）という。

　【注意】　上例のような場合の " is " は単に " He " と " a scholar ",

"He" と "poor" を結びつけてその関係をあらわすに過ぎないので、これを **Link-verb**（連結動詞）と名づける人もある。

18 動詞の動作が他の事物におよぶものを **Transitive Verb**（他動詞）といい、その動作を受ける事物をあらわす語を **Object**（目的語）という。

The girl **picked** *flowers*. （少女が花を<u>つんだ</u>）

といえば「つむ」という動作は花におよぶ。そこで "picked" は他動詞で、"flowers" はその目的語である。

19 他動詞の中には目的語を二つ要するものがある。

He **gave** *me a watch*. （彼は私に時計を<u>くれた</u>）

こういう動詞を **Dative Verb**（授与動詞）といい、「だれ<u>に</u>」と人をあらわすものを **Indirect Object**（間接目的語）といい、「何<u>を</u>」と品物をあらわすものを **Direct Object**（直接目的語）という。上の例で "gave" は授与動詞、"me" は間接目的語、"a watch" は直接目的語である。

20 他動詞の中には、目的語のほかに、なお別の語を補わなければ完全な意味をあらわし得ないものがある。

He **made** her *his wife*. （彼は彼女を妻に<u>した</u>）
He **made** her *happy*. （彼は彼女を幸福に<u>した</u>）

という文で、"made" は他動詞で "her" はその目的語であるが、"made" だけでは意味をなさない。"his wife" あるいは "happy" が加わって初めて完全な意味をなす。このような他動詞を **Incomplete Transitive Verb**（不完全他動詞）といい、その補助となる語を **Complement**（補語）という。

21 自動詞の補語は Subject に関係するものであるから **Subject-complement**（主格補語）といい、他動詞の補語は Object に関係するものであるから **Object-complement**（目的格補語）と

いう。主格補語であっても目的格補語であっても、とにかく、Complement が名詞であれば **Noun Complement** (名詞補語) といい、形容詞であれば **Adjective Complement** (形容詞補語) という。

22 Auxiliary Verb (助動詞)——動詞の中には他の動詞と結合して特殊の意味を加えるものがある。そういう動詞を **Auxiliary Verb** (助動詞) という。

>   He **will** come. (彼は来る<u>だろう</u>)
>   I **can** swim. (私は泳ぐことが<u>できる</u>)
>   It **may** snow tonight. (今夜雪が降る<u>かもしれない</u>)

などにおいて "will" は "come" と結合して<u>未来</u>をあらわし、"can" は "swim" と結合して<u>能力</u>をあらわし、"may" は "snow" と結合して<u>推量</u>の意をあらわしている。これらはいずれも助動詞である。

23 5. Adverb (副詞)——動詞、形容詞、または他の副詞を修飾する語をいう。

>   He speaks English **very well**. (彼は非常に<u>上手に</u>英語を話す)
>   His father is **quite** old. (彼の父は<u>かなり</u>年をとっている)

などにおいて "well" は "speaks" という動詞を修飾し、"very" は "well" という副詞を修飾し、"quite" は "old" という形容詞を修飾している。これらはいずれも副詞である。

24 6. Preposition (前置詞)——名詞または代名詞と他の語との意味の関係を示すために、その名詞または代名詞の前に置く語をいう。

>   I went **to** the park **with** him. (私は彼と公園<u>へ</u>行った)
>   The lamp hangs **over** the table. (ランプはテーブルの<u>上方に</u>かかっている)

などにおいて "to" は "went" という動詞と "park" という

名詞との意味上の関係を示し、"with" は同じく "went" と "him" との関係を示し、"over" は "hangs" と "table" との関係を示している。これらはいずれも前置詞である。

前置詞の次に来る名詞または代名詞をその前置詞の **Object**（目的語）という。前例の "park" は "to" の目的語、"him" は "with" の目的語、"table" は "over" の目的語である。

25 7. **Conjunction**（接続詞）──文中の語、あるいは部分と部分とをつなぐのに用いる語をいう。

> A boy **and** a girl were walking together. （男の子と女の子がいっしょに歩いていた）
> The sun rose **and** the fog dispersed. （日が出て、霧が消えた）

第 1 例の "and" は "a boy" と "a girl" との両語をつなぐ接続詞、第 2 例の "and" は "the sun rose" と "the fog dispersed" との両部分をつなぐ接続詞である。

26 8. **Interjection**（間投詞）──感情をあらわすために文中に投げ入れる語をいう。

> **Alas!** how foolish I was! （ああ、おれはなんとバカだったろう）
> **Oh!** what shall I do? （まあ、どうしたらいいだろう）

EXERCISE 2

各語の品詞を述べよ。
1. Bees make honey. （みつばちはみつを作る）
2. Make haste slowly. （ゆっくり急げ、急がばまわれ）
3. Mother, may I go to the play? （おかあさん、芝居に行ってもいいですか）
4. Never tell a lie. （決してうそをつくな）
5. Iron is a useful metal. （鉄は有用な金属である）
6. The sun rises in the east. （太陽は東から出る）
7. A week has seven days. （1 週間は 7 日ある）

8. Heigh-ho! I'm tired to death. (やれやれ、くたびれて死にそうだ)
9. They attend the same school. (彼らは同じ学校へ通う)
10. We see with eyes and hear with ears. (われわれは目で見、耳で聞く)

INTERCHANGE OF PARTS OF SPEECH
(品詞の交代)

27 同じ語が異なった品詞として用いられることがあるから、すべて品詞別は、その語の文中における機能によってきまる。二、三の例をあげてみよう。

> The sun gives us *light*. (太陽はわれわれに光を与える——名)
> Tell the maid to *light* the lamps. (女中にランプをつけるように言いなさい——動)
>
> Give him a *glass* of wine. (彼にぶどう酒を1杯やれ——名)
> There is a *glass* bottle on the table (卓の上にガラスびんが1本ある——形)
>
> *Warm* yourself at the fire. (炉ばたでからだを暖めよ——動)
> It was a very *warm* day. (たいそう暖かな日だった——形)
>
> I shall be here *till* five o'clock. (5時までここにおります——前)
> I must wait *till* my brother arrives (兄が着くまで待たなくてはなりません——接)
> Farmers *till* the soil. (農夫は土地を耕す——動)

IV. SENTENCE
文

28 語 (Word) が集まって完結した思想をあらわすものを **Sentence** (文) という。

たとえば "a pretty bird" (一羽の美しい鳥) といっただけで

は思想が完結していないから Sentence とはいわないが、

    I see a pretty bird.　（美しい鳥が見える）
    What a pretty bird!　（なんという美しい鳥だろう）

などといえば、それぞれ完結した思想をあらわしているから Sentence である。

    Sentence の最初の語は必ず **Capital Letter**（大文字）で書きはじめる。

29 Sentence は二つの部分からなり立つ。一つは思想の主題となるもので、これを **Subject**（主部）といい、もう一つはその主題である事物の動作、作用、状態、性質などを述べるもので、これを **Predicate**（述部）という。

    Birds sing.　（鳥が歌う）

という Sentence においては " birds " が主部で、" sing " が述部である。

    These pretty little birds sing very merrily.　（これらの美しい小鳥は非常に楽しげに歌う）

というと Sentence はだいぶ長くなるが、やはり二つの部分に分けることができる。すなわち " these pretty little birds " が主部、" sing very merrily " が述部である。

    主部の中心となるものは名詞（または名詞の代わりとなり得るもの）で、これを **Subject-word**（主語）という。上の例では " birds " が主語である。

  【注意】　厳格にいえば主部全体を指すには Subject という語を用い、特に主部の中心をなす 1 語を指すには Subject-word という語を用いて区別すべきであるが、通例は Subject を両方に兼用している。それからこの Subject を、あるときは Sentence（文）の Subject といったり、またあるときは Verb（動詞）の Subject といったりするが、別のものではない。文の主語は述語動詞の主語である。

文中(の述部)に用いられた動詞を **Predicate Verb** (述語動詞) という。上の例では " sing " が述語動詞である。

30 主語と述語動詞とは文の構成に必要欠くことのできない要素で、どんな短い文でも主語1個、述語動詞1個は備えている。だから、この二つを文の **Essential** (or **Principal**) **Elements** (主要素) という。

上掲の例文中 " these pretty little " は主語 " birds " に付属してそれを修飾し、" very merrily " は述語動詞 " sing " に付属してこれを修飾している。このように主語や述語動詞を修飾する部分を **Modifier** (修飾要素) という。

31 【注意】 Sentence は Subject と Predicate とを具備すべきであるが、場合によりその一つ、または両方ともに省略されて、文の面にあらわれないことがある。たとえば命令をあらわす文は常に主語 " You " をはぶいて、" Come here " (ここへ来い) とか、" Go away " (行ってしまえ) とかいい、また前にあげた " What a pretty bird ! " という文では主語と動詞がともにはぶかれている。" What a pretty bird **it is**! " などと補ってみるべきである。

(1) ELEMENTS OF THE SENTENCE
文 の 要 素

文の成分をその構造によって分類すると Word (語), Phrase (句), Clause (節) の三つになる。

32 1. **Word** (語)——すでに述べたように音声単位で意味を持つものはすべて Word (語) である。語を書きあらわすには Letter (字) を用いる。" I " (私)、" a " (一つの) などのように1字で書きあらわされる語も二、三あるが、その他はみないくつかの字をつづり合わせて書きあらわされる。" dog " (犬), " pen " (ペン) などの短いものから " chrysanthemum " (菊), " neighbourhood "

(近所)などの長いものもある。語を 8 種に分類することはすでに述べた。

33 2. **Phrase** (句)——語の集団が<u>主部・述部の関係をそなえず</u>、しかも 1 個のまとまった意味をもち、文中において 1 品詞と同等の機能をはたすものを Phrase (句) という。

> **To master a language** is not easy. (1 国語を修得するのは容易でない)
> A man **of courage** lived **in this place**. (勇敢な人がここに住んでいた)

(a) 第 1 例の " to master a language " は " language study " (言語研究) というのと同じで、名詞の役目をなすものであるから、これを **Noun Phrase** (名詞句) という。

(b) 第 2 例の " a man of courage " は " a courageous man " というのと同じで、" of courage " は " courageous " という形容詞に等しいから、これを **Adjective Phrase** (形容詞句) という。

(c) 同じく第 2 例の " in this place " は " here " という副詞に等しいから、これを **Adverb Phrase** (副詞句) という。

Phrase の最もふつうのものは上述の 3 種であるが、そのほか次に掲げるようないろいろな種類の Phrase がある。

(d) **Verb Phrase** (動詞句):——

> **Make haste** slowly. (ゆっくり<u>急げ</u>、急がばまわれ)

(e) **Preposition Phrase** (前置詞句):——

> **In spite of** his learning, he is a fool (学問があるにも<u>かかわらず</u>彼はばか者だ)

(f) **Conjunction Phrase** (接続詞句):——

> He has experience **as well as** knowledge. (彼は知識<u>も</u>経験<u>も</u>ある)

(g) **Interjection Phrase** (間投詞句):——

> **Good Heavens!** (そりゃ大変だ)

34 3. **Clause**（節）——一つの Sentence の一部をなしていながら、それ自身に Subject と Predicate とを備えている（すなわち Sentence の形式を有する）ものを Clause（節）という。

たとえば " He is poor "（彼は貧乏だ）と " He is contented "（彼は満足している）とは、それぞれ Subject と Predicate とを備えている Sentence である。この二つの Sentence を " but " でつないで、

> **He is poor,** but **he is contented.** （彼は貧乏だ、しかし満足している）

という一つの Sentence とした場合には、" he is poor "、" he is contented " は共に 1 個の Clause（節）である。この例の二つの Clause は両者対等であるから **Coordinate Clause**（対等節）といい、または、互いに独立することができるという点から見て **Independent Clause**（独立節）ともいう。

> **What he says** is true. （彼のいうことは本当だ）

の " What he says " は " he " という Subject と " says " という Predicate Verb とを備えていながら、意味は " his statement "（彼の陳述）というに等しく、名詞の役目をなし、" is " の Subject となっている。こういうものを **Noun Clause**（名詞節）という。

> This is the village **where I was born**. （これが私の生れた村です）

という文は " This is my *native* village " というのと同じで、" where I was born " は " I " という Subject と " was born " という Predicate とを備えていながら意味は " native " という形容詞に等しく " village " にかかるものであるから、こういうものを **Adjective Clause**（形容詞節）という。

> I went **after school was over**. （私は学校がすんでから行った）

の " after school was over " は " school " という Subject と

"was over" という Predicate とを備えていながら、"went" にかかる副詞の用をなしている。こういうものを **Adverb Clause** (副詞節) という。

このような Noun Clause, Adjective Clause, Adverb Clause の三つを一括して **Subordinate Clause** (or **Dependent Clause**) (従属節) といい、それに対し、従属節をひきいる方を **Principal Clause** (主節) という。

【注意】 従属節は主節の要素として「主節の一部」をなすのである。したがって、「主節とは文から従属節を除いた残りである」という説は誤りである。もしこの説のとおりなら "*What he says* is true." では主節は "is true" だけとなって、これでは Subject がなくなる。正しい分析は次のとおりである。

```
従 属 節：   目的語  主語  述語動詞
             What   he    says     is      true.
主節(＝文)：         主語          述語動詞  補語
```

(2) KINDS OF SENTENCES
文 の 種 類

(a) SENTENCE CLASSIFIED BY USE
(用法から見た文の種類)

Sentence はその Use (用法) によって分類すると、次の四つになる。

35 1. **Declarative** (or **Assertive**) **Sentence** (平叙文)——単に事実、できごと、主張などを述べる文をいう。

平叙文の終わりには必ず **Period** (終止符) "." を置く。

The sun shines in the daytime (太陽は昼かがやく)
I can swim. (私は泳げる)

36 2. **Interrogative Sentence** (疑問文)——疑問を発する文をいう。

疑問文の終わりには必ず **Interrogation Mark** (or **Question Mark**)(疑問符)"?"をつける。

> When does the sun shine? (太陽はいつ輝くか)
> Can you swim? (君は泳げるか)

37 3. **Imperative Sentence** (命令文)——命令、禁止、願望などをあらわす文をいう。

命令文の終わりには通例 **Period** "."を置く。

> Come here, my boy. (お前、ここへおいで)
> Boys, stop that noise. (子供たち、騒ぐのをやめろ)
> Lend me some money. (金をすこし貸してくれ)

命令文の主語は "you" ときまっていて、これは略すのがふつうであるが、まれにはあらわすこともある。

> Now, Frank, **you** beat the drum. (さあ、フランク、君は太鼓を打ちたまえ)
> Tanaka, **you** read. (田中さん、あなたお読みなさい)
>
> 【注意】 命令文の終わりに Exclamation Mark (感嘆符)"!"を置いて強めることもある。
> Run, hen, run! (走れ、めんどりよ、走れ)

38 4. **Exclamatory Sentence** (感嘆文)——おどろき、喜び、その他の感情を表現する文をいう。

感嘆文の終りには **Exclamation Mark** (感嘆符)"!"を置く。

> O, what a pretty flower this is! (まあ、なんてきれいな花だろう)
> O, how pretty this flower is! (この花はまあなんてきれいだろう)

39 【注意】 以上4種のほかに **Optative Sentence** (祈願文)という1項を加え、祈願の意をあらわす文をその中に入れる人もあるが、それは一種の感嘆文と見ることができ、やはり "!" の符号で結ぶのが通例である。
> May the Emperor live long! (皇帝、万歳!)

40 以上4種の文が否定の意をあらわすときはこれを **Negative Sentence** (否定文)といい、否定でないものを **Affirmative Sentence** (肯定文)という。各種否定文の例は次のとおり。

Declarative:—The sun does not shine at night. (太陽は夜はかがやかない)
Interrogative:—Can you not swim? (君は泳げないのか)
Imperative:—Boys, do not make such a noise. (子供たち、そんな騒ぎをするな)
Exclamatory:—[形としてあらわれることはまれである]

41 Sentence と Intonation Word の場合の Accent のことはすでに述べた。Sentence はこれを発言する場合に **Intonation**(抑揚)がつく。Accent は音の<u>強弱</u>のことであるが、Intonation は音の<u>高低</u>のことである。Intonation は英語を話したり英文を読む場合にきわめて大切なことである。各文章について Intonation の原則を述べると次のとおりである。

(1) Declarative Sentence; "who", "whom", "what", "which", "how", "when" ではじまる Interrogative Sentence; Imperative Sentence; Exclamatory Sentence は高い調子ではじまって低い調子で終わる。

```
The sun does not shine at night.  ━━━━━━━↘
Who are you?  ━━↘
Boys, be ambitious.  ━━━↘
O, what a pretty flower this is!  ━━━━━━━↘
```

(2) "Yes" や "No" で答えるべき Interrogative Sentence は低い調子ではじまって高い調子で終わる。

```
Can you not swim?  ＿＿＿↗
```

(3) 形は Interrogative Sentence であって意味は Declarative Sentence に等しいものは、次のような Intonation をとる。

```
It is very warm, isn't it?  ━━━↘━↘
```

(4) Interrogative Sentence で "...or..." を含むもの。

```
Is he an Englishman or an American?  ＿＿＿↗━━━↘
```

【注意】 人に会ったときの挨拶、たとえば "Good morning" は

Good morning! ⌐↘

の抑揚をとり、別れの挨拶は

Good morning! ─↗
Good-bye! ─↗

の調子をとる。

ただし以上は原則であって、こまかい点の説明は本書の範囲を越えることである。

(b) SENTENCE CLASSIFIED BY STRUCTURE
(構造から見た文の種類)

Sentence はまたその Structure (構造) によって次の三つに分類する。

42 1. **Simple Sentence** (単文)──「Subject+Predicate Verb」の組み合わせが 1 個含まれる Sentence をいう。

(a) **Birds fly.** (鳥が飛ぶ)
(b) **Flowers bloom** in spring. (春は花が咲く)
(c) **A crow**, stealing a piece of meat at a butcher's shop, **flew** to a high branch of a tree. (1 羽のからすが肉屋の店から肉をひと切れ盗んで、木の高い枝へ飛んで行った)

この 3 例中 (a) は "birds" という Subject と "fly" という Predicate Verb と各 1 語からなる Simple Sentence である。(b) は "flowers" という Subject と "bloom" という Predicate Verb と各 1 語、それに "in spring" という Adverb Phrase が加わった Simple Sentence である。(c) は語数は多いけれど Subject は "crow"、Predicate Verb は "flew" 各 1 語で、他はすべてこの 2 語を修飾する付属物にすぎないからやはり Simple Sentence である。

43 2. **Complex Sentence** (複文)──Dependent Clause (従属節) を含む Sentence をいう。

(a) I know **that he is honest**. (私は彼が正直なことを知っている)
(b) This is the house **where he lived**. (これが彼の住んだ家だ)
(c) Let's go out for a walk, **as it is fine weather today**. (きょうは天気がよいから散歩に出よう)

(a) の "that he is honest" は "know" の Object であり、Noun Clause である。(b) の "where he lived" は "house" にかかる Adjective Clause である。(c) の "as it is fine weather today" は "go" にかかる Adverb Clause である。すなわち、いずれも Dependent Clause (従属節) である。

44 3. **Compound Sentence** (重文)——二つ(または三つ以上)の Independent Clause (独立節) からなる Sentence をいう。

> **He is poor**, but **he is contented**. (彼は貧乏だ、しかし満足している)
> **The sun has risen** and **the birds are singing**. (太陽がのぼった、そして鳥は歌っている)

この 2 例はいずれも独立した 2 個の文を "but"、"and" で結合した重文である。

45 4. **Mixed Sentence** (混合文)—— 複文にさらに他の複文または単文の結合したもの。

(a) I am as poor as you are, but I am happy because I am contented. (私は君と同じく貧乏だ、しかし満足しているから幸福だ)
(b) It is true he is old, but he is still strong. (なるほど彼は年はとっているが、まだ強健だ)

(a) は "I am as poor as you are" と "I am happy because I am contented" という 2 文が "but" で結合されている点から見れば重文といえるが、その 2 文がそれぞれ複文であるから、全体を混合文と呼ぶのである。(b) は "It is true [that] he is old" という複文と、"he is still strong" という単文とが結合したものである。

EXERCISE 3

構造から見た次の各文の種類を述べ、句または節があればその種類を述べよ。

1. We arrived there after the sun had set. (私たちは日が沈んでからそこに着いた)
2. We arrived there after sunset. (私たちは日没後にそこに着いた)
3. You advance slowly, but steadily. (君は遅いけれども着実に進んでいく)
4. The spring I was fourteen I left home. (14才の春に私は故郷を出た)
5. Is this the man of whom you spoke the other day? (これが先日お話しの方ですか)
6. Nearly all the members were present, notwithstanding the heavy snowstorm. (大吹雪にもかかわらず会員はほとんど全部出席した)
7. Is he an Englishman or an American? (彼は英国人か、米国人か)
8. That he will succeed is certain. (彼が成功することは確かだ)
9. It is certain that he will succeed. (彼が成功することは確かだ)
10. His success is certain. (彼の成功は確かだ)

---

(3) WORD ORDER
語　　順

46 語をどういう順序に配列して文を構成すべきかは非常に複雑な問題であるが、ここにはだいたいの規則だけを挙げ、くわしいことは各品詞編で述べることにする。

先に動詞の種類を五つに分けたが、文の形式も動詞の種類にしたがって、だいたい 5 種に分けることができる。

i. 完全自動詞を述語動詞とするものは日本文の「何は何する」という配語法と同じく、│主語＋動詞│の形をとる。

The moon shines. （月がひかる）
Stars twinkle. （星がまたたく）

ii. 不完全自動詞を述語動詞とするものは日本文の「何は何である
る」と順序を異にし 主語＋動詞＋補語 の形をとる。

He is an Englishman. （彼は英国人である）
He is very learned. （彼はたいへん博学である）

iii. 完全他動詞を述語動詞とするものは 主語＋動詞＋目的語
の順序で、やはり日本文の「何は何を何する」と順序がちがう。

Children like cake. （子供は菓子を好む）
Carpenters build houses. （大工が家を建てる）

iv. 不完全他動詞にするものは日本文の「何は何を何とする」に
当るが、配語順序は 主語＋動詞＋目的語＋補語 である。

I made him my guide. （私は彼を案内者にした）
They called him old Ben. （彼らは彼をベンじいさんと呼んだ）

v. 授与動詞を述語動詞にするものは日本文の「何に何を何す
る」に当り、配語順序は 主語＋動詞＋間接目的＋直接目的 で
ある。

He gave me a watch. （彼は私に時計をくれた）
My uncle sent me this book. （おじが私にこの本を送ってくれた）

以上述べたところを総括して表示すれば次のようになる。

(S＝Subject; V＝Predicate Verb; C＝Complement; O＝Object;
D-O＝Direct Object; I-O＝Indirect Object)

	英　　　文	日　本　文
i.	S+V	何は何する
ii.	S+V+C	何は何である
iii.	S+V+O	何は何を何する
iv.	S+V+O+C	何は何を何とする
v.	S+V+I-O+D-O	何が何に何を何する

助動詞は動詞の前につく。

    I **can** swim. (私は泳げる)
    He **will** succeed. (彼は成功するだろう)

47 疑問文を作るには主語の前に助動詞 " **do** " を置く。

    Do these birds sing? (この鳥は鳴くか)
    Do you know English? (君は英語を知っているか)

すでに助動詞がある場合は " do " を加えるにおよばず、その助動詞を主語の前に置けばよい。

    Can you swim? (君は泳げるか)
    Have you seen a lion? (君はライオンを見たことがあるか)
    Will you lend me some money? (金を少し貸してくれないか)

" **have** " (所有する) および " **be** " (ある) は助動詞でない場合も疑問文を作るときには助動詞に準ずる (cf. §§ 839, 841)。

    Have you a knife? (君はナイフがあるか)
    Are you a student? (あなたは学生ですか)

EXERCISE 4

次の文が 5 種の配語形式のどれに属するかを述べよ。
1. He is my uncle. (あれは私のおじです)
2. His father made him a physician. (彼の父は彼を医者にした)
3. His mother made him a new suit of clothes. (母が彼に新しい着物をこしらえてくれた)
4. They all became great men. (彼らはみんな偉い人になった)
5. They elected him chairman. (彼らは彼を会長に選挙した)
6. I will show you the way. (私がご案内いたしましょう)
7. Mr. Ito teaches English in that school. (伊藤さんはあの学校で英語を教えている)
8. He taught me English. (彼は私に英語を教えた)
9. He translated the novel into Japanese. (彼はその小説を日本語に訳した)
10. I have no brother. (私には兄弟はない)

1. NOUN
名　　詞

(A) CLASSES OF NOUNS
名 詞 の 種 類

48　名詞は通例次の 5 種に分類する。
  1. **Proper Noun**　　（固有名詞）
  2. **Common Noun**　　（普通名詞）
  3. **Collective Noun**　（集合名詞）
  4. **Material Noun**　　（物質名詞）
  5. **Abstract Noun**　　（抽象名詞）

【注意】 5 の Abstract Noun (抽象名詞または無形名詞)に対して 1, 2, 3, 4 の四つを一括して Concrete Noun (具象名詞または有形名詞) という。

I. PROPER NOUN
固 有 名 詞

49　**Proper Noun** (固有名詞)──特定の人・物に固有の名をあらわす語をいう。

　固有名詞は必ず Capital Letter (大文字)をもって書きはじめる。固有名詞の最もふつうのものを列挙してみよう。
（a）　人名、地名、船名、公共建物などの呼び名。
（b）　新聞、雑誌、書籍などの題名。

(c) 宗教の名：——" Christianity "(キリスト教), " Buddhism "(仏教), etc.

(d) 天体の名：——" Venus "(金星), " Mars "(火星), " Jupiter "(木星), " Mercury "(水星), etc.

【例外】 太陽、月、地球の三つは天体であるけれども Common Noun の部に入れ、Small Letter (小文字) で書きはじめ、また定冠詞 " the " をつけて、" the sun "(太陽), " the moon "(月), " the earth "(地球) という。

(e) 月の名、七曜の名、祭日の名：——

January (1 月), February (2 月), Sunday (日曜), Monday (月曜), Christmas (キリスト降誕祭), Easter (復活祭), Michaelmas (ミケル祭), etc.

【注意】 四季の名 " spring "(春), " summer "(夏), " autumn "(秋), " winter "(冬) は通例普通名詞として取りあつかわれる。

PROPER NOUN USED AS COMMON NOUN
(固有名詞の普通名詞転用)

50 固有名詞は特定のものそれぞれに固有の名である。したがって固有名詞には複数がない。また同じ理由で固有名詞には冠詞をつけない。前にもいったとおり冠詞の " a ", " an " は " one " の意味である。たくさんあるものの中の一つをさす場合ならば " a dog "(一ぴきの犬), " a boy "(一人の少年) などと " a " をつける必要もあろうが、一つしかないものに " an Osaka "(一つの大阪) とか " a Hideyoshi "(一人の秀吉) などと " a " をつける必要はないわけである。また " the " は " this ", " that " などの意味である。一つしかないものに " this Osaka "(この大阪), " that Osaka "(あの大阪) などと区別する必要はない。したがって " the Osaka " ということもないのである。

しかし固有名詞が普通名詞として用いられることがある。そう

いう場合には単数、複数、冠詞などのことは、すべて普通名詞の規則に従う。

固有名詞が普通名詞に転用される場合は次のとおり。

51 1. 固有名詞がそれに似た性質を持つある物を指す場合。

> I wish to become **a Newton**.（ニュートンのような人になりたい）
> He is **the Newton** of the age.（彼は当代のニュートンである）

この2例における"Newton"は「ニュートンのような大数学者」という意味の普通名詞として用いたものである。

すでに普通名詞となったからには、その名詞の複数の場合もできるわけである。

> I hope there may be many future **Newtons** in this class.（このクラスにも未来のニュートンがたくさんいるかもしれない）

の"Newtons"は"mathematicians like Newton"という複数普通名詞の意味である。

52 2. 同一の固有名詞を持つものが多数ある場合。

たとえば「田中」という姓の人がたくさんあれば、その「田中」は「田中という名の人」を意味し、同姓者一般に通ずるいわば一種の普通名詞である。したがって、

> There are three **Tanakas** in this class.（この組に田中が3人いる）
> **Is the Tanaka** you speak of, a tall man?（君のいう田中は背の高い人か）

などと複数にもなれば、冠詞もつく。

同族の一人を指すときの固有名詞には不定冠詞をつける。

> His father was **a Fujiwara**, and his mother **a Taira**.（彼の父は藤原、母は平であった）

今まで知られなかった人をいう場合にも、"Mr.", "Mrs.", その他のTitleの前に"a"（=a certain）をつけ、「何々さんという人」をあらわす。

Our music teacher is **a Miss Summers**. （私たちの音楽の先生はサマズさんという婦人です）

A Mr. Jones called in your absence. （おるす中にジョーンズさんとおっしゃる方がおたずねになりました）

この"a"の代わりに"one"を用いてもよい。そして名前ばかりで Title のない場合には"one"の方を用いなければならないのである。

one Mr. Molloy （モロイさんという方）
one Ann Duncan （アン・ダンカンという人）

"THE" WITH PROPER NOUNS
(固有名詞と定冠詞)

53 固有名詞は、その性質上、冠詞を必要としないことは前述のとおりであるが、次に列挙する固有名詞には常に"the"をつける。

（a） 川の名：——

the Sumida (隅田川), the Thames (テムズ川), the Yangtsekiang (楊子江), etc.

【注意】 川の名をいうには"the River Sumida", "the Sumida River"のような形になることもある。ただし"river"は小文字で書いてもよい。

（b） 海洋の名：——

the Japan Sea (日本海), the Mediterranean [Sea] (地中海), the Red Sea (紅海), the Pacific [Ocean] (太平洋), etc.

（c） 地勢をあらわす普通名詞の次に"of"を置いて固有名詞へつづける場合には、その普通名詞に"the"をつける。その普通名詞を大文字で書きはじめるかどうかは習慣の問題である。

the Mount of Olives (かんらん山), the Cape of Good Hope (喜望峰), the Lake of Constance (コンスタンス湖), the Gulf of Mexico (メキシコ湾), the Bay of Tokyo (東京湾), the city of Osaka

(大阪市), the province of Musashi (武蔵の国), the island of Sado (佐渡ガ島), etc.

【注意】 (1) "Mount"(山), "Lake"(湖), "Cape"(みさき)が肩書のように固有名詞のすぐ前につく場合には"the"は不用。Mount Fuji (富士山), Cape Comorin (コモリン岬), Lake Biwa (びわ湖), etc.
(2) "Bay"(湾)を固有名詞のすぐあとにつける場合には"the"は不用。Tokyo Bay (東京湾), Oyster Bay (オイスタ湾), etc.
(3) また "Province", "Prefecture" などを固有名詞のあとにつける場合にも "the" は不用。Shinano Province (信濃の国), Nagano Prefecture (長野県), etc.
(4) "Street", "Park", "Station" などの語を含む固有名詞にはふつう "the" をつけない。Regent Street (リージェント街), Ueno Park (上野公園), Tokyo Station (東京駅), etc.

(d) 船、艦隊などの名：──

the Yamato (大和艦), the Queen Elizabeth (クウィーン・エリザベス号), the Baltic Squadron (バルチック艦隊), etc.

【注意】 船の名には Quotation Marks (引用符)をつけて the "Wilson"(ウィルソン号)のようにし、あるいは斜体で the *Murasaki Maru* (むらさき丸)などと書くこともある。

(e) 官庁、病院、劇場その他公共建造物の名：──

the Foreign Department (外務省), the Red Cross Hospital (赤十字病院), the Kabukiza (歌舞伎座), the Royal Exchange (王立取引所), etc.

【注意】 (1) 英国で有名な建物は、とくに地名を冠する場合には "the" をつけないものが多い。Westminster Abbey, London Bridge, Oxford University などの類である。大学の名は、University があとにくる場合は Waseda University, Tokyo University などと "the" をつけずに用いるが the University of Hawaii のような語順のときは the を用いる。これは個々の大学により習慣が異なる。
(2) 「増上寺」のような固有名詞を英語の中にまじえる場合 "the Zojoji Temple" などとすることがある。これは "the Zojoji" だけでは外人には何の名かわからない、さりとて「増上」だけ離して "the Zojo Temple" もおかしいからである。私たちが「増上寺のお寺」というのと同じ気持ちと思えばよい。

(f) 新聞、雑誌、書籍などの名:——このとき、原名にすでに
"the" があるときはそれも大文字ではじめる。

    the Botchan (坊っちゃん), The Sketch Book (スケッチブック), the Asahi (朝日新聞), The New York Times (ニューヨーク・タイムズ), The Central Review (中央公論), etc.

【注意】 (1) 人名を書物の題目とした場合には "the" をつけない。
    Have you read **Robinson Crusoe**? (君はロビンソン・クルーソーを読んだことがあるか)
    I am reading **Sherlock Holmes**. (私はシャーロック・ホームズを読んでいる)

(2) 作者の名で作品をあらわす場合にも冠詞をつけない。
    Have you read **Shakespeare**? (君はシェイクスピアを読んだことがあるか)
    I am reading **Byron**. (私はバイロンを読んでいる)

(3) 新聞、雑誌、書籍などの名も船名の場合のように引用符をつけて the "Genji Monogatari" (源氏物語) とし、あるいは the *Treasure Island* (宝島) [原名には the がない] と斜体にすることもある。

(g) 複数固有名詞:——

    家族の名:——the Tokugawas (徳川家), the Rothschilds (ロスチャイルド家), etc.
    国 の 名:——the United States of America (アメリカ合衆国), the Netherlands (オランダ), etc.
    山脈の名:——the Himalayas (ヒマラヤ山脈), the Alps (アルプス山脈), etc.
    群島の名:——the Pescadores (ほう湖列島), the Philippines (*or* the Philippine Islands) (フィリピン群島), the West Indies (西インド諸島), the Loochoo Isles (りゅう球諸島), etc.

【注意】 単数形の地名に "the" のつくものがまれにある。そういうものは通例普通名詞から転じ、ある意味をもつものである。オランダの首府 the Hague は「庭園」の意味、ロンドンの町の名 the Strand は「河岸」の意味である。

(h) 性質をあらわす形容詞のついた人名:——

    the ambitious Caesar (大望あるシーザー), the famous Napoleon (あの有名なナポレオン), the sagacious Ieyasu (利口な家康), the

名　詞

diligent Takahashi（勉強家の高橋）, etc.

【例外】　固有名詞の前につく形容詞が " old "（老いた）, " young "（若い）, " great "（大）, " little "（小さい）, " dear "（親しい）, " poor "（かわいそうな、貧乏な）, " good "（よい）, " honest "（正直な）, " sweet "（かわいらしい）など、別に取り立てて変った意味のない、いわばおきまりの形容詞である場合は " the " をつけない。

Great Saigo（大西郷）, **Honest Dick**（正直者のディック）, **Old Ben**（ベンじいさん）

Poor little Hanako is dead.（かわいそうに花子さんは死んじゃった）

（i）　国語の名がある特殊の語または作品を指す場合：——国語の名は " Japanese "（日本語）, " English "（英語）, " German "（ドイツ語）, " French "（フランス語）など " the " をつけないが、とくに、ある単語や作品を指すときには " the " をつける。つぎの諸例を比較せよ。

Do you know **German**?（君はドイツ語を知っているか）
What is **the German** for " hana "?（「花」のドイツ語は何というか）

To him **English** is easier than **Japanese**.（彼には日本語よりも英語の方がやさしい）
" Chrysanthemum " is **the English** for **the Japanese**, " kiku ". （Chrysanthemum は日本語の菊に当る英語だ）
This story is translated from **the English**.（この物語は英語から訳したものだ）

EXERCISE 5

（**A**）　次の和文を英訳せよ。
1. 大阪は日本の Manchester と称せられる。
2. そのころ世界第一の財産家はロスチャイルド家だった。
3. 日本語の「花」を英語で何というか。
4. おるす中に高橋という方があなたをおたずねになりました。
5. 君のいう伊藤という人はふとった人ですか。
6. 私は欧外を読んでいる。兄は漱石を読んでいる。
7. アルプス山脈はヨーロッパの背骨 (backbone) をなしている。

8. 隅田川は東京湾に注ぐ (to empty into)。
9. ほう湖列島は中国と台湾との間にある。

(**B**) 次の文中に誤りがあれば正せ。
1. I take New York Times. (ニューヨーク・タイムズをとっている)
2. Philippine Islands once belonged to American United State. (フィリピン群島は昔はアメリカ合衆国の領土だった)
3. "Také" is a Japanese for English, "bamboo." (「竹」は英語の"bamboo"に対する日本語だ)
4. In those days Genji and Heike were at deadly enmity. (そのころ源氏と平家ははげしく反目していた)
5. Chikamatsu is sometimes called Shakespeare of Japan. (近松は時に日本のシェイクスピアといわれる)

II. COMMON NOUN
普 通 名 詞

54 Common Noun (普通名詞)——同一の種類に属する、または一定の形を備えた個体(人、物)に共通の名をあらわす語をいう。

たとえば"student"(学生)といえば、学校へ通って学問をしている者にはだれにも適用できる名であるから、普通名詞である。また"pen"(ペン)といえば、一定の形を備えて字を書くのに用いる物に共通の名であるから、普通名詞である。しかし"water"(水)は井戸の水にも川の水にも海の水にも共通のものであるけれども、「一定の形」を持つものでないから普通名詞ではない。

【注意】 "student"は本来は"one who studies"(研究者)の意味である。

普通名詞はその種類に属する物の全体を指していうことも、数個を指していうことも、また1個を指していうこともできる。普

通名詞が 1 個の物を示すときは Singular (単数), 2 個以上の物を示すときは Plural (複数) である。 どれと特定しない一物を指すときには不定冠詞をつけ、 特定の物を指すときには単数でも複数でも定冠詞をつける。 すなわち普通名詞の単数には、かならず定冠詞か不定冠詞かがつく。(ただし、冠詞の代わりとなる "my" "this" などがある場合を除く。)

USES OF COMMON NOUNS
(普通名詞の用法)

55 1. 「不定冠詞+普通名詞(単数)」の 2 用法。

(a) **Universal-Indefinite** (一般不定) (a=any)
A boy (=*Any boy*) likes to play (子供は遊ぶことが好きだ)

といえば特にどの子と限らず、どれでもかまわず一人の子供、 すなわち "any boy" (どの子でも) という意味で、つまるところ "all boys" (すべての子供、子供はみんな) と同じ意味で、一般に子供をいうのである。

(b) **Limited-Indefinite** (有限不定) (a=a certain)
I met **a boy** (=*a certain boy*). (私は一人の子供にあった)

この場合の "a boy" は ある一人の子供に 限られている。(a) の "a boy" が「子供というものは」と一般の意味であるのとはちがう。

56 2. 普通名詞の単数に定冠詞をつけると Definite (特定) の一物を指す。

the boy whom I met (私の会った子供)
【注意】 冠詞のことは冠詞のところでくわしく述べる。

57 3. 普通名詞の複数には以上 (§§ 55-56) の単数の 3 用法に応ずる用法がある。わかりやすいように対照表にしてみよう。

Singular	Plural
Universal-Indefinite	
A boy likes to play.	**Boys** like to play.
(子供はだれでも遊びを好む)	(子供はみんな遊びを好む)
Limited-Indefinite	
I met **a boy**.	I met **some boys**.
(私は一人の子供に会った)	(私は数人の子供に会った)
Definite	
the boy whom I met	**the boys** whom I met
(私の会った子供)	(私の会った子供たち)

【注意】 一般不定の " a boy " に対する複数は、冠詞も何もつけずにただ " boys " と複数にして " all boys " の意味をあらわす。有限不定の単数 " a boy " に対する複数は " some " をつけて、いくつという数は言わないが、無限ではないことを示すのである。すなわち " some " は、いわば **Plural Indefinite Article** (複数不定冠詞)とでもいうべきものである。

58 4. Indefinite Plural (不定複数)には形容詞も何もつけずそのままで漠然と多数を示す用法がある。

    Weeks passed without a line from him. (何週間もたっても手紙1本来なかった)

    We used to chat for **hours** together (私たちはいつも何時間もつづけて話をするのが例であった)

    He would often stay away from home for **days** on end. (彼はいく日もつづけて家をあけることがよくあった)

    ages ago (大昔)

    The sound was to be heard **miles** away. (その音は何マイルも離れた所から聞えるくらいだった)

59 5. 普通名詞の単数に定冠詞をつけて種類全体を代表させることがある。この場合を **Representative Singular** (代表単数)という。「犬は忠実な動物である」を英語であらわすと、

    (a) **The dog** is a faithful animal.
    (b) **A dog** is a faithful animal.
    (c) **Dogs** are faithful animals.

と三つの言い方がある。このうち (a) の "the dog" がいわゆる<u>代表単数</u>である。(b) の "a dog" は前にも述べた一般不定の意味で「犬の中から<u>どれを一ぴき取っても、忠実な動物といえる</u>」という意味。(c) の "dogs" は一般不定の複数で<u>犬はみんな</u>と総括的にいったもので "all dogs" の意味である。

代表単数は主として次のような場合に用いられる。

（a） 動植物の特性などを述べる場合。

> **The whale** is not a fish, but a mammal. （くじらは魚ではなく、哺乳動物だ）
> **The pine** is an evergreen. （松は常緑樹だ）

（b） 機械の発明などをいう場合。

> **The phonograph** was invented by Edison （蓄音器はエジソンによって発明された）
> **By** whom was **the telephone** invented? （電話はだれの発明か）

（c） 演奏に関連して楽器の名をあげる場合。

> Do you play **the violin**? （君はヴァイオリンをひくか）
> Paderewski was a skilful performer on **the piano**. （パデレフスキーはピアノの名人であった）

（d） ことわざなど。

> **The shoemaker's wife** goes barefoot. （くつ屋の妻ははだしでいる＝紺屋の白ばかま）
> **The wise man** does not court danger. （賢い人は危険を求めない＝君子は危きに近寄らず）

【注意】 "man" が「神様」や「動物」などに対して「人間（というもの）」「人類」の意に用いられるとき、また "woman" が「男（というもの）」に対して「女（というもの）」の意に用いられるときは、"a" も "the" も用いない。

> **Man** is lord of the creation. （人は万物の霊長である）
> **Man** for the field; **woman** for the hearth. （男は外をおさめ、女は内を守る）[" field "＝田畠; " hearth "＝いろり]

60 6. 代表単数は その種類全体を代表する用法から進んで、その種類に属するある抽象概念をあらわすのに用いることがある。

> **The pen** is mightier than **the sword**. (筆の力は剣の力にまさる＝文よく武を制す)
> What is learned in **the cradle** is carried to **the grave**. (赤子の時に覚えたことは死ぬまで忘れないものだ)

これらの例では

the pen (筆)＝literary influence (文の力)
the sword (剣)＝military power (武力)
the cradle (ゆりかご)＝infancy (幼年時代)
the grave (墓)＝death (死)

のようにどれも具体物で抽象的な意味をあらわすのである。

> When a man is reduced to poverty, **the beggar** will come out (人は貧乏すると、こじき根性が出る)

においても、"the beggar" は "the mean side of human nature"(人間の性質中のいやしい方面)の意味で、「こじき」という具体的なもので「さもしい根性」という抽象概念をあらわしたものである。なお数例を付け加えよう。

> He has very much of **the diplomatist** in him. (彼は非常に外交家的な所がある＝策士だ)
> He forgot **the judge** in **the father** (彼は裁判官としての職責を父としての情愛のうちに忘却した)

EXERCISE 6

次の和文を英訳せよ。
1. 多年の労が水泡に帰した (to come to naught)。
2. あの娘はギターをひくのがじょうずです。
3. 彼はすこし英雄きどりの人だ。
4. いく日たってもたよりがなかった。
5. 竹は草の一種である。

6. 朝起きは三文の徳（早起きの鳥は虫を捕える）。
7. 彼は軍人をやめて百姓になった（剣を捨てて すき を取った）。
8. 日本人は松を<u>貞操</u> (constancy) の象徴 (emblem) と見なしている。
9. 蒸気機関は James Watt が発明した。
10. <u>甘いもの</u> (sweets) は胃にわるい。

III. COLLECTIVE NOUN
集 合 名 詞

Collective Noun (集合名詞) —— 集合体の名をあらわす語をいう。

軍人の集合体を "army" (軍隊) といい、軍艦の集合体を "fleet" (艦隊) という類である。

集合名詞を3通りに分類することができる。

61 1. <u>まったく普通名詞に等しい集合名詞</u> —— 集合体を「一つのもの」としてみる場合の集合名詞は一種の普通名詞である。普通名詞が同種の個体にあまねく通ずる名であるように、集合名詞は同種の集合体にあまねく通ずる名である。このように考える場合の集合名詞は全然普通名詞と同様の取り扱いを受ける。すなわち単数として不定冠詞をつけることもできるし、複数となることもできる。

このような集合名詞のおもなものを列挙してみると：——

Singular		Plural
a nation	(国民)	nations
a people	(民族)	peoples
a family	(家族)	families
an army	(軍隊)	armies
a fleet	(艦隊)	fleets

a party	(党、隊、団)	parties
a company	(会社)	companies
a committee	(委員会)	committees

{ The English are **a** practical **people**. (英国人は実際的な民族だ)
{ Asia is the home of many **peoples**. (アジアにはいろいろな民族がいる)

{ The Konoes are **an** ancient **family**. (近衛家は古い家柄だ)
{ Three **families** live in the same house. (1軒に3家族住んでいる)

62 2. 形は単数で意味は複数の集合名詞 ── 上述のように集合体を一体として見た場合の集合名詞は普通名詞とちがいはないのであるが、集合体を一体として観察しないで、その集合体を組織する個々のメンバーを指す場合には、単数の形のままで複数の意味に用いられるのである。集合名詞がこういうふうに用いられた場合は、とくに **Noun of Multitude** (衆多名詞) と呼ばれる。

Common Noun	Noun of Multitude
He has **a** large **family**. (彼は家族が多い)	**Are** your **family** all well? (皆様お達者ですか)
The **committee consists** of eleven persons. (委員会は11名からなる)	The **committee are** at dinner. (委員は食事中です)
The **cavalry was** repulsed with a heavy loss. (騎兵隊は大損害を受けて撃退された)	The **cavalry wear** scarlet trousers. (騎兵は真赤なズボンをはいている)

【注意】 "He has a large family" の "a family" は家族を1団体として考えたもので、家族が多ければその団体が大きくなる。すなわち "a large family" となるのである。

"Are your family all well?" の "your family" は "the *members* of your family" の意味。なお言いかえれば "your wife and children" というような複数の意味である。

"The committee consists of ..." の "committee" は委員会という団体を指すのだが、"The committee are at dinner" はもちろん委員会を構成する委員らが食事をしているのである。

"The cavalry was repulsed" はもちろん騎兵を1団と見たもの、"The cavalry wear..." は隊を構成する個々の兵士が赤ズボンをはいているのである。

上にあげたのは同じ集合名詞が普通名詞と衆多名詞と両方に用いられた例であるが、常に衆多名詞としてのみ用いられるものがある。すなわち単数形のまま複数の意味に用いられ、複数形は絶対にないのである。そのおもなものをつぎにあげる。

> the gentry (中流人), the nobility (貴族), the clergy (僧), the peasantry (農民), the police (警官), people (人民、人々), cattle (牛), poultry (家禽), fish (魚)

【注意】 " the " をつけたのはそのグループに属する人々全部を含む意味である。

> Most of the former Japanese **nobility** are poor. (日本の元華族はたいがい貧乏だ)
> The Malayan **peasantry** generally go barefoot. (マライの農民はたいがいは はだしです)
> These **cattle** are foreign breed. (これらの牛は外国種だ)
> The **police** are on the murderer's track. (警察では殺人者を追せき中)
> **Poultry** are scarce here. (この辺は家禽が少い)
> I saw a school of **fish**. (魚の群が見えた)

【注意】 " fish " は純粋の普通名詞として " a fish ", " fishes " の形になることもある。

> I saw **a fish** in the river. (川の中に魚が一ぴき見えた)
> Are your little gold **fishes** still alive? (君の金魚はまだ生きているか)
> The **people** love their king. (国民は王を愛している)
> **People** say he is very rich. (世間では彼を金持だと言っている)
> Some **people** say there is no god. (神は無いという人もある)
> These **people** are very ignorant. (この人たちは実に無学だ)
> Twenty or thirty **people** were present. (二、三十人出席者があった)

【注意】 " people " は「国民、民族」の意としては前に述べたように (cf. §61) 普通名詞として " a people ", " peoples " の形になる。

63 衆多名詞は形は単数でありながら意味は複数だから、これを主語に用いると動詞も複数形となる。単数形の主語に複数形の動詞

をもって応ずることを **Plural Concord** (複数一致) という。

衆多名詞は複数の意味だから代名詞は "they", "who" で受け、Singular Collective Noun は "it", "which" で受ける

Collective Singular	**Noun of Multitude**
A civilized **people** *knows* **its** own interests. (文明国民は自己の利害を知る)	Educated **people** *know* **their** own interests. (教育ある人々は自己の利害を知る)
a **people** *which is* civilized (開けた国民)	**people** *who are* ignorant (無学の人々)

【注意】 " the public " (公衆) は単複両様の取り扱いを受ける。The **public** *is* (*are*) the best judge (judges). (世間は最良の判断者である)

64　3.　形も意味も単数の集合名詞 ── この類の集合名詞は次節に述べる物質名詞に似た性質をもつものである。そのおもなものを次にあげる。

　　　clothing (衣服), food (食物), furniture (家具), game (猟鳥、猟獣), produce (農作物), merchandise (商品)

これらの名詞はまったく物質名詞と同じ待遇を受けるもので、形は単数であっても、一般のことをいう場合に不定冠詞をつけず、数の観念を与えるには "a piece of", "an article of" などを用い、量の形容詞は " much ", " little " などを用いる。" many " や " few " を用いては誤りである。

　　Much **clothing** is needed in cold countries. (寒い国では衣服がたくさんいる)
　　The boy wears out *many* **clothes**. (この子はたくさん着物をダメにしてしまう)
　　Man needs various *kind of* **food**. (人間はいろいろな食物がいる)
　　Game is very scarce here (この辺は猟鳥はきわめてすくない)
　　But **poultry** *are* plentiful (しかし家禽はたくさんある)
　　We have plenty of room, but *little* **furniture**. (家は広いが家具はすくない)

Furniture *is* chiefly made of wood. (家具はおもに木で作る)

The joiner makes tables, chairs, and other *articles of* **furniture**. (指物師はテーブル、イスその他の家具を作る)

A wardrobe is *a piece of* (or *an article of*) **furniture**. (洋服ダンスも家具の一つだ)

{ He lives on the **produce** of his farm. (彼は畑のもので暮しを立てている)
Japan is rich in **products**. (日本は物産に富む) }

{ Ships carry passengers and **merchandise**. (船は旅客と貨物を運搬する)
Some fresh **goods** have arrived. (新製品が入荷した) }

【注意】 以上の例の中で " game " は単数だが、" poultry " は§62の第2類に属するもので複数。" clothing " は単数で、" clothes " は常に複数。" merchandise " は単数だが " goods " (貨物、商品)は常に複数。" produce " はおもに畑などからとれるものをいうので単数。「日本は物産に富む」などの物産は " products " と複数にいうのが通例である。

65 4. 以上のほかに 数量名詞として用いられる 特別の集合名詞がある。そのおもなものを次にあげる。

  a crowd of people (人の群)
  a group of children (子供の群)
  a herd of cattle, horses, or deer (牛、馬、しかの群)
  a flock of sheep or birds (羊、鳥の群)
  a swarm of bees (みつばちの群)
  a shoal (or **school**) **of** fish (魚の群)
  a brood of chickens (一腹のひな)
  a collection of works of arts (美術品などのコレクション)

これらは、§61にあげた第1類の集合名詞で、普通名詞に等しいから、もちろん複数になる。

  Crowds of people gathered here and there. (あちこちに人々が集まっていた)

集 合 名 詞　　　　　　　　　　　43

EXERCISE 7

(**A**)　次の和文を英訳せよ。
  1. あの人は大ぜいの子供を養わなければならない。
  2. 国民は非戦論 (against war) であった。
  3. バルカン半島にはいろいろな民族がいる。
  4. あの汽船は客も乗せるし荷物も積む。
  5. 文明国民は自治を知る。
  6. 洋服屋は上衣、ズボン、その他の衣類を作る。
  7. 乗組員 (crew) はみな救助された。
  8. 世間の人は何といっていますか。
  9. ハンティングにおいででしたか。獲物がありましたか。
  10. あの人は絵をたくさん集めて持っている。
(**B**)　次の文中に誤りがあれば正せ。
  1. The audience on that occasion were very large.　(そのときの聴衆は多数であった)
  2. The audience were satisfied.　(聴衆は満足した)
  3. His family is set against the match.　(彼の家族はこの縁談に反対だ)
  4. His families all wept for joy to find him alive.　(彼の家族は彼が生きていたのを知って皆うれし泣きに泣いた)
  5. He has a small family.　(彼は家族がすくない)
  6. The army was ordered to advance.　(軍は進軍の命を受けた)
  7. The army was flying in all directions. (軍は四方に逃げ散っていた)
  8. We have many rooms, but few furnitures (部屋はたくさんあるが家具は少い)
  9. Who is that people at the gate? (門のところに来ている人たちはだれですか)
  10. All great people are conservative.　(すべて大国民は保守的である)

IV. MATERIAL NOUN
物 質 名 詞

66 Material Noun (物質名詞)——物質の名をあらわす語をいう。普通名詞は一定の形を持ったものの名であるが、物質名詞は一定の形のない物質の名である。たとえば "This *bottle* is made of *glass*"（このびんはガラス製だ）という場合の "bottle" は一定の形を備えたものにつけた名であるから、こわれてしまえばもはや "bottle" ということはできない。ところが "glass" は物質につけた名前で一定の形を必要としない。したがってどんなにこまかく砕けても "glass" であることにはかわりがない。

最もふつうの物質名詞の例：

（a） 品物の材料となるものの名：——

　　metal（金属），wood（木材），stone（石材），brick（れんが），ivory（ぞうげ），wool（羊毛），earth（土），glass（ガラス），cement（セメント），paper（紙），cotton（もめん），rayon（人絹），nylon（ナイロン），etc.

（b） 金属および化学元素の名：——

　　gold（金），iron（鉄），copper（銅），aluminium（アルミニウム），oxygen（酸素），hydrogen（水素），radium（ラジウム），uranium（ウラニウム），etc.

（c） 液体、気体の名：——

　　water（水），wine（ぶどう酒），beer（ビール），oil（油），gas（ガス），smoke（煙），air（空気），etc.

（d） 食料の名：——

　　rice（米），wheat（小麦），meat（獣肉），fish（魚肉），sugar（砂糖），salt（塩），fruit（くだもの），butter（バター），margarine（人造バター），etc.

【例外】 食料でも " apple "(りんご), " peach "(もも), " pear "(なし)その他のくだものや, " egg "(卵), " biscuit "(ビスケット)など一定の形があって数えられるものは、普通名詞として取り扱う。" cake " は、だいたい物質名詞で, " sweet " や " tart " などのように数えられるものは普通名詞、" sponge-cake "(カステラ)などは物質名詞として取り扱われる。" bread "(パン)は物質名詞である。" fruit " もくだものの種類をいう場合には複数形にすることができる。" wheat "(小麦)や " barley "(大麦)は物質名詞であるが、" oats "(えん麦)は常に複数である。

USES OF MATERIAL NOUNS
(物質名詞の用法)

67 普通名詞は一定の形がある物の名であるから、一つ二つと数えることができるが、物質名詞は一定の形がないから、どれだけを1個と定めることもできない。したがって、一つ二つと数えることはできない。そこで次のような規則ができる。

（a） 物質名詞には複数がない。

（b） 物質名詞には不定冠詞をつけない。

不定冠詞 " a " または " an " は単数のしるしである。複数のないものに、単数のしるしをつける必要はないのである。

68 1. 物質名詞が広くその物全般をさすときは冠詞をつけず、そのままの形で用いる。

> **Beef** is more nourishing than **pork**. (牛肉の方が豚肉よりも栄養価が高い)
>
> **Milk** is made into **butter** and **cheese** (牛乳はバターやチーズに製せられる)

69 2. 物質名詞がある有限の分量をさすときには " some "(疑問および否定の場合は " any ")をつける。" some " は「いくらか」の意味である。ある有限の分量をさすとは " There is ", " have ", " want ", " give ", " bring " などの次にくる場合である。これら

の語句のあとでは、はっきり分量をいわないでも、とにかく分量に制限のあることは明らかである。

> There is **some wine** in the bottle. (このびんにはぶどう酒がはいっている)
> Bring me **some water**. (水を持って来てくれ)
> 【注意】 日本語にはこういう "some" に当るものがないのだから、一々「いくらか」と訳す必要はない。

分量に制限はあっても非常に量が多いときは "some" をつけない。比較:——

Give me **some water**. (水を[すこし]ください)	There is **water** in the sea and river. (海や川には水がある)
Lend me **some money**. (金を貸してください)	War costs **money**. (戦争には金がかかる)

70 3. 物質名詞がある特殊の物をさすときは "the" をつける。

> **The beef** I had at supper was very good. (夕飯に食べた牛肉はたいそうおいしかった)
> **The water** of this well is not good to drink. (この井戸の水は飲めない)

以上の 3 用法を普通名詞の用法と対照してみよう。

Material	Common
Universal-Indefinite	
I like **beef**. (私は牛肉が好きだ)	I like { **a ripe apple**. / **ripe apples**. } (私は熟したりんごが好きだ)
Limited-Indefinite	
Give me **some beef**. (牛肉をください)	Give me { **an apple**. / **some apples** } (りんごをください)
Definite	
the beef I had at supper (晩飯に食べた牛肉)	**the apple** / **the apples** } I had at supper (夕飯に食べたりんご)

物　質　名　詞

MATERIAL NOUN USED AS COMMON NOUN
（物質名詞の普通名詞転用）

71 物質の<u>種類</u>、<u>部分</u>、またはその物質で作った<u>品物</u>を示すために物質名詞を普通名詞として用いることがある。その場合には不定冠詞をつけることもできるし、複数とすることもできる。

Material	**Common**
It is made of **metal**. （それは<u>金属製</u>だ）	Iron is **a** useful **metal**. （鉄は有用な<u>金属</u>だ）
Wine is made from grapes. （ぶどう酒はぶどうで作る）	This is **a** good **wine** for a poor drinker. （これは下戸にいい<u>酒</u>だ）
I am fond of both **tea** and **tobacco**. （ぼくは茶もたばこも好きだ）	**Teas** and **tobaccos**. （茶、たばこ各種） Two **teas**, please. （お茶を二つください）
Glass is very brittle. （ガラスはきわめてもろいものだ）	Several **glasses** tumbled from the table. （<u>グラス</u>がいくつもテーブルからころげ落ちた）
That bridge is built of **stone**. （あの橋は<u>石</u>でできている）	I picked up **a stone**. （私は石を一つひろい取った） Don't throw **stones**. （石を投げるな）
The sun gives us **light**. （太陽は我々に光を与える）	I saw **a light** in the distance. （遠方に<u>灯火</u>が見えた）
We make many things out of **paper**. （われわれは紙でいろいろな物をつくる） Give me a sheet of **paper**. （<u>紙</u>を1枚ください） I want **some paper**. （<u>紙</u>が［すこし］欲しい）	The **paper** I am writing is for a certain magazine. （私の今書いている論文はある雑誌へ出すのだ） Have you read today's **paper**? （きょうの<u>新聞</u>を読んだか） There are **some papers** in the drawer.（ひきだしの中に<u>書類</u>がはいっている）

The handle is made of **bone**. （柄は骨製だ）	He broke **a bone**. （彼は骨を1本くじいた）
The moist air from the Pacific brings us **much rain**. （日本は太平洋の湿気のために雨量が多い）	⎧What a long **rain**! 　（なんという長い雨だろう） ⎨We had **many** long **rains** last year. ⎩（去年は長雨が多かった）
copper　（銅） fire　　（火） iron　　（鉄） tin　　 （すず）	a copper, coppers（やかん、銅貨） a fire, fires　　　（火事） an iron, irons　　（アイロン） a tin, tins　　　（かんづめ）

72 物質名詞に定まった分量の観念を与えるにはつぎのような数量名詞を用いる。

a piece of chalk （白ぼく1本）	**a bottle of** wine （ぶどう酒1びん）
a glass of water　（水1杯） **a cup of** tea　　（茶1杯）	**a pound of** sugar （砂糖1ポンド）
a handful of rice （米ひとつかみ）	**a gallon of** beer （ビール1ガロン）
an armful of wood （たきぎひとかかえ）	**a bushel of** wheat （小麦1ブッシェル）

73 【注意】 初学者は日本語の「この指輪は金だ」を直訳して " This ring is gold " とやりたがるが、それでは「この指輪は金というものである」ということになる。「金でできている」という意味をあらわすには " This is **made of gold** " といわなければならない。もっともこの " made " をはぶくことができる。同様に「私のシャツはフランネルだ」を訳して " My shirt is **flannel** " とするのは誤りで、" My shirt is **of flannel** " としなければならない。

EXERCISE 8

(**A**) 次の和文を英訳せよ。
1. 近ごろ長い雨降りが、何回もあった。
2. ことしは雨が多かった。
3. <u>うちみ</u> (bruise) で、骨は折れていない。

4. 私はのどに骨がささってなかなか取れません。
5. Transvaal の産物はダイヤモンドである。
6. このぶどう酒は病人 (invalid) によい。
7. きょうの新聞にそう書いてある。
8. チーズは何から製するのですか。
9. 池に石を投げこまないこと。
10. ロンドンはしばしば霧におそわれる。

(**B**) 次の文中に誤りがあれば正せ。
1. Go and get me a few chalks. (白ぼくを二、三本取って来てください)
2. Electric light is brighter than gas lights. (電燈はガス燈よりあかるい)
3. These chopsticks are made of bones. (このはしは骨でできている)
4. Have you money with you? (お持ち合わせがありましょうか)
5. Gold and silver are precious metal. (金銀は貴重な金属だ)
6. Several papers were written on the subject. (この問題に関していくつも論文が書かれた)
7. The papers say that the matter is serious. (新聞で見ると事態は重大である)
8. Please give me some papers; I am going to write a composition. (紙をください、作文を書くんですから)
9. He is very fond of biscuit. (彼はビスケットが大そう好きだ)
10. The handle of my knife is ivory. (私のナイフの柄はぞうげだ)

V. ABSTRACT NOUN
抽 象 名 詞

74 Abstract Noun (抽象名詞)――性質または動作をあらわす名詞をいう。

　形を備えた個々の物に属する性質や動作をとり出して それにつけた名前が Abstract Noun である。たとえば " whiteness " (白

さ) は "white paper" (白紙), "white snow" (白雪), "white wall" (白壁) などすべて「白いもの」に共通の性質を引き出してつけた名である。

　【注意】　今まで述べた Proper, Common, Collective, Material などの4名詞はどれも Concrete Objects (具象物) につけた名前であるから、Abstract Noun に対して Concrete Noun (具象名詞) と呼ばれる。

75　1.　性質の名は、形容詞に Suffix (接尾辞) をつけてできたものが多い。

（a）　Saxon 語系 (本来の英語) の形容詞から抽象名詞をつくる接尾辞は **"-ness", "-dom", "-hood", "-th"** などである。

Adjective	Abstract Noun
happy (幸福な)	happi**ness** (幸福)
idle (怠惰な)	idle**ness** (怠惰)
kind (親切な)	kind**ness** (親切)
sweet (甘い)	sweet**ness** (あまさ)
wise (賢い)	wis**dom** (ちえ)
false (うその)	false**hood** (偽り)
true (真の)	tru**th** (真理)
deep (深い)	dep**th** (深さ)
long (長い)	leng**th** (長さ)
wide (幅広い)	wid**th** (幅)
broad (幅広い)	bread**th** (幅)
high (高い)	heigh**t** (高さ)
brave (勇敢な)	brave**ry** (勇気)

（b）　Latin 語系の形容詞から抽象名詞をつくる接尾辞は **"-ce", "-cy", "-ity"** などである。

Adjective	Abstract Noun
silent (静かな)	silen**ce** (静粛・沈黙)
diligent (勤勉な)	diligen**ce** (勤勉)
obedient (従順な)	obedien**ce** (従順)
decent (端正な)	decen**cy** (端正)
vacant (空虚の)	vacan**cy** (空虚)

抽象名詞

pure (純粋な)	pur**ity** (純粋)
rapid (はやい)	rapid**ity** (迅速)
vain (空虚な)	van**ity** (虚栄)
honest (正直な)	honest**y** (正直)
poor (貧しい)	pover**ty** (貧困)

76 2. 動作の名はたいてい動詞からできたものである。

(a) Saxon 語系の動詞は語尾に " **-ing** " を加えるか、またはつづりを変えて抽象名詞にする。

Verb	Abstract Noun
to read (読む)	read**ing** (読書)
to live (生きる、住む)	life (生命、生活)
to do (する)	deed (行為)
to think (考える)	thought (思想)
to speak (物を言う)	speech (言語)

(b) Latin 語系の動詞から抽象名詞をつくる接尾辞は " **-tion** "、" **-sion** "、" **-ment** "、" **-ence** " などである。

Verb	Abstract Noun
to act (行なう)	ac**tion** (動作)
to add (附加する)	addi**tion** (附加)
to imagine (想像する)	imagina**tion** (想像)
to invade (侵入する)	inva**sion** (侵入)
to decide (決定する)	deci**sion** (決定)
to divide (分ける)	divi**sion** (分割)
to judge (判断する)	judg**ment** (判断)
to punish (罰する)	punish**ment** (罰)
to command (命ずる)	command**ment** (命令)
to differ (違う)	differ**ence** (差異)
to prefer (選ぶ)	prefer**ence** (選択)

77 3. 身分、位、境遇などをあらわす抽象名詞はおもに普通名詞からできる。

Common Noun	Abstract Noun
child (子供)	child**hood** (少年時代)
man (大人)	man**hood** (壮年期)

widow (未亡人)	wido**whood** (未亡人の境遇)
friend (友)	friend**ship** (友情)
slave (どれい)	slave**ry** (どれいの境遇)
captain (隊長)	captain**cy** (隊長の職)
infant (幼児)	infan**cy** (幼年時代)

78 4. 学問の名も抽象名詞である。

art (芸術), science (科学), philosophy (哲学), history (歴史), literature (文学), botany (植物学), zoology (動物学), mathematics (数学), arithmetic (算術), geometry (幾何学), algebra (代数学), chemistry (化学), physics (物理学), etc.

USES OF ABSTRACT NOUNS
(抽象名詞の用法)

79 1. 抽象名詞を最も広い意味に用いる場合には冠詞をつけない。

Necessity is the mother of **invention** (必要は発明の母)
Happiness consists in **contentment**. (幸福は満足にあり)

80 2. 抽象名詞が ある特定の性質、動作などを あらわす場合には定冠詞をつける。

Universal	Definite
Wisdom is gained by experience. (知識は経験によって得られる) **Happiness** cannot be bought with money. (幸福は金では買えない)	He has **the wisdom** of Solomon. (彼はソロモンの知恵がある) The rich envy **the happiness** of the poor. (金持ちは貧者の幸福をうらやむ)

81 3. 抽象名詞にも、ときには "some" をつけることがある。

He has **some experience**. (彼はいくらか経験がある)

82 4. 抽象名詞のこの三つの用法は物質名詞の場合とまったく同じだから参考のため対照してみよう。

抽 象 名 詞

Material	Abstract
Universal-Indefinite	
Without **water** nothing could live. (<u>水</u>がなければ何物も生きることはできないだろう)	**Idleness** is the root of all live. (<u>怠惰</u>は禍いの基である)
Limited-Indefinite	
I have **some money** with me. (<u>少しは金</u>を持ち合わせている)	I have **some experience**. (私も<u>少しは経験</u>がある)
Definite	
The water of this brook is clear like crystal.(この小川<u>の水</u>は水晶のように澄んでいる)	I am vexed at **the idleness** of the students. (学生の<u>怠惰</u>には困ったものだ)

ABSTRACT NOUN USED AS COMMON NOUN
（抽象名詞の普通名詞転用）

83 抽象名詞は 物質名詞の場合のように 不定冠詞を ともなったり、複数形になったりすることがある。 そういう場合には抽象の性質または動作をあらわすのでなくて、その<u>種類、例、結果、所有者</u>などをあらわす普通名詞になったのである。

Abstract	Common
Man alone has the gift of **speech**. (人間のみが<u>言語</u>の能力を持っている)	Many **speeches** were made on the occasion. (その時はたくさん<u>演説</u>があった)
There is **room** for one more. (もう一人はいる<u>余地</u>がある)	The new house has seven **rooms**. (今度の家は7<u>へや</u>ある)
Kindness costs nothing, and gains many friends. (<u>親切</u>は金を使わずに多くの友を得ることができる)	He has done me **a kindness** (=*a kind act*). (私は彼に<u>世話</u>になったことがある)
Who is not struck with **wonder** at that grand sight?	What are the **Seven Wonders** of the World?

(その壮観を見て驚嘆しない者があろうか)

I pardoned him out of **pity**.
(かわいそうだから彼を許してやった)

I am learning **composition**.
(私は作文を習っている——技術)

Time is money.
(時は金なり)

The sense of **sight** is the keenest of all senses.
(視覚は五感の中で一番鋭敏だ)

Knowledge is **power**.
(知識は力である)

(世界の七不思議は何々か)

{ It is a thousand **pities.**
{ It is a great **pity**.
(遺憾千万である)

I am writing a **composition**.
(私は作文を書いている——文章)

I have been there two or three **times**.
(二、三度行ったことがある)

{ It was a fine **sight**.
(それは壮観であった)
{ There are many **sights** to see in Kyoto.
(京都には名所が多い)

the great **powers** of the world
(世界の強国)

84 抽象名詞に直接 " a " をつけたり、複数にしたりしないで数量名詞をつけて用いることがある。

What *a stroke of* **luck**! (なんて運がいいんでしょう)
What *a piece of* **impudence**! (なんという厚かましさだ)
a piece of **information** (一つの情報)
a word of **advice** (一言の忠告)

85 動詞に "**-ing**" をつけた抽象名詞で それに応ずる普通名詞を持つものがある。

Verb		Abstract		Common	
to walk	(歩く)	walking	(歩くこと)	a walk	(散歩)
to ride	(乗る)	riding	(乗ること)	a ride	(騎馬散歩)
to drive	(駆る)	driving	(駆ること)	a drive	(ドライブ)

{ **Walking** is a good exercise. (歩くのはいい運動だ)
{ I take **a walk** every day. (私は毎日散歩をする)

ABSTRACT NOUN USED AS COLLECTIVE NOUN
(抽象名詞の集合名詞転用)

86 抽象名詞が Noun of Multitude すなわち複数普通名詞の意味に用いられることがある。

Abstract	Collective
Age disables us from working. (年を取ると働けなくなる)	We should have respect for **age** (=*aged persons*). (老人は尊敬すべきだ)
She possesses both **wit** and **beauty**. (彼女は才色兼備だ)	All the **wit** and **beauty** of the town were present. (町中の才人・美人がことごとく出席した)

IDIOMATIC USES OF ABSTRACT NOUNS
(抽象名詞の慣用)

87 1. 抽象名詞は "**of**" といっしょになって Adjective Phrase (形容詞句)を作る。

a man **of ability**=an *able* man (手腕家)
a man **of learning**=a *learned* man (学問のある人)
a man **of wisdom**=a *wise* man (賢い人)
a woman **of** great **beauty**=a very *beautiful* woman (美人)
a thing **of** great **value**=a very *valuable* thing (貴重品)

この "of" は「何々をもつ(人または物)」の意味である。この Adjective Phrase が Complement (補語)として用いられることがある。

The fact is **of** scientific **interest** (=*interesting* from a scientific point of view). (この事実は学術上興味がある)
He is **of no use** (=*useless*) to me. (彼は私には無用の人間だ)
The camel is **of** great **value** (=very *valuable*) to the Arab. (らくだはアラビア人に貴重なものだ)

The matter is **of no consequence** (=*unimportant*). (それはどうでもよいことだ)

He is twenty years **of age** (=*old*). (彼は 20 才だ)

88　2.　抽象名詞は "**with**", "**in**", "**by**" などといっしょになって Adverb Phrase (副詞句) を作る。

He treated me **with kindness** (=*kindly*). (彼は私を親切に待遇してくれた)

He speaks English **with** great **fluency** (=very *fluently*). (彼はすらすら英語を話す)

I can read the book **with ease** (=*easily*). (私は楽にこの本が読める)

The victor marched off **in triumph** (=*triumphantly*). (勝者は意気揚々と退場した)

The doctor told me **in private** (=*privately*) that the invalid would die. (医者はないしょで病人は死ぬだろうといった)

I took the wrong train **by mistake**. (私はまちがって別の汽車に乗った)

By good luck (=*luckily*) I found him at home. (幸い彼は在宅であった)

He says such things **on purpose** to annoy me. (彼は私を困らせるためにわざとあんなことをいうのだ)

89　3.　抽象名詞の前に "**all**" を置き、あるいは後に "**itself**" を置いて形容詞の代わりに用いることがある。

He is **kindness itself**. (=He is *the impersonation of kindness.*) (彼は親切そのものだ=親切の化身)

He is **all kindness**. (=He is *full of kindness.*) (彼は親切に満ちている)

この二つはいずれも "He is *very kind*" ということをしゃれていったにすぎない。なお二、三の例をあげよう。

I am **all attention** (=*very attentive*). (私は非常に注意している)

The boys are **all eagerness** (=*very eager*) to go to the bazaar. (子供らはしきりにバザーへ行きたがっている)

The old gentleman was **hospitality itself** (=*very hospitable*). (老紳士は客をねんごろにもてなした)

He is **cruelty itself** (=*very cruel*) in treating his employees. (彼は雇人を扱うのに非常に残酷だ)

【注意】 初学者は日本語で「私の母は病気です」というのを直訳して "My mother is *illness*(*sickness*)" などと名詞を使いたがるが誤りである。それでは母と病気とが同一物になってしまう。この場合は形容詞を用いて "My mother is *ill* (*sick*)" といわねばならない。「彼はたいへん勉強家だ」は "He is very *diligence*" は不可で、"He is very *diligent*" といわなければならない。ただし「彼は勤勉そのものである」ととくに強調する場合に "He is *diligence itself*" と名詞を使うのはさしつかえない。

90 4. 抽象名詞を尊敬の称号として用いることがある。直接にその人を呼びかける場合、すなわち、二人称には "Your" を冠し、三人称には場合に従って "His", "Her", "Their" を冠する。

    Your, His, *or* Her Majesty (陛下)
    Your, His, *or* Her (Imperial *or* Royal) Highness (殿下)
    Your, His, *or* Her Excellency (閣下)
    His Majesty (*or* **H. M.**) the Emperor has honoured the ceremony with his presence. (その式に天皇陛下がおいでになった)
    Their Majesties the Emperor and the Empress (天皇皇后両陛下)
    His Royal Highness the Prince of Wales (英国皇太子殿下)
    The papers say **Your Excellency** is (=*you are*) going to resign. (新聞によれば閣下は辞職のおつもりとあります)

【注意】 相手を直接に呼びかける場合、すなわち "you" の代わりに尊称を用いるときは動詞も三人称であることに注意せよ。

IDIOMATIC PLURAL
(慣用複数)

91 抽象名詞には複数の形になるものがある。これは具体的な事柄や場所を意味する。おもなものを列挙しておこう。

honour (名誉、尊敬)	depth (深さ)
honours (高位高官、優等)	depths (深所)
manner (仕方)	pain (苦痛)
manners (行儀作法)	pains (苦心、骨折り)
height (高さ)	chance (機会、偶然)
heights (高地)	chances (見込み)

> The *samurai* valued **honour** above life. (武士は生命より<u>名</u>を重んじた)
> I do not aspire to high **honours.** (私は<u>高位高官</u>は望まない)
> He graduated with **honours**. (彼は<u>優等</u>で卒業した)

> In what **manner** did he die? (彼はどんな死に<u>方</u>をしたか)
> Where are your **manners**? (お前は<u>行儀</u>を知らないのか)

【注意】 "Where *is* your manners?" のように単数扱いにされることもしばしばある。

> What is the **height** of that mountain? (あの山の<u>高さ</u>はどれほどか)
> **Wuthering Heights** (嵐が丘) [E. Brontë の有名な小説の題名]

> What is the **depth** of the well? (あの井戸の<u>深さ</u>はどれほどか)
> The ship sank into the **depths** of the Pacific. (船は太平洋の<u>底</u>に沈んでしまった)

> Do you feel any **pain**? (<u>痛い</u>ですか)
> He seems to have taken great **pains** over this work. (彼はこの著述にだいぶ<u>苦心</u>をしたと見える)

> **Chance** made us acquainted. (われわれは<u>ふとしたこと</u>で知り合いになった)
> How are the **chances**? (<u>見込み</u>はどうだ)
> The **chances** are in my favour (against me). (<u>見込み</u>がある、<u>見込み</u>がない)

EXERCISE 9

(**A**) 次の各語から名詞を作れ。

1. choose (選ぶ), live (生きる), try (試みる), white (白い), just (正しい), honest (正直な)
2. advise (忠告する), believe (信ずる), decide (きめる), discover (発見する), intend (志す), lose (失う)
3. occupy (占める), feel (感ずる), move (動く), fail (失敗する), speak (話す)
4. strong (強い), wise (賢い), distant (隔った), brave (勇敢な), splendid (壮麗な), invent (発明する), elect (えらぶ), instruct (教える), know (知る), agree (一致する)
5. succeed (a. 成功する、b. 継ぐ), state (述べる), unite (結合する), difficult (困難な), young (若い)

(**B**) 次の和文を英訳せよ。
1. 忍耐は何事にも勝つ。
2. 彼は欲 (avarice) のかたまりです。
3. 彼の文章は実にはっきりしている。
4. 世界はフランス人の勇気に驚嘆した。
5. 彼は死を恐れなかった。
6. 人生は航海 (voyage) にたとえられる。
7. この発見は学術的には興味がある。
8. しかし実際上の価値はない。
9. 私は偶然彼と知り合いになったのです。
10. 彼くらい、すらすら英語を話す人はあまりない。

(**C**) 次の文中に誤りがあれば正せ。
1. I never heard more eloquent speech. （私はこんな雄弁は聞いたことがない）
2. Is it true that Your Excellency are going to resign? （閣下が辞職なさるとは本当ですか）
3. Mr. Takahashi is absence today. （高橋さんはきょうは欠席です）
4. He is not so study as his sister. （彼は妹ほど勤勉でない）
5. The hostess was courteous itself. （おかみさんは非常にていねいであった）

(B) INFLECTIONS OF NOUNS
名 詞 の 変 化

I. NUMBER
数

92 名詞が1個の事物を示すときは **Singular Number** (単数)で、2個以上の事物を示すときは **Plural Number** (複数)である。5種の名詞中、複数を持つのは普通名詞だけである。

　【注意】 固有名詞、物質名詞、抽象名詞なども、意味によっては複数

になることはすでに述べた (§§ 51, 52, 71, 83)。たとえば " kindness " は (a)「親切」の意味のときは複数形を持たないが (b)「親切な行ない」の意味のとき、" a kindness "、" kindness*es* " となることができる。このようなとき、いままでは、これらが、普通名詞化したためと説明してきた。しかし、このような名詞の種類を移動する説明のほかに、今までの「名詞の種類」とは別に、すべての場合を通じて、名詞を「数」に関して分けるとき 1. **Countable** (可算名詞), 2. **Uncountable** (不可算名詞) とする分類も用いられる。

これによると、" kindness " という抽象名詞は上の (a) の意味のとき Uncountable であり (b) の意味のとき Countable である。

FORMATION OF THE PLURAL

(複数の作り方)

93　1.　ふつうは単数の語尾に " **-s** " をつける。

dog (犬)——dog**s** [dɔgz]	book (本)——book**s** [buks]
cat (ねこ)——cat**s** [kæts]	pen (ペン)——pen**s** [penz]

　2.　次の4種の名詞には " **-es** " をつける。

94　(a)　語尾が [s], [z], [ʃ], [tʃ], [dʒ] の音ならば " **-es** " [-iz] をつける。[-iz] と表記しても、「エズ」の心持ちで発音する。

ass (ろば)——ass**es**	branch (枝)——branch**es**
glass (杯)——glass**es**	adz (手おの)——adz**es**
inch (インチ)——inch**es**	dish (さら)——dish**es**
brush (はけ)——brush**es**	fox (きつね)——fox**es**
bench (ベンチ)——bench**es**	ax (おの)——ax**es**

語尾に黙字の " **e** " があれば、それを除いて " **-es** " [-iz] をつける。

horse (馬)——hors**es**	wage (賃金)——wag**es**
nose (鼻)——nos**es**	bridge (橋)——bridg**es**

語尾の " **ch** " が [k] の音であれば " **-s** " [-s] だけでよい。

　　monarch (君主)——monarch**s**　　patriarch (族長)——patriarch**s**

95　(b)　語尾が「子音 + " **y** "」のときは " **y** " を " **i** " に変えて後 " **-es** " [-z] をつける。

army (軍隊)——armies　　　　duty (義務)——duties
baby (赤ん坊)——babies　　　fly (はえ)——flies
city (市)——cities　　　　　　lady (婦人)——ladies

語尾が「母音＋"y"」ならば "-s" [-z] だけでよい。

day (日)——days　　　　　　boy (少年)——boys
key (かぎ)——keys　　　　　buoy (うき)——buoys

ただし "quy" に終わる語は "y" を "i" に変えて "-es" [-z] をつける。("qu" は "kw" と発音する二重子音だから)

colloquy (対話)——colloquies
soliloquy (ひとりごと)——soliloquies

96　(c)　語尾が「子音＋"o"」の語もたいてい "-es" [-z] をつける。

cargo (船荷)——cargoes　　　　negro (黒人)——negroes
echo (反響)——echoes　　　　　potato (じゃがいも)——potatoes
hero (英雄)——heroes　　　　　volcano (火山)——volcanoes
motto (座右銘、標語)——mottoes

ただし下例のように単に "-s" [-z] を加えるものがある。

curio (こっとう)——curios　　　solo (独奏)——solos
piano (ピアノ)——pianos　　　　photo (写真)——photos

次のように "-s", "-es" いずれを加えてもよい語がある。

calico (さらさ)——calicos *or* calicoes
mosquito (蚊)——mosquitos *or* mosquitoes
tobacco (たばこ)——tobaccos *or* tobaccoes

語尾が "oo", "io", "eo", "yo" の語はすべて "-s" [-z] をつける。

bamboo (竹)——bamboos　　　　portfolio (紙ばさみ)——portfolios
cuckoo (カッコウ)——cuckoos　　cameo (浮き彫り玉石)——cameos
Hindoo (インド人)——Hindoos　　embryo (胚、ほう芽)——embryos

97　(d)　語尾が "f", "fe" の語は多くの場合 "-ves" [-vz] となる。

名　詞

calf (子牛)——calves	shelf (たな)——shelves
half (半分)——halves	wolf (おおかみ)——wolves
leaf (葉)——leaves	knife (小刀)——knives
thief (盗賊)——thieves	life (生命)——lives
elf (小びと)——elves	wife (妻)——wives

語尾が " f ", " fe " でも単に " -s " [-s] を加えるものがある。

chief (首長)——chiefs	proof (校正刷)——proofs
handkerchief——handkerchiefs	belief (信条)——beliefs
mischief (いたずら)——mischiefs	gulf (湾)——gulfs
grief (悲哀)——griefs	safe (金庫)——safes
hoof (ひづめ)——hoofs	fife (横笛)——fifes
roof (屋根)——roofs	strife (闘争)——strifes

語尾が " ff " でその前に短母音のあるもの、および語尾 " rf " の語は単に " -s " [-s] を加える。

cuff (そで口・カフス)——cuffs	cliff (がけ)——cliffs
dwarf (こびと・一寸法師)——dwarfs	turf (芝土)——turfs
scarf (スカーフ・えりまき)——scarfs (or scarves)	
wharf (はとば)——wharfs (or wharves)	

98　複数語尾の発音についての注意

(1)　[f], [k], [p], [t] 音で終わる語につける " -s " は清音 [s].

roofs (屋根),　　cuffs (そで口),　　books (書物),　　cups (杯),
pipes (パイプ),　　rats (ねずみ),　　cats (ねこ)

(2)　" th " の語尾は単数の場合は通例清音であるが、複数形 " -ths " に対しては清音 [θs] と濁音 [ðz] の二つの場合がある。

(**a**)　「子音字+" th "」、「短母音+" th "」[θ>θs]
　　month (月)——months [mʌnθs]　　smith (かじ屋)——smiths
　　birth (誕生)——births [bə:θs]　　death (死)——deaths
　　cloth (布)——cloths

(**b**)　「長母音+" th "」[θ>ðz]
　　path (小道)——paths [pɑ:ðz]　　mouth (口)——mouths
　　bath (浴場)——baths　　oath (誓)——oaths
　　【注意】" clothes " (着物) は [klouðz] と発音する。

(3) [s], [z], [ʃ], [tʃ], [dʒ] 音の後の **"-es"** は別の Syllable (音節) となり [iz] と発音する。 たとえば "bench" [bentʃ] の複数は "benches" [béntʃiz].

    glas**ses** (グラス),   bree**zes** (微風),   ca**ges** (かご),
    bran**ches** (枝),   bu**shes** (やぶ)

【注意】 "horse" の複数 "horses" は [hɔ́:siz] と発音するが、これに似ている "house" の複数 "houses" は通例 [háuziz] である。

(4) その他の **"-s"**, **"-es"** はみんな [z] の音。

    cabs (馬車), birds (鳥), bees (みつばち), dogs (犬), lads (若者), miles (マイル), worms (虫), pens (ペン), kings (王), names (名), cars (車), cows (雌牛), heroes (英雄), lives (生命、一生、生活), boys (少年)

99   3. 母音を変化して複数を作るもの。

    man (人、男)——men   foot (足)——feet
    woman (女)——women   goose (がちょう)——geese
    mouse (はつかねずみ)——mice   tooth (歯)——teeth
    louse (しらみ)——lice

【注意】 "woman" [wúmən] の複数 "women" は [wímin] である。

100   4. 語尾に **"-en"** をつけて複数を作るもの。

    child [tʃaild] (子供)   children [tʃíldrən]
    brother (同胞、同宗徒、同業者等)   brethren [bréθrin]
    ox (雄牛)   oxen [ɔ́ksən]

101   5. 単数、複数同形のもの。

    deer (しか), sheep (羊), swine (豚), salmon (さけ), trout (ます), corps (軍団) [単数のときは [kɔ:], 複数のときは [kɔ:z] である]

【注意】 これらはみな単数同形であるから前後の関係でそのいずれであるかを知らねばならない。

    a **sheep**   some **sheep**
    this **sheep** } (*sing.*)   a herd of **sheep** } (*pl.*)

"plenty" (たくさん), "rest" (残余) も同じ形で単複両様に用いられる。物質名詞に関するときは単数で、複数普通名詞に関するときは複数である。

Singular	Plural
The **rest** of the water *was* thrown away. (残りの水は捨ててしまった)	The **rest** of the pupils *were* all punished. (その他の生徒はみな罰せられた)
There *is* **plenty** of rice in that granary. (あの穀倉には米がたくさんある)	There *are* **plenty** of books in this library. (この図書館には本がたくさんある)

6. 英語となった外国語のおもなものの複数形を次にあげる。

LATIN (ラテン語)

fo**cus** (焦点)	fo**ci** [fóusai]
rad**ius** (半径)	rad**ii** [réidiai]
formul**a** (公式)	formul**ae** (*or* -**las**) [fɔ́:mjuli:]
dat**um** (材料)	dat**a**
memorand**um** (備忘録)	memorand**a** (*or* -**dums**)
ax**is** (軸)	ax**es** [ǽksi:z]
ind**ex** (索引)	ind**ices** (*or* -**dexes**)
append**ix** (附録)	append**ices** (*or* -**dixes**)
series (連続)	series
species (種)	species
apparatus (器具)	apparatus

【注意】 終わりの三つは単複同形で共に "**s**" の語尾を持つ。
a series of victories (連戦連勝)
a species of dogcart (一種の 2 輪馬車)

GREEK (ギリシア語)

phenomen**on** (現象)	phenomen**a**
criter**ion** (標準)	criter**ia**
*bas**is** (基礎)	bas**es**
*cris**is** (危機)	cris**es**
*analys**is** (解剖)	analys**es**
*hypothes**is** (仮設)	hypothes**es**
*oas**is** (オアシス)	oas**es**
*parenthes**is** (挿入句、カッコ)	parenthes**es**

【注意】 * 印は、単数は [-sis], 複数は [-si:z] と長く発音する。

FRENCH (フランス語)

beau [bou] (だて者)	beaux [bouz]
bureau [bjúərou] (局)	bureaux [bjúərouz]
corps [kɔ:] (軍隊)	corps [kɔ:z]
madame [mǽdəm] 夫人	mesdames [méidæm]
monsieur [məsjə́:] (紳士)	messieurs [mesjə́:]

【注意】 "Messieurs" は "Messrs." [mésəz] と略し、"Mr." の複数として用いる。すなわち "Messrs. Ito and Takahashi＝Mr. Ito and Mr. Takahashi." これは商事会社の名前などに用いることが多い。

ITALIAN (イタリア語)

band**it** (山賊)	band**itti** (*or* **-dits**)
dilettante [dilitǽnti] (美術を好む人)	dilettan**i** [dilitǽnti:]

HEBREW (ヘブライ語)

cherub (天使、美童)	cherub**im** (*or* **-rubs**)
seraph (天使)	seraph**im** (*or* **-raphs**)

JAPANESE (日本語)

日本語の数量名詞 "yen" (円), "sho" (升), "kan" (貫), "ri" (里) などは英語の中にまぜる場合に複数形をとらずに "ten yen", "five sho", "seven ri" とする。その他の普通名詞も複数形にならないのが通例であるが、"many **daimyos**" (諸大名), "the forty-seven **ronins**" (四十七士) など複数形に用いられる例もある。

103 7. 複合名詞の複数はその中のおもな語を複数にする。

commander-in-chief (司令長官)	commander**s**-in-chief
court-martial (軍法会議)	court**s**-martial
father-in-law (しゅうと)	father**s**-in-law
brother-in-law (義理の兄弟)	brother**s**-in-law
step-mother (継母)	step-mother**s**
step-son (継子)	step-son**s**
step-child (継子)	step-child**ren**
footman (下男)	footm**en**
looker-on (傍観者)	looker**s**-on
on-looker (傍観者)	on-looker**s**
bystander (傍観者)	bystander**s**
passer-by (通行人)	passer**s**-by

hanger-on (寄食者)	hangers-on
maid servant (女中)	maid servants
shoe-maker (くつ屋)	shoe-makers
【例外】 man servant (下男)	men servants
woman novelist (女流作家)	women novelists

【注意】 "Miss Young"(ヤング家令嬢)の複数は通例 "Miss Youngs" であるが、また Misses Young ということもある。

104 8. 常に複数形である普通名詞。

(a) 二つの部分からなる器具の名:——

> scissors (はさみ), tongs (火ばし), chop-sticks (はし), pincers (ペンチ), drawers (ズボン下), trousers (ズボン), braces (ズボンつり), spectacles (眼鏡), compasses (コンパス), scales (はかり), fetters (足かせ), irons (足かせ), etc

これらの器具の個数をあらわすには "pair" を用いる。

> *a pair* of scissors (はさみ 1 丁)
> *two pair(s)* of spectacles (めがね 2 個)
> *three pair(s)* of trousers (ズボン 3 着)

(b) "clothes"(着物)は常に複数形であり、これを数えるには "suit" を用いる。

> I must have *a* new *suit* of clothes made. (新しい着物を 1 着こしらえなくてはならぬ)

(c) "contents"(内容、目録), "colours"(軍旗)

(d) 語尾 **"-ics"** を有する学問の名は元来複数であるが、一般に単数の取り扱いを受ける。

> physics (物理学), ethics (倫理学), politics (政治学), mathematics (数学), phonetics (音声学), gymnastics (体育)

【注意】 "music"(音楽), "logic"(論理学), "arithmetic"(算数), "rhetoric"(修辞学)は単数形を用いる。

(e) "goods"(商品), "effects"(動産), "riches"(富)

【注意】 "riches"(富)はフランス語の "richesse" から転化したも

ので元来は複数ではないが、通例複数として取扱われている。
　Riches *bring* cares.　(金がたまると心配ができる)

(f)　"billiards"(玉突), "draughts"(将棋の一種), "dominoes"(28枚のカードで行なうゲーム)

(g)　"sands"(砂原), "downs"(丘原), "waters"(大海)

(h)　"news"(ニュース、知らせ、たより), "tidings"(たより), "means"(手段)などは複数であるけれども、通例単数のとりあつかいを受ける。

　　Is there any **news**?　(何か変わった事がありますか)
　　No **news** *is* good **news**.　(知らせのないのは、よい知らせ)
　　Ill **news** *flies* apace.　(悪報は速く飛ぶ＝悪事千里)
　　The **tidings** *come(s)* too late.　(知らせの来るのが遅すぎる)
　　I tried *every* **means**.　(あらゆる手段をつくした)

　【注意】　まれには "these news", "these means" など複数の扱いをすることもある。

(i)　"thanks"(感謝)は複数として扱われる。

　　(I offer you) *Many* **thanks**.　(多謝)
　　(I offer you) *A thousand* **thanks**.　(万謝)
　　Thanks are due to Mr A　(A氏に感謝する) [序文などで]

(j)　"pains"(苦心、丹精)は元来複数であるが "*many* pains" といわないで "great pains" といい、単複両様に扱われる。

　Great **pains** *have* (or *has*) been taken.　(非常な苦心であった)

(k)　"ashes"(灰), "dregs"(残りかす), "embers"(燃え残り) など、「残りもの」の類。

(l)　"sweepings"(掃き寄せたもの), "savings"(貯蓄), "shavings"(かんなくず), "earnings"(もうけたもの), "filings"(やすりくず)など、集まった物。

(m)　"measles"(はしか), "small-pox" (="small-pocks")(天然痘)などは元来複数であるが、通例単数の扱いを受ける。

105 9. 意味の異なった両様の複数形をもつ名詞がある。

brother	brothers	(兄弟)
	brethren	(同胞、同宗信徒)
cloth	cloths	(布の種類)
	clothes	(着物)
genius	geniuses	(天才)
	genii [dʒíːniai]	(悪魔、守護神)
penny	pennies	(1 ペニー銅貨の数)
	pence	(金額、ペニー単位での総額)
staff	staves	(杖)
	staffs	(職員)

【注意】 単数の方は一つの形で二つの意味を有することはもちろんである。ただし " cloth " は「布」「布地」などの意味で「着物」の意味はない。" pennies " は「1 ペニー銅貨」の数をいう複数、" pence " は金額の複数、すなわち " twopence "(2 ペンス)[銅貨], " sixpence "(6 ペンス)[銀貨] など。

106 10. 複数になると別の意味を得るものがある。

advice (忠告)	advices	忠告／報知	number (数)	numbers	数／詩
custom (習慣)	customs	習慣／関税	part (部分)	parts	部分／才能
colour (色)	colours	色／旗	premise (前提)	premises	前提／家屋、敷地
drawer (ひきだし)	drawers	ひきだし／ズボン下	quarter (4 分の1)	quarters	4 分の何／宿営、宿所
effect (結果)	effects	結果／動産	return (帰宅)	returns	──／報告書
force (力)	forces	力／軍隊	scale (尺度)	scales	尺度／はかり
letter (文字、手紙)	letters	文字、手紙／文学	spectacle (奇観)	spectacles	奇観／めがね
manner (方法)	manners	方法／礼儀、作法			

OMISSION OF THE PLURAL INFLECTION

(複数語尾の省略)

107 1. 数詞に先立たれた複数名詞が形容詞として用いられる場合には複数形をやめて、単数形とする。比較：――

- an **eight-day** clock (8 日まきの時計)
- It took me **eight days**. (その仕事に 8 日かかった)
- a **ten-pound** note (10 ポンドの紙幣)
- I gave him **ten pounds**. (私は彼に 10 ポンドやった)
- a **five-act** play (5 幕物)
- The play is composed of **five acts**. (この劇は 5 幕からなる)
- a **two-foot** rule (2 フィートざし) [単数は foot であるから、注意]
- This stick is **two feet** long. (この棒は 2 フィートある)
- a **three-year**-old child (3 才の児童)
- This child is **three years** old. (この子は 3 才だ)
- a **sixpenny** novel (6 ペンス小説) [安直低級な小説]
- This book cost me **sixpence**. (この本は 6 ペンスした)

【注意】通常複数に用いる語を、形容詞のように用いるときは、複数形のままで用いる。

- an **honours** graduate (優等卒業生)
- a **goods** train (貨物列車)
- an old **clothes** shop (古着屋)
- a **scissors** grinder (はさみとぎ屋)
- **customs** duties (関税) ただし、**custom** house (税関)

108 2. 数詞の "**dozen**" (12), "**score**" (20), "**hundred**" (百), "**thousand**" (千) が他の数詞に先立たれるときは複数形にならない。

two dozen (2 ダース); three score (60); four hundred (400); five thousand (5000)

ただしぼんやりと多数を示すときは複数形になる (cf. § 58)。

We consume **dozens of** eggs every day. (私の家では毎日幾ダースというほど鶏卵を使う)

Scores of ships were wrecked in the late storm. (この間の暴風で何十そうという船が難破した)

I have met him **hundreds of** times. (私は彼には何百回も会った)
Thousands of people flocked to the scene. (何千という多数の人がそこに集まった)

109 3. "**pair**", "**couple**", "**yoke**" など「二つで一組」をあらわす語、および "**head**"(頭数), "**sail**"(船の数) なども、他の数詞に先立たれた場合に複数形にならないことが多い。

two **pair** of stockings (くつ下 2 足)
three **couple** of hounds (猟犬 3 組)
four **yoke** of oxen (牛 4 組)
a fleet of twelve **sail** (12 せき編成の艦隊)
fifty **head** of cattle (牛 50 頭)
【注意】 "**pair**" および "**couple**" は複数形にすることもある。

110 4. "**foot**", "**horse**" を歩兵、騎兵の意味に用いるときも複数形にならない。

30,000 **foot** and 5,000 **horse** (歩兵 3 万、騎兵 5 千)

EXERCISE 10

(**A**) 次の和文を英訳せよ。
1. 私はくつを 1 足新調しなくてはならない。
2. 何かめずらしいことがありますか。
3. 子供は砂原で遊んでいる。
4. 全市は灰じんに帰した。
5. 人間には歯が何枚あるか。
6. この辺にかもやがんがいますか。
7. 彼は身長が 6 フィート 2 インチです。
8. 牛はひづめが割れて (cloven hoof) いる。
9. 天井のはえをごらんなさい。
10. この国には火山がたくさんある。

(**B**) 次の文中に誤りがあれば正せ。
1. There are many monkies in the zoological garden. (動物園にはさるがたくさんいる)
2. They shot many deers. (彼らはしかを何頭も撃った)

3. He must be near-sighted, for he wears a spectacle (あの人は近眼にちがいない、めがねを掛けているから)
4. Do you know the difference between mices and rats. (君ははつかねずみ と ねずみ のちがいを知っているか)
5. I have bought two dozen of handkerchieves. (私はハンケチを 2 ダース買った)

(C) 次の語の複数を作れ。
1. footman (下男), life (生命), roof (屋根), negro (黒人), mouse (はつかねずみ)
2. cargo (船荷), sheep (羊), duty (義務), fly (はえ), volcano (火山)
3. German (ドイツ人), city (市), wife (妻), race (競走), woman (女), father-in-law (しゅうと), donkey (ロバ)
4. gulf (湾), commander-in-chief (司令長官), major general (少将)
5. church (教会), village (村), Japanese (日本人), stomach (胃), consul-general (総領事)

II. PERSON
人　　称

111 代名詞が話す人をあらわすときは、これを **First Person**(一人称) といい、話しかけられる人をあらわすときは、これを **Second Person** (二人称) といい、話題となる人または物をあらわすときは、これを **Third Person** (三人称) という。

名詞はほとんどすべての場合に三人称であるが、まれには一人称、二人称の代名詞と同格のこともある。

FIRST PERSON

We **students** should not do any such thing. (われわれ学生はそんなことをすべきではない)

I, **Yoshitsune**, will never retreat a step. (われ義経は決して一歩も退かぬ)

SECOND PERSON

Where are you going, **Takahashi**? (高橋君、どこへ行くんだ)
You **boys** should never tell a lie. (きみたち少年は決してうそをついてはならない)

III. GENDER
性

112 名詞には男性をあらわすもの、女性をあらわすもの、男女両性に共通なもの、また無性物をあらわすものがある。この性の別を文法上 **Gender** (性) という。

英語には 4 種の性がある。

1. **Masculine Gender** (男性):──
    king (王), father (父), boy (少年), etc.
2. **Feminine Gender** (女性):──
    queen (女王), mother (母), girl (少女), etc.
3. **Common Gender** (通性):──
    sovereign (君主), parent (親), child (子供), etc.
4. **Neuter Gender** (中性):──
    stone (石), tree (木), box (箱), etc.

MODES OF DENOTING GENDER
(性 の 示 し 方)

性の区別をあらわすには次の三つの方法がある。
1. 全く別の語を用いる。
2. 性をあらわす語を付け加える。
3. 語尾に " -ess " を付け加えて女性形とする。

113 1. 全く別の語によって性別をあらわすもの。

性

Masculine	Feminine
man (男)	woman (女)
boy (少年)	girl (少女)
father (父)	mother (母)
papa (パパ)	mamma (ママ)
pater (おやじ)	mater (おふくろ)
son (むすこ)	daughter (娘)
brother (兄弟)	sister (姉妹)
husband (夫)	wife (妻)
uncle (おじ)	aunt (おば)
nephew (おい)	niece (めい)
king (王)	queen (女王)
…………	dowager (皇太后)
lord (貴人)	lady (淑女)
gentleman (紳士)	lady (淑女)
sir (男を呼ぶ敬称)	madam (女を呼ぶ敬称)
bachelor (男の独身者)	spinster (女の独身者)
…………	maiden (処女)
widower (男やもめ)	widow (やもめ)
bridegroom (花婿)	bride (花嫁)
wizard (魔法使い) [男]	witch (魔女)
horse (雄馬)	mare (雌馬)
bull (*or* ox) (雄牛)	cow (雌牛)
cock (おんどり)	hen (めんどり)
gander (雄がちょう)	goose (雌がちょう)
drake (雄がも)	duck (雌がも)
stag (雄じか)	hind (雌じか)
ram (雄羊)	ewe (雌羊)
drone (雄ばち)	bee (雌ばち)
hero (英雄, 小説の主人公)	heroine (女主人公) [héroin]
lad (若者)	lass (娘)
monk (僧)	nun (尼)

【注意】 "widower", "bridegroom" の二つは男性の方が女性の "widow", "bride" からできたものである。

"lover" は通例男性にのみ用いられる。女性は "sweetheart" である。したがって一般には女の方から, "He is my lover" のように言うのである。ただし "a pair of lovers" などという場合は男と女とを含む。

114 2. 性をあらわす語を前または後に付加するもの。

一般の動物は性をいう必要はあまりないから多くは通性であるが、特に性をあらわす必要あるときは "**he-**", "**she-**" または "**male**", "**female**" などを付加して区別する。

he-goat (雄やぎ)	she-goat (雌やぎ)
cock-sparrow (雄すずめ)	hen-sparrow (雌すずめ)
peacock (雄くじゃく)	peahen (雌くじゃく)
tom-cat (*or* he-cat) (雄ねこ)	she-cat (雌ねこ)
jack-ass (雄ろば)	she-ass (雌ろば)

人間でも平常あまり男女の区別を立てる必要のないものは多く通性名詞を用いているが、とくに区別の必要あるときは、やはり性をあらわす語を付加する。

male cousin (男のいとこ)	female cousin (女のいとこ)
boy student (男生徒)	girl student (女生徒)
man servant (下男)	{woman servant / maid servant} (女中)
orphan-boy (男の孤児)	orphan-girl (女の孤児)
washer man (洗たく男)	washer woman (洗たく女)

115 3. 接尾辞を付けるもの。

男性の語形そのままに、またはいくぶんつづりを変えたものに "**-ess**" を付加して女性形とする。

god (神)	god**dess** (女神)
emperor (皇帝)	empr**ess** (皇后)
prince (皇族男子)	princ**ess** (皇族女子)
duke (公爵)	du**chess** (公爵夫人)
marquis (侯爵)	mar**chioness** [máːʃənis] (侯爵夫人)
earl (count) (伯爵)	count**ess** (伯爵夫人)
viscount [váikaunt] (子爵)	viscount**ess** (子爵夫人)
baron (男爵)	baron**ess** (男爵夫人)
actor (俳優)	act**ress** (女優)
master (主人)	mist**ress** (女主人、主婦)

Master（少年の名につける敬称）　　Miss（未婚婦人の名につける敬称）
Mr.（男子の名につける敬称）　　　Mrs.（夫人の名につける敬称）

【注意】 "governor" は「知事」の意味のほかに、俗語で雇主のことを「親方」などといい、また父のことを「ちゃん」などというに当る語であるが、女性の "governess" は「女の家庭教師」をいうので「知事夫人」ではない。

"Mr." は "mister" の略形で発音は原語通り、"Mrs." は "mistress" の略形であるが [mísiz] と発音する。"Master", "Miss", "Mr.", "Mrs." など人の名に付ける敬称語は大文字で書き始める。

「著者」は男性も女性も "author" というのが一般的で、女性形の "authoress" はあまり用いない。男女の差別をしないことが女性を尊重することになるからであろう。同様に「詩人」は女性に対しても "poet" と言う。"poetess" という形は軽べつの気持ちを含むことが多い。

REMARKS ON GENDER
（性に関する注意）

116　1.　男女の性を区別していう必要のない場合、または、男女を一括していう場合に用いるために 男女両性に共通の通性名詞を有するものがある。

person（人）	＝man or woman
parent（親）	＝father or mother
child（子供）	＝{boy or girl / son or daughter}
monarch } sovereign}（君主）	＝{king or queen / emperor or empress}
spouse（配偶者）	＝husband or wife
deer（しか）	＝stag or hind
sheep（羊）	＝ram or ewe
cattle（牛）[集合名詞]	＝bulls or cows

以上のほか通性名詞のおもなものを次にあげる。

student（男女学生), pupil（男女生徒), baby（赤ん坊), infant（7才くらいまでの小児), orphan（孤児), servant（召使), relation（親せき), cousin（いとこ), friend（友人), enemy（敵), etc.

動物の名はたいがい通性である。

117 2. 動物の雌雄に共通のことを述べる場合には、通例、男性名詞をもって全体を代表させる。

>The **lion** is a beast of prey. [the lioness を含む] (ライオンは肉食獣である)
>The **horse** is a useful animal. [the mare を含む] (馬は有用な動物である)
>**Man** is mortal. [woman を含む] (人は死ぬべきものだ)

しかし雄よりも雌の方が有用な動物にあっては雌をもって全体を代表させる。たとえば "cow"(雌牛), "hen"(めんどり), "duck"(雌あひる), "goose"(雌がちょう)などは、それぞれ "bull"(雄牛), "cock"(おんどり), "drake"(雄あひる), "gander"(雄がちょう)よりも人間に有用なものだから、牛、にわとり、あひる、がちょうなど一般のことをいう場合には女性の方を用い、とくに必要ある場合でなければ男性名詞を用いない。

>A **cow** has no front teeth. [an ox を含む] (牛には前歯がない)

118 3. 男性女性別名詞をもつ動物の名に対する代名詞は "he", "she" の区別を立ててもよいが、無差別に "it" で受けてもさしつかえない。

>a **mare** with **her** (or **its**) young (子をつれた雌馬)
>The **lion** is strong enough to kill a **horse** with **its** sharp teeth and claws, and then drag **it** away to **its** den in the forest. (ライオンはその鋭い歯とつめとをもって馬を殺し、森の中のほら穴へ引きずって行くに足る力がある)

この例で "lion" も、"horse" も共に男性であるが中性代名詞 "it" で受けている。

>A fox caught a **hen** and killed **it**. (きつねが、めんどりを捕えてそれを殺した)

この場合の "hen" は女性だが "it" で受けている。

119 4. 通性と代名詞——通性名詞を用いて人をあらわした場合、

それを受ける代名詞の性は、その人のじっさいの性によってきめる。

> My **cousin** has caught a butterfly with **his** net. (いとこが網でちょうを一ぴき捕えた)

この場合の "**cousin**" が女ならば、もちろん "**her** net" としなければならない。

通性名詞を用いて動物をあらわした場合は通例 "it" で受けるが、それを主要な話題とするときには、じっさいの性別によって、"he", "she" とすることもある。

> I have a **dog**. **His** name is Teddy. (私は犬を飼っている。名はテディという)
> I had a **cat**. **She** was very sly. (私はねこを飼っていた。そいつはなかなかずるいやつであった)

【注意】 動物の性を問題外におく場合には強いものは "he" で、また、やさしいものは "she" で受ける習慣がある。ライオン、犬、たかなどは "he" で、ねこ、うさぎ、おうむなどは "she" で受ける。

男女をふくめて広く「人間」の意を示すときは "man" を用いることはもちろんである。人間の性が不明の場合にも "he" を用いるが、やかましくいえば、そういう場合には "he or she" といわなければならない。

> **Someone** has forgotten **his or her** umbrella. (かさをだれか忘れて行った)

120　5. "**baby**"(赤ん坊), "**child**"(小児) は通例 "it" で受ける。子供のうちは男女の区別がつきかねるからであろう。性別がわかる場合は、"he", "she" を用いてもよい。とくに "John", "Mary" などと名前をあげたときは、"it" とせず、"he", "she" と区別する。

> The **child** seems to have lost **its** way. (子供は道に迷ったらしい)
> Their **baby**, little Mary, was playing with **her** toys. (赤ん坊のメァリちゃんがおもちゃを持って遊んでいた)

【注意】 男女を通じ一般的にいう場合 "baby" や "child" を "he" で受けることもよくある。

A **baby** should have a bath every day, and if strong **he** may have two. (赤ん坊は毎日 1 回は入浴させるべきで、もし強壮ならば 2 回入浴させてもよい)

121 6. 擬人名詞の性——中性のものまたは抽象の性質を擬人化する場合には、力強いもの、偉大なもの、恐ろしいものなどは男性として "he" で受け、やさしいもの、美しいものなどは女性として "she" で受けるのが通例である。

Masculine:—the Sun (日), Death (死), Time (時), Winter (冬), War (戦争), Anger (怒り), Revenge (復しゅう), etc.
Feminine:—the Moon (月), the Earth (地球), Nature (自然), Spring (春), Peace (平和), Hope (希望), Mercy (慈悲), Liberty (自由), etc.

【注意】 擬人名詞は固有名詞のように Capital Letter (大文字) で書きはじめることが多いが、必ずしも常にそうとは限らない。

The Sun drove away the clouds with **his** powerful rays. (太陽はその力強い光で雲を追い払ってしまった)
I fear not **Death**. Let **him** come! (わたしは死を恐れない。死よ、来らば来れ)
The Moon shed **her** mild light upon the scene. (月はやさしい光でその場を照した)
Let **Peace** forever hold **her** sway. (平和をして永久に世を支配せしめよ)

遊星の名でギリシア、ローマの神話中の神の名から取ったものはその神の性に従う。たとえば "Jupiter" (木星)、"Mars" (火星)、"Mercury" (水星) は男性で、"Venus" (金星) は女性である。

英語で擬人法を用いるのは、詩またはとくに詩的表現の場合に限り、ふつうの場合は太陽でも月でも中性である。

What time will **the moon** rise?—**It** will rise at midnight. (何時に月が出るでしょう——夜中に出るでしょう)

122 7. 船には女性代名詞を用いるのがふつうであるが、"it" で受けても誤りではない。

Where was the ship lost? (船はどこで沈んだか)
She sank off the coast of Shirahama. (白浜沖で沈みました)
She has capsized with all **her** crew on board. (船員全部をのせたまま転覆した)

【注意】 "airship"(飛行船)はもちろん女性あつかいにすべきであるが、"train"(汽車), "motor-car"(自動車), "aeroplane, airplane"(飛行機)なども女性に扱われることがある。

123   8. 国の名を受ける代名詞に関して、文法家によっては次のような区別を立てる。

（a） 地理的に見る場合には "it" で受ける。

Japan is an island country. **It** consists of five principal islands, and **its** climate is generally mild. (日本は島国である。それは5個のおもな島からなり、気候は概して温和である)

（b） 国民として政治的に見る場合には "she" で受ける。

England opened **her** ports to the goods of all the world. (イギリスは全世界の商品に対して開港した)

しかし地理的に見る場合にも、主観または感情がはいれば、女性代名詞で受けることがある。

Japan is famous for **its** (or **her**) scenery. (日本は景色で有名だ)

EXERCISE 11

(**A**) 次の名詞の反対の性を作れ。
　landlord (主人), marquis (侯爵), countess (伯爵夫人), peacock (くじゃく), widow (未亡人), peer (貴族), lion (ライオン), host (宿屋などのあるじ), tiger (とら), master (主人), waiter (給仕), grandson (孫), heir (あとつぎ), negro (黒人), duke (公爵), drone (雄ばち)

(**B**) 次の和文を英訳せよ。
　1. 君は甥(おい)か姪(めい)があるか。
　2. その子が女の子であったのは残念だ (it is a pity)。
　3. 両親は彼の成功を聞いて喜んだ。
　4. 王子も王女も同じ先生につかれた。

5. 彼女は 28 の年に未亡人になった。
6. 赤ん坊は、死んだ母親のかたわらに眠っていた。
7. 船はすでにその修理を終えたから近々<u>出帆する</u> (weigh anchor) だろう。
8. 中国は大きい国だ。ヨーロッパ全体よりも広い<u>面積を有する</u> (to cover an area)。
9. 犬はねこを見てその後を追いかけた。

IV. CASE
格

124 名詞は必ず文中の他の語に対してある関係に立っている。すなわち動詞の Subject（主語）であるか、動詞または前置詞の Object（目的語）であるか、あるいは形容詞のように他の名詞に付加されているかなどである。名詞が文中の他の語に対するこれらの関係を **Case**（格）という。

英語の名詞には格が三つある。「てにをは」の「が」「は」に当るものが主格、「の」に当るものが所有格、「に」「を」に当るものが目的格と思えば大体見当がつく。ただし英語の名詞は形の変化のあるのは所有格だけで、他の二つの格は、語の位置、またはその他の関係によって示すのである。

Nominative Case（主格）:——
　Tom worked very hard.（トムは熱心に勉強した）
Possessive Case（所有格）:——
　This is **Tom's** book.（これはトムの本だ）
Objective Case（目的格）:——
　The teacher praised **Tom**.（先生はトムをほめた）
　The teacher gave **Tom this book**.（先生がトムにこの本を与えた）
　The teacher gave **this book** to Tom.（先生がトムにこの本を与えた）

125 【注意】 Nominative と Objective とは形が同一であるから、実用上からいえば、この二つを合わせて **Common Case**（通格）とみなし Common, Possessive の 2 格としてもさしつかえない。昔は次の 4 格に分けられた。
1. Nominative Case (主格)「は」「が」
2. Genitive Case (属格)「の」、Possessive Case に当る。
3. Dative Case (与格)「に」、Indirect Object に当る。
4. Accusative Case (対格)「を」、Direct Object に当る。

(1) NOMINATIVE CASE
主　　格

名詞は次の四つの場合に主格である。

126　1.　動詞の主語である場合。

Takahashi is the best scholar in our class　（高橋は私たちの級で一番よくできる）

127　2.　不完全自動詞または受動動詞の補語、すなわち Subject-complement である場合 (cf. §21)。この場合は名詞が Predicate (述部) 中にあって Subject (主語) と同一物をあらわすから **Predicate Nominative** (述部主格) と名づける。

The best scholar in our class is **Takahashi**　（私たちのクラスで一番できるのは高橋だ）
The best scholar is named **Takahashi**　（一番よくできる生徒は高橋という名前だ）

第 1 例の " Takahashi " は自動詞 " is " の Complement で、Subject の " the best scholar " に対するものである。

第 2 例の " Takahashi " は Passive Verb " is named " の Complement でやはり Subject の " the best scholar " に対するものである。

128　3.　人を呼びかけるときの名詞 ── これを **Nominative of Address** (呼びかけの主格) または **Vocative Case** (呼格) と名

づける。

> Come, **boys**! what shall we do? （おい、諸君、何をして遊ぼう）
> How are you, **Mr. Tanaka**? （田中さん、いかがですか）
>
> 【注意】 Nominative of Address としての普通名詞には冠詞をつけない。

129 4. Participle（分詞）の Sense Subject（意味上の主語）となっている場合。この場合は他の部分と文法上の関係がないから **Nominative Absolute**（独立主格）と名づける。

> **Takahashi** being absent, there was no one who could solve the problem. （高橋が欠席だったから、だれもその問題を解ける人はなかった）

この例の " Takahashi " は " being " という Participle の意味上の主語である。この文を書き直せば " As **Takahashi** was absent, there was..." となって、" Takahashi " は " was " という述語動詞の主語となる。

> 【注意】 Nominative Absolute を本当の主語と混同してはならない。
> **Takahashi**, being sick, did not go to school. （高橋は、病気だったから、学校へ行かなかった）
> この場合の " Takahashi " は述語動詞 " did not go " の主語である。

(2) POSSESSIVE CASE
所　有　格

FORMATION OF THE POSSESSIVE
（所有格の作り方）

130 1. 所有格を作るには名詞の語尾に Apostrophe(') " s " すなわち **" 's "** をつけるのが原則である。

Singular	Plural
man's （人の）	men's （人々の）
child's （子供の）	children's （子供らの）

131 2. 次のような場合には " **s** " をはぶいて Apostrophe だけをつける。これは発音上 [s] 音の重なるのを避けるためである。

(a) 語尾に " **-s** " をもつ複数名詞。

   a girls' school　（女子の学校）
   birds' nests　　（鳥の巣）

Singular	**Plural**
boy's （少年の）	boys'（少年らの）
lady's （婦人の）	ladies'（婦人らの）

(b) " **-sas** ", " **-ses** ", " **-sis** ", " **-sos** ", " **-sus** " などの語尾をもつ固有名詞。

  Moses' laws　（モーゼの十戒）　　for Jesus' sake　（イエスのために）

語尾が単に " **-s** " である固有名詞には " **'s** " をつける。

  Dickens's novels　（ディケンズの小説）
  Chambers's dictionary　（チェィンバーズの辞書）
  St. James's Palace　（聖ジェイムズ宮殿）

【注意】 所有格の " **s** " の発音は複数の " **s** " の発音と同じである。" s ", " z ", " x ", " ch ", " sh " の語尾をもつ語の複数を作るには "-es" をつけたが、所有格は語尾の如何にかかわらず " 's " をつけて作る。しかし発音は "-es" をつけた複数の発音と同じく別の Syllable (音節) となって [iz] と発音する (cf. §97)。

  a fox's [fɔ́ksiz] tail　（きつねの尾）
  Dickens's [díkenziz] novels　（ディケンズの小説）
  James's [dʒéimziz]　（ジェイムズの）

(c) " **-ce** ", " **-ss** " の語尾を有する抽象名詞を " sake " の前に置く場合 (cf. §141 (c))。

  for appearance' sake　（ていさいのために）
  for goodness' sake　（後生だから）

132 3. Compound Noun (複合名詞) あるいは名詞に形容詞句などのついた場合は最後の語のみを所有格とすればよい。複合名詞の複数の作り方と比較せよ (cf. §103)。

my **brother-in-law's** child （私の義兄の子供）
an hour and a half's talk （1 時間半にわたる話）
someone else's hat （だれかほかの人の帽子）
Smith the baker's son （パン屋のスミスの子）
Herod married his **brother Philip's** wife. （ヘロッドは兄フィリップの妻と結婚した）

ただし次のような場合にあってはどちらに "**s**" をつけてもよい。

I bought this book at {**Smith, the book-seller's.**
　　　　　　　　　　　　Smith's, the book-seller.
（私はこの本をスミス書店で買った）

133 4. 二つ以上の語が "and" で結合されている場合、Separate Possession（別個の所有）を示すにはその各語に "**'s**" をつけ、Joint Possession（共同の所有）を示すには最後の語のみに "**'s**" をつける。

This is **Taro, Jiro,** and **Saburo's** study. （これは太郎、次郎、三郎 3 人共用の書斎だ）
Taro's, Jiro's, and **Saburo's** desks are of a size. （太郎の机も次郎の机も三郎の机も皆同じ大きさだ）
I bought **Rowe and Web's** Grammar at **Kelly and Walsh's** (store). （私は Kelly and Walsh 書店でロウ、ウエッブ共著の文法書を買った）

【注意】 第 2 の例は "Taro's desk, Jiro's desk, and Saburo's desk are..." のはじめ二つの "desk" をはぶいたものであるから "Saburo's desk" と単数形でもよいわけだが通例複数にする。

MEANING OF THE POSSESSIVE
（所 有 格 の 意 義）

所有格の示す意義は次のとおりである。

134 1. Possessor（所有者）:――

my **brother's** watch （私の兄の時計）
Tanaka's knife （田中のナイフ）
a **man's** happiness （人の幸福）

135 2. Author (著者), Inventor (発明者), Discoverer (発見者):——

> **Toson's** novels (藤村の小説)
> **Webster's** Dictionary (ウェブスターの辞書)
> **Marconi's** wireless telegraphy (マルコニの無線電信)

136 3. 業務などの対象となるもの:——

> a **girls'** high school (女子高校)
> a **children's** hospital (小児科病院)

この2例では "girls" や "children" が "school" や "hospital" の所有者であることを示すものではない。"a school with the object of educating girls"（女子の教育を目的とする学校）, "a hospital with the object of treating children"（小児の治療を目的とする病院）という意味だから "girls" や "children" はその業務の対象である。

【注意】 この場合の "a" は後の名詞に属するものである。

137 4. 自動詞的の意味をもつ名詞の前にあっては Agent (動作主) をあらわす:——

> a **man's** birth, death, arrival, departure, success, failure (人の生、死、到着、出発、成功、失敗)
> my **father's** death (私の父の死)
> my **brother's** speech (私の兄の演説)

138 5. 他動詞的意味をもつ名詞の前にあっては、通例、行為を受けるものをあらわす。

> Prince **Ito's** assassination (伊藤公の暗殺)
> my **father's** accusers (私の父の非難者)

139 【注意】 所有格が次に来る名詞に対して意味上主格の関係に立つ場合を **Subjective Possessive** といい、目的格の関係に立つ場合を **Objective Possessive** という。他動詞的意味をもつ名詞の前の所有格は Subjective と Objective と両方の解釈を取り得る場合がある。そのい

ずれであるかは前後の関係によって判断するほかはない。[このことは代名詞の所有格についても、また"of"を用いた所有格についても同様である。]

(a) No one came to my **brother's rescue**. (だれも私の弟<u>を</u>助けに来てくれなかった)
(b) Without your **brother's** timely **rescue**, I should have been drowned. (君の弟さん<u>が</u>折よく助けてくれなかったら私はおぼれ死ぬところだった)

　(a) のは Objective Possessive で、(b) のは Subjective Possessive である。

　　He cannot get over **the loss of his wife**. (彼は妻に死なれて、あきらめかねている)

における "of his wife" は Objective Possessive であるが、これと同じ意味を次のように両様に言い得る：――

(a) He cannot get over **her loss**.
(b) He cannot get over **his loss**.

　(a) は彼女<u>を</u>失ったことをいうので "her" は Objective Possessive. (b) は彼が妻を失ったことをいうので "his" は Subjective Possessive である。(a) の "her loss" の意味を "her death" であらわせば、その "her" は Subjective Possessive である。次の2例にあってはそれぞれ "'s" は Subjective Possessive で、"of" は Objective Possessive である。

　　Alexander's conquest **of** Persia (アレキサンダーのペルシャ征服)
　　a **mother's** love **of** (her) children (母の子供に対する愛)

これは "Alexander conquered Persia" (アレキサンダーがペルシャを征服した)、"A mother loves her children" (母は子供を愛する) の意味である。

USES OF THE POSSESSIVE
(所 有 格 の 用 法)

140　1.　所有格をもつものはふつう人または動物をいう名詞に限る。無生物をいう名詞には所有格の形がないから前置詞 "of" を用いて所有の意味をあらわす。もっとも人または動物の場合に "of" を用いるのはさしつかえない。

格　　　　　　　　　　　　　　　　　　　　87

our teacher's name＝the name *of our teacher* （私たちの先生の名）
that horse's legs＝the legs *of that horse* （あの馬の脚）

とはいえるが、無生物をつかまえて

that table's legs　（あのテーブルの脚）
this room's door　（このへやの戸）

などということはできない。これは必ず "of" を用いて、

the legs **of that table**　　　　　the door **of this room**

といわなくてはならぬ。しかし代名詞ならば無生物でも所有格を用いてさしつかえない。

The length **of the table** is twice **its** breadth.（このテーブルの長さはその幅の 2 倍ある）

141　2.　人または動物をいう名詞のほかにも、次に掲げる類の名詞は所有格となることができる。

（a） Personified Objects（擬人物）あるいは Quasi-Personified Objects（準擬人物）:——

Fortune's favourite（運命の女神のお気に入り）; **Heaven's** will（天の意志）; the **sun's** rays（太陽の光線）; the **moon's** disk（月の表面）; the **earth's** surface（地球の表面）; for the **country's** goods（国家のために）; the **river's** flow（川の流れ）; the **ocean's** roar（海のどよめき）; the **mountain's** brow（山のひたい）.

He always listened to **Nature's** silent teachings.（彼は常に自然の黙示に耳を傾けた）

Be prompt at **duty's** call and never listen to **temptation's** whisper.（義務の声には、速かに応じ、誘惑のささやきには耳を傾けてはならない）

（b） Time（時）, Distance（距離）, Value（価格）, および Weight（重量）の名詞:——

Time:—

a **week's** journey（1 週間の旅）; three **days'** leave of absence（3 日の休暇）; a nine **days'** wonder（9 日もたてば忘れられるこ

と —— 人のうわさも 75 日); an **hour's** walk (1 時間の散歩); without a **moment's** hesitation (一刻の猶予もなく); **yesterday's** lesson (きのうの授業); **today's** paper (きょうの新聞); last **year's** crops (去年の農作); one **winter's** morning (*or* one winter morning) (ある冬の朝)

Distance:—

a **hair's** breadth (間一髪); a **boat's** length (1 艇身の長さ); fifty **miles'** journey (50 マイルの旅)

Value:—

a **dollar's** worth (1 ドルだけ); ten **cents'** worth of sugar (砂糖 10 セント分)

【例外】 a pennyworth (1 ペニーだけ), halfpennyworth (半ペニーだけ) [héipeniwə:θ]

Weight:—

a **ton's** weight (1 トンの重さ); two **pounds'** weight (2 ポンドの重さ)

(c) "sake", "end" その他 二、三 の 語 を 含 む Idiomatic Phrase (慣用句) 中の名詞:——

The examination is gone through **for form's sake**. (試験はただ形式のためにするのだ)

For Heaven's sake, spare the poor fellow. (後生だからあのかわいそうなやつを許してやってくれ)

Let's do so **for convenience' sake**. (便宜のためにそうしよう)

He has Shakespeare **at his fingers' ends**. (彼はシェイクスピアの作をほとんどそらんじている)

There was a pond **within a stone's throw of** the inn. (その宿屋から石を投げれば届くほどの所に池があった)

At last we got to our **journey's end**. (ようやく目的地に着いた)

He failed in the attempt and was **at his wit's end**. (彼はその計画に失敗して途方に暮れてしまった)

for brevity's sake (簡単のために)

for old acquaintance' sake (昔なじみのよしみで)

for conscience' sake (良心のために＝気安めに)

for God's (goodness', mercy's) sake (後生だから、お慈悲だから)

【注意】 "sake" の前に来る語が [s] 音で終わるとき "'s" をつけると "s" が二つ続くから apostrophe (') だけをつける (cf. §131 (c))。

REMARKS ON THE POSSESSIVE
(所有格に関する注意)

142 1. 所有格名詞の次にくる "house"(家), "shop"(店), "store"(店), "palace"(宮殿), "church"(教会) などの語ははぶくことができる。しかし代名詞の所有格のつぎには、はぶくことはできない。

> I met him at my **uncle's** [house]. (おじの家であの人に会った)
> Shall you pass the **bookseller's** [store] on your way to school? (君は学校へ行きがけに本屋の前を通るか)
> I want you to take them to the **shoemaker's** [shop]. (それをくつ屋へ持って行ってもらいたい)
> St. **James's** [Palace] (聖ジェイムズ宮殿)
> St. **Paul's** [Cathedral] (聖ポール大寺院)

143 2. 一度前に出た名詞は所有格の次にはぶくことができる。

> This hat is my **sister's** [hat]. (この帽子は私の妹のだ)
> The thermometer in common use in Japan is **Celsius's** [thermometer]. (日本でふつう使う寒暖計は摂氏だ)

144 3. 所有格を "of"-Phrase であらわすと次のようになる。

(a) **my father's** friend = *the* friend *of my father*
(b) **my father's** friends = *the* friends *of my father*

これらの例において (a) は父には友人がただ一人しかないか、または前に話が出て何という友人か明らかな場合でなければ用いられない。(b) は父の友人全部を指すのである。

"of"-Phrase のときは定冠詞が用いられることに注意せよ。

145 【注意】 なお所有格については次の例を比較してみよ。

(a) { **a girl's** name = the name *of a girl* [a は girl につづく]
    { **the girl's** name = the name *of the girl*
(b) **a girls'** school = *a school for girls* [a は school につづく]

(a) の所有格は "of" という所有の意味をあらわすものである。
(b) の所有格は "for" という目的の意味をあらわすものである。

146 4. 所有格と不定冠詞とを併用する場合には、所有格を後へまわし、その前に "of" を置く。たとえば父の友人中の一人を指すのに "*my father's* a friend" あるいは "*a my father's* friend" などといわずに、**"a friend of my father's"** (=*one of my father's friends*) のような形を用いる。(3) と (4) に述べた三つの形をわかりやすいように列挙してみよう。

my father's friends	(父の友人全体)
my father's friend	{ただ一人しかない父の友人 または前に話の出たその友人}
a friend of my father's	(父の友人中の一人)
my father's books	(父の書物全部)
my father's book	(何の本と明らかにわかっている場合)
a book of my father's	(父の書物中の 1 冊)

【注意】 "my father's other book" とはいうが "my father's another book" とはいわない。**"another book of my father's"** といわねばならない。"another" は "an other" が 1 語になったものだからである。

147 5. 所有格と **"some"**, **"any"**, **"no"**, **"this"**, **"that"** などをあわせ用いる場合にも、上に述べたような構文になる。たとえば「兄のこの時計」を英語であらわす場合に "my brother's this watch" あるいは "this my brother's watch" とはいわずに **"this watch of my brother's"** と所有格を後へまわすのである。こういう場合には兄がたくさん時計を持っている中のこの時計という意味に限らない。兄がこの時計1個しか持っていなくてもこのように言う。この場合は "this watch **which is** my brother's" の意味である。

That sister of Takahashi's is very modest. (高橋のあの妹は非常におとなしい)

This overcoat of my brother's is already worn out. (兄のこのオーバーはもうすりきれている)

Any friend of my brother's is welcome. (弟の友人ならだれでも歓迎します)

【注意】 a photograph of my **father's** (父の写真) [所有]
a photograph of my **father** (父の写真) [父がうつっている]

(3) OBJECTIVE CASE
目　的　格

名詞は次のような場合に目的格である。

148 1. 動詞の目的語となる場合——名詞が動詞の目的語となる場合を細分すれば、次の四つになる。

（a） **Direct Object** (直接目的語):——

The teacher praised **Takahashi**　(先生は高橋をほめた)

（b） **Indirect Object** (間接目的語):——

He gave **Takahashi** a book.　(彼は高橋に書物を与えた)

（c） **Object of a Passive Verb** (受動動詞の目的語) すなわち Retained Object (保留目的語):——

Takahashi was given a **book**.　(高橋は書物を与えられた)

（d） **Cognate Object** (同族目的語):——

He lived a happy **life**.　(彼は幸福な一生を送った)
【注意】 動詞の目的語に関することは動詞篇でくわしく述べる。

149 2. 不完全他動詞の補語、すなわち Object-complement となる場合 (cf. §21)。

(a) They made him **king**.　(彼らは彼を王にした)
(b) They think him a **scholar**.　(彼らは彼を学者と考えている)

（a） の " king " は動詞 " made " の補語で、目的語の " him " と一致するから目的格である。

（b） の " scholar " は動詞 " think " の補語で、目的語である " him " と一致するから目的格である。

150 【注意】 この場合の他動詞を Passive (受動) になおすと Object-complement は変じて Subject-complement となり Nominative Case (主格) となる (cf. §557)。

- **Obj.**:—They made him **king**. (彼らは彼を王にした)
- **Nom.**:—He was made **king**. (彼は王にされた)

Infinitive (不定詞) の補語も場合に応じて目的格となり、あるいは主格となる。

- **Obj.**:—They think him to be a **scholar**. (彼らは彼を学者と考えている)
- **Nom.**:—He is thought to be a **scholar**. (彼は学者と考えられている)

151 3. 前置詞の目的語となる場合。

He was praised by his **teacher**. (彼は先生にほめられた)

152 4. 名詞が副詞のように、動詞や形容詞を修飾することがある。この場合の名詞を **Adverbial Objective** (副詞目的格) と名づける。ただし前置詞を加えて用いられるものは純然たる Adverbial Phrase となる。

He stayed [for] **five years** in Germany. (彼は5年間ドイツにいた)
I did not go to school [on] **that day**. (私はその日は学校へ行かなかった)
He is [by] **two years** older than I. (彼は私より二つ年長だ)

Adverbial Objective の用いられるおもな場合を次に列挙する。

Time (時日):——

Come **the day after tomorrow**. (明後日来たまえ)
He goes to Karuizawa **every summer** (彼は毎夏軽井沢へ行く)

Duration of time (時間):——

I waited **two hours**. (私は2時間待った)
Wait **a bit**. (ちょっと待て)

Repetition (度数):——

I have told you **times without number**. (なんべん言ったかしれない)

I have met him **several times**. （私は彼に何度も会った）

Distance (距離):――

I have walked **twenty miles** today. （きょうは 20 マイル歩いた）
I will not retreat **an inch**. （おれは 1 寸も退かぬ）

Direction (方向):――

He is coming **this way**. （彼はこっちへ来る）
(Step) **this way**, please. （どうぞこちらへ）

Age (年齢):――

He is **thirty years** old. （彼は 30 才だ）

Degree (程度):――

I do not care a **bit** (a **fig**, a **straw**, a **pin**) for him （私は彼のことなどはちっともかまわない）
This is **a great deal** better than that （この方があれよりずっと上等だ）

Measure (数量):――

The table is **six feet** long, **four feet** wide （テーブルはたて 6 フィート、よこ 4 フィートある）

Value (価値):――

This ring is worth **a hundred dollars**. （この指輪は 100 ドルの価値がある）

Manner (仕方):――

He was bound **hand and foot**. （彼は手足を縛られた）
It rained **cats and dogs**. （土砂降りであった）
He was standing **pipe in mouth**. （彼はパイプをくわえて立っていた）[*with* a pipe... ならば副詞句]

153 5. 名詞が Adjective Complement のように用いられることがある。この場合、その前に " of " という前置詞がはぶかれたもので、したがってその名詞は目的格である。こういう目的格を **" Objective of Description "** (記述の目的格) という。

The buffalo is about **the size** of a large ox. （水牛は大きな雄牛くらいの大きさだ）

The earth is **the shape** of an orange. （地球はオレンジの形だ）
It is **no use** crying. （泣いたってダメだ）
The door was **a dark brown**. （戸は暗かっ色であった）
What age is he? （彼はいくつくらいですか）
He is about **your own age**. （彼は君と同じくらいの年だ）

【注意】 物の性質など述べるには Adjective Complement を用いねばならないことは前に述べた。たとえば

He is **diligent**. （彼は勤勉だ）
He is **sick**. （彼は病気だ）

はよいが、"He is **diligence**" や "He is **sickness**" と名詞を使うことはできない。同様に

It is very **useful**. （それは非常に有用だ）

はよいが "It is great **use**" と名詞を直接に Complement にすることはできない。"of" をつけて "of use" として、はじめて "useful" という形容詞の代用となり得る。同様に

It is **useless** to cry.＝It is **of no use** to cry.

となるべきであるが、この "of" がはぶかれ、"to cry" が "crying" に変って "It is no use crying" という形ができたのである。

同様に "It is dark brown" といえば "brown" は形容詞、"dark" はそれにかかる副詞であるが、"It is [of] a dark brown" といえば "brown" は目的格名詞、"dark" はそれを修飾する形容詞である。

(4) NOUNS IN APPOSITION
同　格　名　詞

154 一つの名詞がほかの名詞（または代名詞）を説明するために並列的に用いられた場合、この二つの名詞は同格である。

(a) John, the **carpenter**, is an honest man. （大工のジョンは正直者だ）
(b) I bought this book at Smith's, the **bookseller** （この本はスミス書店で買った）
(c) How do you like Mr. Ito, the new **principal**? （君はこんどの校長の伊藤先生をどう思う）[訳し方に注意]

（a）の "carpenter" は Subject の "John" と同格だから Nominative Case である。

(b) の "bookseller" は Possessive Case である "Smith's" と同格だから、やはり Possessive Case である (cf. §132)。

(c) の "principal" は動詞 "like" の Object である "Mr. Ito" と同格だから Objective Case である。

EXERCISE 12

(**A**) 次の和文を英訳せよ。
1. これは私の妻の父の意見です。
2. 後生だから命だけは助けてください。
3. 君は帰りがけにくつ屋の前を通りますか。
4. そのふた (lid) の表面は美しくかがやいていた。
5. 君はフレデリック大王の伝記を読んだか。
6. 私の家は学校から 5 分とはかからない所にある。
7. 彼は 3 年ぶりの帰省だ。
8. 地球の表面の 4 分の 3 は水です。
9. 彼は途方に暮れるようなことは決してなかった。
10. 彼は 1 年の収入を 1 ヵ月の旅行で使ってしまった。

(**B**) 次の文中に誤りがあれば正せ。
1. The King's Palace of England is very magnificent (英国王の宮殿は壮麗なものだ)
2. John, Frank, and Mary's boots were stolen. (ジョン、フランク、メアリのくつが盗まれた)
3. This class's boys are diligence. (このクラスの生徒は勤勉だ)
4. I met him at the barber. (理髪店で彼に会った)
5. I met your brother's friend yesterday. Can you guess who it was? (私はきのう君のにいさんの友人に会った。だれだかわかりますか)

(**C**) 次の文中の名詞を摘出しその格を述べよ。
1. Ranke was a great historian (ランケは大歴史家であった)
2. Have you ever read Ranke the historian's works? (君は歴史家ランケの著作を読んだことがあるか)
3. I thought the man was a burglar (私はその男が泥棒だと思った)
4. I thought the man to be a burglar (私はその男を泥棒と思った)

5. The man was thought to be a burglar. (その男は泥棒と思われた)
6. I mistook (*or* took) the man for a burglar (私はその男を泥棒と間違えた)
7. Her mother gave her a pretty doll (母が彼女に美しい人形をくれた)
8. A pretty doll was given her (美しい人形が彼女に与えられた)
9. She was given a pretty doll. (彼女は美しい人形を与えられた)
10. Where are you going this summer? (君はこの夏どこへ行きますか)

2. PRONOUN
代　名　詞

155　代名詞は通例次の 4 種に分類する。

1. **Personal Pronoun**　　　　　（人称代名詞）
2. **Demonstrative Pronoun**　　（指示代名詞）
3. **Interrogative Pronoun**　　 （疑問代名詞）
4. **Relative Pronoun**　　　　　（関係代名詞）

【注意】 Personal Pronoun (人称代名詞) の中から Possessive Pronoun (所有代名詞) を独立させて 5 種に分類する文法家もある。また Demonstrative Pronoun (指示代名詞) の中から Indefinite Pronoun (不定代名詞) を別に独立させることもある (cf. §267)。

I. PERSONAL PRONOUN
人 称 代 名 詞

156　文法上の Person (人称) を完全に具備する代名詞を **Personal Pronoun** (人称代名詞) という。

【注意】 三つの人称を完全に具備するものは人称代名詞だけで、他の代名詞や、名詞は三人称に限るのが通例である (cf. §111)。

Personal Pronoun には人称のほかに Number (数), Case (格), Gender (性) の変化がある。このうち Case は語形の変化で示すが、その他はみな別の語を用いてあらわす。

		主　　　格	所有格	目的格	所有代名詞
一人称	単数	I　　（私）	my	me	mine
	複数	we　　（われわれ）	our	us	ours
二人称	単数	you　（あなた／君／おまえ） (thou)	your (thy)	you (thee)	yours (thine)
	複数	you　（あなたがた／君たち／おまえたち） (ye)	your	you	yours
三人称	単数	he　　（彼） she　（彼女） it　　（それ）	his her its	him her it	his hers —
	複数	they　（彼ら／それら）	their	them	theirs

REMARKS ON PERSONAL PRONOUNS
（人称代名詞に関する注意）

157　1.　"**I**" は常に Capital Letter （大文字）で書く。

158　2.　"you and I" と "he and I" は1語であらわすと、一人称複数の "**we**" であるが、"you and he" は二人称複数 "**you**" である。

> **You and I** (=**We**) have done **our** best. （君と私とは全力をつくした）
> **He and I** (=**We**) have done **our** best. （彼と私とは全力をつくした）
> **You and he** (=**You**) have done **your** best. （君と彼とは全力をつくした）

　3.　一人称複数、すなわち "**we**" に、次のような特殊用法がある。

159　（a）　君主は自分をよぶのに "I" の代わりに "We" を用いる。いわゆる **Plural of Majesty** （君主の複数）である。しかし今はほとんど用いない。

We are pleased with your faithful services. (きみの功労を満足に
　　思うぞ)

　しかし、この場合の複合代名詞は "ourselves" を用いないで
"ourself" という特別の形を用いる。

160 (b) 新聞記者などもまた自分をよぶのに "we" を用いる。
日本語でも「われら」「われわれ」などと複数にして世論を代表す
るような心持ちをあらわすのに等しい用法である。これは、いわ
ゆる **Editorial "we"** (編集の "we") である。

　　We always make it **our** object to guide the public opinion. (わ
　　れわれは常に世論を指導することを目的とする)
　　【注意】この場合の複合代名詞は "ourselves" を用いる。

161 (c) "we" を用いて一般の人をあらわす。「われわれ人間と
いうものは」というような心持ちである。

　　We are apt to despise those who are below **us**. (人はとかく目下
　　の者を軽んずるものである)
　　We cannot be too careful in this world. (世に処するにはどんなに注
　　意したとて注意しすぎるということはない——念には念を入れよ)

162 4. 二人称は単数・複数両方に "you" を用いるのが、通例で
ある。

　　Are **you** a student of this school? (君はこの学校の生徒か)
　　Are **you** students of this school? (君たちはこの学校の生徒か)

　単数の "thou"、"thy"、"thee" と複数の "ye" は古体で、
目上のもの、とくに神に対して、また反対に目下の者に対しても
用いられた。今日も詩歌、祈とう文、そのほか厳粛を欲する文な
どに用いられ、また方言などに出てくることはあるが、ふつうに
は用いられない。もっとも Quaker 宗の人々は日常の談話にこれ
を用いることもある。

　　O **thou** Almighty God! (ああ、なんじ万能の神よ)
　　O my country! **thy** welfare is all I care for! (ああわが国よ、わ

れ、ただ、なんじが繁栄をのみ願うなり）

Begone, **thou** scoundrel! How I hate **thee**! (去れなんじ悪党、われなんじを憎むことはなはだし)

Ye, gods! (なんじ、神々よ)

163　5.　性の区別のあるのは三人称単数だけである。一人称(自分)、二人称(話の相手)に性の区別がないわけは、現在面と向き合って話をしているものの間では、とくに性を区別する必要がないからである。また複数になると、男も女も含まれてくるから、性を区別するわけにはいかない。

164　6.　"**you**" も "**we**" と同様一般の人を指すのに用いる。

Whenever **you** see an ant, **you** will find it working (ありはいつ見てもきっと働いている)

He is what **you** call a self-made man. (あれがいわゆる「裸一貫からやりあげた人間」だ)

165　7.　"**he who** (or **that**)..." を用いて "any one who..."（...の人はだれでも）の意をあらわすことがある。複数にして "**they who** (or **that**)..."（...の人々は）といっても同じ意味である。ただし口語では "he who..." や "they who..." の代わりに "one who...", "those who..." を用いる。

He who touches pitch shall be defiled therewith. (朱に交われば赤くなる) [pitch にさわるものは黒くよごれる]

He that rules his mind is better than **he that** takes a castle. (自分の心を治める者は城を攻め取る者にまさる)

166　8.　"**they**" が漠然とそのことに当る人々を指すことがある。これは行為者が不明であるか、あるいは、不必要である場合に、Passive Construction（受動の構文）を避けるためである。

We cannot cross the bridge; **they** are repairing it ($=it\ is\ being\ repaired$). (橋が通れない。修理中だから)

Do **they** speak English ($=Is\ English\ spoken$) in Australia? (オーストラリアでは英語を話すか)

They grow much rice (=*Much rice is grown*) in South China. (華南では米をたくさん作る)

167 9. "**they**" はまた "people"（世間の人）の意に用いられることがある。

They say (=*People say; It is said*) that he is going to resign. (あの人は辞職するそうだ)
They say, "Time is money." (世間では「時は金なり」という)

168 10. 2個以上の人称代名詞を並べる場合には単数においては二人称、三人称、一人称の順序をとり、複数においては一人称、二人称、三人称の順序をとる。これは尊敬の程度とも関係がある。たとえば、

you, she, and I	we, you, and they
both you and I	we and you
either you or he	we nor they
neither he nor I	you or they

169 11. 所有格 "my"、"your"、"his" などの代わりに "of me"、"of you"、"of him" などを用いることがある。これは少数の Idiomatic Phrase（慣用句）に限る。

I cannot **for the life of me** recollect his name. (私はどうしても彼の名が思い出せぬ)
I ran **for my life**. (私は一生懸命逃げた)
【注意】 "**for one's life**" は「一生懸命」の意。"**for the life of one**" は否定に伴い「どうしても」の意。

You will be **the death of me**. (お前のために寿命がちぢまる)
I never saw **the like of him** (=*his like*) in my life. (あのような人は生れてから見たことがない)
It is not for me to sit with **the likes of you** (あなた方のようなおえらい方と同席するのは、わたしの柄でない)

USES OF "IT"

(It の用法)

"**it**" は人称代名詞のうちで、とくに用法の多いものであるから、項を改めて詳説することにした。

170 1. "it" は特定のものを指す名詞の代わりに用いられる。それで不特定な一つのものを指す名詞の代わりには用いられない。その場合には "**one**" を用いる。

> Have you *the knife* that I gave you the other day?—Yes, I have **it** (=*the knife you gave me*). (この間私のあげたナイフを持っていますか。——ええ、持っています)
> Have you *a knife*?—Yes, I have **one** (=*a knife*). (君はナイフを持っていますか。——ええ、持っています)

> My brother bought *a watch*, and gave **it** (=*the watch he had bought*) to me. (兄が時計を買って私にくれた)
> I want *a watch*, but have no money to buy **one** (=*a watch*) with. (私は時計が欲しいが、買う金がない)

171 【注意】 物質名詞で不定量をあらわす場合には "it" や "one" は用いられないで "some" や "any" が用いられる。

> Where shall I put *the money*?—Put **it** (=*the money*) in the drawer. (どこへ金を入れておきましょう——ひきだしへ入れておけ)
> If you are in need of *money*, I will lend you **some** (=*some money*). (金がいるなら貸してあげよう)

複数名詞の場合を参照:

> Have you read *the books* I have lent you?—Yes, I have read **them** (=*the books you have lent me*). (私の貸した本を読んだか。——ええ読みました)
> If you like to read *novels*, I will lend you **some** (=*some novels*). (小説を読みたいなら貸してあげよう)

172 2. "it" は主語となる場合には「"a"+名詞」の代わりに用いられる。この場合は「"a"+名詞」で表現される特定のものを指すことができるからである。

Must you have a pen? Won't a pencil do?—Yes, **it** (=*a pencil*) will do quite as well. (ぜひペンがいるんですか、鉛筆ではいけませんか。——鉛筆でも結構です)

I have never seen an electronic computor, and I wish to see what **it** (=*an electronic computor*) is like. (私は電子計算機を見たことがない、どんなものか見たいものだ)

173　3.　"it" は上述のように前に出た名詞 ("a" または "the" を伴なう単語) の代わりに用いられるのみならず、Phrase (句), Clause (節) などを代表する。

He bought *a gold watch*, and gave **it** (=*the watch*) to me　(彼は金時計を買ってそれを私にくれた)

I tried *to rise*, but found **it** impossible.　(私は起きようとしたけれど起きられなかった)

He is an honest man; I know **it** well.　(彼は正直な人だ。それは私もよく知っている)

174　4.　"it" はまた後に来る語、句、または節を前もって指す。

（a）　主語であるべき語、句、節などを後へまわし、その代わりに "**it**" を **Formal Subject** (形式主語) として前に置くことがある。

It is a vicious beast, *that horse of yours*.　(手におえぬ動物だね、君のあの馬は)

It is wrong *to tell a lie*.　(うそつくのは悪い)

It is no use *trying to excuse yourself*.　(言いわけしようとしてもだめだ)

Is **it** true *that he has failed*?　(彼が失敗したというのは本当ですか)

これらの例で "it" はそれぞれ斜体で書いた部分を代表するものである。

175　（b）　目的語であるはずの句または節を後へまわし、その代わりに **Formal Object** (形式目的語) として "**it**" を前に置くことがある。

I thought **it** wrong *to tell a lie*. （うそをつくのは悪いと思った）
I think **it** likely *that he has failed*. （彼が失敗したというのはありそうなことと思う）

176 （c） 人称、性、数に関係なく、問題になっている人、物、事を指す場合に "**it**" を用いる。

Who is **it** [that is at the door]? （玄関へ来たのはだれでしょう）
I suppose **it** is Miss Hanako. （きっと花子さんですわ）
Who is there?—**It** is I. （どなたですか——私です）

177 （d） 主語、目的語、副詞などを強めるために "**It is . . . that . . .**" の形を用いる。

Tanaka broke the window yesterday. （田中がきのう窓をこわした）
It was Tanaka **that** broke the window yesterday. （きのう窓をこわしたのは田中だ）
It was the window **that** Tanaka broke yesterday. （田中がきのうこわしたのは窓だ）
It was yesterday **that** Tanaka broke the window （田中が窓をこわしたのはきのうだ）

178 【注意】（1） 以上4例のうち第2, 第3の "**It was** . . ." を "**It is** . . ." と現在にする人もある。ただし第4例のように過去の「時」をいう場合は必ず過去形にする。

（2） この "that" の前に来るものが人のときには "who" を、物のときには "which" を、時の場合には "when" を代用して

It was Tanaka *who* . . .
It was the window *which* . . .
It was yesterday *when* . . .

とする構文も、しばしば見られる。

179 こういう構文の関係代名詞の人称および数は、先行詞である "it" と一致しないで、強めた語の人称、数と一致する。

It is **I that am** wrong. （まちがっているのは私です）
It is not **you that are** to blame. （悪いのは君ではない）

5. 漠然と天気、時刻、距離などをあらわす場合に "**it**" を主語として用いる。

180 Weather (天気):——

It (=*The weather*) was very fine yesterday. (きのうは非常な好天気だった)
It (=*The air*) is very cold today. (きょうは たいそう 寒い)
It (=*The wind*) is blowing hard. (ひどく吹いている)
It rains (=*Rain falls*) much in June. (6月は雨が多い)
It lightens and thunders. (いなずまがひらめき、雷がとどろく)

181 Time (時刻):——

What time is **it** now? (今は何時ですか)
It is half past eleven. (11時半です)
It (=*The clock*) has just struck one. (ちょうど1時を打ったところだ)
It (=*The hour*) is still early. (まだ早い)
It is getting dark. (そろそろ暗くなりかけている)
It is getting colder and colder every day. (日増しに寒さが加わっています)
It is time to go to bed. (もう寝る時刻だ)
It (=*The day*) was Sunday, and there was no school. (その日は日曜日で授業がなかった)
It (=*The season*) was spring, and the birds were singing on every side. (春のことで、あっちでもこっちでも鳥が歌っていた)

【注意】 " it " が時刻をあらわすのでなくて時間の長さをあらわすことがある。

It is now three years since he died. (あの人が死んでからもう3年になる)[「時間の長さ」が「3年である」のだから、" is " でよいので、これを " has been " としないのがふつう]
It was some time before he appeared. (しばらくしてから彼がやって来た)
It will be not be long before he gets well. (彼は間もなくなおるだろう)

182 Distance (距離):——

How far is **it** from here to Kyoto? (ここから京都までどのくらいありますか)
It (=*The distance*) is about two miles to the next village. (隣り村までおよそ2マイルです)

183 6. 以上のほか、次に掲げるような慣用法がある。

> How is **it** with your children? (=How are your children?) (お子様方はいかがですか)
> Is **it** well with them? (=Are they well?) (お達者ですか)
> **It** is always so (*or* the case) with him. (あの人はいつもそうだ)
> **It** is all up (*or* over) with me. (もうだめだ＝万事休す)
> **It** fared well with me. (=I fared well.) (うまく行きました＝好都合に参りました)
> **It** says in the papers that... (=The papers say that...) (新聞に...と出ている)

USES OF CASES
(格 の 用 法)

代名詞の格の用法は名詞の格の用法とほぼ同一であるから、くわしいことははぶいて、注意すべき点を二、三挙げるに止める。

184 1. 接続詞 "**as**" および "**than**" の次に Nominative Case を置くべき場合に Objective Case を誤用しやすいから注意を要する。これは後の Clause のなかの動詞をはぶいたために "as" や "than" を前置詞と誤解することから生ずるので、口語ではふつうであっても、文法的には誤りである。

> ⎧ Is she as clever as **him**? ....(誤)
> ⎨ Is she as clever as **he** [is]? ....(正)
> ⎩ (彼女は彼と同じくらい賢いか)
>
> ⎧ She is cleverer than **him**. ....(誤)
> ⎨ She is cleverer than **he** [is]. ....(正)
> ⎩ (彼女の方が彼よりは賢い)

しかし "than" や "as" の次に目的格が来ることもある。それは主語も動詞も共にはぶかれて、その動詞の目的語が残る場合である。次の2例を比較せよ。

> {He loves me better **than** [he loves] **her**. (彼は彼女を愛する以上に私を愛する)
> He loves me better **than she** [loves me]. (彼は彼女が私を愛する以上に私を愛する)

> {He loves you as well **as** [he loves] **me** (彼は私を愛すると同様に君を愛している)
> He loves you as well **as I** [love you]. (彼は私が君を愛すると同様に君を愛している)

185【注意】 この規則に対する例外として "**than whom**" だけは一般に正しいとされている。たとえば

There is no better scholar **than he** [is]. (彼よりよくできる人はない)

において "he＝Mr. Ito" とした場合には、たとえば

I will ask Mr. Ito, **than whom** there is no better scholar. (伊藤君にきいてみよう、伊藤君よりよくできる人はないから)

となる。これは "**than**" が一種の前置詞になったものと考えればよい。

186 2. 動詞の Complement の格はその関係する名詞(代名詞)の格と一致するものである (cf. §§ 127, 149)。

(a) I thought (that) **it** was **he**.

["he" は "was" の主語 "it" と一致する]

(b) **It** was thought to be **he**.

["he" は "was thought" の主語 "it" と一致する]

(c) I thought **it** to be **him**.

["him" は "thought" の目的語 "it" と一致する]

(a) と (b) とにおける "he" は Subject-complement (すなわち主語 "it" に一致するもの) で、(c) における "him" は Object-complement である。

187【注意】 "It is I" の代わりに "It is **me**" というのは、厳密な文法にはかなっていないが、教育ある人々の間にも広く用いられているから、"It is me" だけは例外的に、正しい形とみとめられる。これは "It is **he**" や "It is **she**" と音が似ていることにもよるらしい。"It is **him**" や "It is **her**" も見受けるが、これは正しくない。

POSSESSIVE PRONOUN
(所有代名詞)

188 1. 所有格は形容詞のように名詞につけて所有を示すものであるが、所有代名詞は単独に名詞のように用いられる。

This is **my** book. (これは私の本だ)
This book is **mine** (=*my book*). (この本は私のだ)

"**my**" はふつうの所有格で形容詞的に名詞につけて用いられるが、"**mine**" は所有代名詞である。

189 2. Possessive Pronoun は常に三人称として用いられ、数は単複同形である。

{ This book is **mine** (=*my book*).
{ These books are **mine** (=*my books*).

He and I each bought a ball. **His** (=*his ball*) was cheaper than **mine** (=*my ball*). (彼と私とめいめいボールを1個ずつ買った。彼のは私のより安かった)

He and I each bought some apples. **His** (=*his apples*) were all very large, while **mine** (=*my apples*) were rather small. (彼と私とめいめい りんごをいくつか買った。彼のはみな非常に大きいが、私のはみな小さかった)

Our principal is a better scholar than **theirs** (=*their principal*). (私たちの校長の方が彼らの校長より学問がよくできる)

190 3. 前掲の例はいずれも前出の名詞の反復を避けるために Possessive Pronoun を用いるのであるが、また次のような強調的な用法もある。

Hers (=Her case) is a serious case. (彼女は重態だ)
Mine is an old family (=My family is an old one). (私の家は古い家柄だ)
It is **theirs** (=their duty) to obey. (服従するのが彼らの義務だ)

手紙の結びの "**Yours** truly", "**Yours** faithfully" などもこの類に属すべきものである。

191 4. Possessive Pronoun には主格および目的格はあるが、所有格はない。

> He and I each bought a knife. **His** was sharper than **mine** [was]. (彼も私もナイフを 1 丁ずつ買った。彼のは私のよりよく切れた)
> But he has lost **his**, so I have lent him **mine**. (しかし彼が自分のをなくしたから、私のを貸してやった)

第1例の "his", "mine" は共に Nominative で、第2例の "his", "mine" は共に Objective である。

【注意】 "he" の Possessive Case と Possessive Pronoun はともに "his" であるから注意を要する。

192 5. "a", "some", "any", "no", "this", "that" などが所有格と併用される場合には Possessive Pronoun を用いて §146 および §147 に述べたような形になる。

> I went there with **a friend of mine** (=*one of my friends*). (私はある友人といっしょにそこへ行った)
> That is **no business of yours** (=*none of your business*). (それは君の知ったことではない=いらぬお世話だ)
> Where did you buy **that watch of yours**? (君のあの時計はどこで買ったのか)
> **This world of ours** is like a great theatre. (われわれのこの世界は大きな劇場のようなものだ)
> **These children of hers** are naughty. (あの女のこの子供たちはいたずらだ)

【注意】 "my friends" といえば友人全部を指すことになる。友人中の一人を意味するときは "a friend of mine" の形を用い、友人が一人しかない場合には "my friend" という。ただし友人中のだれときまった人をいうとき、あるいは、前に名の出た友人を指すときには "my friend" を用いてさしつかえない (cf. §144)。

> I went with **my friend** Mr. Ito. (私は友人伊藤君といっしょに行った)

COMPOUND PERSONAL PRONOUN
(複合人称代名詞)

193 1. 人称代名詞の所有格または目的格に **-self** または **-selves** を加えたものを **Compound Personal Pronoun** (複合人称代名詞) または **Reflexive Pronoun** (再帰代名詞) という。

　複合人称代名詞は 同一形を 主格および 目的格として用いるが、所有格の形がないから、その代わりにふつうの 人称代名詞の所有格に "own" をつけたものを用いる。

		主格および目的格	所　　有　　格
一　人　称	単数 複数	myself ourselves	my own our own
二　人　称	単数 複数	yourself (thyself) yourselves	your own (thy own) your own
三　人　称	単数 複数	himself herself itself themselves	his own her own its own their own

　【注意】　一般的の三人称 "one" に対しては "oneself", "one's own".

　2. 複合人称代名詞の用法は二つに大別することができる。

194 (a) **Reflexive Use** (再帰的用法)——Agent (動作主) が自己に対してする動作を示す。 すなわち自分で自分をどうこうする場合に **Reflexive Object** (再帰目的語) として用いる。Object である以上 Sentence の構成上必要な要素であることはいうまでもない。

　　He killed **himself**. (彼はみずからわが身を殺した＝自殺した)
　　It is hard to know **oneself**. (自己を知ることはむずかしい)
　　Know **thyself**. (なんじ自身を知れ)

This machine operates **itself**. (この機械は自動的に動きます)
Allow me to introduce **myself**. (自己紹介をさせていただきます)
Heaven helps those who help **themselves**. (天はみずから助くるものを助く)

195　(b)　**Emphatic Use** (強意的用法)──主語あるいは目的語を強めるためにそれと同格的に用いられる場合は、単に意味を強めるだけのはたらきをする。

この場合には、"even"(さえも), "also"(もまた)の意味に解するとよい。

No man but has his faults; Confucius **himself** was not free from faults. (だれ一人欠点の無いものはない、孔子でさえ欠点を免れなかった)
I am going the same way **myself**. (私もやはり同じ方へ行くのです)
He **himself** killed the man. (彼はみずから手をくだしてその男を殺した)
It was the Queen **herself**. (ほかならぬ女王ご自身であった)

【注意】 他の名詞あるいは代名詞に付加されずに独立して用いられることがある。

Both my brother and **myself** were scolded. (兄も私自身もしかられた)

196　3.　複合人称代名詞の所有格(すなわち"my own", etc.)は、ふつうの人称代名詞の所有格より意味が強い。

His own children are ashamed of his conduct (彼自身の子供でさえ彼の行為を恥じている)
I gave him **my own** lunch. (私は自分の弁当を彼にやってしまった)
My house is not always **my own** house. (私の家というのは必ずしも私の所有家屋というわけではない──借家かもしれない)
Study in **your own** room. ([人の部屋で勉強しないで] 自分の部屋で勉強しなさい)

197　4.　複合人称代名詞の所有格は Possessive Pronoun と同じように、"a", "some", "any", "no" などと併用される場合には、次のような形になる (cf. §§ 146-147)。

代　名　詞

Has he **a house of his own**? (彼は自分の家があるのか)
He has **no house of his own**. (自分の家はない)
They have **no child of their own**. (あの人たちは自分の子というものがない)
She has **some property of her own**. (彼女は自分の財産が少しはある)

「自分で自分の何々を」という場合にもこの形を用いる。

He cleans **his own** boots. (彼は自分で自分のくつをみがく)

EXERCISE 13

(**A**)　次の和文を英訳せよ。
1. ここは雪がたくさん降りますか。
2. 彼は気が狂って (to go mad) 自分の家を焼いた。
3. 君自身がそう言った。
4. まだ春のはじめでなかなか寒かった。
5. 彼は首をつって死んだ。
6. けさ君の友人に会った。
7. ここから学校まで 3 キロばかりある。
8. これは私のではない、私のはこれよりずっと大きい。
9. 私の求めるものは私自身のへやである。
10. あなたのそのオーバーはいくらしましたか。

(**B**)　次の文中に誤りがあれば正せ。
1. Our father is older than theirs.　Ours are fifty years old. while theirs are forty-seven. (私たちの父はあの人たちのおとうさんより年上です。私たちの父は 50 才なのに、あの人たちのおとうさんは 47 才です)
2. It is you that is wrong. (まちがっているのは君だ)
3. She won't marry such a man as him. (彼女は彼のような人のところへはお嫁に行かないといっている)
4. I thought it was your sister, but it was not her. (私はそれは君の妹さんだと思ったが、そうではなかった)
5. Do you need a pen?—Yes, I need it. (ペンがいりますか。ええ、いります)

(**C**)　次の文中太字で印刷した部分を It is . . . that の形式で強めよ。
1. I feared **the dog**, not the man. (私は犬を恐れたのです。人を恐れたのではありません)

2. **Whom** do you want to see? (だれに会いたいのですか)
3. I did so **against my will**. (私はいやいやながらしたのです)
4. **Who** has broken the window? (窓を破ったのはだれだ)
5. We finished the work **with great difficulty**. (われわれは非常な困難をして仕事をかたづけた)

II. DEMONSTRATIVE PRONOUN AND DEMONSTRATIVE ADJECTIVE
指示代名詞および指示形容詞

198 ある物を指し、それを代表する語を **Demonstrative Pronoun**(指示代名詞)という。

DEMONSTRATIVE PRONOUNS

		Singular	Plural
(1)	**Definite**	this that the other ――	these those the others such as (=those who)
(2)	**Indefinite**	one (人) another one who } he who }	they others those who } they who }
(3)	**Repetitive**	one that such	ones those such

Demonstrative Pronoun で名詞を加えて用いられるものは形容詞となる。この種の形容詞を **Demonstrative Adjective** (指示形容詞) という。

DEMONSTRATIVE ADJECTIVES

	Singular	Plural
(1) **Definite**	the this that such a the same* the other	the these those such the same* the other
(2) **Indefinite**	a (an) some any no a certain one (ある) another	—— some any no certain —— other
(3) **Distributive**	each* every either* neither*	—— —— —— ——
(4) **Quantitative**	—— —— some* any* no	both* all* some* any* no

＊をつけたものは独立しても用いられるもの。

指示代名詞および指示形容詞

指示代名詞と指示形容詞は、一方は単独で、他方は名詞と共に用いられる点を除いては形において全く共通のものが多いから、ここでは両方をあわせて説くことにする。そのおもなものを表示したのが p. 113 と p. 114 の 2 表である。

199 【説明】(1) 指示代名詞も指示形容詞も、とくにきまったものを指すか否かによって Definite (特定), Indefinite (不定) の別がある。

(2) 指示代名詞のうち **Repetitive Pronoun** (反復代名詞) は同一名詞の反復を避けるために用いる代名詞である。ふつうの代名詞は前に出た名詞の代わりとして、それと同一物を指すのであるが、反復代名詞は前に出た名詞と同一物を指すのでなくて、同種類の別物を指すために用いる。

(3) " each ", " every ", " either ", " neither " の 4 個は常に単数で、個々に分ける性質をもっているから **Distributive Adjective** (個別形容詞) と名づける。

(4) **Quantitative Adjective** (数量形容詞) のうち " all ", " some ", " any ", " no " は、Indefinite Quantitative Adjectives (§§ 347-365) の項で論ずることもできるが、便宜のため " both " とともにここにあわせ論ずることとした。

200 【注意】上の表で見てもわかるとおり、同一の語で代名詞としても形容詞としても用いられるものが多い。たとえば " **This** is my hat " (これは私の帽子だ) の " this " は代名詞であるが、" **This** hat is mine " (この帽子は私のだ) の " this " は形容詞である。このように代名詞・形容詞両方に用いられる語の 2 用法について、代名詞の場合を **Adjective Pronoun** (形容代名詞), 形容詞の場合を **Pronominal Adjective** (代名形容詞) と名づける文法家もある。

また同一の語が数個の分類中にあらわれているのがある。たとえば " one " は漠然と「人」という意味のときは Indefinite Pronoun で、" this one " (こっちのそれ), " that one " (あっちのそれ) などという場合には Repetitive Pronoun であり、また " one day " (ある日) の " one " のように形容詞として用いられることもある。

こういうわけで一々前表のような分類に従って説明するのは煩わしいばかりであるから、" this " とか " one " とか、語によって項を分け、その項目においてその語のすべての用法を述べることにする。

"This" and "That"

201 1. **"this"**(複数 **"these"**)は「これ」と、近いものを指し、**"that"**(複数 **"those"**)は「あれ」「それ」と、遠いものを指す。**"it"** は人称代名詞で、"that" のような指示機能がなく、「すでにわかっているもの」を受けるので、日本語には訳さなくてもよいものである。

>   **This** is a pen; **that** is a pencil.　(これはペンです、あれは鉛筆です)
>   What is **this**?――It is a book.　(これはなんですか――本です)
>   What is **that**?――It is a map.　(あれはなんですか――地図です)

以上は代名詞として用いられた例であるが、形容詞としての例を次にあげる。

>   **This** book is mine; **that** book is Tanabe's.　(この本は私の、あの本は田辺のだ)
>   **These** books are easier than **those** books.　(こっちにある本はあっちにある本よりやさしい)

202 2. 時を示すには現在を中心として、**"this"** はすべて現在を含む時に用い、**"these"** は現在に接する過去と未来を示し、**"that"** と **"those"** とはおもに現在と隔った過去を示す。

現在:――

>   **this** week (今週), **this** month (今月), **this** year (ことし), **this** morning (けさ), **this** eveninig (今晩), **this** instant (この瞬間、今すぐ), etc.

過去:――

>   I have been studying English **these five years** (=*for the last five years*).　(私はこの 5 年間――5 年この方――英語をやっている)
>   There was no printing **in those days**.　(その頃は活版印刷というものが無かった)
>   Up to **that** time all went well. (その時までは万事好都合に行った)

未来: ――

> I must study it **these two years** (=*for the next two years*) yet. (まだ今後 2 年間研究しなくてはならぬ)
> I will take you there **one of these days** (=*shortly* or *some day before long*). (近いうちに連れて行こう)

"**this day week**" は「先週、あるいは来週の、きょう」の意に用いられる。

> He left Kobe **this day week**. (彼は先週のきょう神戸を立ちました)
> I will see you again **this day week**. (また来週のきょうお目にかかります)
> I shall be able to finish it by **this time tomorrow**. (あすの今頃までにはやってしまえるでしょう)

203 3. 前に出た二つのものを別々に指す場合、「前者」の意に "**that**"（複数は "**those**"）を、「後者」の意に "**this**"（複数は "**these**"）を用いる (cf. §217, c)。

> Health is above wealth, for **this** cannot give so much happiness as **that**. (健康は富にまさる。後者は、前者ほどの幸福を与えないから)
> Work and play are both necessary to health; **this** gives us rest, and **that** gives us energy. (働くことと遊ぶこととは共に健康に欠くべからざるものである。遊びはわれわれに休息を与え、労働はわれわれに精力を与える)
> Dogs are more faithful animals than cats; **these** attach themselves to places, and **those** to persons. (犬はねこよりも忠実な動物である、ねこは場所に執着し、犬は人に愛着する)

204 4. "**this**" と "**that**" とを対にして「あれやこれや」と不定の意に用いることがある。

> One pig would run **this** way, another would run **that** way. (一ぴきの豚が走って行く、また一ぴきはあっちへ走ろうとする、といったありさまだった)
> The child is always breaking **this thing or that** (=*something or other*). (この子はいつも何かしらこわしている)

205 5. 同一名詞の反復を避けるため "**that of...**"(複数は "**those of...**")を「"**the**"+Noun+"**of**"...」の代わりに用いる。

>This gate is finer than **that** (=*the gate*) of my house. (この門は私の家の門より立派だ)
>The climate of Norway is not so mild as **that** (=*the climate*) of Japan. (ノルウェイの気候は日本の気候ほど温和でない)
>The ears of a rabbit are longer than **those** (=*the ears*) of a fox. (うさぎの耳はきつねの耳より長い)
>I prefer the style of Carlyle to **that** (=*the style*) of Emerson. (私はカーライルの文体の方がエマスンの文体よりも好きだ)

206 6. "**those who**" は "one who" の複数として用いられる (cf. §210)。

>**Those who** like borrowing, dislike paying. (借りることの好きなものは、払うことはきらいなものだ)

207 7. 前に出た Sentence を代表するために "this", "that" を用いることがある。

>I tried to learn the poem by heart; but **this** was no easy task. (私はその詩をそらで覚えようとしたが、それは なかなか 楽なことではなかった)
>He has good intention: but **that** is not enough. (彼は心がけはいい、しかしそれだけではしょうがない)

208 8. 前に出た Sentence をもう一度くり返す代わりに "**and that**"(しかも)を用いて意味を強めることがある。

>This ship was built in less than a year, **and that** in the midst of the war. (この船は1年もかからずにできた、しかも戦争の真最中に)

この例において "that" は "This ship...in a year" 全体を代表するもので、冗漫をいとわなければ "and that" の代わりに "and it was built" をくり返すところである。

He is now eleven, and yet can do nothing but read, **and that** very poorly. (彼はもう 11 才になる、それだのに読むことしかできない、しかもそれすら非常にまずい)

I must see him, **and that** immediately. (私は彼に会わなくてはならない、それもすぐに)

"One"

I. 代名詞としての **"one"**:——

209 1. **"one"** は "any one" (人はだれでも) の弱い形として "we", "you" と同じように広く「人」をいうのに用いる。一度 "one" を用いたら、それに応ずるにもまた "one" を用いるのが通例の規則である。"one", "one's" とすべきときに、"he", "his" とすることは避けなければならない。

One should always be prepared for the worst. (人は常に最悪の時の覚悟をしているべきものだ)
One does well what **one** likes to do. (好きこそ物の上手なれ)
One must not neglect **one's** duty. (人は自分の義務をおろそかにしてはならない)
One is apt to think **oneself** faultless. (とかく人は自分には欠点がないように思うものだ)

"**anyone**", "**someone**", "**everyone**", "**each one**", "**no one**" などは "he" で受ける。

Anyone thinks **himself** wise. (だれでも自分は利口だと思っている)
Everyone did **his** best. (だれも彼もみな全力を尽した)
No one knows what **his** fate will be. (自分の運命を知るものはない)

210 2. "**one who...**" は "those who..." と同じく「...するものは」の意味に用いる (cf. §206)。

{ **One who** is not diligent, will never prosper.
{ **Those who** are not diligent, will never prosper.
 (勤勉でないものは、決して栄えない)

> One who does not know a foreign language, does not know **one's** own. （外国語を知らぬ者は自国語を知らない）［外国語と比較研究してはじめて自国語がわかる］

211 3. "**one**" は同一名詞の反復を避けるために「"**a**"＋**Common Noun**」の代わりに用いられる。

> If you need a dictionary, I will lend you **one** ($=a\ dictionary$). （辞書がいるなら私が貸してあげよう）
> He is an Edokko, if ever there was **one** ($=an\ Edokko$). （江戸っ子ってものがあるなら、彼こそ江戸っ子だ）

この "**one**" に性質の形容詞がつくときは不定冠詞をつけたり、あるいは複数形になったりすることができる。

> The boy has three flags: **a** red **one** and two white **ones**. （少年が旗を三つ持っている、赤いのを一つと、白いのを二つ）
> ｛Have you a knife?――Yes, I have **one**――**a** good **one**.
> ｛Have you any knives?――Yes, I have **some**――**some** good **ones**.
> （ナイフがありますか。ええ、あります――上等のがあります）

"**one**", "**ones**" に "**the**", "**this**", "**that**", "**these**", "**those**", "**which**" などをつけることもできる。

> Here are three hats **Which one** is yours? **This one**, or **that one**, or **the one** on the peg? （ここに帽子が三つあるが、どれが君のです、これですか、あれですか、それともクギにかかっているのですか）
> This rule is more important than **the** preceding **ones**. （この規則は前の規則よりも重要なものである）

212 【注意】 つぎのような場合には "one" を用いることはできない。
　(1) 名詞、代名詞の所有格の後には "one" を用いない。
> Your father's house is larger than my **father's**. （君のお父さんの家は私の父の家より大きい）
> Your house is larger than **mine**. （君の家は私の家より大きい）

これらの例で "my father's one", "my one" などということはできない。それは、"my father's", "mine" が独立的に（名詞相当のものとして）用いられるからである。しかし、

This house is larger than **that one**. (この家はあの家より大きい)
ということはできる。それからまた、性質形容詞がつく場合は、所有格のつぎにでも " one " を用いることができる。

If you need a dictionary, I will lend you **mine**——**my** *old* **one**. (辞書がいるなら私のを——私の古いのを——貸してあげよう)

My horse runs faster than **my brother's**——**my brother's** *new* **one**. (私の馬は兄の——兄の新しいの——よりよく走る)

(2) 物質名詞の代わりに " one " を用いることはできない。

If you need *money*, I will lend you **some** (=*some money*). (金がいるなら私が貸してあげましょう)

この例で " some one " ということはできない。

(3) 序数をあらわす語のつぎには " one " を用いられない。

As we have finished the first chapter, now we will read **the second** (=*the second chapter*). (第1章がすんだから、こんどは第2章を読みましょう)

この場合に " the second one " としては誤りである。

213 4. " **one** " には次のような用例もある。

the little (dear, loved) **ones** (子供たち)
How are your little **ones**? (お子様たちはいかがですか)
The Holy **One**=**One** above (神)
The Evil **One**=The Devil (悪魔)

II. 形容詞としての " **one** ":——

214 1. 時を示す句において " **one** " は " a certain " (ある) の意に用いられる。

one time (=*once*) (ある時)
one morning (=*on a certain morning*) (ある朝)
【注意】 " one day " は過去に、" some day " は未来に用いるのがふつう。

One day he went out for a walk. (ある日彼は散歩に出た)
I will take you there **some day**. (いつかそこへつれて行きましょう)

215 2. 人名につけて「何某という人」の意をあらわす (cf. §51)。

One John Duddlestone called during your absence. (ジョン・ダドルストンとかいう人が、おるすの間にいらっしゃいました)

I received a letter from **one** Mr. Molloy. (私へモロイさんという人から手紙が来た)

【注意】 この場合の "one" は "a certain" の意の形容詞と見たのであるが、また "one" を代名詞と見、そのつぎに来る名詞を "one" の Apposition (同格) と考えることもできる。

"Other"

216 まず "other" の形容詞および代名詞としての用法を表にして示そう。

	形　　容　　詞		代　　名　　詞	
	単　　数	複　　数	単　　数	複　　数
特定	the other (man)	the other (men)	the other	the others
不定	another (man) some other(man)	other (men) some other (men)	another some other	others some other

【説明】 形容詞の方は後に来る名詞に単複があるので、形容詞そのものに単複はない。代名詞の方は複数は "others" となる。以下形容詞としての用法と代名詞としての用法をあわせて述べる。

217 1.　二つあるものの一つを取った残りの一つを "**the other**" であらわす。これは三つの場合にわけて考えられる。

 (a)　"**this ... the other**":——

　　from **this** side to **the other** side of the river （川のこっちがわから向うがわまで）
　　a fire on **the other** side of a river （対岸の火災）

 (b)　"**one ... the other**":——

　　二つあるものの中から、任意に一つ取れば "**one**" で、残った方は限定されるから "**the other**" である。

　　We have two dogs; **one** is white, and **the other** black. （私の家には犬が二ひきいる、<u>一ぴき</u>は白で<u>一ぴき</u>は黒い）

My brothers are both abroad; **one** in England, and **the other** in America. (私の兄弟はふたりとも外国にいる、ひとりはイギリスに、ひとりはアメリカに)

A cliff on **one side**, a ravine on **the other**. (一方はがけ、一方は谷)

【注意】 次の句では " one " の代わりに " the one " を用いるのが慣用である。

If, **on the one hand**, the Athenians were superior in numbers, the Spartans **on the other hand**, were unmatched in prowess. (一方 アテネが数においてまさっていれば、また一方スパルタは勇気において比類がなかった)

(c) " the one...the other ":——

前に出た二つのものを「前者」、「後者」と指すので **" the former...the latter "** というに等しい (cf. §203)。ただし前後の関係で **" the latter...the former "** の順序を示すこともある。

We have two dogs, a white one, and a black one; **the one** (=*the former*) is larger than **the other** (=*the latter*). (私の家には白いのと黒いのと犬が二ひきいる。白いのは黒いのより大きい)

Neither my elder brother nor my younger brother is in Japan; **the one** is in England, and **the other** in America. (私の兄も弟も日本にいない。兄はイギリス、弟はアメリカにいる)

【注意】 **" the other day "** は「過日」「先日」「いつぞや」などの意に用いる。

Is this the man you spoke of **the other day**? (これがこの間おはなしの方ですか)

218 2. たくさんの中から若干を取った残りがなお数個ある場合、それをひっくるめて **" the others "** であらわす。これは " the remaining ones " (残りもの) あるいは " the rest " (残余) の意味である。

One of my brothers lives in Tokyo; **the others** (=*the rest*) are all in the native town. (私の兄弟のうちひとりは東京にいるが、あとは皆 郷里にいる)

> I know only *one* or *two* of these students; **the others** are wholly unknown to me. (私はこの生徒のうち、ひとりふたりは知っているだけで、あとはまったく知らない)
>
> *Some* of these bananas come from the Bonin Islands, **the others** from Formosa. (このバナナは小笠原産のもあるが、のこりは台湾産です)

たくさんの中から若干を取り去った残りが一つならば、それは、もちろん **"the other"** である。

219 3. **"another"** は元来 "an other" が語になったもので、たくさんあるものの中からひとつ、またはいくつかを取った残りのうち、どれともきめず、ひとつを指す心持ちであるが、場合によっていろいろな意味になる。

> There were three men. *One* was blind, **another** (=*a second*) was deaf, and *the third* was lame. (3 人の人がいて、ひとりはめくら、ひとりはつんぼ、残るひとりはびっこであった)
>
> This is not good enough. Show me **another** (=*a different one*) (これではまだよくない、別のを見せてください)
>
> Show me those of **another** (=*a different*) make. (別の型のを見せてください) [make=type]
>
> Let's have **another** (=*one more*) bottle. (もう 1 本飲もうではないか)
>
> There is **another** (=*a different*) meaning. (もうひとつ別の意味がある)
>
> From that time he became **another** man. (その時から彼は別な人間になった＝生れ変ったようになった)
>
> If I am a mad man, you are **another** (*also one*). (私が狂人なら君も狂人だ)

220 【注意】 三つのものを "one", "another" といって二つ取ってしまうと残りは **"the third=the other"** である。四つ以上の場合には、"one", "another" といって二つ取り、その次の「もう一つ」は **"a third"** といい、その後に一つ残れば **"the fourth=the other"** であるが、このとき、たくさん残っていればそれを一括して **"the others"** あるいは **"the rest"** という。

221 4.「同じでありそうで、実は同じでない二つのこと」をあらわすのに "**one thing** ... **another** (**thing**)" を用いる。

 To know is **one thing**, to practice is **another**. (知ると行なうとは全く別である＝知ることはやすいが、実行はむずかしい)

 To read that people are eating human flesh is **one thing**; to see the bodies from which the flesh has been cut is **another**. (人間が人間の肉を食っているという記事を読むのと、肉が切り取られた死体を実際に見るのとは全く心持ちがちがう) [読んだのでは実際に見る恐ろしさは想像ができない]

222 5. 形容詞 "**other** (men or things)" および代名詞 "**others**" には "some", "any", "no" などをつけることができる。

 These are not good enough; have you not **any others**? (こんなのではまだよくない、もっとほかにありませんか)

 Yes, we have **some others**. (ええ、ほかにもまだございます)

 These are not all the mistakes; there are **several others**. (誤りはこれだけではない、まだほかにいくつもある)

 I know **some other** persons who would like to go. (ほかにもまだ行きたい人を知っています)

223 6. "**others**" を "other people"(他人) の意味に用いることがある。

 Whatever **others** may say, I will do my duty (人が何と言おうと私は自分のすべきことはする)

 I don't care what **others** may think of me. (人が自分を何と思おうがかまわない)

224 7. "**others**" はまた "some" と応じて「あるいは...あるいは」「A もあれば、B もある」などの意味に用いられる。

 { **Some** men say this, **others** (=*other men*) that; which should I believe? (ある人々はこうだと言い、またある人々はああだと言う、どちらを信じていいだろう)

  One man say this, **another** (=*another man*) that; which should I believe?(ひとりはこうだと言い、またひとりはああだと言う、どちらを信じていいだろう)

225 8. "**each other**", "**one another**" はいずれも「たがいに」の意であるが、前者は二つのものに、後者は三つ以上のものに用いるのが原則である。

> The boy and the girl loved **each other** (=*each of them loved the other*). (少年と少女とはたがいに愛していた)
> All the brothers stood by **one another** (=*every one of them stood by another*). (兄弟たがいに助け合った)
>
> 【注意】 この規則と反対に "each other" を三つ以上の場合に、"one another" を二つの場合に用いた例もしばしば見受けるが、原則としては上述のように定めておくがよい。

226 9. "**one after the other**" は二つのものの交代を意味し、"**one after another**" はいくつもの連続を意味する。

> The elephant raised up and set down **one** of his great forefeet **after the other**. (象はその大きな前足をかわるがわる上げたりおろしたりした)
> **One after another** all his plans have failed. (彼の計画は相ついでみな失敗に帰した)

227 10. "**some...or other**" を "**this or that**" の意味に用いる (cf. §204)。

> You ought not to be idle, you must do **something or other**. (なまけていてはいけない、何かしらしなくてはならない)
> He is always doing **some mischief or other**. (彼はいつでも何かしらいたずらをしている)
> If you do not learn it now, you will have to learn it **some time or other**. (今習わなければ、いつかしら習わなくてはならない)
> **Some day or other** you will have to repent of it. (いつか後悔しなければならぬぞ)
> He accomplished his purpose **somehow or other** (=by some means or other). (彼はどうかこうか目的を遂げた)

EXERCISE 14

(**A**) 次の和文を英訳せよ。
1. 名古屋城は大阪城よりりっぱだ。
2. 大阪の人口は名古屋の人口より多い。
3. この本は君の読んでいる本よりむずかしい。
4. 私は黒鉛筆が3本と、赤鉛筆が2本ほしい。
5. 私の馬は君の馬より早く走る。
6. 私は顕微鏡 (microscope) を買いたいが買う金がない。
7. この郵便を出してくれ、それもすぐ頼むよ。
8. 私は5年この方英語をやっている。
9. 来週のきょうは帰って来ます。
10. 彼も悪党 (ruffian) だが、そのむすこもまた悪党だ。

(**B**) 次の文中 太字で印刷した名詞を代名詞に代えよ。
1. I wanted an umbrella, but no one had **an umbrella** to spare. (かさが欲しかったが、だれも余分のかさを持っていなかった)
2. He bought an umbrella, and lent **the umbrella** to me. (彼はかさを買った、そしてそのかさを私に貸してくれた)
3. This hat is **my hat**. That is **your hat**. (この帽子は私の帽子だ、あれが君の帽子だ)
4. Health is of more value than money; **money** can not give such true happiness as **health**. (健康は金銭より貴い、金銭は健康の与えるような真の幸福を与えることはできない)
5. One of them was a girl, **the rest** were all boys. (そのひとりは女の子で、あとはみな男の子であった)
6. The new buildings are not yet finished, and **the old buildings** are still in use. (新しい建物はまだ落成しない、まだ古い建物を使っている)
7. He was a patriot; his son was also **a patriot**. (彼は愛国者であった、そのむすこもまた愛国者であった)
8. Though he talked like a man of sense, his actions were **the actions** of a fool. (口には分別あるようなことをいいながら、行なうことは愚人の行ないであった)
9. Do you want a knife?—Yes, I want **a knife**. (君ナイフがいるか——ああ、いるよ)
10. He has a brother and a sister; **the brother** is abroad, and

the sister is in town. (彼は兄と姉があるが、兄は洋行中、姉は都住いをしている)

(C) 次の文に誤りがあれば正せ。
1. I have not your knife; I have Ito's one. (私は君のナイフを持ってはいない、伊藤のを持っている)
2. One should obey his parents. (人はその両親に従うべきもの)
3. That ink is good, but this one is very bad. (あのインクは上等だが、このインクはきわめて粗悪だ)
4. Your hat is far better than my one. (君の帽子の方が私のよりずっと上等だ)
5. One of her two daughters is a musician; another an actress. (彼のふたりの娘のうちひとりは音楽家、ひとりは女優だ)

"Such"

228 1. "**such**" は「このような」とか「そのような」とかいう意味の形容詞で、(a) 単数名詞にも、(b) 複数名詞にも、(c) 抽象名詞にもつくことができる。

(a) I cannot comply with **such** a request. (そのようなご依頼には応じ兼ねます)
(b) I cannot agree to **such** terms. (そのような条件には同意ができません)
(c) I will not submit to **such** treatment. (そのような待遇に屈従したくない)

【注意】 (1) "such" は "a" あるいは "an" に先んずるが、"some", "any", "no" には後につく。

I want **such a** man. (そんな人が欲しい)
I want **some such** man. (だれかそんな人が欲しい)
Can't you think of **any such** man? (だれかそういう人の心当りはありませんか)
There is **no such** man that I know of. (私の知っているところでは、そういう人はありません)

(2) 形容詞の "such" は副詞の "so" と意味の等しいことが多い。

I did not accomplish it {**with such ease**. / **so easily**.} (そうやすやすとは、できなかった)

229 2. "such"="such men":——

Prosperous men are much exposed to flattery, for **such** (=*such men*) alone can be made to pay for it. (栄えている人はへつらいを受けるおそれが多い、というのは、そういう人のみが、へつらいの代価を払わされることができるからだ)

230 3. $\begin{cases} \text{"such (men) as"="those (men) who" (人)} \\ \text{"such...as"}=\begin{cases}\text{"that...which"}\\\text{"those...which"}\end{cases}\text{(物)} \end{cases}$

{ Do not trust **those** men **who** praise you to your face. (面前で人を賞める人に心を許すな)
  Do not trust **such** men **as** praise you to your face. (面前で人を賞めるような人に心を許すな)

Such as (=*those who*) have plenty will never want for friends. (金のたくさんある人は友達に事を欠かない)

Do not keep company with **such** men **as** cannot benefit you. (交わって益にならぬような人と交わるな)

Such eloquence **as** his is rarely to be met with. (あの人のような雄弁はまれに見るところだ)

You should read only **such** (books) **as** you can understand easily. (たやすくわかる本ばかり読むべきだ)

Such men **as** (=*those men who*) are in the married state wish to get out, and **such as** (=*those who*) are out wish to get in. (家庭を作っている人は家庭からのがれることを願い、独身の人は家庭にはいることを願う)

He does not read many books; but **such** books **as** (=*those which*) he reads, he reads carefully (彼は多読はしないが、読むだけの本は精読する)

【注意】 これらの場合の "as" は "such..." を Antecedent とする関係代名詞である。

231 4. "such as"="like":——

(a) **Such** men **as** Kido and Okubo [are] are rare. }
(b) Men   **like** Kido and Okubo   are rare. }
   (木戸・大久保のような人物はまれである)

【注意】 (a) の "**as**" は関係代名詞、(b) の "**like**" は一種の前置詞、(a) の "Kido and Okubo" は略されている動詞の Subject で、(b) の Kido and Okubo は "like" の Object である。"Kido and Okubo" を代名詞に代えれば (a) にあっては "they"、(b) にあっては "them" となる。"such men like..." は文法上正しくない。

Birds of prey, **such as** the eagle and the hawk, do not lay many eggs. (肉食鳥、<u>たとえば</u>わし、たか<u>のような</u>ものは卵を多く産まぬ)

232 5. "**such...that**" は "**so...that**" の構文と同じく結果を示すものである。もっとも "**such**" は形容詞であり、"**so**" は副詞である。

He is $\begin{Bmatrix}\textbf{so} \text{ foolish}\\ \textbf{such} \text{ a fool}\end{Bmatrix}$ that no one will keep company with him. (彼はあまりバカだからだれも交際する人がない)

【注意】 この "such...that" と (3) に述べた "such...as" と構文のちがうことに注意せよ。

(a) This book is written in **such** easy English **that** beginners can understand it. (この本はやさしい英語で書いてある<u>から</u>初学者にもわかる) [結果]

(b) This book is written in **such** easy English **as** beginners can understand. (この本は初学者にもわかる<u>ような</u>やさしい英語で書いてある) [目的]

(b) にあっては "**as**" が関係代名詞で "understand" の Object であるが、(a) の "**that**" は接続詞であるから "understand" は別に "it" (=the book) という Object を必要とする。

233 6. 同一名詞の反復を避けるために "one" を用いることは §211 に述べたが、前に "as" (...として) という語があると "one" の代わりに "**such**" を用いる。

I am a gentleman, and will be treated **as such** (=*as a gentleman*). (私は紳士だから紳士の待遇をしてもらいたい)

He was a great scholar, and was respected **as such** (=*as a great scholar*). (彼は非常な学者であった、そして学者として尊敬された)

The bureau has ceased to exist **as such** (=*as a bureau*). (その局は局としては存在を失った)

指示代名詞および指示形容詞　　　131

234　7.　"**such**" は Exclamatory (感嘆詞) の "**what**" と同じように用いられる。

> **What** a grand sight! I never saw **such** a sight in my life. (なんという壮観だろう、私はこんな壮観は生れてからまだ見たことがない)
>
> He is **such** a liar! (彼は大うそつきだ)
>
> Holland is a glorious country in summer for bare-footed girls and boys. **Such** wadings! **Such** mimic ship-sailing! (夏のオランダははだしの少年少女にとってはこの上なしの国だ。あのおもしろい水遊び！ あのおもしろいお船ごっこ！)

235　8.　とくに何を指すともなく「しかじか」「これこれ」などの意味に "**such and such**" を用いることがある。これは副詞の "**so and so**" に相当する。

> Tell me to do **so and so** on **such and such** an occasion and I'll do so. (これこれの場合にはこれこれせよといってください、そうすればそのとおりにいたします)
>
> If you must leave, say you must leave for **such and such** reasons. (辞職するならこれこれの理由で辞職するといってください)

"Same"

236　1.　"**same**" は形容詞としても、また代名詞としても必ず "**the**" あるいは "**this**", "**that**" に先立たれる。

> Both writers have **the same** merits and **the same** faults.
> (両作者とも同じ長所、同じ短所を持っている)
>
> We all attend **the same** school. (私たちはみな同じ学校へ通っています)
>
> He bought a bicycle and sold **the same** (=*that very bicycle*) the next day. (彼は自転車を買ったが、その自転車を翌日売ってしまった)

237　2.　(a) 種類、性質、意味、数量などの等しいことをあらわす "**the same**" は関係代名詞 "**as**" の Clause を伴ない、(b) 二

者の全く同一 (identical) であることをあらわす "the same" は**関係代名詞 "that"** の Clause を伴なうのを通例とする。

- (a) This is **the same** watch as I lost. (これは私がなくしたのと同じ型の時計だ)
- (b) This is **the same** watch that I lost. (これは私のなくした時計だ)

I have bought **the same** bicycle as you have. (私は君の持っているのと同じ自転車を買った)

He is **the same** man that we met at the garden party the other day. (あれはこの間私たちが園遊会で会った人です)

【注意】 同一をあらわす "same" は単に意味を強めるだけのものであるから、はぶいてもさしつかえない。

238 3. 抽象概念については、同種と同一とは区別がないから **"as", "that"** のどちらを用いてもよい。

I gave **the same** price as (or that) he did. (私は彼と同じ代価をはらった)

He has **the same** position as (or that) you have. (彼は君と同じ地位を持っている)

He is engaged in **the same** work as (or that) you are. (彼は君と同じ仕事に従事している)

239 4. "as" に導かれる Clause 中に語の省略が行なわれて、名詞・代名詞あるいは副詞などのみが残ることがある。この場合にも、はぶかれた部分を補ってみれば "as" が関係代名詞であることがわかる。

I have **the same** watch as yours [is]. (私は君のと同じ時計を持っている)

He gave **the same** answer as [he had given] before. (彼は前と同じ返事をした)

Women received **the same** pay as men [received]. (女も男と同じ俸給をもらった)

240 5. 前置詞の省略のため "as", "that" が関係副詞となることがある。

> I have sold the rice at **the same** price **as** barley is sold at. (私は麦の売価と同じ値で米を売った)
> He entered the college at **the same** age **as** his brother had entered three years earlier. (彼は兄が3年前に大学にはいったと同じ年齢で大学にはいった)

第1例の "as" は Relative Pronoun で、終わりの "at" の Object である。すなわち "the price **at which** barley is sold" のような関係である。第2例の "as" は "at which" あるいは "when" などと同値の Relative Adverb である。同様に

> I have bought it at **the same** store **that** you bought yours. (君が買ったと同じ店で買った)

における "that" は "at which" あるいは "where" と同値の関係副詞である。

241 6. 同一をあらわす場合の "that" の Clause で動詞をはぶこうとすれば "that" は "as" に変わる。したがって「**"the same"**..."**as**"+Noun (or Pronoun)」の形が、同種と同一の両方をあらわすことになる。

> I have **the same** watch **as** you have.
> I have **the same** watch **as** yours [is].
> (私は君と同じ時計を持っている——同種)
> I attend **the same** school **that** he does.
> I attend **the same** school **as** he [does].
> (私は彼と同じ学校へ通っている——同一)
> Each house has **the same** height **that** (or **as**) the next has.
> Each house is of **the same** height **as** the next [is].
> (どの家も皆同じ高さだ)

242 7. 同一の<u>時</u>、<u>場所</u>をあらわす **"the same"** は関係副詞 **"when"**, **"where"** の Clause を伴なう。ただしこの "when", "where" の代わりに **"that"** を用いることもできる (cf. §240)。

> I left it at **the same** place **where** I had found it. (もとあった所に置きました)

At **the same** time **when** he was fighting with his adversary, he was saving his friends. (彼は敵と戦うと同時に味方を助けていた)

【注意】 同一の人、物、事、をあらわすのに "that" の代わりに "who", "which" を用いた例もあるが、一般には "that" の方がよいとされている。

    I hold **the same** rules **which** Shakespeare, Spencer and Milton held before me.—*Southey*. (私はシェイクスピア、スペンサー、ミルトンが私以前によった規則による)

    The same causes **which** straiten the British commerce, will naturally enlarge the French. (英国の商業を縮小させるその原因が自然フランスの商業を拡大させるだろう)

243 8. 同一をあらわすのに「**"the same"..."with"**+Noun」の形をとることがある。

    This is **the same** watch **with** the one I lost. (これは私のなくした時計だ)

    He died at **the same** age **with** Burns and Byron, in 1811. (彼は1811年にバーンズや、バイロンと同年齢で死んだ)

    The Greeks looked on the Egyptian Ammon as **the same** god **with** their own Zeus. (ギリシア人はエジプトのアモンを自国のゼウスと同一の神と考えていた)

244 以上述べたところを概括すると次のようになる。

    (i)   the same...as (Relative Clause)   同種
    (ii) the same...as+Noun *or* Pronoun   同種、同一
    (iii) the same...that, when, where, (Rel. Cl.)   }同一
    (iv) the same...with+Noun *or* Pronoun

245 9. 語勢を強めるために "**the very same**", "**one and the same**" などを用いることがある。

    He died on **the very same** day **that** she was born. (彼は彼女の生まれたその当日に死んだ)

    These expressions all mean **one and the same** thing. (これらの言い方は皆同じことを意味する)

EXERCISE 15

次の和文を英訳せよ。
1. 私は君と同じ辞書を持っている。
2. あの人はいつでもどこそこで誰々さんに<u>ごちそうになった</u> (to be entertained *or* to be treated) などといっている。
3. 善 (the good) と美 (the beautiful) とはけっきょく同じ物だという人もある。
4. あの人は君と同じ職業に従事している。
5. あれはこの間私が銅貨をやった(と同じ)こじきだ。
6. 私はあんな<u>失礼な</u> (impertinent) やつは見たことがない。
7. なんというえらい人だろう、あんなえらい人は見たことがない。
8. 私は伊藤君と出身地が同じだ。
9. 彼は私と同じ教師<u>について</u> (under) 学んだ。
10. わからぬような本を読むのは無益だ。

"Some", "Any", "No", "Not a" and "None"

246 " some " と " any " とはおもに形容詞として用いられるが、また後に来る名詞をはぶいて代名詞ともなる。" no " は形容詞としてのみ用いられ、" none " は代名詞としてのみ用いられる。

" some ", " any ", " no " には二つの用法がある。

(a) 複数名詞、物質名詞、あるいは抽象名詞に伴なう場合は「<u>いくらか</u>」という Number (数), Quantity (分量), あるいは Degree (程度) の観念を示す。すなわち **Indefinite Quantitative Adjective** (不定数量形容詞) である。

(b) 単数普通名詞に伴なう場合は 「何か」の意味になる。すなわち **Indefinite Demonstrative Adjective** (不定指示形容詞) である。

   (a) Lend me **some** books. (本を数冊貸してくれ)
   (b) Lend me **some** book. (<u>何か</u>本を貸してくれ)

(a) の "some" は "four" とか "five" とか定数をいう代わりに漠然と "some" を用いて数的な概念をあらわしたもので、Quantitative である。

(b) の "some" は "this book"(この本)とか、"that book"(あの本)とか指す代わりに漠然と何か1冊といったので、Demonstrative である。

(a) AS INDEFINITE QUANTITATIVE
(不定数量形容詞として)

247 1. "some" を複数普通名詞につけると "a number of"(いくらかの)の意を示し、抽象名詞につけると "a degree of"(ある程度の)の意を示す。

> Give me **some** apples. (りんごを数個ください)
> Give me **some** water. (水を少しください)
> The operation requires **some** skill. (その手術にはいくらか熟練を要する) [実質的には「相当の」]

248 2. 複数普通名詞、あるいは物質名詞は何もつけずに用いると「そのもの一般」をあらわす。ゆえに複数普通名詞や物質名詞が制限ある数や量をあらわす場合には必ず "some" をつけなくてはならない (cf. §§ 57, 68, 69)。"There is (or are)"、"have"、"want"、"give" などの動詞の後に来る場合は、たいてい数量に制限があるものである。

> I like **apples**. (私はりんごが好きだ)
> I like **tea**. (私は茶が好きだ)

は一般的にいう場合だから "some" は不要だが、

> There are **some** apples in the basket. (かごの中にりんごがはいっている)
> There is **some** water in the bottle. (びんの中に水がはいっている)

I have bought **some** tea. (私は茶を買った)
Will you have **some** tea? (お茶をめしあがりませんか)
I met **some** boys on my way home. (帰り道で数人の子供に会った)

などにおける かごの中のりんご、びんの中の水などには必ず何個とか何リットルとか数量に制限がある。だから"some"をつけなくてはならない。

249 【例外】 次のような場合には、たとえ数量に制限はあっても"some"を用いない。

(a) 数量が非常に多いとき：——
There is **water** in the sea. (海には水がある)
There are **apples** on the apple-tree. (りんごの木にりんごがなっている)

(b) 分量よりも物自身(の名称)に重きを置く場合：——
I want **pears**, not **apples**. (私はなしが欲しいのだ、りんごではない)
Shall I give you **tea** or **coffee**? (茶をあげましょうか、コーヒーをあげましょうか)

これらの例は二つの物を対比するのが主意で、分量には重きをおかないのである。

(c) 複数普通名詞あるいは物質名詞が動詞の Complement となる場合。この場合はいわば定義であり、数量の概念はない：——
This is **sugar**. (これは砂糖だ)
They are **students**. (彼らは学生だ)
They became **wise men**. (彼らは賢い人となった)

250 【注意】 "some"は単数普通名詞につける"a"と同じ性質のもので、いわば不定分量冠詞ともいうべきものである。したがってきわめて軽い意味のものであるから、日本語に訳す場合にはしいて「いくつかの」とか「いくらかの」などと訳出しないで、全然ぬいてもかまわないことが多い。ただしつぎのような場合には「もある」などと訳さねばならない。この点、和文英訳にも応用すべきである。

Some people say... (...と言う人もある)
Some fish can fly. (飛ぶことのできる魚もある)

251 3. "any"は疑問文、条件文、否定文において"some"に代わって用いられる。

疑問文:――

  Do you want **any** money? (金がいりますか)

条件文:――

  If you want **any** money, I will lend you some. (金がいるなら貸してあげましょう)

否定文:――

  I do **not** want **any** money. (金はいりません)

252　【例外】　疑問文に " some " を用いることがある。
(a)　肯定文で述べた事実を一つの単位とし、その単位についての疑問文である場合であり、しばしば肯定の答を予期する。
  Haven't you **some** brothers? (君は兄弟があるでしょう)
    (＝You have **some** brothers, **haven't** you?)
  Don't you want **some** money? (君は金がいるでしょう)
    (＝You want **some** money, **don't** you?)
こういう文は普通の疑問のように文尾をあげずに、かえってさげる。
(b)　人に物をすすめる場合 (cf. §248 (3))。
  Will you have **some** beer? (ビールをめしあがりますか)
  Shall I give you **some** wine? (ぶどう酒をさしあげましょうか)
(c)　依頼をあらわす " Will you...? " は形は疑問でも実は一種の命令文の変形であるから " some " を用いる。
  Will you lend me **some** money? (金を少し貸してくださいませんか)
  ＝Please lend me **some** money. (どうか金を少し貸してください)

253　【注意】　2度目の " some " あるいは " any " は省略する:――
  I want **some** paper and [**some**] ink. (紙とインクが欲しい)
  Don't you want **any** pens or [**any**] pencils? (ペンか鉛筆か、いるのではないんですか)

254　4.　" **no** " は " **not...any** " の代わりに用いられる。

  I want **no** money (＝I do **not** want **any** money). (金はいらない)

ただし、次のような場合はすべて " no " を用いる。

  Has he *a* father?—No, he has **no** father. (あの人はおとうさんがありますか――いいえ、ありません)
  Has he *any* brothers?—No, he has **no** brothers. (あの人には兄弟がありますか――いいえ、ありません)

Have you *any* money with you?—No, I have **no** money with me.
(金のお持ち合わせがありますか——いいえ、ありません)
Has he *any* talent?—No, he has **no** talent. (あの人はすこしは才能があるか——いや少しも才能がありません)
There is **no** school in this town. (この町には学校がない)

255 5. "**not a**" は "no" よりも強意をあらわす形容詞的成句として用いられることがある。

Not a man answered. (だれひとり答えるものはなかった)
There was **not a** breath of wind (=There was *no* wind *at all*).
(そよと吹く風もなかった)
There is **not a** (**single**) school in this great town. (この大きな町に学校がただ一つもない)

256 【注意】"not" は本来副詞であるから、その本来の用法と "not a" いう強意の用法とを混同してはならない。次の文例を比較対照せよ。

There is **no** foreigner in our school. (私たちの学校には外国人はいない)
There is **not a** foreigner in our school. (私たちの学校には外国人はひとりもいない)

後者は「いない」ということを強調している。

Our teacher of English is **not** a foreigner. (私たちの英語の先生は外人ではない)

この場合 "not" は "a foreigner" の方につくのでなくて "is" につく副詞。すなわち "...is a foreigner" を否定する。

257 6. "no" は副詞の "not" を用いた場合よりも強意を含むことがある。次の文例を比較対照せよ。

Our teacher of English is **not** a foreigner.
Our teacher of English is **no** foreigner.

"no foreigner" の方には、単に「外国人でない」というばかりでなく「日本人だ」というように、反対概念をあらわす調子が含まれている。

He is **not** a scholar, but a writer. (学者でなくて、作家である)
He is **no** scholar. (学者ではない)

あとの "no scholar" の方には「学者」の反対概念を主張し、「何も知らぬ人間」、「平凡な人」などの含みがある。

258 7. 代名詞としても "some" は肯定文に、"any" は疑問、条件、否定文に用いる。

ただし §252 の注意はここでも同様にあてはまる。

Do you know **any** of them?（彼らの中に知っている人がありますか）
I am sure you know **some** (of them).（きっと知っている人があるでしょう）
No, I do **not** know **any** of them. ⎫
No, I know **none** of them. ⎬（いや、ひとりも知りません）
Are there **any** who want to go?（行きたい人がありますか）
Yes, there are **some**.（ええ、あります）
I want some money. If you have **any**, please lend me **some**.（私は金が欲しい。あったら、すこし貸してください）

259 8. "none"（本来は "not one", "not...any" の意味）は代名詞として単複いずれにも用いられる。しかし単複どちらでもよいような場合には、複数として取り扱うのがふつうである。

None *know* the fact.（だれも事実を知る者はない）
None of us *have* succeeded.（私たちはひとりも成功しなかった）
None of my brothers *are* here.（私の兄弟はひとりもここにいない）
Are there **none** who can see without eyes?（目がなくて見ることのできる人はいない［という］のか）
There *were* **none** but good people there.（そこにはいい人たちばかりがいた）

【注意】 単数として扱われた例も時にはある。つぎにその例を挙げておく。

There *was* **none** to save them.（彼らを救う者がなかった）
None but the brave *deserves* the fair.（勇者のほかは美人に値しない）（諺）

9. "some", "any", "no" は Adverb of Degree（程度をあらわす副詞）として用いられることがある。

260 （a） **"any"**, **"no"** は比較級とも結びつく。

Is the invalid **any** *better* today? （病人はきょうはすこしはよいか）
This tree is not **any** *larger* than it was last year. （この木は去年よりもすこしも大きくならない）
I do not attend that school **any** *longer*. （今ではもうあの学校へは行っていません）
I will not go to such places **any** *more*. （もうこれからはそんな所へは行きません）
You shall go **no** *farther*. （もう先へは行かせないぞ）

【注意】 "not any longer＝no longer" は現在を打ち消し、"not any more＝no more" は未来を打ち消す。cf. "**No more** Hiroshima." ただし "He is **no more** (＝dead)." は例外。

261 （b） **"some"** は数詞に結びついて「およそ」の意をあらわす。また "a fair number of"（かなり多数）の意味に "some few" を用いることがある。

There are **some** (＝*about*) 1,500 students. （生徒がおよそ 1,500 人もいます）
The building cost **some** (＝*about*) 2,000,000 yen. （建物はおよそ 200 万円かかった）
There were **some few** (＝*a fair number of*) foreigners present. （外人もかなり出席した）

(b) AS INDEFINITE DEMONSTRATIVE
（不定指示形容詞として）

"some", "any", "no" が単数普通名詞に伴なう場合。

262 1. **"some"**:——

I want **some** book to read. （何か読む本が欲しい）
I will take you **some** day. （いつかそこへつれて行こう）
He lives in **some** lonely place. （彼はどこか寂しい所に住んでいる）
cf. There is **someone** at the door. （だれか玄関へ来ている）

263 2. **"any"** は疑問文、条件文、否定文において "some" に代わって用いられる :——

疑問文：――

　Do you want **any** book? (何か本が欲しいか)
　Isn't there **any** time convenient to you between eight and eleven?
　　(8時と11時の間にいつかご都合のよい時間はありませんか)
　Isn't there **any** place that you wish to visit? (どこか見物したい所はないか)
　cf. Is there **anyone** in the parlour? (だれか広間にいるか)

条件文：――

条件は疑問の一種と見ることができる。次の例を見れば、その関係がわかるであろう。

　Do you want **any** book? If you want **any** book, I will lend you one. (何か本が欲しいか。欲しいなら1冊貸してあげよう)

否定文：――

" not any "=" no "

　$\begin{cases} \text{I do } \mathbf{not} \text{ see } \mathbf{any} \text{ one today.} \\ \text{I see } \mathbf{no} \text{ one today.} \end{cases}$ (きょうはだれにも会わない)
　$\begin{cases} \text{I don't want } \mathbf{any} \text{ book.} \\ \text{I want } \mathbf{no} \text{ book.} \end{cases}$ (何も本はいらない)
　$\begin{cases} \text{I did } \mathbf{not} \text{ go } \mathbf{anywhere.} \\ \text{I went } \mathbf{nowhere.} \end{cases}$ (どこへも行かなかった)

264　【注意】 Subject としては " No... " の形がふつうである。" Any...not " の構文は避けるべきである。たとえば「だれもそれを知る人がない」は " **Any** one does **not** know it " といわないで " **No** one knows it " とすべきである。

　No misfortune comes alone. (悪いことはつづくもの)
　No man is without his faults. (欠点のない人はない)
　Nothing comes amiss to a hungry man. (ひもじい時にまずいものなし)

265　3. " **any** " が Positive Statement (肯定平叙文) すなわち疑問でも条件でも否定でもない文中に用いられれば、「何でも」「だれでも」「どこでも」などの意味となる。" **any ... that** " は " whatever " あるいは " whichever " に等しい。

Bring me some book ; **any** book will do.　(何か本を持ってきてくれ、何の本でもよい)

Any boy can do that.　(どんな子供でもそんなことはできる)

You may call at **any** time　(いつたずねて来てもよろしい、いつでもかまわない)

You may go {to **any** place (**that**) you like.
　　　　　　{*wherever* you like.
(どこでも勝手な所へ行ってよろしい)

You will soon be able to read {**any** book (**that**) you like.
　　　　　　　　　　　　　　{*whatever* book you like.
(君はじきに何でも好きな本が読めるようになる)

You may take {**any** of these books (**that**) you like.
　　　　　　 {*whichever* book you like.
(この本のうちどれでも好きなのを取ってよろしい)

266　以上述べてきた " some ", " any ", " no " の用法を概括して表に示し、対照例をあげておく。

	Quantitative（数量）	**Demonstrative** (指示)				
		物	人	時	所	
some	いくらか	何か	だれか	いつか	どこか	ある
any	いくらでも	何でも	だれでも	いつでも	どこでも	よい
any?	どれほどか	何か	だれか	いつか	どこか	あるか
not any / **no**	すこしも	何も	だれも	――	どこにも	ない

Quantitative

I have bought **some** book.
(本をいく冊か買った)

You can have **any** number of books.
(いく冊でも取ってよい)

Have you **any** books?　(いく冊かの本を持っているか)
[何冊かを予想する]

Demonstrative

Bring me **some** book.
(何か本を持って来い)

Any book will do.
(何の本でもよろしい)

Do you want **any** book?
(何か本がいるか)

{ I do **not** have **any** books
{ I have **no** books.
{ (1 冊もない)

{ I do **not** want **any** books
{ **No** book is needed.
{ (何も本はいらない)

INDEFINITE PRONOUN
(不定代名詞)

267　"some", "any", "no" は "one", "body", "thing" などと結合して **Indefinite Pronoun**（不定代名詞）を作り、"where" と結合して **Indefinite Adverb**（不定副詞）を作る。

人	物	所	
anybody? / anyone? だれか	anything? 何か	anywhere? どこか	あるか
somebody / someone だれか	something 何か	somewhere どこか	ある
nobody / no one だれも	nothing 何も	nowhere どこにも	ない

268　1.　"somebody" も "someone" も同じ意味であるが、後へ "of" がつづくときは "someone" の方を用いる。

　　{ **Somebody** must go. （だれか行かなくてはならぬ）
　　{ **Someone** (of you) must go. （きみたちのうちだれか行かなくてはならぬ）
　　{ Is **anybody** going? （だれか行くか）
　　{ Is **anyone** (of you) going? （きみたちのうちだれか行くか）

269　2.　不定代名詞には形容詞が後につく。

　　Show me **something better**. （もっとよいのを見せてくれ）
　　There is **anything nice**? （何かうまいものがありますか）
　　There is **nothing else**. （ほかに何もありません）
　　Is **anybody else** coming? （ほかにだれか来ますか）

　"some", "any", "no" は冠詞に似た性質のものだから、本

来ならば " some good thing ", " any nice thing ", " no other thing " という順序に行くべきであるが " something ", " anything ", " nothing " と1語になってしまったからやむを得ず形容詞が後へつくのである。" other " と " else " は同じ意味であるが、" other " は名詞の前に、" else " は不定代名詞の後につく。

270 3. 不定代名詞の後へ Infinitive (不定詞) が続くこともある。

Give me **something to eat**. (何か食べる物をください)
Don't you want **anything to drink**? (何か飲む物はいりませんか)

EXERCISE 16

(**A**) 次の和文を英訳せよ。
1. 2階にだれかいますか。
2. となりのへやにだれかいる。
3. いくら高くても (どんな値でも) 私はそれを買う。
4. ある日私は森へハイキングに行った。
5. 私はいつかそこへ行こう。
6. 私のナイフがない、だれか取ったにちがいない。
7. 女中にバターを持って来るようにいってください。
8. パンをあげましょうか。
9. ビスケットをください。
10. この本には誤りが一つもない。

(**B**) 次の文中の空所に " some ", " any " のうち適当のものを補え。[ただし 1～4 は " some ", " any " とその次の語と結合して1語を作る]
1. If there is ＿＿ one upstairs, tell him to come down. (2階にだれかいるなら、おりてくるようにいってくれ)
2. I can not find my dictionary. ＿＿ one must have concealed it. (私の辞書が見えない、だれかが隠したにちがいない)
3. As I am penniless, I can not buy ＿＿ thing. (私は文なしだから何も買えない)
4. As he has plenty of money, he can buy ＿＿ thing. (彼は金がたくさんあるから何でも買える)
5. Choose ＿＿ five books from my store. (私の店からどれでも5冊お取りなさい)

"Each"

271 1. "each" は本来、代名詞、形容詞であるが、「めいめい」「それぞれ」「...ずつ」などと副詞的に訳すべき場合が多い。

> Each country has its own customs. (各国それぞれ特有の習慣があるものだ)
> I gave each man 10 yen. (ひとりに 10 円ずつやった)

272 2. "each" は名詞に伴なう場合も、代名詞に伴なう場合もそれぞれ三つの構文をもっているが、少しちがう点がある。次の例を比較せよ。

> (a) **Each of** the students has *his* own desk.
> (b) **Each** student has *his* own desk.
> (c) The students have **each** *his* own desk.
> (生徒はめいめい自分の机を持っている)
>
> (d) **Each of them** received ten yen.
> (e) **They each** received ten yen.
> (f) **They** received ten yen **each**.
> (彼らはめいめい 10 円ずつ貰った)

【注意】(b) の「"**each**"+Noun」の "each" が形容詞、(a) (d) の "**each** of..." の "each" が代名詞であることはいうまでもない。(c) (e) (f) の "each" は代名詞で "students" や "they" の Apposition と見るべきである。最後の例の "each" は "apiece" などと同じ意味の副詞と見ることもできる。

"Every"

273 1. "every" はたくさんのものを一つずつ取り出して、これもあれもと数え尽して皆という心持ちで、「どれもこれも皆」「残らず」「...でないものはない」などの強い意味である。("each" はこれに反し、配分の割合をいう。)

> Every man desires to live long. (人は皆長命を願う＝長命を願わぬ人はない)
> Every day has its night. (昼は必ず夜を伴なう)

274 【注意】 " nearly every "+Singular=" most "+Plural
 Nearly every student speaks some English.⎫ (たいがいの学生は多
 Most   students speak some English.⎭ 少英語が話せる)

275 2. " **every** " はいつも形容詞で、代名詞には ならないが、" body "、" thing " と結合して代名詞となり、" where " と結合して副詞となる。

 Everybody knows him. (彼を知らぬ人はない)
 He knows **everything**. (あの人の知らぬことはない)
 He has been **everywhere**. (あの人の行ってない所はない)

276 3. " **not every** " は 「ことごとくではない」 という意味の Partial Negation (部分否定) であるが、また一歩進んで「きわめて少ない」という意味に用いられることが多い。

 One can**not** know **everything**. (人は何でもみんな知るということはできない)
 I am **not** asked out to tea **every day** (お茶に招かれるようなことは毎日はない——めったにない)
 It is **not every** man who speaks and writes equally well. (口も筆も達者という人はあまりないものだ)

最後の例は " very few men speak... " と Paraphrase することができる。すなわち 「" not every "+Singular」=「" very few "+Plural」の関係である。

277 4. " **every other** " は「一つおき」の意味。

 I go to the doctor's **every other** day. (私は1日おきに医者へ通う)
 Write your answer on **every other** line. (答案は1行おきにお書きなさい)

278 【参考】 every day (毎日)
   every two days ⎫
   every second day ⎬(1日おきに、2日に1度)
   every other day ⎭
   every four days ⎫
   every fourth day ⎬(中3日おきに、4日に1度)

279 5. "**any**" と "**every**" との比較。"**any**" は「どれでも勝手なのを一つ」の意、"**every**" は「これも、あれも」と一つずつ数えて「ことごとく」と総括する意味である。

　Every child knows that.

といえば、「この子も知っている」「あの子も知っている」とひとりずつ数えつくして「どの子もみんなそれを知っている、それを知らない子はない」という意味である。しかし

　Any child can tell you that.

は、「どの子でもかまわない、勝手な子をより出してたずねてごらん、それに答えることができる」という意味である。換言すれば "**every**" は "all at a time"（一度にどれもこれも皆）の意を含み、"**any**" は "one at a time"（一度に一つ）の意を含む。"He knows **everything**"（彼は何でも知っている）とはいえるが、"He can teach **everything**" というのは無理である。"He can teach **anything**"（彼は何でも教えられる）といわねばならない。すなわち<u>状態</u>の動詞は "every" を伴ない、<u>動作</u>の動詞は "any" を伴なうのである。しかし<u>過去</u>のことになると、たとえ動作でも、経験となって残っているものであるから、一括して "every" を用い、"I have tried **every** means"（あらゆる手段を試みた）などということができる。

| I would do **anything** in my power for your sake.（君のためなら私にできることは何なりとしよう）
He can do **anything**.（あの人は何でもできる）
Anybody can do that.（そんなことならだれでもできる） | I have done **everything** in my power.（できるだけのことは皆し尽した）
He knows **everything**.（あの人は何でも知っている）
Everybody knows that.（そんなことならだれでも知っている） |

280　6. "**not any**" = "**no**" は Complete Negation（完全否定），

"**not every**" は Partial Negation (部分否定) である。

> He does **not** know **anything**.
> He knows **nothing**.
> (あの人は無学で何も知らない)

> The greatest scholar can**not** know **everything**. (どんなえらい学者でも何もかも知っているものではない)

281 7. "**any and every**" を「何でもかでも」という強い意味に用いることがある。

> I wonder if there is a person who knows **anything and everything**. (何でもかでも知っているというような人があるかしら)
> I wish to read **any and every** book on this subject. (この問題に関する本は何でもことごとく読破したい)

"Either" and "Neither"

282 "**either**" には "**any**" の3用法に対応する三つの用法がある。"**neither**" は二つのものを両方否定する。

二つの場合	三つ以上の場合
(1) POSITIVE	
You may choose **either** of the two languages. (2国語のうちどちらを選んでもよろしい)	You may choose **any** of the three languages. (3国語のうちどれを選んでもよろしい)
(2) INTERROGATIVE	
Do you know **either** of his parents? (あの人の両親のうちどちらか知っているか)	Do you know **any** of his brothers? (あの人の兄弟のうちだれかを知っているか)
(3) NEGATIVE	
I do not know **either** of them / I know **neither** of them. (どちらも知らない)	I do **not** know **any** of them / I know **none** of them. (どれも知らない)

"All"

283 1. "**all**" は複数普通名詞、物質名詞、抽象名詞について総括的に数あるいは量の「皆」の意味をあらわす。

Number:—He has lost **all** his *children*. (あの人は子供をみな なくしてしまった)

Quantity:—He has lost **all** his *money*. (あの人は金をすっかりなくしてしまった)

284 【注意】 " every " は一つ一つ取って全部総括するので、はじめから総括して " all " というよりも意味が強い。

(a) I know **all** of them. (私は彼らをみな知っている)
(b) I know **every one** of them. (ひとり残らずみな知っている)

(a) He told me **all** about it. (そのてん末を話した)
(b) He told me **everything.** (いちぶしじゅうを話した)

これらの例において (a) よりも (b) の方が意味が強い。

285 2. " all " が、単数普通名詞あるいは固有名詞につくと " whole " 「全」の意味である。

All the schools are closed in summer. (学校はみな夏は休業する)(複)

He is the best scholar in **all the school** (=*the whole school*). (彼は全校中一番よくできる)(単)

That is the best English school in **all Tokyo** (=*in the whole of Tokyo*). (あれは東京中で一番いい英語学校だ)

He was absent **all last month** (=*during the whole of last month*). (彼は先月いっぱい不在であった)

【注意】 " all the...", " the whole..." の語の配置のちがうことに注意せよ。

286 3. 複数普通名詞および物質名詞、抽象名詞は一般の場合をいうには冠詞も何もつけずに用いることはすでに述べたが(cf. §§ 57, 68, 79)、その一般性を強めるために " all " をつけることがある。

All boys love toys. (子供は皆おもちゃが好きなものだ)

All pleasure is bought at the price of pain. (すべて快楽は苦痛という価で買われるものである＝苦ありて楽あり)

287 4. " all " を含む Idiomatic Phrase (慣用句) の重要なものを次に掲げておこう。

(a) **" at all "** は疑問、条件、否定に用いられる。

Are you going to give **at all**? (君は<u>一体いくらかでも</u>出すのか、とにかく、出す気があるのか)
If you give **at all,** give quickly. (出さないならいざ知らず、<u>どうせ</u>出すなら、早く出せ)
Then you are **not** going to give **at all.** (では<u>すこしも</u>出さないのですね)

【注意】 疑問でも条件でも否定でもない場合の " at all " は、実は裏に否定の " at all " の意を含むものである。

I am surprised at his giving **at all.** ([すこしも出すまいと思っていたのに] すこしでも出したのが ふしぎだ)

(b) **" all "** = " as much as "

I give you **all I have.** (<u>ありったけ皆</u>あげる)
I will do **all I can.** (<u>できるだけのこと</u>はいたします)
It is **all I can** to keep out of debt. (借金をせずにいるのが<u>精一杯</u>)

(c) **" That is all "** = " There is no more "

That is all I know about the matter. (そのことについて私の知っているのは<u>それだけ</u>)
This is all the money I have. (金は<u>これだけ</u>で、ほかにはない)

(d) **" That is not all "** = " There is some more "

That is not all he said. (彼のいったことは<u>それだけではない</u>)
These are not all the books I have. (私の持っている本は<u>これだけではない</u>)

(e) **" in all "** = **" all told "** (皆で、総計。" tell " は「数える」という意味)

There were fifteen passengers **in all.** (<u>皆で</u> 15 人旅客がいた)

(f) **" after all "** = " After all is said and done." (とやかくいうものの、やはり、つまりは)

I was right, **after all.** (<u>やはり</u>私のいうとおりだった)
After all, man is a selfish being. (<u>何といっても</u>人間はわがままなものだ)

(g) "**all but**" = "almost"

  He is **all but** dead. (死んだといってもよい、生きているとは名ばかりだ)

  He is **all but** a king. (王といわぬばかりに、いばっている)

288 5. "**all**" は "the", "this", "these", "that", "those" あるいは名詞・代名詞の所有格を隔てて、名詞につく場合は形容詞であるが、"of" を隔てて代名詞につく場合は代名詞である。

  {May I take **all this money**? (この金を皆いただいてよろしいか)
  {Yes, you may take **all of it**. (皆取ってよろしい)

  {May I take **all these books**? (この本を皆取ってもよろしいか)
  {Yes, you may take **all of them**. (皆取ってよろしい)

  He has squandered **all his wife's fortune**. (彼は妻の財産を皆使い果した)

289 【注意】"all" が不定複数(限定されないものをあらわす名詞の複数)を強める場合には "the" を用いない。

比較:――

  {**all the students** of this school (この学校の生徒全体)
  {**All students** like a holiday. (学生は休日を喜ぶものだ)

"Both"

"**both**" は二つのものについていう語で、三つ以上のものについていう場合の "all" と対応するものである。

290 1. "**both**" は "all" のように "the", "these", "those" あるいは名詞・代名詞の所有格を隔てて名詞につき、また "of" を隔てて代名詞につく。また、その関係する名詞・代名詞に先立つことも後れることもできる。

二つの場合	三つ以上の場合
Are **both his parents** living? (あの人の 両親は ふたりとも 生きているか)	Are **all his brothers** living? (あの人の 兄弟は 皆生きているか)

> Both **his parents** are living.
> **His parents** are **both** living.
> **Both of them** are living.
> They are **both** living.
> They **both** are (living).
> (ふたりとも生きている)

> All **his brothers** are living.
> **His brothers** are **all** living.
> **All of them** are living.
> They are **all** living.
> They **all** are (living).
> (皆生きている)

【注意】 " both " の次の " the " は はぶいてもかまわない。
I know **both** (**the**) brothers. (私はその兄弟を両方知っている)

291 2. " not both " = " one " (両方ではない、一方) は三つ以上の場合の " not all " = " some " (皆ではない、幾分) に対する。

> I do **not** know **both**; I know only **one** of them. (両方は知らない、一人知っている)

> I do **not** know **all** of them; I know only **some** of them. (皆は知らない、一部だけ 知っている)

EXERCISE 17

(**A**) 次の和文を英訳せよ。
1. 集会は隔週の日曜日にある。
2. 何でも買えるような金持ちがあるかしら。
3. あの学校の生徒は皆よくできる。
4. 皆が皆できるはずはない。
5. 質問はもうほかにはありませんか。
6. 私の作文には誤りはこれだけですか。
7. あの男はいったい英語を知っているのか。
8. 日本人だとて皆勇敢とはかぎらない。
9. こんな機会はめったにない。
10. このすい星 (comet) は 7 年に一度見える (to appear)。

(**B**) 次の文中の空所に " every ", " either ", " neither ", " any " のうち適当なものを補え。[1. 2. 6. ではそれぞれ body と結合]
1. ＿＿ body knows him. (だれでも彼を知っている)
2. ＿＿ body can see him. (だれでも彼に面会ができる)
3. He is a great traveller. He has been in ＿＿ country. (彼は大旅行家で、どこの国へも行った)
4. Does ＿＿ bird fly? (鳥は皆飛ぶものか)

5. ____ bird does not fly. (鳥は皆飛ぶとはかぎらない)
6. One cannot please ____ body. (人はだれにでも喜ばれるというわけには行かない)
7. Do you want a pen or a pencil? ____ will do. (君はペンがほしいのか鉛筆がほしいのか。どちらでもよい)
8. What paper do you want? ____ paper will do. (君はどんな紙がほしいのか。どんな紙でもよい)
9. Here are three books; you may take ____ of them. (ここに本が3冊ある。どれを取ってもよろしい)
10. French and German are taught, and the student may study ____ of the two. (フランス語とドイツ語とを教える。そして生徒はどちらを選んでもよい)

III. INTERROGATIVE PRONOUN
疑問代名詞

292 広く **Interrogative** (疑問詞) と呼ばれるものの中には次の3種を含む。

(a) **Interrogative Pronoun** (疑問代名詞):──
  Who? Whose? Whom? What? Which?
(b) **Interrogative Adjective** (疑問形容詞):──
  What book? *Which* book?
(c) **Interrogative Adverb** (疑問副詞):──
  When? Where? Why? How?

293 **Interrogative Pronoun** (疑問代名詞) は疑問に用いる代名詞で "**who?**", "**what?**", "**which?**" の三つがあり、そのうち完全に格の変化を持っているのは "who?" だけで、他の二つは所有格を欠く。

Nominative	Who?	What?	Which?
Possessive	Whose?	───	───
Objective	Whom?	What?	Which?

疑問代名詞

294 1. "**Who?**" は人にのみ用いられる。

  Nominative:—**Who** has come? (だれが来たか)
  Possessive:—**Whose** dog is that? (あれはだれの犬か)
  Objective:—**Whom** do you want to see? (だれに会いたいのか)

295 【注意】 (1) 動詞あるいは前置詞の目的である "**whom**" が文の先頭にくる場合往々 "**who**" が代用される。もちろん厳密には文法に反しているが、口語では認められている。

  Who can he mean? (いったいだれのことを言っているのかしら)
  Who is this letter from? (この手紙はだれから来たのか)
  Who should I meet but the man you spoke of? (だれに会ったと思います、あなたのお話の方なんですよ)

 (2) "**whose**" の次に名詞をはぶき、Absolute Form ("mine", "yours" にあたる形) として用いることがある (cf. §190)。

  Whose book is this?—I don't know **whose it is**. (これはだれの本か——だれのか知らない)

296 2. "**What?**" は人および物に用いる。

  What do you want? (何がほしいんですか)
  What is he? (あの人は何ですか)

 人に用いる場合の "what?" は職業、身分などをたずねるのである。"who?" が人の姓名、血族関係などを問うのと区別する必要がある。

  What is he?—He is a lawyer. (あの人は何ですか——弁護士です)
  Who is he?—{He is Mr. Takahashi.
             {He is Mr. Ito's father.

  (あれはだれですか——{高橋さんです
                  {伊藤さんのおとうさんです)

  【注意】 "**Who** is he?" と問われて "He is our principal."(私たちの校長です)などと答えることもあるが、それは校長という身分職業をいうのが主意ではなく、「だれそれ」と名をいう代わりに "our principal" というまでである。問う方でも職業を問うつもりならば "**What** is he?" というべきである。

297 3. "**Which?**" は二つのものの中の「どちら」、および多数の中の「どれ」を問うに用いるもので、人にも物にも適用される。

Which (of these two books) do you like better? (どちらが好きか)

Which (of these books) do you like best? (どれが一番好きか)

298 【注意】 疑問代名詞は単複同形であるから、それが動詞の主語または補語となっている場合には、特に動詞の Number (数) に注意しなければならない)

Who *are* you? (君は――あるいは諸君は――だれですか)

Who *is* he? (彼はだれか)

Who *are* they? (彼らはだれか)

Which *is* your father? (どちらが君のおとうさんですか)

Which *are* your brothers? (どれとどれが君の兄弟ですか)

DEPENDENT INTERROGATIVE

(従 属 疑 問 詞)

299 1. 疑問詞が Noun Clause (名詞節) を導くために用いられた場合に、これを **Dependent Interrogative** (従属疑問詞)という。

普通疑問詞	従属疑問詞
Who is he? (あれはだれですか)	I don't know **who** he is. (だれだか知りません)
What does he want? (彼は何が欲しいのか)	I will ask **what** he wants. (彼は何が欲しいか聞いてみよう)
Which do you like best? (どれが一番好きか)	Tell me **which** you like best. (どれが一番好きか いってください)
Where does he live? (あの人の住居はどこか)	Nobody knows **where** he lives. (どこか知ってるものはない)

【注意】 従属疑問における語の配列は疑問文の順序によらないことに注意せよ。

300 2. 疑問文中に従属疑問を含む場合は、動詞の性質によって疑問詞の位置が異なる。

{(a) *Do you know* **who is ill?** (だれが病気か知っているか)
{(b) **Who** *do you think* **is ill?** (だれが病気だと思うか)

（a）は「知っているか、知っていないか」をたずねるのだから"Yes"とか"No"とかをもって答えられる。(b)は「病人がだれであるか」という問だから"Yes","No"では答えられない。

"know", "hear", "ask", "tell" などは (a) の型に属し、"think", "suppose", "believe" などは (b) の型に属する。

> Have you *heard* what he wants? （彼が何を欲しいのか聞いたか）
> Did you *ask* what he wants? （彼が何を欲しいのかたずねたか）
> Has he *told* what he wants? （彼は何を欲しいのか言ったか）
> **What** do you *think* (or *suppose*) he wants? （何を彼が欲しいのだと思うか）

"say"はどちらの型にも用いられるが、(b) 型がふつう。

> ⎰**What** did he *say* he wanted? （彼は<u>何が欲しい</u>と言ったか）
> ⎱ [(b) 型]
> ⎰Did he *say* what he wanted? （彼は何が欲しいか<u>を言ったか</u>）
> ⎱ [(a) 型]

INDEFINITE INTERROGATIVE PRONOUN
(不 定 疑 問 代 名 詞)

301 "Who?", "What?", "Which?" が普通疑問代名詞であるのに対し **"any"** と **"either"** を **Indefinite Interrogative Pronoun** (不定疑問代名詞) という。

不定疑問代名詞	普通疑問名詞
Has **anybody** come? （<u>だれか</u>来たか）	**Who** has come? （<u>だれが</u>来たか）
It that **anyone's** dog? （あれは<u>だれかの</u>犬か）	**Whose** dog is that? （あれは<u>だれの</u>犬か）
Did you meet **anyone**? （<u>だれか</u>に会ったか）	**Whom** did you meet? （<u>だれに</u>会ったか）
Do you want **anything**? （<u>何か</u>欲しいのか）	**What** do you want? （<u>何が</u>欲しいのか）

Do you want **any** of these books? (この本のうち<u>どれか</u>欲しいか)	**Which** of these books do you want? (<u>どれが</u>欲しいのか)
Do you want **either** of the two? (二つの中<u>どちらか</u>欲しいか)	**Which** of the two do you want? (<u>どちらが</u>欲しいのか)

　第一の例についていえば、<u>だれか来たのか</u>、<u>だれも来ないのか</u>をたずねるのが不定疑問で、だれか来たことはわかっていて、それが<u>だれであるか</u>をたずねるのが普通疑問である。この両者の区別は日本語では「か」と「が」との区別によってあらわされる。

INTERROGATIVE ADJECTIVE
(疑 問 形 容 詞)

302　1.　"**What?**" と "**Which?**" は名詞について形容詞として用いられる。代名詞としての場合と同じく人にも物にも適用される。

　　What paper do you take? (君は何新聞を取っているか)
　　Which man are you going to engage? (君はどちらの人をやとうつもりか)

303　2.　形容詞の "many", "much" に疑問副詞 "**how**" をつけて疑問形容詞を作る。

　　How many students are there? (生徒は何人いるか)
　　How much money do you want? (金はいくらほしいか)

304　3.　疑問形容詞の "**what**" は感嘆文を作るのにも用いられる。

　　What eloquence! (なんという雄弁!)
　　What a beautiful sunrise! (なんという美しい日の出だろう)
　　What an honest boy he is! (なんという正直な子だろう)

305　【注意】 "what" を感嘆形容詞として単数普通名詞につける場合はその次に "a" を置く。"what" を普通疑問形容詞として用いる場合は "a" をつけない。

疑 問 代 名 詞

Interrogative	Exclamatory
What time is it? (何時か)	**What a** time we had! (なんとまあ おもしろかったろう)
What book is it? (何の本か)	**What a** book it is! (なんという おもしろい本だろう)

EXERCISE 18

(**A**) 次の和文を英訳せよ。
1. こんなことをしたのはだれか。
2. だれがそれをしたか、君は知らないか。
3. それをだれがしたと思うか。
4. 君は一体 (in the world) 何者だ。
5. その人はいつ来ると言ったか。[いつ?]
6. その人はいつ来るかを言ったか。[予告をしたか?]
7. あれは医者の車だ。だれか病気ですか。
8. だれが病気なのかしら。
9. 君はどうかしたのですか。
10. 君は泣いていたね、どうしたんだ。

(**B**) 次の文中に誤りがあれば正せ。
1. Who did you say you met yesterday? (君はきのうだれに会ったといったかね)
2. Who are you looking for? (君はだれをさがしているのか)
3. Whom do you think it was? (それはだれであったと君は思うか)
4. Whom is this book? (これはだれの本か)
5. Who is taller, Jack or Tom? (ジャックとトムとどちらが、せいが高いか)

IV. RELATIVE PRONOUN
関 係 代 名 詞

306 **Relative** (関係詞) と呼ばれるものには次の 3 種がある。

- (a) **Relative Pronoun** (関係代名詞):──
  who, whose, whom, which, that, what;
  whoever, whichever, whatever;
  as, than, but
- (b) **Relative Adjective** (関係形容詞):──(cf. §§ 341-344)
  which, what;
  whichever, whatever
- (c) **Relative Adverb** (関係副詞):──(cf. §§ 868-873)
  when, where, why, how, whenever, wherever, however;
  the+Comparative . . . *the*+Comparative

307 **Relative Pronoun** (関係代名詞) は先に立つ名詞あるいは代名詞を代表し、同時に文の部分を結合する役目をする語である。関係代名詞に代表される名詞あるいは代名詞をその関係代名詞の **Antecedent** (先行詞) という。

  This is the hat **that** I bought yesterday (これが私のきのう買った帽子だ)

【注意】 この文中 " that " は " the hat " を代表し、同時に " That is the hat " と " I bought [the hat] yesterday " とを結びつける役目をしている。すなわち " that " は関係代名詞で、" the hat " はその先行詞である。

関係代名詞は人称、数においてその先行詞と一致する。

  I, **who** am a poor man [一人称単数]
  you, **who** are a rich man [二人称]
  Heaven helps those **who** help themselves. [三人称複数]
  a man **who** knows English [三人称単数]

関係代名詞のおもなものは " who ", " which ", " that ", " what " の四つで、次のような格の変化がある。

Nominative	who	which	that	what
Possessive	whose	{ whose / of which	—	—
Objective	whom	which	that	what

RESTRICTIVE AND NON-RESTRICTIVE RELATIVES
(制限関係詞と非制限関係詞)

308　1.　関係代名詞には二つの異なった用法がある。

(a)　I want a man **who** understands English. (私は英語のわかる人が欲しい)

(b)　I will engage Mr. A., **who** understands English. (私はA氏をやとおう、あの人は英語がわかるから)

(a) における "who understands English" は先行詞 "man" の適用を制限する——自分の欲しい人はどんな人でもかまわないわけではない、英語のできる人に限るという制限をつけるもので、文法的にいえば、"man" を修飾する Adjective Clause (形容詞節) で、文全体は Complex Sentence (複文) である。この文の "who" のように形容詞節を導く関係詞を **Restrictive Relative** (制限関係詞) という。

(b) における "who understands English" は別に先行詞 "Mr. A." の適用を制限するものではない——英語のできる "Mr. A." とか、英語のできない "Mr. A." とか、いく通りもあるわけではないから、"who understands English" という節がつこうがつくまいが "Mr. A." にかわりはない。であるから、この文は、実は "I will engage Mr. A. He understands English" という独立の2文を "who" という関係代名詞で結合したにすぎない。すなわち文全体は2個の Independent Clause (独立節) からなる Compound Sentence (重文) である。この文における "who"

のようなものを **Coordinate Relative** (同位関係詞) または **Non-restrictive Relative** (非制限関係詞) という。

309 【注意】 関係代名詞のこの 2 用法を区別するために前者を **Restrictive Use** (制限的用法) といい、後者を **Continuative Use** (追叙的用法) と名づけている人もある。「追叙」というのは、まず「A 氏をやとおう」といって、後から「A 氏は英語がわかるから」というように叙述を追加するからである。

310 2. 非制限関係詞は、多くの場合、これを接続詞と代名詞とに分解して見ることができる。

  I will engage Mr. A., **who** (=*for he*) understands English. (私は A 氏をやとおう、あの人は英語がわかるから)
  I met Mr. B., **who** (=*and he*) told me the news. (B 君に会ったらそのことを話してくれた)
  I went to view the river, **which** I found (=*and* I found *it*) greatly swollen. (私は川を見に行ったが、川はたいそう増水していた)
  He killed his poor dog, **which** (=*although it*) had always been faithful to him. (彼はかわいそうに飼犬を殺した、犬は始終彼に忠実であったのに)

【注意】 最後の例のように "which" を "although it" に分解し得る場合は、"although" は Subordinate Conjunction であるから、文全体は Complex Sentence となる。

"Who" and "Which"

311 1. "**who**" は人にのみ用いられる。

  Nominative:—That is the man **who** teaches me. [あの人が私を教える——という関係]
  Possessive:—That is the man **whose** son I teach. [あの人のむすこを私が教える——という関係]
  Objective:—That is the man **whom** I teach. [あの人を私が教える——という関係]

312 2. "**which**" は人以外の動物、無生物にのみ用いられる。

Nominative:—the river **which** flows through the city （市を貫流する川——川が流れる）

Possessive:—a river { **whose** banks / the banks **of which** / **of which** the banks } are covered with trees
（両岸に木がはえている川——川の両岸）

Objective:—the river **which** we crossed （われわれが渡った川——川を渡る）

313 【注意】 所有格の関係代名詞にはつぎのような種々の配語法がある。

a proverb, **whose meaning** I do not understand
a proverb, **of which** I do not understand **the meaning**
a proverb, **the meaning of which** I do not understand
a proverb, **which** I do not understand **the meaning of**
（私に意味のわからぬことわざ）

314 3. "**who**", "**which**" は Restrictive, Non-restrictive 両方に用いられる。Non-restrictive として用いられたときは "**who**", "**which**" と先行詞との間を Comma で切るのが通例である。

Restrictive	Non-restrictive
Mr. A. is the man **who** taught me English. （A 氏が私に英語を教えた人です）	I lived with Mr. A., **who** taught me English. （私は A 氏の家にせわになって、同氏に英語を教わりました）
I want a book **which** is both easy and interesting. （私はやさしくておもしろい本が欲しい）	I will lend you this book, **which** is both easy and interesting. （君にこの本を貸そう、やさしくて面白いから）
A child **whose** parents are dead is called an orphan. （両親の死んでしまった子を孤児という）	My uncle adopted B., **whose** parents are dead. （私のおじは B を養子にした、B は両親がないのだ）
That is the man **whom** I met in the train. （あれが私が汽車で会った人です）	The maid announced a visitor, **whom** I had shown in. （女中が客を取りついだから、へやに通させた）

315 4. Continuative Use の "**which**" は Phrase (句) あるいは Clause (節) を代表することがある。

> After leaving school *he went to sea*, **which** he did in order to improve his eyesight. (学校を出てから彼は船乗りになったが、それは目を良くするためであった)
>
> *Caesar crossed the Rubicon*, **which** was in effect a declaration of war. (シーザーはルビコン川を渡った、ということは宣戦布告も同然であったのだ)
>
> They tried hard *to catch the moon* in the water, **which**, however, was found impossible. (彼らは一生懸命、水中の月をつかまえようとしたがだめであった)

316 5. 前置詞は "whom", "which" のすぐ前につくのがふつうであるが、また離して後の方へまわすこともある。ただし "all of", "both of", "some of", "many of", "one of" などは必ず "whom", "which" の前に出る。

> Is this the man $\begin{cases}\text{\textbf{of whom}} \text{ you spoke} \\ \text{[\textbf{whom}] you spoke \textbf{of}}\end{cases}$ the other day?
> (これが先日お話しの方ですか)
>
> This is the house $\begin{cases}\text{\textbf{in which}} \text{ I live.} \\ \text{[\textbf{which}] I live \textbf{in}.}\end{cases}$ (これが私の家です)
>
> He has three daughters, **all of whom** are married. (あの人は娘が3人あるが、皆お嫁に行っている)

"That"

317 1. "**that**" は人、動物、無生物に通ずる Restrictive Relative Pronoun (制限関係代名詞)で、限定的に用いられた "who", "whom", "which" に代用することができる。

> I want a man **who** (or **that**) understands English. (英語のできる人が欲しい)
>
> This is the man **whom** (or **that**) I met at my uncle's. (これがおじさんの家で会った人です)

I wish to read a book **which** (or **that**) is both easy and interesting. (私はやさしくておもしろい本が読みたい)

【注意】 "that" は "whose" の代わりには用いられない。また "that" の前に置詞を置くことはできない。比較:──

$\left\{\begin{matrix}\text{the man} \begin{cases}\textbf{of whom} \text{ you spoke}\\ \textbf{whom} \text{ you spoke } \textbf{of}\end{cases}\\ \text{the man [\textbf{that}] you spoke } \textbf{of}\end{matrix}\right\}$ (あなたのお話しになった方)

"the man **of that** you spoke" という形はない。

2. "**that**" を用いる方がよい場合──"that" は "who", "whom", "which" の代わりに用いられることは上述のとおりであるが、次のような場合には "that" の方を用いるのが通例である。

318 (a) 先行詞が形容詞の最上級を伴なう場合:──

He is *the greatest* poet **that** Japan has ever produced. (彼は日本の生んだ最大の詩人だ)

He was *the first* man **that** came. (彼が一番先に来た)

319 (b) 先行詞が "the only", "the same", "the very" あるいは "all", "any", "no" を伴なう場合:──

Man is *the only* creature **that** is gifted with speech. (人は言語の才能を持つ唯一の生物である)

This is *the same* watch **that** I lost yesterday. (これが私のきのうなくした時計だ)

That is *the very* thing **that** I want. (それこそ私が欲するところ──願ったりかなったり)

All **that** glitters is not gold. (光るもの必ずしも黄金ではない)

No man **that** has common sense can believe it. (常識のある人ならそんなことは信じられない)

320 (c) 文中のある部分を強めるために "**It is...that**" の構文を用いることは §177 で述べた。

It is a nightingale **that** is singing over there. (あそこで歌っているのはうぐいすだ)

> *It is* not the style, but the sentiment, **that** I admire. (私の感心するのは彼の文章でなく、思想の方だ)
> *It was* he **that** (or **who**) started such an absurd report. (あんなばかげたうわさを言い出したのは彼だ)

【注意】 関係代名詞はその Antecedent と人称、数において一致するのが規則であるが、"It is...that" の構文においては "that" の人称、数は Antecedent の "it" と一致しないで Subject-complement と一致することは前に述べた (cf. §179)。

> It is **I** that **am**...
> It is **he** (or **she**) that **is**...
> It is **you** (or **they**) that **are**...

321 （d） 先行詞に人と動物（あるいは無生物）とを含む場合：――

> The train ran over a *boy* and his *dog* **that** were just crossing the track. (汽車が、線路を横切ろうとしている子供と犬とをひいた)
> The *people* and *manners* **that** one sees there seem to be quite different from those of any other country. (その国で見られる人も風俗も、ほかのどこの国とも異なっているようだ)

322 （e） 前に疑問代名詞のある場合。この場合には "who...who"、"which...which" などの重復を避けるために "that" を用いるのである。

> *Who* is the man **that** is standing by the well? (井戸ばたに立っているのはだれか)
> *Who* **that** has sense of honour can do such a thing? (廉恥心のあるものならだれがそんなことができよう)
> *What* **that** is not bad is ever learned by such intercourse? (そんな交際によって覚えるのは悪いことばかりさ)
> *Which* of these steamers is the one **that** plies between Osaka and Beppu? (この船のうち大阪別府間を通うのはどれですか)

323 3. 先行詞に "that" または "those" があれば関係代名詞は "who" または "which" を用いる方がよい。"that...that"、"those...that" は口調がよくないからである。

> *that* kite **which** Jack made (ジャックの作ったあのたこ)

The third door was *that* **which** we were seeking. (3軒目がわれわれのさがしている家だった)
Heaven helps *those* **who** help themselves. (天はみずから助ける者を助ける)

OMISSION OF THE RELATIVE
(関 係 代 名 詞 の 省 略)

324 制限関係代名詞が、動詞あるいは前置詞の目的語である場合には、口語ではこれをはぶくのがふつうである。非制限関係代名詞ははぶくことはできない。

Is this the book [**which**] you want to read? (これが君の読みたいという本か)
Is this the man [**whom**] you spoke of? (これがお話しの方ですか)

古文体、詩などでは主格の関係代名詞をはぶくことがある。

That's the life [which] is meet for me.—*Scott*. (それこそわれに好ましき生活)
There is a willow [which] grows aslant a brook.—*Shakespeare*. (小川にさしかかる一本の柳あり)

口語体でも主格関係代名詞がはぶかれることがある。

" It is your system [that] makes such children," said Miss Ophelia. —*Stowe*. (子供があんなになるのはあなたのやり方のせいです、とミス・オフィーリアがいった)

【注意】 Relative Clause に " there is (are) " のある場合は現代文でも主格関係代名詞をはぶく。
He is one of the best men there are in the world. (彼は世界じゅう[に存在する人の中]でもっともよい人のひとりだ)

OMISSION OF THE ANTECEDENT
(先 行 詞 の 省 略)

325 詩、ことわざなどで関係代名詞が先行詞なしに（あるいは、関係代名詞が先行詞を含んで）用いられることがある。

Who (=*He who*) steals my purse, steals trash.—*Shakespeare*.（私の財布を盗むものはすなわち、ぼろくずを盗むも同然）

Who (=*He who*) never climbs will never fall.（登らぬものは落ちない）

Whom (=*Those whom*) the gods love, die young.—*Byron*.（神が愛する人は若死する――才子薄命）

326【注意】従属疑問詞の構文と 関係代名詞の構文とは よく似ているが、前者には先行詞がなく、後者にはあるから、混同しないように。

Dependent Interrogative	**Relative**
Do you know **who** did it?（君は だれがしたか 知っているか）	*The man* **who** did it has already run away.（した人はもう逃げてしまった）
I can not guess **whom** he meant.（だれのことを いったのか私には見当がつかぬ）	He praises only *those* **whom** he likes.（彼は自分の好きな人ばかり賞める）
Tell me **which** you like best.（どれが 一番好きか いってごらん）	This is *the book* **which** I like best.（これが 私の 一番好きな本です）

"Do you know **who** did it?"（だれがそれをしたか知っているか）の "who" は従属疑問詞であるが、"Do you know *the man* **who** did it?"（それをした人を知っているか）とすればその "who" は "the man" という先行詞をもつ関係代名詞となる。

"What"

327 1. "**what**" はそれ自身で 先行詞を 兼ねる 関係代名詞である。この "what" は次のような順序で疑問代名詞から転じてきたものとみられる。

 (a) **What** do you want? ....（疑問代名詞）
  （君は何を欲しいのか）
 (b) He asked me **what** I wanted. ....（従属疑問代名詞）
  （何を欲しいのかたずねた）
 (c) He did not know **what** I wanted. ....（同上）
  （彼は私が何を欲しいか、私の欲しいものを知らなかった）
 (d) He gave me **what** I wanted. ....（関係代名詞）
  （彼は私の欲しいものをくれた）

328　2. "**what**" は通例 "that (or those) which" あるいは "the thing(s) which" に等しいが、また "all that" の意味に用いられることもある。

　　Do you understand **what** (=*that which*) I say?　(君は私のいうことがわかるか)
　　I know **what** (=*the thing which*) you want.　(私は君の欲しいものを知っている)
　　He saves **what** (=*all that*) he earns.　(彼は働いて取るだけ、皆貯蓄する)
　　What has been done, has been done. ┐(してしまったことは仕方が
　　What I have done, I have done.　　┘ない)

329　3. "**what**" は次のような慣用句を作る。

　　He has made me **what I am**.　(彼が私をして現在の私たらしめた＝私の今日あるは彼のおかげだ)
　　He is not **what he used to be**.　(彼は昔の彼ではない)
　　She is **what you call** a "new woman".　(あれがいわゆる新しい女だ)
　　This is **what is called** "sectionalism".　(これがいわゆる派閥主義だ)
　　He is a good scholar; and, **what is better**, a good teacher.　(彼は学問ができて、その上なおいいことに授業が上手だ)
　　He is handsome, clever, and **what is the best of all**, rich　(彼はハンサムで利口で、そして何よりよいことに金持ちだ)
　　From what I have seen of him, there is nothing peculiar about him.　(つき合ってみたところでは別に変ったところもない)
　　Reading is to the mind **what** food is to the body.　(読書の精神におけるは、食物の肉体におけるがごとし)

【注意】　終わりの例のように両者の関係の等しいことをいうには、いろいろな言い方がある。その形式をここに挙げておこう。

　　　　A　：　B　＝　X　：　Y.　┐
　　　　A is to B **as** X is to Y.　│
　　As X is to Y, **so** is A to B.　├(A と B との関係＝X と Y
　　A is **that** to B **which** X is to Y.│　との関係)
　　A is to B **what** X is to Y.　│
　　What X is to Y, **that** is A to B.┘

COMPOUND RELATIVE PRONOUN
(複合関係代名詞)

330　1.　"who", "which", "what" に "ever" をつけて作った代名詞を **Compound Relative Pronoun**（複合関係代名詞）あるいは **Indefinite Relative Pronoun**（不定関係代名詞）という。格の変化を次に示す。

Nominative	whoever	whichever	whatever
Possessive	whose-ever	——	——
Objective	whomever	whichever	whatever

331　2.　複合関係代名詞は "what" と同じようにそれ自身で先行詞と関係代名詞とを兼ねたものであるが、その格を決定するには先行詞としての役目を標準としないで、関係代名詞としての役目を標準とする。この点は次のように書きかえてみればよくわかる。

　　 {whoever＝anyone who
　　 whose-ever＝anyone whose
　　 whomever＝anyone whom

(a)　Give it to **whoever** (=*anyone who*) wants it.　（だれでも欲しい人にやれ）

(b)　He flatters **whose-ever** (*anyone whose*) relation is rich.　（彼はだれでも金持ちの親類のある人にへつらう）

(c)　Give it to **whomever** (=*anyone whom*) you like.　（だれでも君の好きな人にやれ）

　(a) においては "whoever" という主格が "to" の目的語 "anyone" と、"wants" の主語 "who" とを兼ねている。これを "give it to **whomever** wants it" としては誤りである。

　(b) においては "whose-ever" という所有格が "flatters" の目的語 "anyone" と、"whose" という所有格とを兼ねている。

　(c) においては "whomever" という目的格が "to" の目的語 "anyone" と、"like" の目的語 "whom" とを兼ねている。(a) と (c) とは書き出しは同じく "Give it to" でありながら "whoever" と "whomever" と異なるのは、前者は (a) で "wants" の主語であり、後者は (c)

で "like" の目的語である点にある。

【注意】 所有格 " whose-ever " はまれにしか用いられない。

332　3. $\begin{cases} \textbf{whichever}=\text{either or any that} \\ \textbf{whatever}=\text{anything that} \end{cases}$

Here are a gold coin and a Bible. You may choose **whichever** (=*either of the two that*) you like. (ここに金貨と聖書がある、君はどちらでも好きな方を取ってよろしい)

You had better see the men for yourself, and choose **whichever** (=*any one of them that*) you like. (君は自身でその人たちに会って、どれでも好きな人を選ぶがよい)

You may do **whatever** (=*anything that*) you like. (何でも好きなことをしてよろしい)

333　4. " whoever ", " whichever ", " whatever " などが譲歩の副詞節を作ることがある。そういう場合にはこれらの語は関係代名詞としての性質を失ってしまう。すなわち主節の主語や目的語として機能するということがなく、一種の接続詞となるのである。

Relative	**Concessive**
(a) **Whoever** (=*Anyone who*) says so, is a liar. (だれでもそう言う人はうそつきだ)	(b) **Whoever** (=*No matter who*) may say so, it is a lie. (だれがそう言おうとそれはうそだ)
(c) He succeeds in **whatever** (=*anything that*) he undertakes. (彼は、企てることは何でも成功する)	(d) **Whatever** =*No matter what*) he may undertake, he succeeds in it. (彼は、何を企ててもそれに成功する)

(a) の " **whoever** " は " says " の主語であるべき " who " と、" is " の主語であるべき " anyone " とを兼ねた関係代名詞であるが、(b) の " whoever " は " no matter " という接続詞と " who " という疑問詞を兼ねた一種の接続詞である。(c) と (d) との間にもこれと同様の差違があることは容易にわかるであろう。すなわち

Relative	**Concessive**
whoever=anyone who	**whoever**=no matter who
whichever=any that	**whichever**=no matter which
whatever=anything that	**whatever**=no matter what

Concessive Clause には通例 "may" を含むが、必ずしも 常にそうではない。こういう Concessive Clause を作るのは上に述べた複合関係代名詞だけではない。後に述べる関係形容詞としての "whichever" (§ 344), "whatever" (§ 343), また関係副詞の "whenever", "wherever" など (§§ 872, 873) も同じ役目をする。

334 【注意】 強調の副詞としての **"whatever"** は "whatever it may be" の省略されたものである。

    There is **no** doubt **whatever** (=at all). (ちょっとの疑いもない)
    Is there **any** chance **whatever** (=at all)? (いくらかでも見込みがあるのか)

QUASI-RELATIVE PRONOUN
(擬 似 関 係 代 名 詞)

"as", "than", "but" は元来接続詞であるが、ある場合に関係代名詞のように用いられる。そういうものを **Quasi-relative Pronoun** (擬似関係代名詞) という。

1. **"as"** は本来接続詞であるが、次に来るべき代名詞が省略されるために、自身がその代名詞の役目をも兼ねて関係代名詞となるのである。"as" が関係代名詞というのは、次のような場合である。

335 (a) 前に **"as"** のある場合:──

    He is *as* brave a soldier **as** [any that] ever shouldered a rifle. (古来鉄砲を かついだことのある だれにも劣らぬ──古今無双の勇士)
    As many children **as** came were given some cake. (来たほどの子供はみなお菓子を与えられた)

336 (b) 前に **"such"** のある場合。これは "such" の項 (§ 230) で説いたから、ここには数例を付加するにとどめる。

    Avoid **such** men **as** will do you harm. (害になるような人とまじわるな)

Such a time **as** we had yesterday! (まあきのうのおもしろかったこと)[直訳：きのう持ったようなあんな(楽しい)時間]

I will provide you with **such** things **as** you may need. (君のいる物は私が供給してあげよう)

He does not possess **such** courage **as** is necessary to a soldier. (彼は軍人に必要な勇気を欠いている)

337 （c） 前に "**the same**" のある場合。これも "the same" の項（§§ 237–241）に詳説したから、ここは簡単にしておく。

I have bought **the same** bicycle **as** you have. (私は君の持っているのと同じ自転車を買った)

Bees like **the same** odours **as** we do. (みつばちは人間の好むと同じかおりを好む)

338 2. "**than**" も元来は接続詞であるが "as" にならって関係代名詞となる。

There is *as much* money **as** is needed. (入用だけの金がある)
There is *more* money **than** is needed. (入用以上の金がある——金が余る)

There are *more* things in heaven and earth, Horatio,
Than are dreamed of in your philosophy.—*Shakespeare*.
(ホレーショよ、天地間には(君たちの言う)哲学では夢想だにされないことがある)

339 3. "**but**" は否定を伴なった Antecedent を受けて、"that ...not" の意味の関係代名詞として用いられる。これも次に代名詞がはぶかれるために、接続詞の "but" がそれを兼ねるのである。

There is no rule **but** [it] has exceptions.
There is no rule **that** has **not** exceptions.
Every rule has exceptions.
(例外のない規則はない)

(There is) no man **but** errs.
There is no man **who** does not err.
(まちがいをせぬ人はない)

340 【注意】(1) "but" が関係代名詞である場合は Antecedent に否定を伴なうが、その否定を疑問の形であらわすこともある。

> **Who but** knows it?
> [=Who is there but knows it?]
> **No** one **but** knows it.
> [=There is no one but knows it.]
> [=Everybody knows it.]
> (それを知らぬ者はない)

(2) 次の構文における "but" は関係代名詞でなくて、純粋の接続詞である。

> *No* one is *so* old **but** he may learn.
> *No* one is *so* old **that** he may **not** learn.
> (どんなに年をとっても学問はできる)

> *Nothing* is *so* hard **but** it becomes easy by practice.
> *Nothing* is *so* hard **that** it does **not** become easy by practice.
> (どんなむずかしいことでも慣れれば容易になる)

RELATIVE ADJECTIVE
(関 係 形 容 詞)

"which", "what", "whichever" および "whatever" は関係形容詞として用いられる。

341 1. "**which**" は<u>人</u>にも<u>物</u>にも用いられる。

> We could not find the lieutenant, **which officer** (=*who*) was to show us over the ship. (われわれは中尉を見つけることができなかった、その士官がわれわれに船を案内してくれるはずになっていたのだが)
> He spoke to me in French, **which language** (=*which*) I do not understand. (彼はフランス語で私に話しかけた、フランス語は私はわからないのだ)
> Perhaps he will call, **in which case** you should tell him everything. (たぶん彼が訪ねるでしょう、その場合にはすっかり話してしまいなさい)

342 2. "**what**" は "that...which", "all...that" などに等しい。また "**little**" あるいは "**few**" を伴なうことが多く、"little" を伴なわないでも、"little" の意味を含んで「少ないながらも皆」という意味をあらわすことが多い。

> I gave **what** money I had with me (=I gave *all* the money *that* I had with me). (持ち合わせた金をみなやってしまった)
> I have come to offer **what** service in my power. (及ばずながらできるだけのことはしてあげようと思って来ました)
> The son used **what little** strength he had left to tie the medicine around the dog's neck. (その子はわずかに残っていた力を尽して薬を犬の首に結びつけた) [cf. He *had* very little strength *left*.]
> I have sold **what few** things I had. (すこしばかりの所有品をみな売り払った)

343 3. "**whatever**"="any...that"

> You will soon be able to read **whatever** book you like (=*any* book *that* you like). (君はじきに何でも好きな本が読めるようになるだろう)

344 4. "**whichever**"="either or any of...that"

> Take **whichever** book you like (=*either* of the two books or *any* of the books *that* you like). (どれでも好きな本をお取りなさい)

EXERCISE 19

(**A**) 関係代名詞または関係形容詞を用いて次の和文を英訳せよ。
1. 夫を失った婦人を未亡人という。
2. 私がせわになっている (to live with) 人は子供がたくさんある。
3. 正直な人ならだれがそんなことができるものか。
4. 私は そこを 通り合わせた 紳士と犬とを<u>写真にとった</u> (to photograph)。
5. 彼はむすこがふたりある、そのふたりとも私たちの学校にかよっている。
6. 欠点のない人はない。

7. 彼は使いきれぬほど金を持っている。
8. 成功しようとするものは忍耐しなくてはならない。
9. 何事をしようとも忍耐なくては成功できない。

(**B**) 次の文中に誤りがあれば正せ。
1. My friend, whom I thought would pass, has failed. （及第するだろうと思っていた友人が落第した）
2. I will reward whomever can solve this problem. （だれでもこの問題を解けた人にはほうびをやる）
3. You may invite whomever you like. （だれでも好きな人を招いてよろしい）
4. I love my parents that are very kind to me. （私は両親を愛する、両親は私をたいそう大事にしてくれるから）
5. A reward was offered to whomever should find and restore the lost ring. （指輪を見つけて返してくれた人には賞を与えるということであった）
6. It is not we who was making the noise. （騒いでいたのは私たちではありません）
7. What can not be cured, it must be endured. （仕方のないことは、がまんしなければならない）
8. We will welcome whomever visit our country. （私たちはわが国を訪れる人はだれでも歓迎する）
9. He met with difficulties which was not easy to overcome. （彼は幾多のしのぎがたい困難に出会った）
10. He is the man whom I believe did it. （それをしたのは彼だと信じているのだ）

(**C**) 次の文中において関係代名詞をはぶくことができるものを指摘せよ。
1. This is the game of which I am very fond. （これは私の大好きなゲームだ）
2. This is the hotel that we stopped at last time. （これがこの前私たちのとまった旅館だ）[stop at＝とまる]
3. Today I met Mr. B., whom I had not seen for a long time. （ながらく会わなかった B 君にきょう会った）
4. He is the greatest statesman that Japan ever produced. （彼は今まで日本の生んだ最大の政治家である）
5. He was the first Englishman that trod on Japanese soil. （彼は日本の土を踏んだ最初のイギリス人である）

3. ADJECTIVE
形　容　詞

(A) CLASSES OF ADJECTIVES
形容詞の種類

345　形容詞は通例次の 3 種に分類する。

1. **Pronominal Adjective**　（代名形容詞）
2. **Quantitative Adjective**　（数量形容詞）
3. **Qualifying Adjective**　（性質形容詞）

I. PRONOMINAL ADJECTIVE
代 名 形 容 詞

346　代名詞からできた形容詞を **Pronominal Adjective** (代名形容詞) という。 したがって代名詞の 4 種に対し 4 種類の代名形容詞がある。しかしいずれも代名詞の項 (§§ 155 ff.) であわせて説明したから、ここには復習的に表を掲げるにとどめる。

(1) **Possessive Adjective**　これは Personal Pronoun の Possessive Case にほかならない: **my, our, your, his, her, its, their**.

(2) **Demonstrative** {**Pronoun**:—**This** is my book.
　　　　　　　　　　　Adjective:—**This** *book* is mine.

(3) **Interrogative** {**Pronoun**:—**What** is that bird?
　　　　　　　　　　Adjective:—**What** *bird* is that?

(4) **Relative** {**Pronoun**:—He spoke to me in French, **which** I do not understand.
　　　　　　　　Adjective:—He spoke to me in French, **which** *language* I do not understand.

II. QUANTITATIVE ADJECTIVE
数 量 形 容 詞

347 Quantitative Adjective (数量形容詞) とは Number (数), Quantity (量), Degree (度) などを示す形容詞をいう。

数量形容詞は (1) 漠然と多いとか少ないとかをあらわすものと, (2) 一つとか二つとかきまった数をあらわすものと 2 種に分れる。

(1) **Indefinite Quantitative Adjective** (不定数量形容詞)
(2) **Numeral** (数詞)

348　　(1) **INDEFINITE QUANTITATIVE ADJECTIVE**

不 定 数 量 形 容 詞

Indefinite Number 複数普通名詞につき不定数をあらわす	Quantity or Degree 物質名詞あるいは抽象名詞につき量あるいは程度をあらわす
many	much
few, a few	little, a little
several	―
enough	enough
some, any, no	some, any, no
all	all

【注意】 このうち "some", "any", "no", "all" はすでに代名詞の項 (§§ 246 ff.) で説明した。

"Many" and "Few"

349 1. "**many**" と "**few**" とは複数名詞について数の「多い、少ない」をあらわす。

He has **many** friends, but **few** true ones. (彼はたくさん友達があるが、真の友は少ない)

【注意】 (1) 日本語の「何々するものは多い」「何々するものは<u>少ない</u>」を訳すには "many" あるいは "few" を主語につける。

Many Japanese study English. (日本人で英語を学ぶ者が多い)

Few Japanese study Italian. (日本人でイタリア語を学ぶ者は少ない)

(2) 「何々<u>しない</u>者が多い」「何々<u>しない</u>者は少ない」 を 英訳するには "There are many...", "There are few..." の構文を用いる。

There are many people **who can not** sign their own names. (自分の名さえ書けない人が多い)

There are few Japanese **who cannot** read or write. (読み書きのできない日本人は<u>少ない</u>)

350 2. "a great many", "a good many"

There are **a great many** schools in Tokyo. (東京には学校が非常に<u>たくさん</u>ある)

There are **a good many** English books in this library. (この図書館には英書が<u>かなりたくさんある</u>)

351 3. "many a..." は 意味は複数であるが 単数の構文をとる。ただし文語的表現である。

Many a student *has* fallen a victim to this vice. (多くの学生がこの悪習の犠牲となった)

Many a time did I warn him, but to no purpose. (何べんか私は彼に警告したが、なんの効もなかった)

We waited **many and many a** day. (何日も何日も待った)

【注意】 "all men" と総括的にいうよりも "every man" と個別的にいう方が意味が強いと同様に、"many men" というよりも "many a man" という方が意味が強いのである。

352 4. "as many" (="the same number of") は前にいった数(明示したと否とにかかわらず)を受けてそれと**同数**であることをあらわす。必ずしも「多数」の意味でない。

These are not all the books I have. There are **as many** [books] more upstairs. (私の持っている本はこれだけではない。2 階にもまだこのくらいある)

We waited about ten minutes; it seemed to me **as many** hours. (われわれは 10 分ばかり待った、それが私には 10 時間も待ったように思われた)

353 5. "**like so many**", "**as so many**" における "so many" は上の "as many" の意味である。日本語で「彼は子供を邪魔物のように考えている」という場合、子供がひとりならば "He *regards* his child *as* **an** encumbrance" という。子供が 5 人ならば、それと「同数の邪魔物」と考える意味で "He *regards* his children *as* **as many** encumbrances" というべきだが "as as" は語調が悪いから "as so many" にして

> He regards his children **as so many** encumbrances. (彼は自分の子供たちをさながら邪魔物のように考えている)

という。"like" の場合にもこれにならって、

> He worked **like an** ant. (彼はありのように働いた)
> They worked **like so many** ants. (彼らはさながらありのように働いた)

となるのである。

354 6. "**so many**" は "such and such" に似た用法で漠然と「これこれの数」というときに用いる。

> In Japan, we do not say that a room is **so many** feet long or wide, but that it has **so many** mats. (日本ではへやの大きさをいうのに長さいく尺とか幅いく尺とかいわないで何畳敷という)
> Apples are sold at **so many** for a hundred yen. (りんごは「100 円あたり何個」で売買される)

355 7. "**few**" と "**a few**" とには次のような意味の差異がある。

(a) The composition is well written; it has **few** mistakes. (この作文はよくできている、まちがいが少ない)
(b) The composition is well written; but it has **a few** mistakes. (この作文はよくできている、しかしまちがいも少しはある)

同じくまちがいの二、三ある作文を評しても、(a) はまちがいが少ないと賞める言い方、(b) はまちがいも少しはあるとケチをつける心持ち。同数のまちがいでも感じ方がちがうわけである。

I have **few** friends except you. (君のほかには友達が<u>少ない</u>——君に捨てられては困る)
I have **a few** friends besides you. (君のほかにも友達が<u>少しはある</u>——君に捨てられたとてあまり困らない)

Are there **many** Russian scholars in Japan?—**No**, there are **few**. (日本にロシヤ語学者が<u>多いか</u>——<u>いや少ない</u>)
Are there **any** Russian scholars in Japan?—**Yes**, there are **a few**. (日本にロシヤ語学者があるか——<u>少しはある</u>)

356 【注意】**not a few** (=no few) (少なからずたくさんある)
only a few (=but few) (ごく少ししかない)

There are **only a few** such men. (そういう人は少ない)

"Much" and "Little"

357 1. "**much**" と "**little**" とは物質名詞について Quantity (量) を示し、抽象名詞について Degree (程度) を示す。

Quantity:—This ore contains **much** silver, but **little** gold. (この鉱石は銀をたくさん含んでいるが金は少ない)

Degree:— He has **much** skill in teaching, but **little** patience with his students. (彼は教えることは非常に熟練しているが、生徒に対する忍耐が乏しい)

358 2. "**as much**" は「同量」の意味から移って「そんなこと」などの意味にも用いる。

He is rather hot-tempered, and owns **as much**. (彼は怒りっぽい方だ、そしてまた自分でも怒りっぽいと認めている)

I was not in the least surprised, for I had fully expected **as much**. (私は少しも驚かなかった、そんなことだろうと予期していたから)

359 3. "**as so much**" は "**as so many**" と同類句で物質名詞あるいは抽象名詞につく (cf. §353)。

He looks upon time not spent in study **as so much** lost time. (彼は勉強に使わぬ時間を、さながら損したもののように思う)

360 4. "**so much**" は不定量をあらわす (cf. §354)。

Apples are sold at **so much** apiece. (りんごは一ついくらで売られる) [1 個いくらという割合で]
In Japan we board at **so much** a month. (日本では下宿は月ぎめだ) [1 月いくらという条件で]

361 5. "**little**" と "**a little**" との差違は "few" と "a few" との差違と同様である (cf. §355)。

He grows worse; there is **little** hope of his recovery. (だんだん悪くなる、回復の望みは少ない)
He is not much better, but there is **a little** hope. (あまりよくないが、まだ少しは望みがある)

This ore contains silver, besides **a little** gold. (この鉱石は銀を含んでおり、ほかに金も少し含んでいる)
It contains much silver, but **little** gold. (銀はたくさん含んでいるが、金は少ない)

362 【注意】 **not a little** (=no little) (少なからずたくさん)
only a little (=but little) (ごく少ない)

He has **not a little** tact. (彼は相当、世わたりの才がある)
There is **only a little** money left. (金はごく少ししか残っていない)

"Several"

363 "**several**" は数からいったら三、四 あるいは 五、六くらいを言うことが多いが、割合に多いと考えられる場合に用いられるのである。「何度も」とか「いくつも」とかのように、「多い心持ち」を含めて訳すべき語である。

He has been in **several** countries, and knows **several** languages. (彼の行った所は数ヵ国にまたがり、数ヵ国の国語に通じている)
I repeated my questions **several** times. (私は質問を何度も繰り返した)

数量形容詞

"Enough"

364 "enough" は複数普通名詞にも、物質名詞にもつき、「十分」(じゅうぶん)の意味をあらわす。名詞の前につけてもよい。また後へつけることもできる。

> We have **apples enough** (or **enough apples**). (りんごが十分ある)
> We have **beer enough** (or **enough beer**). (ビールが十分ある)

"enough" は後に "for..." とか "to..." とかを伴なって「...するに足るだけ十分」の意味をあらわすことが多い。

> I have **enough** money **for** the purpose. (金は間に合うだけある)
> There was **enough** noise **to** wake the dead. (死人も目をさましそうな騒音であった)

365 【注意】"enough" はまた名詞としても副詞としても用いられる。
　　　Noun:—You have done **enough** for him. (それだけつくしてやれば十分だ)
　　　Adverb:—I can never thank you **enough.** (お礼の申しようもありません。[いくらお礼しても十分にはならない]
"enough" が形容詞や副詞を修飾する場合はいつもその後につく。
　　He is **old enough** to do for himself. (もう独立してもいい年令だ)
　　He will learn it **soon enough**. (教えなくてもすぐに覚える——今に覚えすぎて困るくらいだ)

EXERCISE 20

(**A**) 次の和文を英訳せよ。
1. 100 才まで生きる人は少ない。
2. 酒を飲まぬ人は多いが、タバコをのまぬものは少ない。
3. 東京には以前は火事が多かったが、今は少なくなった。
4. 鉛筆は1ダースいくらで売買する。
5. 金の少ないものは友達も少ない。
6. あの人は学問もなかなかあるし、経験も少しはある。
7. その子供たちはまるでサルのように木登りをする。
8. なくした さいふに 金が はいっていたのか——少しは はいっていた、だから惜しい。

9. 少ししかはいっていなかった、だから惜しくない。
10. 君には二、三時間で覚えられるものが私には二、三日かかる。

(**B**) 次の文中の空所に "much", "little", "a little", "many", "few", "a few" の中の適当なものを補え。

1. He has ___ money, but ___ sense. （彼は金はたくさんあるが常識に乏しい）
2. There are ___ sights to see here. （ここは見る所が少ない）
3. Is ___ rice grown in Sumatra? （スマトラでは米をたくさん作るか）
4. I am glad to think that there are ___ kind people. （親切な人も少しはあると思えば心強い）
5. He has ___ to get and ___ to keep. （もうけ少なの子だくさん）[得るものは少ないのに、養うべきものは多い]
6. There was a valuable ring, besides ___ money, in the purse. （さいふには少しばかりの金のほかに高価な指輪がはいっていた）
7. I am glad to hear that the wind has done ___ damage to your house. （お宅には風の害が少なかったそうで、大慶に存じます）
8. We must make haste; we have ___ time left. （急がなくてはいけない、もう時間がないから）
9. I have ___ English books, but ___ German books. （私は英語の本はたくさんあるがドイツ語の本は少ない）
10. We were not ___ disappointed. （私たちは少なからず失望した）

---

(2) NUMERAL
数　　詞

366 数詞を次の3種に分類する。

(a) **Cardinal Numeral** （基数詞）
(b) **Ordinal Numeral** （序数詞）
(c) **Multiplicative Numeral** （倍数詞）

(a) CARDINAL NUMERAL
（基　数　詞）

367　Cardinal Numeral （基数詞）は "one" (1), "two" (2),

"three" (3), "ten" (10), "hundred" (100), "thousand" (1000) などふつうの数をあらわす形容詞をいう。

368 【注意】 数を記すには数学で用いるようないわゆるアラビヤ数字を用いる場合と、I, II, V, X のようなローマ数字を用いる場合と、ふつうの英字を用いる場合と3通りある。アラビヤ数字で記す場合は 1,347 あるいは 3,587,245 などのように、下から数えて3位毎に Comma で切る。ただし年号の数字の場合は Comma で切らず 1905 (千九百五年) のように記す。アラビヤ数字で記してもローマ数字で記しても、読むときは英字で記したと同じように読む。**"four"** (4), **"fourteen"** (14), **"forty"** (40) のつづりに注意せよ。

369 1. "twenty" (20) から "ninety" (90) に至る十位の数に一位の数を付加するには Hyphen (ハイフェン) を用いて "twenty-one" (21), "twenty-two" (22), "thirty-four" (34), forty-seven (47), "ninety-nine" (99) のように記す。

370 2. "hundred" の次には "and" を入れ、hundred がなければ "thousand" の次に "and" を入れて読む。

　　139—one hundred and thirty-nine
　　205—two hundred and five
　1,028—one thousand and twenty-eight
　3,005—three thousand and five

【注意】 とくに正確を要しない場合は "**one** hundred" の代わりに "**a** hundred" というのが通例である。前者は、銀行などで言う「一百」にあたり、後者はただ「百」というのにあたる。しかし "**one** thousand" が通例で "**a** thousand" はまれ。ただし漠然と "**a** thousand pities"(遺憾千万)などということはある。"million"(百万)には "**one**" も "**a**" も一様につける。

371 3. 1,000 から 1,999 に至る数の読み方:

　1,456—$\begin{cases} \text{one thousand four hundred and fifty-six} \\ \text{fourteen hundred and fifty-six} \quad [14\times100+56] \end{cases}$

372 4. 英語では一、十、百の三つの「位どり」を基本とするから、1万→10千; 10万→100千‖100万→ 1 million のようになる。

　12,642—twelve thousand, six hundred and forty-two

263,975—two hundred and sixty-three thousand, nine hundred and seventy-five

456,789,123—four hundred and fifty-six million, seven hundred and eighty-nine thousand, one hundred and twenty-three

373 5. "dozen" (12), "score" (20), "hundred" (100), "thousand" (1000) などが定数をあらわすときは複数形にならないが、多数をあらわすときには複数形になる (cf. §108)。

374 6. "a dozen", "a score" を漠然と「多数」の意に用いることがある。

> The tile broke into **a dozen** pieces. (かわらは幾つにもくだけた)
> I have tried **a score** of times. (私はなんべんとなくやってみた)

375 7. "a couple of" を "two" の代わりに用いる。

> I stayed only **a couple of** days. (私は二日滞在したばかりです)

376 8. "million" はその下の位の数がない場合には複数形になるが、すぐ次へ名詞あるいは他の数詞がつづく場合は単数形になる。

> ⎧Japan has a population of over ninety **millions.**
> ⎪Japan has over ninety **millions** of population.
> ⎨Japan has over ninety **million** inhabitants.
> ⎩ (日本は9千万以上の人口を持っている)
>
> Japan has a population of nearly ninety-three **million** five hundred thousand. (日本はほとんど 9350 万の人口がある)

377 9. "billion" はイギリスでは "a million millions" (1,000,000,000,000) (兆) をいい、アメリカでは "a thousand millions" (1,000,000,000) (十億) をいう。"trillion" はイギリスでは "a million million millions" (1,000,000,000,000,000,000) (10^{18}) (百万兆) をいい、アメリカでは "a million millions" (1,000,000,000,000) (10^{12}) (兆) をいう。

378 10. 年号の読み方は3通りある。

> 1889—⎧(a) eighteen eighty-nine
> ⎨(b) eighteen hundred and eighty-nine
> ⎩(c) one thousand eight hundred and eighty-nine

このうち (a) が一番ふつうの読み方である。そこで 1965 年は " nineteen sixty-five " と読む。

> Columbus discovered America in (the year) 1492.　(コロンブスは 1492 年にアメリカを発見した)

379　11.　数字で記した時刻は次のように読む。

> 11.15 a.m.=eleven fifteen a.m. [eiem]　(午前 11 時 15 分)
> the 7.30 p.m. train=the seven thirty p.m. [pi:em] train　(午後7時半発列車)

【注意】　24 時間制では " 14.23 " は fourteen twenty-three; " 20.00 " は twenty hundred hours と読む。

380　12.　基数詞はしばしば名詞として用いられ、また複数形になることもある。

> There were more than **seven hundred** applicants. (*adj.*)　(700 人以上の志願者があった)
> Only **thirty-five** of them were admitted. (*n.*)　(入学を許された者はわずかに 35 人であった)
> The guests departed **by twos and threes**.　(客はふたりあるいは3人ずつ帰り去った)
> a boy in his **teens**　(13才—19才の間の子)
> cf. high-teen (18才—19才), low-teen (13才—15才)
> a man in his **thirties**　(30 代の人)

(b)　ORDINAL NUMERAL
(序　数　詞)

381　1.　**Ordinal Numeral** (序数詞) は基数詞の語尾に " th " をつけて作る。ただし " first " (第一), " second " (第二), " third " (第三) は例外。また " th " を加える際、いくらかつづりを変更するものがある。

Cardinal	Ordinal	Cardinal	Ordinal
five	fifth	twelve	twelfth
eight	eighth	twenty	twentieth
nine	ninth	thirty	thirtieth

【注意】 " -ieth "の発音は [iiθ], ただし [...イエス] の心持ちで発音する。また " eight " の序数は " eightth " でなくて " eighth " である。ただし発音は " eightth " とつづったように [eitθ] である。

382 2. 序数を記すのに次のような略体を用いることがある。* 印はとくに注意。

first＝1st	eleventh＝11th	twenty-first＝21st*
second＝2nd	twelfth＝12th	twenty-second＝22nd*
third＝3rd	thirteenth＝13th	twenty-third＝23rd*
fourth＝4th	fourteenth＝14th	twenty-fourth＝24th

【注意】 序数詞の前には必ず定冠詞をつけ " the first ", " the second " などという。" a scond ", " a third " などは " another " の心持ちで次次に列挙するときに用いるものである。

383 3. 帝王などの「第何世」はローマ数字を固有名詞の後につけてあらわすが、読むときは " the " を入れて読む。

Charles I.＝*Charles the first* （チャールズ一世）
Henry VIII.＝*Henry the eighth* （ヘンリー八世）

【注意】 こういう場合のローマ数字は 1st, 8th などの略であるという意味で略字符号の Period (.) をつけるのであるが、これははぶいてもさしつかえない。

384 4. 月日は " the seventh of January " （1月7日）のように記すのが本式であるが、略式に " the 7th of January ", " Jan. 7th " (読み方は January the seventh あるいは January seventh), " Jan. 7 " (読み方は January seven) などと記すこともある。

The new term begins on the 15th of April. （新学期は 4 月 15 日に始まる）

385 5. 基数詞を序数詞に代用するときは名詞の後に置く。

No. 1. (number one)＝the first （第一）
Lesson II. (lesson two)＝the second lesson （第 2 課）
Chapter III. (chapter three)＝the third chapter （第 3 章）
p. 4 (page four)＝the fourth page （第 4 ページ）
Book I. (book one)＝the first book （第 1 巻）

Act III., Sc. ii. (act three, scene two)=the second scene of the third act (第3幕第2場)

Open the book at page twelve and read Lesson Three. (第12ページを開いて第3課をお読みなさい)

386 6. 序数は Fraction (分数) をあらわすのにも用いられる。ただし "half" (半) と "quarter" (四分の一) とは例外。

1/2	a half (*or* one half)	3/4	three quarters
1/3	a third (*or* one third)		(*or* three fourths)
2/3	two thirds	9/10	nine tenths
1/4	a quarter (*or* one fourth)	$2\frac{7}{8}$=	two and seven eighths

分母子の数が大きいときは通例次のように読む。

$\frac{319}{456}$=three hundred and nineteen **over** (*or* **by**) four hundred and fifty six

【注意】 1/2 lb. (半ポンド) のごときは "half *a* pound" と読む。

小数点は日本ではテンといい、時に誤ってコンマというが、英語では "point" あるいは "decimal" である。

16.264=sixteen point (*or* decimal) two six four

387 7. "**first**" はそれ自身副詞として用いられ、また他の語と結合して副詞句を作る。

(a) **first** (最初、第一に、まず)

Ito came **first** (=Ito was *the first to come*). (伊藤が<u>一番先に来た</u>)

I **first** learned English, **and then** German and French. (私は<u>最初</u>英語を学んでそれからドイツ語、フランス語を学んだ)

Business **first** and pleasure **afterwards**. (<u>まず</u>勤めて後遊ぶ)

【注意】 "firstly" (in the first place) は "secondly"、"thirdly" と並べて「第一に」「第一に言うべきことは」の意味に用いる。この場合にも "first" を用いる人が多い。

First(**ly**) what he says is not true. (第一に、彼のいうことは本当ではない)

(b) **"at first"** は「最初は」の意味で、後に「しかし間もなく」「しかし終わりには」などの意味を伴なうものである。

> I found it rather difficult **at first, but soon** got used to it. (最初はかなりむずかしかったがじきになれてしまった)
> **At first** he seemed a very promising youth, **but soon afterwards** his zeal began to slacken, and **at last** we gave up all hope of his success. (彼ははじめは非常に有望な青年らしかったがその後まもなく熱心がおとろえ、ついにわれわれは彼には成功の見込みがないものとあきらめてしまった)

(c) **"for the first time"** (はじめて)

> I met him then **for the first time** (私はその時はじめて彼に会ったのだ)

(c) MULTIPLICATIVE NUMERAL
(倍 数 詞)

388 1. 倍数詞のうちもっともふつうに用いられるものは **"half"** (半), **"double"** (2倍), **"treble"** (3倍) くらいのものである。

> I bought it at **half** the usual price. (ふつうの値段の半分で買った)
> I had to pay **double** (=*twice*) the usual fare. (私は通常料金の倍払わなければならなかった)
> I offered him **treble** the sum. (私はその額の3倍やろうといった)

389 2. **"double"** = "twofold" (2重), **"triple"** = "threefold" (3重) は冠詞をつける。[名詞は単数形とする]

> **a double suicide** (心中)
> **The Triple Alliance** (三国同盟)
> Travel serves **the double end** of health and culture. (旅行は健康と修養との両目的にかなう)
> A transitive verb sometimes takes **a double object**. (他動詞は、ときには2個の目的語を要する) [" double objects " は誤り]

390 3. "**half**" は通例は "a" に先立つけれど、時によってその後になることもある。

$$\left\{\begin{array}{l}\textbf{half}\text{ a mile}\\ \text{one }\textbf{half}\text{ of a mile}\end{array}\right\}(半マイル)$$

$$\left\{\begin{array}{l}\text{two miles and a }\textbf{half}\\ \text{two and a }\textbf{half}\text{ miles}\end{array}\right\}(2\text{ マイル半})$$

$$\left\{\begin{array}{l}\text{one }\textbf{half}\text{ of the distance}\\ \textbf{half}\text{ the distance}\end{array}\right\}(その距離の半分)$$

$$\left\{\begin{array}{l}\textbf{half}\text{ a pound}\quad(半ポンド)\\ \text{two pounds and a }\textbf{half}\\ \text{two and a }\textbf{half}\text{ pounds}\end{array}\right.$$ $\left.\begin{array}{l}\\ \end{array}\right\}(2\text{ ポンド半})$

$$\left\{\begin{array}{l}\textbf{half}\text{ an hour}\quad(半時間)\\ \text{a full }\textbf{half}\text{ hour}\quad(まる半時間)\end{array}\right.$$

$$\left\{\begin{array}{l}\textbf{half}\text{-a-crown}\quad(半クラウン)\\ \text{a }\textbf{half}\text{-crown piece}\quad(半クラウン貨 1 個)\end{array}\right.$$

391 【注意】 (1) half the sum (半額)
half one's pay (俸給の半額)
half a pound (半ポンド)

などは元来 "half of the sum", "half of one's pay", "half of a pound" の "of" が省略されたもので "half" は名詞であると見なすことができる。"two and a half pounds" (=2.5 pounds) の "half" はもちろん形容詞である。

(2) "half" は名詞として複数形を取ることがある。

To know one thing well is better than knowing many things by **halves**. (一事をよく知るは万事を中途はんぱに知るにまさる)

392 4. 「基数詞＋"times"」は **Adverbial Multiplicative** (倍数副詞) と呼ばれる。

once *or* one time (1 倍) twice *or* two times (2 倍) thrice *or* three times (3 倍) four times (4 倍)

「何々の何倍」はこれらの語を用いてあらわす。ただし、"two times" の代わりに "twice" ということが多い。しかし、"once"、"thrice" はおもに「度数」をあらわす語で、「倍数」の意味にはあまり用いない。

> They have **twice as many** ships **as** we have.
> They have **twice the number of** our ships.
> (むこうはわれわれの 2 倍の艦数をもっている)

> His house is **three times as large as** yours.
> His house is **three times the size of** yours.
> (彼の家は君の家の 3 倍の大きさ)

> He is **twice as old as you**.
> He is **twice your own age**.
> (彼は君の 2 倍の年長だ)

393 【注意】 二つの構文のうち、下方は前に述べた " half the sum " などと同様に " of " がはぶかれているものと見ることができる。

> half [of] the sum （その額の半倍――半額）
> twice [of] the sum （その額の 2 倍――倍額）

なお " half " にはつぎのような用法もある。

> My watch is **half as large as** yours.
> My watch is **half the size of** yours.
> (私の時計は君の時計の半分しかない)

" half as much (*or* many) again as " は「もう半分だけ多い」こと、すなわち 1.5 倍をあらわす。

> This is **half as much again as** that. （これはあれの 1 倍半ある――半分だけ多い）

> The husband is **half as old again as** his wife is. （夫の方が妻の年の半分だけ年上だ――妻が 20 才なら夫は 30 才）

ついでに " as much (*or* many) again as " は「もうそれだけ」だから " twice as much (*or* many) as " の意味になる。

> He is **as old again as** she is. （彼は彼女の年の 2 倍だ）

EXERCISE 21

(**A**) 次の和文を英訳せよ。
1. 地球は 365 日と 4 分の 1 で太陽を 1 回転する (to revolve)。
2. 卵が非常に少なく (scarce) て、いつもの値段の 倍も 出さなければならなかった。
3. 彼はまだ 20 才にもならぬうちに父になった。
4. 私たちの学校は君の学校の 5 倍くらいは生徒がいる。
5. 何万という人命が失なわれた。

6. 彼は15才の年にアメリカへ渡った。
7. 彼は47才になるけれどまだ30代の人のように見える。
8. あの駅は昭和37年8月13日に<u>開設</u> (opened to business) された。
9. 1年は8,760時間以上ある。
10. 終わりから3行目の4番目の語は何という意味ですか。

(**B**) 次の文中に誤りがあれば正せ。
1. China is twenty times larger than Japan. (中国は日本の20倍も大きい)
2. She has ten times more inhabitants than Japan. (中国は日本の10倍の人口をもつ)
3. I have met him many hundreds times. (私は彼に何百回というほど会った)
4. Three fourth of the earth's surface is water. (地球の表面の4分の3は水だ)
5. For the first he did not believe me, but he was soon convinced. (最初は私のいうことを信じなかったが、まもなく信ずるようになった)

III. QUALIFYING ADJECTIVE
性 質 形 容 詞

事物の性質または状態を述べる形容詞を **Qualifying Adjective**(性質形容詞)といい、次の4種を含む。

394 1. **Descriptive Adjective**(記述形容詞)は他の語からできたのでない本来の性質形容詞をいうので、形容詞の大部分はこれである。

    a **diligent** student (勤勉な生徒)   an **honest** man (正直者)
    a **brave** sailor (勇敢な水兵)

395 2. **Material Adjective** 物質形容詞は物質名詞をそのまま

形容詞として用いるものをいう。

　　　a **gold** ring （金の指輪）　　　an **iron** bridge （鉄橋）
　　　a **silver** watch （銀時計）　　a **straw** hat （麦わら帽子）
　　　a **steel** ship （鋼鉄船）　　　**silk** stockings （絹の靴下）

少数の物質名詞は語尾に " **-en** " をつけて形容詞とする。

　　　an **earthen** vessel （土器）　　a **wooden** ship （木造船）
　　　an **oaken** bucket （カシのバケツ）　a **woolen** cloth （毛織物）
　【注意】 ただし "**wood**-paper"（パルプから作った紙）, "**wood**-pavement"（木を敷いた道）などという。"**golden**" は「金製」の意に用いることはまれで、たとえの意に用いられることが多い。
　　　the **golden** rule* （黄金律）　　a **golden** wedding （金婚式）
　　　the **golden** age （黄金時代）　**golden** hair （金髪）
　"**silken**", "**flaxen**" もそれぞれ「絹のような」「亜麻のような」の意味に用いられる。

396　3. **Proper Adjective** （固有形容詞）は固有名詞からできた形容詞をいう。固有形容詞はすべて大文字で書きはじめる。

　　　Victorian Order （ヴィクトリア勲章）　**Platonic** love （精神的恋愛）
　　　a **Buddhist** temple （仏寺）
　【注意】 "Victorian" は Queen Victoria から、"Platonic" は哲人 Plato から、"Buddhist" は Buddha（仏陀）からできたもの。

397　都市の名は通例そのまま形容詞として用いられる。

　　　an **Osaka** merchant （大阪の商人）
　　　the **Tokyo** dialect （東京の方言）

　ギリシア、ローマの都市は昔はみな1国をなしていたから、次に述べる国名の形容詞に準じて　Sparta＞Spartan,　Athens＞Athenian,　Naples＞Neapolitan,　Florence＞Florentine,　Rome＞Roman,　Venice＞Venetian　のように特別な形容詞形をもっている。

＊　とくに "Do unto others as you would be done by."（おのれの欲するところを人に施せ）という教訓をいう。

性 質 形 容 詞

398 固有形容詞 のおもなものは 国名からできた ものであるから次のページにその表を掲げる。

【説明】 第 1 欄は国の名。

第 2 欄は形容詞形で同時に国語の名として用いられる。ただし (*)印のある " Swiss "," American "," Mexican "," Roman " は国語の名とはならない。古代ローマの国語は " Latin " である。" Greece " の形容詞は " Greek " のほかに " Grecian " を用いることもある。

第 3 欄は国民を集合的一団と見た場合。

第 4 欄は国民を個人的に見た場合。

399 【注意】 (1) 国名形容詞はそのまま(冠詞もつけず)国語の名として用いられるが、" language " という語を用いれば " the " をつけなければならない。

English
the English language } (英語)

(2) 国民総体をいうときには " the " をつけて複数の取り扱いをする。" Japanese "," Chinese " などのように " -ese " に終わるものは個人をいう場合単複形に変わりがない。また " English " のように国民としての場合と個人をいう場合と異なるものもあるから注意を要する。

Is he **a Chinese**? (彼は中国人か)

Are they **Chinese**? (彼らは中国人か)

The Japanese *are* a brave people. (日本人は勇敢な国民である)

The English *are*, above all, practical. (イギリス人は何よりもまず実際的だ)

They are **Englishmen**. (彼らはイギリス人だ)

(3) われわれが通例イギリスと称するのは Great Britain (England, Scotland, Wales を含む) と Ireland との United Kingdom (連合王国) をいうのである。だから本式にいえば " the United Kingdom of Great Britain and Northern Ireland " といわねばならない。またイギリス全体のことをいうときには "British" という形容詞を用いなければならない。

the **British** Ambassador (イギリス大使)

the **British** Navy (イギリス海軍)

「英・米語」を区別していうときには、英語は "British (English)"、米語は " American English " という。

また広くイギリス人を指すために米語として **" Britisher "** という語がある。なお " British Empire " といえばインド、カナダ、オーストラリアその他の自治領、植民地、保護国なども含んだ意味に用いたが、今は正式には " British Commonwealth of Nations " という。

Proper Name	Adjective (Language)	People (Collective)	Individual (Singular)	(Plural)
America (アメリカ)	American*	the Americans	an American	Americans
Bulgaria (ブルガリア)	Bulgarian	the Bulgarians	a Bulgarian,	Bulgarians
China (中国)	Chinese	the Chinese	a Chinese,	Chinese
Denmark (デンマーク)	Danish	the Danes	a Dane,	Danes
England (イギリス)	English	the English	an Englishman,	Englishmen
Finland (フィンランド)	Finnish	the Finns	a Finn,	Finns
France (フランス)	French	the French	a Frenchman,	Frenchmen
Germany (ドイツ)	German	the Germans	a German,	Germans
Greece (ギリシア)	Greek	the Greeks	a Greek,	Greeks
Hindustan (インド)	Hindustani	the Hindoos	a Hindoo,	Hindoos
Holland (オランダ)	Dutch	the Dutch	a Dutchman,	Dutchmen
Ireland (アイルランド)	Irish	the Irish	an Irishman,	Irishmen
Italy (イタリア)	Italian	the Italians	an Italian,	Italians
Japan (日本)	Japanese	the Japanese	a Japanese,	Japanese
Korea (韓国)	Korean	the Koreans	a Korean,	Koreans
Mexico (メキシコ)	Mexican*	the Mexicans	a Mexican,	Mexicans
Norway (ノールウェイ)	Norwegian	the Norwegians	a Norwegian,	Norwegians
Poland (ポーランド)	Polish	the Poles	a Pole,	Poles
Portugal (ポルトガル)	Portuguese	the Portuguese	a Portuguese,	Portuguese
Rome (ローマ)	Roman*(Latin)	the Romans	a Roman,	Romans
Russia (ロシヤ)	Russian	the Russians	a Russian,	Russians
Scotland (スコットランド)	Scotch, Scottish	the Scots	a Scotchman,	Scotchmen
Spain (スペイン)	Spanish	the Spaniards	a Spaniard,	Spaniards
Sweden (スウェーデン)	Swedish	the Swedes	a Swede,	Swedes
Switzerland (スイス)	Swiss*	the Swiss	a Swiss,	Swiss
Turkey (トルコ)	Turkish	the Turks	a Turk,	Turks

形容詞の用法

400 **4. Noun Used as Adjective** （名詞の形容詞転用）名詞の所有格が形容詞として用いられることはもちろんであるが、名詞がそのまま他の名詞について形容詞の役目をすることがある。

> **entrance** examination （入学試験）　**goods** train （貨物列車）
> **savings** bank （貯蓄銀行）　**afternoon** walk （午後の散歩）
> **woman** novelist (*pl.* **women** novelists) （女流小説家）
> **lady** doctor (*pl.* **lady** doctors) （女医）
> **girl** friend （ガール・フレンド）　**student** life （学生生活）
> **family** name （姓）[Christian name に対す]

EXERCISE 22

次の和文を英訳せよ。
1. 鉄の船は木の船より軽い。
2. 東京には銅像が多い。
3. あの人のおくさんはイギリス人です。
4. デンマーク人がイギリスに侵入した。
5. あの人がドイツ語を話すのを聞くと (to hear him speak) ドイツ人かと思う (one would take him for)。
6. 東京には石橋は少ない。
7. あの人はフランス人ですか。いや、スペイン人です。
8. 京都には寺が多い。
9. あれはイギリス大使館 (embassy) です。
10. 日本へはじめて来たヨーロッパ人はオランダ人でした。

(B) USES OF ADJECTIVES
形容詞の用法

401 形容詞には二つの用法がある。

(1) **Attributive Use** （付加的用法）
(2) **Predicative Use** （叙述的用法）

(1) ATTRIBUTIVE USE
付 加 的 用 法

402 Attributive Use（付加的用法）とは直接に名詞を修飾する用法。名詞の前につくのが通例である。

　二つ以上の別種類の形容詞が一つの名詞につく場合は、だいたい Pronominal, Quantitative, Qualifying の順序による。

　Qualifying の中でも、大小など量的なものは、ほかのものより前に来る。

```
those  three  young  men      （あの 3 人の青年）
these  big    round  tables   （これらの大きな丸テーブル）
that   tall   naval  officer  （あの背の高い海軍士官）
```

　同種類の形容詞は口調のよいように配列すればよろしい。ただ各形容詞の間を Comma で切るか " and " でつなぐを要する。

　He was a **wise** and **good** man. （彼は賢くかつ善い人であった）
　an **easy**, **interesting**, and **instructive** book （やさしくて、おもしろくて、またためになる本）

　固有形容詞および " old ", " young ", " little " などの語は、名詞と結合していわば一種の複合名詞を作るものであるから、その前に " and " あるいは Comma を用いるにはおよばない。

　easy and interesting **English books** （やさしくておもしろい英書）
　The lame and blind **old man** was led by a pretty **little girl**
　　（びっこでめくらの老人が美しい少女に手を引かれていた）

　つぎに列挙する場合には形容詞が名詞の後に来る。

403 1. 形容詞に他の語句がついて、全体が長い形容詞となった場合。

　　a heavy loss—a loss *too* **heavy** *to be borne* （重い損害——重くて負担しきれぬ損害）
　　a favourable circumstance—a circumstance *most* **favourable** *to the enterprise* （好都合な事情——その事業に最も好都合な事情）

404 2. "something", "anything", "everything" などには形容詞が後につく (cf. §269)。

>There is something **peculiar** about him. (彼にはどこか少し変わったところがある)
>Nothing **great** is easy (大事であって容易なものはない)

405 3. 区別のため固有名詞に形容詞をつける場合。

>Alexander **the Great** (アレキサンダー大王)
>George **the Fifth** (ジョージ五世)
>William **the Conqueror** (ウイリアム征服王)
>Cato **the Elder** (老カトー)
>Asia **Minor** (小アジア)
>Arabia **Proper** (アラビヤ本土)

406 4. 形容詞が名詞の後について 一種の熟語を 作るものがある。多くはフランス語の模倣である。

>The people **present** were all surprised. (居合わせた人々はみな驚いた)

【注意】 "present" は「出席している」意のときは名詞の後に用いられるが、「現在の」という意味のときは " the *present* king " のように名詞の前に用いられる。

>That is the Palace of the Prince **Imperial**. (あれは東宮 [皇太子の] 御所です)
>Wordsworth was a poet **laureate**. (ワーズワスは桂冠詩人であった)
>corps **diplomatique** (外交団)　　body **politic** (政治団体＝国家)
>governor-**general** (総督)　　knight **errant** (武者修行の騎士)
>sum **total** (総計)　　things **Japanese** (日本の文物)
>from time **immemorial** (人の記憶にないほどの昔[太古]から)

407 5. 最上級あるいは "all", "every" などの範囲を限る形容詞。

>He is the greatest poet **alive**. (現代第一の詩人)
>They are on the best terms **imaginable**. (彼らはこの上もない仲よしです)
>I have tried all (*or* every) means **imaginable**. (あらゆる手段をつくした、ほかに手段があろうとは思われない)

408 6. " old ", " long ", " wide ", " high ", " deep " などに数詞のついた場合。

a boy *seven years* **old** （7 才の少年）［ただし、*a seven-year* **old** boy とも言う］
a room *twelve feet* **wide** and *fifteen feet* **long** （よこ 12 フィート、たて 15 フィートのへや）

【注意】 (5) (6) の場合は " the greatest poet (that is) alive ", " a room (which is) 12 feet wide " などが省略されたものと見てよい。

(2) PREDICATIVE USE
叙述的用法

409 形容詞が直接に名詞につかないで、Predicate（述部）中にあって、動詞の Complement（補語）として間接に主語である名詞あるいは代名詞を修飾する用法を **Predicative Use**（叙述的用法）という。

Attributive	**Predicative**
Ito is an **honest** man.	Ito is **honest**.
（伊藤は正直者だ）	（伊藤は正直だ）
She is a **happy** woman.	She is **happy**.
（あれは幸福な女だ）	（彼女は幸福だ）

(3) ADJECTIVE USED AS NOUN
形容詞の名詞転用

410 1. 国名形容詞が国語の名、国民の名として用いられることはすでに述べた (cf. §399)。

　2. 形容詞（形容詞として用いられる現在分詞、過去分詞をも含む）に " the " をつけて名詞に代用する場合に 3 通りある。

411 （a） 複数普通名詞（あるいは Noun of Multitude）として用いられる場合。

> **The rich** (=*Rich people*) often envy the happiness of **the poor** (=*poor people*). （富者が貧者の幸福をうらやむことがしばしばある）
> **The learned** are apt to despise **the ignorant**. （<u>学問のある人</u>はとかく<u>学問のない人</u>を軽べつしがちのものだ）
> **The young** should relieve **the old** of their burdens. （<u>若い者</u>は<u>老人</u>の荷物を軽くしてやるべきだ）
> The plain was covered with **the dead** and **the dying**. （野原は<u>死んだ人</u>、<u>死にかけている人</u>でいっぱいであった）
> 【注意】　この形が単数の意味の名詞として用いられることもある。
> **The deceased** had made a will. （<u>故人</u>は遺言をしておいた）
> **The accused** was acquitted of the charge. （<u>被告</u>は免訴になった）

412 （b） 抽象名詞の代わりに用いられる場合。

> There is but one step from **the sublime** (=*sublimity*) to **the ridiculous** (=ridiculousness). （荘厳とこっけいとはわずか一歩の隔りに過ぎない）
> **The beautiful** is higher than **the good**. （美は善より高い）

413 （c） 部分をあらわす場合。

> **the white** of the eye　（目の白いところ）
> **the yellow** of an egg　（卵の黄味）
> **the middle** of a river　（川の中流）
> **the small** of the back　（腰の背部）
> **the thick** of the forest　（森林の奥）

　【注意】　(1)　これらは " the white **part** of . . . "、" the small **part** of . . . "（細い部分）などの意味である。
　(2)　二つ並べていうときに冠詞をはぶくことがある。
> **Rich** and **poor, young** and **old** were gathered there. （貧富老若みな集まった）
> He went from **bad** to **worse**. （彼はますます悪くなった）

414　3.　本当の名詞となって複数、所有格などの変化をする形容詞も多い。

> a white (白人), a native (土人), a noble (貴族), a lunatic (狂人), a criminal (罪人), etc.

形容詞から転じた名詞で常に複数形で用いられるものがある。

> the ancients (古代人), the moderns (近代人), one's equals (自分と同等の者), one's betters (自分より目上の者), eatables (食えるもの), valuables (貴重品), particulars (詳細), etc.

(C) COMPARISON
比　　　較

415 形容詞は性質の程度をあらわすために形を変える。これを形容詞の **Comparison** (比較) という。

比較は3級に分ける。

(1) **Positive Degree** (原級)——他のものと比較せずに性質・数量をあらわす。

> The lion is **strong**. (ライオンは強い)
> This flower is **beautiful**. (この花は美しい)

(2) **Comparative Degree** (比較級)——二つのものについて一方が他方よりも程度が上ということをあらわす。

> The lion is **stronger** than the tiger. (ライオンは虎よりも強い)
> This flower is **more beautiful** than that. (この花はあの花よりも美しい)

(3) **Superlative Degree** (最上級)——三つ以上のもののうち最大の度合をもつことをあらわす。

> The lion is the **strongest** of all animals. (ライオンはすべての動物中一番強い)
> This is the **most beautiful** flower I ever saw. (こんな美しい花ははじめて見た) [今までに見たうちで最も美しい]

比　　較

FORMATION OF COMPARATIVE AND SUPERLATIVE
（比較級および最上級の作り方）

416　1.　一音節の形容詞および少数の二音節形容詞は語尾に **"-er"**, **"-est"** をつけて比較級、最上級を作る。

Positive	Comparative	Superlative
tall (高い)	tall**er**	tall**est**
great (大きい)	great**er**	great**est**
narrow (狭い)	narrow**er**	narrow**est**
pleasant (愉快な)	pleasant**er**	pleasant**est**
profound (深遠な)	profound**er**	profound**est**

（a）　語尾に黙字の **"e"** があればそれを除いて **"-er"**, **"-est"** をつける。

large (大きい)	larg**er**	larg**est**
fine (美しい)	fin**er**	fin**est**
wise (賢い)	wis**er**	wis**est**
noble (貴い)	nobl**er**	nobl**est**

（b）　語尾が 1 個の子音字で終わり、その前に Short Vowel があるときはその子音字を重ねて後 **"-er"**, **"-est"** をつける。

big (大きい)	big**ger**	big**gest**
hot (熱い)	hot**ter**	hot**test**
thin (薄い)	thin**ner**	thin**nest**
[thick (厚い)	thick**er**	thick**est**]

（c）　語尾が **"y"** でその前に子音があるときは **"y"** を **"i"** に変えて後 **"-er"**, **"-est"** をつける。

easy (容易な)	eas**ier**	eas**iest**
happy (幸福な)	happ**ier**	happ**iest**
merry (陽気な)	merr**ier**	merr**iest**
[gay (華美な)	gay**er**	gay**est**]

417　2.　**"-ful"**, **"-less"**, **"-able"**, **"-ous"**, **"-ive"**, **"-ing"** などの語尾をもつ 2 音節形容詞および 3 音節以上の形容詞は

"more", "most" をつけて比較級、最上級を作る。

skilful (熟練した)	**more** skilful	**most** skilful
useless (無用な)	**more** useles	**most** useless
affable (愛想のよい)	**more** affable	**most** affable
famous (有名な)	**more** famous	**most** famous
active (活ぱつな)	**more** active	**most** active
interesting (おもしろい)	**more** interesting	**most** interesting
diligent (勤勉な)	**more** diligent	**most** diligent

418 3. **Compound Adjective** (複合形容詞) の比較:──

well-known (有名な)	better-known	best-known
fine-looking (顔の美しい)	finer-looking	finest-looking
kind-hearted (親切な)	more kind-hearted	most kind-hearted

IRREGULAR FORMS OF THE DEGREES
(不 規 則 な 比 較 形)

419

Positive	Comparative	Superlative
good (善い) / well (丈夫な)	**better**	**best**
bad (悪い) / ill (病気の)	**worse**	**worst**
many (数多い) / much (量多い)	**more**	**most**
little (量少ない)	**less**	**least**
old (老いた)	older / **elder**	oldest / **eldest**
late (遅い)	later / **latter**	latest / **last**
far (遠い)	farther / **further**	farther / **furthest**

420 (a) 形容詞としての "**well**" は、Predicative Use のときのみ比較があって、Attributive Use のときは比較はない。

> Is he in **good** health? (彼は健康か)
> He was never in **better** health. (今までにない健康だ)

> Is he **well**? (彼は元気か)
> He has been ill since a few days ago. But he is a little **better** today. (二、三日前から病気だが、きょうは少しよい)

a **well** man（健康な人）[" well " の Attributive Use はすくない]

421 （b） " **elder** ", " **eldest** " は家族関係を示す場合 Attributive にのみ用いられる。

> My **elder** brother is three years **older** than your younger sister. (私の兄は君の妹さんより三つ上だ)
> His **eldest** son is the **oldest** student in our school. （あの人の長男は私たちの学校で一番年長の生徒だ）

422 （c） " **later** ", " **latest** " は<u>時</u>を示し、" **latter** ", " **last** " は<u>順序</u>を示す。

> He arrived a day **later**. （彼は1日おくれて着いた）
> the **latest** Paris style （最新のパリー・スタイル）
>
> one's **latest** work （最近の作）
> one's **last** work （最後の作）
>
> the **former** and the **latter** （前者と後者）
> the **first** and the **last** （最初と最後）
>
> in **former** times （古代にあっては）
> in these **latter** days （近代に至って）
>
> the **latter** part of the day （午後）
> the **last** day of the month （月の末日）

423 （d） " **farther** ", " **farthest** " は空間の距離に用い、" **further** ", " **furthest** " は時間、数量、程度に用いるのが原則のようであるけれど、実際にはしばしば区別なく用いられる。

> Sendai is **farther** from Tokyo than Fukushima. （仙台は福島より東京から遠い）
> The **farthest** planet from the earth is Pluto. （地球から一番遠い遊星は冥王星だ）
> I have nothing **farther** to say on the subject. （この問題に関してもうこの上いうことはない）
> I must stay here till **further** order. （追って指示のあるまでここにいなくてはならない）

424（e）"**little—less—least**" は量に関するもので "much—more—most" に対する。大きさをいう "big—bigger—biggest" に対する比較としては "little—**lesser**—least" があるが、この意味の "lesser", "least" は今日ほとんど用いられない。通例は "small—smaller—smallest" を代用するのである。ただし "greater" に対照する場合、そのほか特殊な場合に "lesser" が "smaller", "minor" の意味に用いられることがある。

    the **greater** light （太陽）   The **Greater** Bear （大熊座）
    the **lesser** light （月）   The **Lesser** Bear （小熊座）

USES OF THE COMPARATIVE
（比 較 級 の 用 法）

425　1.　比較級は二者の一方が他よりも性質においてすぐれていることを示すのに用いるもので、通例 "than" を伴なう。

    Taro is **taller than** Jiro. （太郎は次郎より背が高い）

ただし "than..." の代わりに "of the two" を伴なうことがある。その場合には比較級に "the" をつける。

  Which is **the more useful** [metal], iron or gold? （鉄と金とどちらが有用か）
    Iron is a **more useful** metal **than** gold. （鉄は金よりも有用な金属だ）
    Iron is **more useful than** gold. （鉄は金よりも有用だ）
    Iron is **the more useful** [metal] **of the two**. （鉄が両者のうちで有用なものである）

【注意】"which" で始まる疑問文中の比較級に "the" のつかないことがある。比較：——

    Which do you think **the better**, wealth or health? （富と健康とどちらがよいと思うか）
    Which do you like **better**, wine or beer? （ぶどう酒とビールとどちらが好きか）

第 1 例の "better" は形容詞でそのつぎに何か名詞がはぶかれたものであるから "the" がつく。第 2 例の "better" は "like" にかか

る副詞である。第2例のような場合、口語では［二つのものの比較でありながら］"**best**" を用いることが多い。

426 2. "**more**" が "rather" の意に用いられることがある。

比較：――

> He is **cleverer** than his brother. （彼は兄よりも利口だ）
> He is **more clever** than honest. （彼は正直というより利口という方だ＝利口だがあまり正直ではない）

上の例の "cleverer" は通例の比較級で、兄弟の "clever" の度を比較するもの。下の例の "more" は "rather" の意味で、同一人について、"honest" という性質よりも "clever" という性質をもっているという意味である。

427 3. 比較級には、その「差の程度」をあらわす語句をつけ加えることができる。

> This is **much** (or **far**) bigger than that. （この方があれよりもはるかに大きい）
> This is **a great deal** better than that. （この方があれよりずっとよい）
> This is **by far** the better of the two. （この方が二つの中ではるかによい）
> He is **a little** taller than I. （彼は私よりすこし背が高い）
> He is **three years** older than I.
> He is older than I **by three years**.
> （彼は私より三つ年長です）

428 4. 「"**the**"＋**Comparative**」の形で「［何々だから］それだけよけい何々」の意味をあらわすことがある。この場合の "the" は指示副詞である。

> You are **all the better** for your failure. （君は失敗してかえって薬になった）
> I am **none the worse** for the failure. （私は失敗しても平気だ）
> ［「失敗したからそれだけ悪くなる」ことはない］

429　5.　「**" the " + Comparative ... " the " + Comparative**」のように関連して「何々すればするほどますます何々」の意味をあらわすことがある。この場合の前の " the " は関係副詞、後の " the " は前節と同じく指示副詞である (cf. §871)。

The higher the tree, **the stronger** the wind.　(木高ければ風強し)

USES OF THE SUPERLATIVE
(最　上　級　の　用　法)

430　1.　最上級は多数の中の一つが他のどれよりも性質がすぐれていることをあらわすのに用いるもので " the " を伴なうのが原則である (cf. §456)。

Iron is **the most useful** metal.　(鉄は最も有用な金属である)
Iron is **the most useful** of all metals.　(鉄はすべての金属中最も有用なものである)
Iron is one of **the most useful** metals.　(鉄は最も有用な金属の一つである)

431　2.　比較級を用いて最上級の意味をあらわすことができる。

{ Mt. Fuji is **higher than any other** mountain in Japan.　(富士山は、日本の、どのほかの山よりも高い)
Mt. Fuji is **the highest of all** the mountains in Japan.　(富士山は日本の山の中でもっとも高い)

【注意】2 例中比較級を用いる方に " other " をはぶくと、富士山は " mountain " の中に含まれないことになり、りくつにあわない。

{ I **never** saw a **greater** man [than he].　(彼より偉い人は見たことがない＝あんな偉い人は見たことがない)
He is **the greatest** man I **ever** saw.　(私の見た中で一番偉い人＝あんな偉い人ははじめてだ)

3.　最上級に " the " を伴なわない場合。

432　(a)　数をあらわす **" most "**, **" fewest "** には " the " をはぶくことが多い。

Whose composition has (**the**) **fewest** mistakes? (だれの作文に一番誤りが少ないか)

You have made (**the**) **most** mistakes. (あなたが一番誤りが多い)

433 (b) "**most**" を「たいていの」という意に用いるときは "the" をつけない。

Most people think so. (たいていの人はそう思う)

{ **the most** learned men=the greatest scholars (最も博学な人たち)
most learned men=most scholars (たいていの学者) }

434 (c) "**most**" を "very" あるいは "exceedingly" の意に用いる場合は "the" をつけない。

He is **the proudest** man I ever saw. (あんな高慢な人は見たことがない)	He is **a most** proud man. (あの人は非常に高慢な人だ)
These are **the most interesting** of his novels. (これらはあの人の小説の中で一番おもしろいものだ)	These are **most interesting** novels. (これらは非常におもしろい小説だ)

435 (d) 最上級を含んだ慣用句中には "the" がはぶかれるものとはぶかれないものとがある。

At first you will find it hard, but it will soon become easy (はじめは困難だろうが、じきにたやすくなるでしょう)

Here we are at our journey's end **at last**. (とうとう目的地についた)

He cannot be worth a million **at** (**the**) **most** (多く見ても百万はあるまい)

He must be worth a million **at least**. (少くとも百万はあるだろう)

He was **not in the least** injured. (少しもけがをしなかった)

I shall be back by Wednesday **at** (**the**) **latest** (or **at the furthest**). (おそくとも水曜までには帰ります)

He is a second-rate actor **at best**. (たかが二流の役者だ)

The students are **for the most part** from the provinces. (学生はだいたいは地方出身だ)

436 （e）"**last**" は "late" の最上級であるが<u>この前</u>の何曜、先週、先月、去年など現在に隣接する過去をいうときは "the" をつけない。

> I was there **last** Saturday.　(<u>この前</u>の土曜日にそこへ行った)
> The ceremony was held on **the last** Saturday of March.　(式は 3 月の<u>最終</u>土曜日に挙行された)

> I returned **last** week.　(<u>先週</u>帰りました)
> It happened in **the last** week of December.　(それは 12 月の<u>終わりの週</u>のできごとだ)

437 （f）"**next**" は元来 "nearest" の意の最上級であるが<u>この次</u>の何曜、来週、来月、来年など現在に隣接する未来をいうときは "the" をつけない。

> Let's start **next** Monday.　(<u>こんど</u>の月曜日に出発しよう)
> We started **the next** Monday.　(私たちは<u>そのつぎ</u>の月曜日に出発した)

> He will return **next** year.　(彼は<u>来年</u>帰る)
> He died **the next** year.　(彼は<u>その翌年</u>死んだ)

【注意】「こんどの何曜日に」という場合に二つ言い方がある。

I am going to leave { **on Thursday next**. / **next Thursday**. }　(私はこんどの木曜に立つつもりです)

すなわち "next" が前に出る場合は、前置詞をはぶく。"last" の場合も同様。

438 4. 最上級にも程度をあらわす副詞をつけることができる。

This is **by far** the best of all.　(図抜けて一番すぐれている)
the **very** largest　(一番大きい)

COMPARISON IN A DESCENDING SCALE
（下 向 的 比 較）

439 ふつうの比較が上向的であるのに対し "**less**", "**least**" を用いて下向的の比較をあらわすことができる。

Positive	Comparative	Superlative
kind (親切な)	kinder / less kind	kindest / least kind
beautiful (美しい)	more beautiful / less beautiful	most beautiful / least beautiful

She is **more beautiful than** her sister, but mother is the **most beautiful** of the three. (彼女は妹より美しい、しかし母が 3 人の中で一番美しい)

She is **less beautiful than** her sister, but her mother is the **least beautiful** of the three. (=She is **not so beautiful as** her sister, but her mother is the **plainest** of the three.) (彼女は妹ほど美しくない、しかし母が 3 人の中で一番器量が悪い)

Japanese birds have **more brilliant** plumage than European ones, but their notes are **less sweet**. (日本の鳥は西洋のより羽はきれいだが、声が悪い)

She is **more clever**, but **less beautiful**, than her sister. (彼女は妹よりも利口だが妹ほど美しくない)

【注意】 この例に " cleverer " を用いずに " more clever " を用いたのは " less " と対照のためである。

LATIN COMPARATIVE
(ラテン比較級)

440 " superior " (優), " inferior " (劣), " prior " (前), " anterior " (前), " posterior " (後) などは " than " の代わりに " to " を伴なって比較級の意味をあらわす。

【注意】 これらの語は元来 Latin の比較級から出たものであるが、比較級として扱われず " equal to... " (...に等しい)などにならって " to " を伴なうのである。

This article is **superior to** (=*better than*) that. (この品の方があの品より上等だ)

This method is **inferior to** (=*worse than*) that. (この方法の方があの方法より劣っている)

I intend to visit Nikko **prior to** (=*before*) my departure. (私は出発する前に日光を見物するつもりだ)

This event was **anterior to** (=*earlier than*) the Restoration.　(この事件は王政復古以前のことであった)

Hesiod was **posterior to** (*latter than*) Homer　(ヘシオッドはホーマーより後に出た)

"**senior**", "**junior**" はやはり Latin Comparative であるが、次例のように名詞として用いられる。

He is my **senior** (or **junior**) by three years.　(=He is three years **older** (or **younger**) than I.)　(彼は私より三つ年上——あるいは年下——だ)

EXERCISE 23

(A)　次の和文を英訳せよ。
1. 学科中で何が一番おもしろいか。
2. 利根川と信濃川とどちらが長いか。
3. 信濃川の方がはるかに長い。
4. なお進んで取り調べ (to make inquiry) ましょう。
5. 数学はどの学科よりもむずかしい。
6. 彼は私より 5 センチ背が高い。
7. われわれの中でだれが一番年長だろう。
8. 暑いの (heat) と寒いの (cold) とどちらがよいと思うか。
9. 君は春と秋とどちらが好きですか。
10. 私は秋の方が気持ちのよい時候だと思う。

(B)　次の文中誤りがあれば正せ。
1. Is she your old sister?　(彼女はあなたのおねえさんですか)
2. Who lives furthest from the school?　(だれが学校から一番遠いか)
3. She is finest boat of the two.　(2 そうの中であの舟の方が立派だ)
4. He is taller, but not so strong as I.　(彼は私よりは背は高いが私ほど強くはない)
5. I am a little well than yesterday.　(きのうよりは少しよろしい)
6. The enemy's force was superior than ours.　(敵軍はわが軍よりも優勢であった)
7. He believes that gold is heavier and more valuable than any metal.　(彼は金はどの金属よりも重く、また価値があると信じている)

比　　　較

8. China has a larger population than any country. (中国はどの国よりも人口が多い)
9. Of London and New York, New York is larger. (ロンドンとニューヨークとではニューヨークの方が大きい)
10. The Daily Express had the largest circulation of any daily in England. (デイリー・エクスプレスはイギリスにおける日刊新聞中最大の発行部数をもっていた)

(C) 次の文の Superlative を Comparative に、Comparative を Superlative に変えよ。

1. I never saw a more handsome man. (あの人より顔だちのよい人は見たことがない)
2. I never heard a more amusing story. (これよりおもしろい話は聞いたことがない)
3. A greater man never lived. (あれより偉い人は今までになかった)
4. He speaks English better than anybody else. (彼はだれよりも英語をじょうずに話す)
5. He was braver than any other man in the whole army (軍隊中彼より勇敢な者はなかった)
6. She is the prettiest of the three sisters. (彼女は 3 人の姉妹の中で一番美しい)
7. Lake Biwa is the largest lake in Japan (びわ湖は日本で一番大きな湖だ)
8. Perhaps English is the easiest of all languages. (たぶん英語はすべての国語の中で一番やさしいものだろう)
9. China is the oldest country in the world. (中国は世界で一番古い国だ)
10. I think the "Gone with the Wind" is the most interesting of all novels. (私は小説の中で「風と共に去りぬ」が一番おもしろいと思う)

(D) 次の各語の比較級と最上級を作れ。

1. angry (怒った), far (遠い), beautiful (美しい), hot (暑い), clean (清潔な).
2. big (大きい), heavy (重い), many (多い), brave (勇ましい).
3. merry (陽気な), thin (薄い).
4. bad (悪い), good (よい), famous (有名な), little (少ない).
5. dry (乾いた), true (真の), gay (陽気な), pretty (美しい), polite (ていねいな).

4. ARTICLE

冠　　　詞

441 "**a**", "**an**" および "**the**" は Demonstrative Adjective の中に属すべきものであるが、便宜のためとくに **Article** (冠詞) という項目を設けるのである。"a" および "an" を **Indefinite Article** (不定冠詞) といい、"the" を **Definite Article** (定冠詞) という。

I. INDEFINITE ARTICLE
不　定　冠　詞

442 "**a**" は子音の前に、"**an**" は母音の前につく。

　　　　a boy （少年）　　　　　　**a** dog （犬）
　　　　an apple （りんご）　　　　**an** egg （卵）
　　　　a man （人）　　　　　　　**an** old man （老人）
　　　　an ox （雄牛）　　　　　　**a** large ox （大きな雄牛）

　【注意】 (1) 本来 "an" は "one" の転化したもの。また "a" は "an" が子音で始まる語の前で用いられる場合に "n" がなくなったものである。

(2) 「母音」とは序論に述べた音標文字であらわされる母音のことで、"a", "e", "i", "o", "u" などの文字そのものではない。Alphabet は昔は発音符号であったが、今は必ずしも、じっさいの発音をあらわさない。それゆえに "one" [wʌn], "useful" [júːsful] などにおける "o" "u" などは子音で始まるから "a" をつける。

　　a one-eyed man （一つ目の人）, such **a** one （そんなもの）, **a** useful thing （有用なもの）, **a** unit （単位）

[214]

また " e " で始まっている語でも " ewe " [juː], " European " [juəroupíːən] など子音のものがある。これもやはり " a " をつける。

a ewe (雌羊), a European (ヨーロッパ人)

つぎに " h " は通例は子音をあらわすが、" hour ", " heir " などにおける " h " は黙字で、[auə], [ɛə] と発音するから冠詞は " an " をつける。

an hour (1 時間), **an** heir (相続人), **an** heiress (女相続人)

黙字でない " h " で始まる語でも第1音節に accent (強勢) がなれば " h " は弱く発音するために母音に近くなるから " an " をつけることもある。

{ **a** his'tory (歴史)
{ **a** (or **an**) his-tor'ical essay (歴史に関する論文)
{ **a** (or **an**) ho-tel' (旅館)

次の例における " M. P. " は [em piː] と発音するから " an " をつけるのである。

an M. P.＝**a** Member of Parliament (国会議員)

443 不定冠詞は " one " の軽い意味で、いわば単数の記号であるから、単複がある名詞 (すなわち普通名詞および集合名詞) の単数を用いてどれと定めず1個のものを指す場合には、必ず不定冠詞をつけなくてはならない。

Common:—**a** cat (ねこ), **an** orange (みかん)
Collective:—**a** family (家族), **an** army (軍隊)

固有名詞、物質名詞、抽象名詞などは元来単複がないから不定冠詞をつける必要はない。万一不定冠詞がつくことがあれば、それはそれらの名詞が普通名詞として取り扱われたことを示すものである。

USES OF THE INDEFINITE ARTICLE
(不定冠詞の用法)

444 1. **Generalizing " a "**:——ある種類一般をあらわすもの。この場合の " a " は " any " の軽い意味である (cf. § 55, a)。

A fox is a cunning animal.

(=*Foxes* are cunning animals.)
(きつねはわるがしこい動物だ)
I like **an** honest man better than **a** rich man.
(=I like honest *men* better than rich *men*.)
(私は金持ちよりも正直者が好きだ)

　これらの " a fox ", " an honest man ", " a rich man " などは単数名詞を用いて一般的陳述をするので, " a " をつけるのは何も数を1個と限る意味ではない。 だから不定複数を用いても同じ意味をあらわすことができる。

445　2. **Individualizing " a ":**——ある 1 個のものをあらわすもの。この場合の " a " は数が1個であることを示すもので, 複数の " some " に応ずるものである (cf. §55, b)。

> **Sing.:**—There is **a** man in the next room (隣室にだれかひとりいる)
> **Pl.:**—There are **some** men in the next room (隣室にだれか数人いる)

446　3. **Predicative " a ":**——主語について述べる Predicate (述部) 中の名詞に用いるもの (cf. §249, c)。単数に " a " をつけるのはもちろんであるが, これに対応する複数には " some " をつけない。

> **Sing.:**—Is he **a doctor?**—No, he is **a lawyer**. (彼は医者か——いや弁護士だ)
> **Pl.:**—Are they **doctors?**—No, they are **lawyers** (彼らは医者か——いや弁護士だ)

　【注意】 " Has he **a father?** "—" No, but he has **a mother and a wife.**" (彼は父があるか——いやない, しかし母と妻はある) などという場合, 父, 母, 妻などは一人あって二人ないものでちゃんと定まっているから " the " をつけそうなものと思うかもしれない。なるほど特にだれそれと定まった人の父母をいう場合には " **his** father " とか " **Ito's** mother " とか " the " 同様のものがつくが,「父がある」とか「母がない」とかいう場合は「父というもの」,「母というもの」の意味で特定の父, 母を指すのではないから " a " がつくのである。

447 以上の3用法を表示すると次のようになる。

(1) **Generalizing**:—
A fool is wise in his own conceit （ばかでも自分は利口だと思っているものだ）

(2) **Individualizing**:—
I know **a fool** who is wise in his own conceit. （私は、自分では利口と思っているあるばか者を知っている）

(3) **Predicative**:—
He is **a fool** who is wise in his own conceit. （彼は自分では利口と思っているばか者だ）

【注意】 (1) (3) の場合の " a " は日本語には訳さない。(2) の " a " は「一」とも訳せるが、これも日本語では はぶくことが多い。

SPECIAL USES OF THE INDEFINITE ARTICLE
（不定冠詞の特殊用法）

448 1. " **a** "=" one "

a dozen (1 ダース)　　　half-**a**-dozen (半ダース)
an hour (1 時間)　　　half **an** hour (半時間)
a hundred (100)　　　**a** thousand (1000)

【注意】 " a hundred " と " one hundred " の区別は §370 参照。

I shall finish it in **a** day **or two** （一両日中にやってしまいます）
The distance is only a mile **or so** （距離は1マイルかそこいらしかありません）
A bird in the hand is worth **two** in the bush.—*Proverb*. （手の中の1羽はやぶの中の2羽の値打ちがある）
Do not attend to two things **at a time**. （一度に二つのことをするな）
In a word, he tried to be rich without working （ひと口にいえば彼は働かないで金持ちになろうとしたのだ）
The students went **in a body** to the principal. （生徒は大挙して——一団となって——校長の所へ押しかけた）

449 2. " **a** "=" the same "

They were nearly of **an age** （彼らはほとんど同年輩であった）
No two men are of **a mind** （同じ心を持つ二人の人はないものだ——十人十色）

Birds of **a feather** flock together. (同じ羽の鳥はいっしょに集まる——友は類をもって集まる) [諺]

Two of **a trade** seldom agree. (同業の二人が一致することはまれだ——商売がたきは仲が悪いもの) [諺]

450　3. "**a**"="some"

He has **a few** friends. (彼は少しは友達がある)
He has **a little** money. (彼は少しは金を持っている)

【注意】 "**a**" と "**some**" とで意味の区別を立てることがある。

- Oil paintings appear to advantage **at a distance** (油絵は離れて見ると引き立つ)
- He lives **at some distance** from the school (彼は学校からちょっと遠い所に住んでいる)

- **for a time** (一時は)——[永久 (for ever) に対する]
- **for some time** (しばらくは)——[長い間 (for a long time) に対する]

451　4. "**a**"="a certain" (cf. §52)

He introduced me to **a** (=*a certain*) **Mr.** Ito, a lawyer (彼は私を弁護士の伊藤という人に紹介してくれた)

A man (=*A certain man*) called on me this morning with a proposal. (ある人がけさ ある案を持って私を訪れた)

452　5. "**a**"="per"

He gets eighty thousand yen **a** month. (彼は月に 8 万円取る)
This wine costs three hundred yen **a** bottle. (このぶどう酒は 1 本 300 円する)
The train was running at the rate of 60 miles **an** hour. (汽車は 1 時間 60 マイルの速力で走っていた)
once **a** week (1 週 1 度)
twice **a** day (1 日 2 回)
three times **a** year (1 年 3 回)
sixpence **a** dozen
　(=sixpence **the** dozen) } (1 ダース 6 ペンス)

II. DEFINITE ARTICLE
定　冠　詞

453 定冠詞は不定冠詞のように2通りはなく、 **"the"** 一つであるが、母音の前にあっては [ði] と発音し、子音の前にあっては [ðə] と発音する。

USES OF THE DEFINITE ARTICLE
（定冠詞の用法）

454 1. **Particularizing "the"**（特定定冠詞）:――**"the"** は "this", "these", "that", "those" の軽い意味をもつものである。この本とかあの本とか指でさしていう場合には "**this** book", "**that** book"（複数ならば "**these** books", "**those** ooks"）というのであるが、指ささないでも話す方でも聞く方でもどの本であるかちゃんとわかっている場合には "**the** book" あるいは "**the** books" という。 すなわち "the" は心の中でさすような心持ちである。この意味の定冠詞はどんな名詞にでもつく、また単複いずれにもつく。この用法は次の三つに分けられる。

455 （a） 前に一度その名詞をいった場合。

> I have bought *a watch* and *some pictures*. **The watch** is for my brother, and **the pictures** are for my sister.（私は時計と絵を買った。時計は弟に、絵は妹にやるのだ）

2度目に言うときには、自分がいま買ったといったその時計、その絵であることは聞き手にも明らかにわかっているから "the pictures" と定冠詞がつく。

456 （b） 名詞に形容句あるいは形容節がついて、その適用が限定される場合。

Tokyo is **the capital** *of Japan*. (東京は日本の首府である)
What is **the price** *of the chair*? (このいすの値段はいくらか)
The ignorance *of these men* surprises me （この人たちの無学には驚く）
He is not **the man** to tell a lie. (彼はうそをつくような人ではない)
【注意】 口語体では "He is not **a** man **to** tell a lie." という。
He **had the kindness to** lend me the money.
　=He was **so kind as to** lend me the money
　=He **kindly** lent me the money.
　(彼は親切にも私に金を貸してくれた)
This is **the house** *in which I was born*. (これが私の生れた家です)

最上級形容詞のついた名詞に **"the"** をつけるのはこの部類に属する特別の場合にすぎない。

Who is **the richest man** in this town? (この町で一番の金持ちはだれか)
Fuji is **the highest mountain** in Japan. (富士は日本で一番高い山だ)

457 【注意】 (1) 形容句あるいは形容節がついても必ずしもその名詞の適用が特定されるとは限らない。

　{ He is **the principal** *of our school*. (彼は私たちの学校の校長)
　{ He is **a student** *of our school*. (彼は私たちの学校の生徒)

同じ "of our school" という形容句がついても、「わが校の校長」といえば一人しかなくて、「だれそれ」という固有名詞の代わりに用いられるものだから "the" がつく。しかし「わが校の生徒」といってもいくらもあって、それだけでは「特定」を意味しないから "a" がつく。

　{ Who is **the man** *that wrote this book*? (この本を書いた人はだれか)
　{ He must be **a man** *who is proficient in English*. (その人は英語
　{ 　に熟達した人にちがいない)

「この本を書いた人」といえばだれそれと定まっているから "the" がつくべきだが、「英語に熟達した人」はいくらもあるから、たとえ "who …" という形容節がついても "the man" とはならない。

(2) 形容句あるいは形容節がついていなくとも、前後の関係で特定のものを指すことの明らかな場合には "the" をつける。

I have hired a house; **the rent** is very cheap. (私は家を借りた、家賃がたいへん安い)

定　冠　詞　　　　　　　　　　221

458　（ｃ）　日常の話に出て来る場合には必ず特定のものを意味する普通名詞がある。そういう名詞には "the" をつける。たとえば

　　Where is **the servant**?（召使はどこにいるか）
　　He has gone to **the post office**　（郵便局へ行きました）
　　Someone is at **the door**.（だれか玄関へ来ている）
　　Please open **the window**.（どうか窓をあけてください）

などにおいて召使といえば自分の家の召使で、これは、それぞれの「名前」をいうのも同じことである。郵便局といえばその辺の受持局であることは言わずとも明らか、玄関といえば自分の家の玄関、窓をあけてくださいと言えばその室のその人に近い窓ときまっているから、いずれも "the" がつく。この部類に属する名詞の二、三の例を次にあげておく。

　　the sun（太陽），the moon（月），the universe（宇宙），the earth（地球），the world（世界），the north（北），the south（南），the east（東），the west（西），the sky（空），the right（右），the left（左），the Emperor（皇帝），the governor（知事），etc.

　【注意】　いなかは "the country" と "the" がつくが、都は "town" で冠詞をつけない。
　　My father has gone into **the country**.（父はいなかへ行きました）
　　[" into "に注意：cf. " *to* the country "（その国へ）]
　　My uncle has come to **town**　（おじが上京しました）

459　**2. Collective "the"**（集合定冠詞）：——前項で述べた Particularizing "the" を複数普通名詞につけると集合的にその特定物全体を指すことになる。

　　⎧(a)　They are **the teachers** of our school.（あの人たちは私たちの学校の先生です——教師全部）
　　⎨
　　⎩(b)　They are **teachers** of our school.（あの人たちは私たちの学校の先生です——教師中の一部）

　(a) のように "the" をつけるとその人たちはその学校の教師全体でそのほかに教師はない意味になる。もしその人たちは教師中の数名にすぎないで、ほかにも教師がある場合ならば "the"

をつけずに (b) のようにいわねばならない。すべて "**the**" は単数でも複数でも<u>それだけでほかにない</u>場合につけるものと考えればよい。

> (a) **Cherry-trees** blossom in April. (桜は 4 月に咲く)
> (b) It was April, and **the cherry-trees** were in full blossom (時は 4 月、桜花のさかりであった)

(a) は一般に桜というものをいい、(b) はその辺一帯の桜を総括してさしたものである。

【注意】 Noun of Multitude につける "the" もこの部類に属する。
> What will **people say**? (世間の人はなんというだろう)
> **The people** are against war. (国民は非戦論です)

複数固有名詞につける "the" もやはり Collective "the" である。これは固有名詞の項で説明した (cf. §53, g)。

460 3. **Representative "the"** (代表定冠詞):――これはいわゆる代表単数の "the" で、すでに普通名詞の部 (§59) で説明した。

461 4. **Abstract "the"** (抽象定冠詞):――これは普通名詞に "the" をつけて抽象概念をあらわすもので、やはり普通名詞の項 (§60) で説明がすんでいる。

462 以上述べてきた "the" の用法を表にして記憶に便利なようにしておこう。

(1) **Particularizing**:―
  The principal is against the project. (校長はその計画に反対だ)
(2) **Collective**:―
  The students are in favour of it. (生徒一同はそれに賛成だ)
(3) **Representative**:―
  The whale is a mammal. (くじらは哺乳動物である)
(4) **Abstract**:―
  The pen is mightier than **the sword**. (筆の力は剣の力にまさる)

定 冠 詞

SPECIAL USES OF THE DEFINITE ARTICLE
(定冠詞の特殊用法)

1. " the " in Phrase (成句中の定冠詞):──

463 (a) 一日中の時をいう句:──

Most beasts of prey sleep **in the daytime**. (たいていの肉食獣は昼間眠る)

He generally goes out **in the morning** and comes home **in the evening**. (彼はたいてい朝出て晩帰る)

I like to study **at night**, when all is quiet. (私は夜あたりが静かなとき勉強するのが好きです)

【注意】 " in the night " も用いられる。" at morn " (朝), " at eve " (晩)の形は今は詩などのほかは用いられない。

464 (b) 場所を示す句:──

The towel is drying **in the sun**. (タオルはひなたに乾してある)

We rested ourselves **in the shade**. (私たちは日陰で休んだ)

I have been walking **in the wet** (or **in the rain**) (私は雨のふる中を歩いてきた)

Reading **in the twilight** is bad for the eyes. (うす暗がりの読書は目に悪い)

Owls can see better **in the dark** than **in the light**. (ふくろうは明るい所よりも暗がりでよく物が見える)

I saw a light **in the distance**. (はるか遠方に燈火が見えた)

I see a white sail **in the offing**. (沖に白帆が見える)

465 (c) 時間数量などの標準を示す句:──

Meat is sold **by the pound** (=*at so much per pound*.) (肉は1ポンドいくらで売られる) [1 ポンド単位で]

I have hired the car **by the hour**. (私はこの自動車を1時間いくらで借りた) [時間ぎめで]

これらの句はまた大きな数量をあらわすにも用いられる。

比較:──

Beer is sold **by the gallon.** (ビールはガロンいくらで売買する)
He drinks beer **by the gallon**. (彼はガロンで数えるほどビールを飲む)

He wrote verses **by the yard**. (彼は何ヤードというほど詩を書いた) [ヤードを単位にして計るぐらい]

We used to talk philosophy together **by the hour**. (私たちは何時間というほどむずかしいことを論じ合ったものだ)

466 2. 区別のために 固有名詞中のあるものに "the" をつけることは固有名詞のところで説明した (cf. §52)。

467 3. 形容詞に "the" をつけて名詞の代わりに用いることは形容詞の項で説明した (cf. §410 (2))。

POSITION OF THE ARTICLE
冠 詞 の 位 置

468 冠詞はその名の示すように名詞に冠するものであるが、形容詞があるときは冠詞はその前に出る。ただし次に列挙する場合には冠詞は形容詞の後になる。

(α)
- **such a**………I never saw **such a** (fine) sight. (こんな壮観ははじめてだ)
- **what a**………**What a** (fine) sight it must have been! (さぞまあ壮観だったろう)

(β)
- **so … a**……We had **so** good **a** time. (私たちは非常はおもしろかった)
- **how…a**……You can't think **how** good **a** time we had! (私たちがどんなおもしろかったか君らには想像もつかない)
- **as…a**………We had **as** good **a** time **as** you had. (私たちだって君らにおとらずおもしろかった)
- **too…a**………This is **too** good **an** opportunity to be lost. (あまりよい機会なのではずすのは惜しい)

(γ)
- **all the**………I know **all the** brothers. (私は兄弟をみな知っている)
- **both the**……I know **both** (**the**) brothers. (私は兄弟をふたりとも知っている)
- **many a**………I warned him **many a** time. (何度も彼に警告した)

EQUIVALENTS FOR THE ARTICLE
冠 詞 相 当 語

単数普通名詞には必ず定冠詞か不定冠詞かをつけなければならないことはすでに述べた。しかし次に列挙するような「冠詞の代わりとなる語」がつくときは冠詞は不要である。

469 1. **Equivalents for " the "** (定冠詞相当語):——

(a) **Pronominal Adjective** (代名形容詞):——

> this... I was born in **this** village. (私はこの村で生れた)
> that... I was born in **that** house. (私はあの家で生れた)
> What?... **What** book do you want? (何の本がほしいか)
> Which?... **Which** book will you take? (どの本を君は取るか)
> Whose?... **Whose** book is this? (これはだれの本か)
> my, etc.... It is **my** (**your, his, her**) book. (私の——君の——彼の——彼女の——本だ)

【注意】 Exclamatory の " what " は冠詞の代わりとはならない。比較:——

> Interrogative:—**What** book is this? (これは何の本か)
> Exclamatory:—**What a** book this is! (これはまあなんという本だろう)

(b) **Noun in the Possessive Case** (所有格名詞):——

> This is **Tanaka's** house. (これは田中の家だ)
> What is **the man's** name? (あの人の名は何と言うか)

【注意】 所有格が所有をあらわさないで、目的をあらわす場合には冠詞の代わりとはならない (cf. §145)。

470 2. **Equivalents for " a "** (不定冠詞相当語):——

(a) **Singular Adjective** (単数形容詞):——

> one... He has only **one** brother. (彼は兄弟が一人しかない)
> no... He has **no** father. (彼は父がない)

(b) **Indefinite Demonstrative** (不定指示形容詞):――

> some...I want **some** book to read. (何か読む本が欲しい)
> any...**Any** book will do. (何の本でもよろしい)
> no...**No** book can teach pronunciation. (本で発音を教えることはできない)

(c) **Distributive Adjective** (個別形容詞):――

> each...**Each** country has its own custom. (各国にそれぞれの習慣がある)
> every...**Every** man has some peculiarity. (何かしらクセのない人はない)
> either...Will **either** book do? (どちらかの本が間に合うか)
> neither...**Neither** book will do. (どちらもだめだ)

471【注意】" what kind of " は " what " の言いかえ、" a kind of ", " a sort of ", " a species of " などは " a " の言いかえと見るべきであるから、そのつぎに冠詞を置く必要はない。

What kind of tree is a birch? (ぶなは何種の木か)

The guppy is **a kind** (or **a species**) of tropical fish. (グッピーは熱帯魚の一種だ) [" guppy " は英語としては [gǽpi] と発音する]

ただし「どんなふう」という意のときは " What sort of **a**...? " となる。すなわち「種類」でなくて「ようす」を問題にする場合である。

What sort of a man is the new teacher? (こんどの先生はどんなふうの人か)

He is **a** good **sort of a** young man. (よさそうな青年だ)

OMISSION OF THE ARTICLE

冠 詞 の 省 略

472 1. 人を呼びかける語、すなわち、Nominative of Address (呼びかけ主格) には冠詞をはぶく。

Waiter, bring my bill, please. (給仕、勘定をしてくれ)

Come, **boys**. Let's play football. (さあ、みんな、フットボールをしよう)

473 2.   口語体で父母 兄弟 姉妹または召使など、同一の家の中の親しい人々をいうには通例冠詞（あるいは所有格代名詞）をはぶく。母、父、ばあや、赤ちゃんなどは家庭内ではほとんど固有名詞のように考えられるからである。

> **Mother** is ill. **Nurse** has gone away.　（母は病気、ばあやは行ってしまった）

3.   官職身分などを示す語は次の三つの場合に冠詞をはぶく。

474 （a） 固有名詞の前につく場合：――これは " Mr.", " Mrs.", " Miss " などを人の名の前に冠するのと同様である。

> **Queen** Victoria（ヴィクトリア女王）
> **King** George（ジョージ王）
> **Premier** Stalin（スターリン首相）
> **President** Lincoln（リンカーン大統領）
> **Secretary of State** Dulles（国務長官ダレス）
> **General** MacArthur [məkάːθə]（マカーサー元帥）
> **Dr.** Yukawa（湯川博士）
> **Uncle** George（ジョージおじさん）
> **Aunt** Mary（メアリおばさん）
> **Professor** Jones（ジョウンズ教授）[" Prof. " としない方がよい]

【例外】 君主をあらわす語の中 " King ", " Queen " などはこの規則により冠詞をはぶくが、" Emperor " " Empress " そのほか英国以外の君主の名は冠詞をつける。

> **The Emperor** Meiji（明治天皇）
> **The Czar** Nicholas（ロシア皇帝ニコラス）

475 （b） 固有名詞と同格に用いたとき：――

> George VI., **King** of England（英国王ジョージ六世）
> Dr. Fries, **Professor Emeritus** at the University of Michigan（ミシガン大学名誉教授フリーズ博士）
> Kennedy, **President** of the United States of America（アメリカ合衆国大統領ケネデイ）
> Mao Tse-tung [máo tsetúŋ], **Chairman** of the Central People's Government of the People's Republic of China（中華人民共和国中央人民政府主席毛沢東）

Mr. Hara, **Premier** (首相原氏)

Thomas Mann, **brother** of Heinrich Mann [háinriç mɑːn] (ハインリッヒ・マンの弟トーマス・マン)

Charles Dickens, **author** of "A Christmas Carol" (「クリスマスカロル」の作者チャールズ・ディケンズ)

【注意】 " Mr. Hara, **the Premier** " のように冠詞をつけた例も新聞などによく見受ける。

476 （c） 不完全動詞の補語として用いられる場合：——

George VI *was* **King** of Great Britain. (ジョージ六世は大英国王であった)

He *is* **professor** of mathematics in the university. (彼は大学の数学教授だ)

He *was* **nephew** to the king. (彼は王の甥であった)

He was *created* **count** in recognition of his services. (彼は功により伯爵に叙せられた)

Washington was twice *elected* **president**. (ワシントンは2度大統領に選ばれた)

He was *appointed* **principal** of the High School. (彼はその高等学校の校長に任命された)

【注意】 官職、親族関係などを示す名詞でも、以上三つの場合のほかはふつうの規則にしたがって冠詞を用いなければならない。

How is it that **the king** of England is sometimes called emperor? (英国王が時として皇帝と称せられるのはどういうわけか)

477 4. 名詞が「もの」を指すのでなく、その語自身を問題にする場合には冠詞をつけない。比較：——

{ "**Matsu**" is the Japanese for "**pine**." (松は pine に当る日本語である)

The painter drew a **matsu**, or in English, a **pine**. (画家は松——英語でいえば pine——を描いた)

【注意】 動詞 "**call**" の次に来る名詞すなわち「呼び名」を示す場合には "**a**" をはぶいても、はぶかなくてもよい。

An ass is also called (**a**) **donkey**. (ass はまた donkey ともいわれる)

478 5. 2個の名詞が 接続詞 あるいは前置詞で密接に結合されて、共同、双対、対照、連続などの意味をあらわすときには 冠詞をはぶく。

> We are **man and wife** before Heaven. (私たちは天下晴れての夫婦だ)
> **Mother and child** are doing well. (母子共に健全です)
> the relation between **master and pupil** (師弟の関係)

> **Rich and poor** celebrate the New Year's Day. (富めるも貧しきも元日を祝う)
> **Young and old** were making merry on the grass. (老いも若きも草原で陽気に騒いでいた)

> Write with **pen and ink**. (ペンとインクで書け)
> Can you eat with **knife and fork**? (君はナイフとフォークで食事ができるか)

> We laboured **night and day**. (私たちは昼夜働いた)
> He was bound **hand and foot**, and thrown overboard. (彼は手足を縛られて船から投げ落された)

> The officer sprang on board, **sword in hand**. (士官は剣をさげて船中におどり込んだ)
> He was standing, **pipe in mouth**. (パイプを口にくわえて立っていた)

> Husband and wife are seen walking **arm in arm**. (夫婦が腕を組んで歩いているのを見ることがある)
> Friend and foe lay down **side by side**. (敵も味方もまくらを並べて倒れていた)
> Learn **little by little** every day. (毎日少しずつ覚えよ)
> He sits up till late **night after night**. (彼は幾夜もつづけて夜ふかしをする)
> They see each other **face to face**. (たがいに見合わす顔と顔)

> He went begging **from door to door**. (彼は家ごとに食を乞い歩いた)
> He eyed me **from head to foot** (彼は頭のてっぺんから爪先までじろじろ私を見た)
> They live **from hand to mouth**. (彼らはその日暮らしだ)
> The ship rolled **from side to side**. (船は横に揺れた)

479 6. 次に掲げるような名詞が具体物をあらわさず、前置詞と結合して抽象概念をあらわす場合には冠詞をはぶく。

Is your father **at home**? (おとうさんはご<u>在宅</u>ですか)
He is **away from home**. (<u>不在</u>です)
The students are now **at school**. (生徒はただ今<u>授業中</u>)
The boy has **gone to school**. (子供は学校へ<u>勉強に</u>行きました)
Some people sleep **at church**. (説教中眠る人がある)
He **goes to church** every Sunday (彼は毎日曜教会へ礼拝に行く)
Foreigners like to talk **at table**. (西洋人は<u>食事中</u>に話をすることが好きだ)
I found them **at breakfast**. (行ってみたら彼らは<u>朝食中</u>であった)
We sell and buy **in market**. (われわれは<u>市場</u>で売買する)
My mother has **gone to market**. (母は買物に行きました)
People seldom grow better **in prison**. (<u>刑を受けて</u>よくなる者はめったにない)
He was **thrown into prison**. (彼は刑務所に入れられた)
Reading **in bed** is a bad habit. (<u>寝て</u>本を読むのは悪い癖だ)
It is time to **go to bed**. (もう<u>寝る</u>時間だ)
Are you going **on foot**? (君は<u>徒歩</u>で行きますか)
I am going **on horseback**. (<u>馬</u>で行くつもりです)
Are you going **by train** (or **by railway**)? (君は<u>汽車</u>で行きますか)
I am going **by water** (or **by sea**), not **by land**. (私は<u>陸路</u>を行かないで<u>海路</u>を行くつもりです)
Le me know **by letter**. (<u>手紙</u>で知らせてください)
Send the book **by post** (or **by mail**). (本を<u>郵便</u>で送ってください)

【注意】 これらの例における名詞はいずれも抽象概念をあらわすもの、すなわち本来の目的をあらわすものといえる。たとえば "at school", "go to school" の "school" は決して「学校という<u>建物</u>」をさすのではない。「<u>授業中</u>」とか「<u>勉強に行く</u>」とか抽象概念をあらわしている。

「建物」をさすときは、次例のように冠詞をつけねばならない。

He lives near **the school**. (彼は学校の近所に住んでいる)
I went to **the school** to see the principal. (校長に面会のため学校へ行った)

同様に教会堂、刑務所の建物をいう場合には冠詞をつける。
> Do you pass **the church** on your way to school? (君は学校へ行きがけに教会の前を通るか)
> I once visited **a prison**. (私は刑務所を視察したことがある)

慣用句中の名詞は冠詞をつけず、また複数にもならない。
> My brothers are still **in bed**. (兄弟たちはまだ寝ています)
> The children **go to school** every morning. (子供らは毎朝学校へ行きます)

兄弟はみな別々の寝床に寝ており、子供はみな別々の学校へ行く場合でも "in beds", "go to schools" とはならない。しいて複数にすれば個々の「もの」を指すふつうの構文に従って "in *their* beds", "to *their respective* schools" などとしなければならない。

480 7. 動詞がその目的語である名詞と合して1個の動詞的観念をあらわす場合には、その名詞に冠詞をはぶく。

> Exercise **does** one **good**. (運動は身体のためになる)
> Too much wine will **do** you **harm**. (酒を飲みすぎるとからだに悪いぞ)
> Electricity will soon **give place to** atomic energy. (今に原子力が電気にとって代わるだろう)[直訳「電気が原子力に場所をゆずる」]
> Do not **give way to** your feelings. (感情に負けるな——泣くな)
> She **gave birth to** twins. (彼女はふたごを生んだ)
> His long absence **gave rise to** various rumours. (彼が長く帰らないのでいろいろなうわさが立った)
> **Make room for** an old man. (老人には席をゆずれ)
> **Make way for** the carriage. (馬車をよけろ)
> **Make haste**, and you will be in time. (急げば間に合います)
> I have **taken** (or **caught**) **cold**. (私はカゼを引いた)

【注意】(1) "take" の代わりに "have" を用いれば "*a* cold" となる。形容詞がはいれば、いずれの場合にも "a" がつく。

> I have **taken cold** = I have **a cold**. (かぜを引いた=引いている)
> I have **taken a bad cold** = I have **a bad cold**. (悪いかぜを引いた)

> The tree has **taken root** (or **struck root**). (根がついた)
> When will the examination **take place**? (試験はいつありますか)
> You must **take care of** your health. (からだを大切にしなければいけない)

(2) この項に述べた用法は、日本語で名詞に「する」をつけて動詞とするのに似ている。たとえば「益を 与える」「注意を する」というところを「益 する」「注意 する」と続けて 1 個の動詞とするように、"do good"（益する），"take care"（注意する）なども 2 語がいっしょになって 1 個の動詞の働きをするのである。

481 8. Concessive Clause を導く "though", "as" などの接続詞を後へまわし名詞を先頭に出す場合には、その名詞は冠詞をはぶく。

Warrior though he was (=Though he was **a** warrior), he could not bear the pain. （さすがの勇士も苦痛を忍びかねた）
Woman as I am (=Though I am **a** woman), I am interested in political affairs. （女ながらも私は政治に興味を持っている）

REPETITION OF THE ARTICLE
冠 詞 の 反 復

482 1. 二つ以上の名詞を並べてもそれがみな同じ 1 個のものを指す場合には、一番先へ冠詞を一つつければよい。

Scott was **a** novelist and poet. （スコットは小説家であり、また詩人であった）[" a+ | novelist & poet | " という関係]
Descartes [deikáːt], **the** great philosopher and mathematician （大哲学者でありまた大数学者であったデカルト）

【例外】 意味を強めるためにこの規則を無視して冠詞をわざと反復することがある。「たたみ重ねる」気持ちを強くあらわすのである。

He became **a** husband and **a** father before he was out of his teens. （彼はまだ 20 才にもならないのに夫になりまた父となった）

483 2. 二つ以上の名詞が別個のものを意味するときは別々に冠詞をつけることはもちろんである。

The minister and **the** secretary were present. （大臣と秘書官とが出席した）
It is hard to distinguish between **a** participle and **a** gerund. （分詞と動名詞とを区別することは困難だ）

> The editor and publisher of this magazine *is* **a** very able man.
> (この雑誌の編集兼発行人はたいそう敏腕家だ)
> The editor and **the** publisher of this magazine *are* very able men. (この雑誌の編集人も発行人も共に敏腕家だ)

【例外】 (a) まぎれるおそれのない場合にはこの規則を無視して一番はじめの冠詞を一つだけ残し、あとは はぶくことがある。

I met **a** lady and [a] gentleman. **The** lady and [the] gentleman were walking arm in arm. (私はひとりの婦人と紳士とに会った、その婦人と紳士とは腕を組んで歩いていた)

(b) 一つの物が他の物に附属して 一体をなす場合には冠詞は一つでよい。

a watch and chain (鎖つきの時計)
a cup and saucer (下皿にのった茶わん)
a rod and line (糸のついたつりざお)
cf. bread and butter (バタつきのパン)

484 【注意】 1個の名詞に対して、形容詞がいくつもかかっていく場合は、意味がちがってくることがあるから注意を要する。

> The carriage was drawn by **a** black and white horse. (その馬車は白黒ぶちの馬にひかれていた) [馬は1頭]
> **The** black and white horse *was* Arabian breed. (その白黒ぶちの馬はアラビア種だった) [馬は1頭]

> The carriage was drawn by **a** black [horse] and **a** white horse. (その馬車は黒馬と白馬とにひかれていた) [2頭]
> **The** black and **the** white horse } *were* both Arabian breed. (そ
> **The** black and white hors**es** } の黒馬も白馬も両方アラビヤ種だった) [2頭]

the 15th and 16th centur**ies** (十五、十六両世紀)
the East and West coast**s** of Africa (アフリカの東西両岸)

EXERCISE 24

(**A**) 次の和文を英訳せよ。
1. 窓をしめてください。
2. 私は英語の話せる人をさがしている。
3. 彼は不幸にも幼時に両親を失った。

234　　　　　　　　　　　　　冠　　　詞

    4.　ハンカチは1ダースいくらで売る。
    5.　温度は日陰で30度あります。
    6.　彼は困っている友達を見捨てるような人間ではない。
    7.　わたしは、そこに一両日滞在のつもりです。
    8.　牛肉は1ポンドいくらですか。1ポンド400円です。
    9.　彼は神奈川県知事に選出された。
  10.　ラジオがすたれてテレビジョンになった。

(**B**)　次の文中に誤りがあれば正せ。
1. Will you have kindness to tell me a way to a station? （どうか停車場へ行く道を教えてくださいませんか）
2. A graduation ceremony will be held at an end of next month. （卒業式は来月末に挙行される）
3. She goes to prison every day to see her husband. （彼女は夫に面会のため毎日刑務所へ行く）
4. He is the student of our school. （彼は私たちの学校の生徒だ）
5. What kind of an animal is a tiger? （トラは何種の動物か）
6. I put up at an country inn. （私はいなかの宿屋に泊った）
7. I told him to leave room. （私は彼に室を去れと命じた）
8. She became a mother and a widow at fifteen. （彼女は15才の年に母となりかつ未亡人となった）
9. A girl will make a better linguist than boy. （女の子の方が男の子より語学は得意だ）
10. Goldsmith travelled from a place to a place, a flute in a hand. （ゴールドスミスは一管の笛を手にして方々旅行して歩いた）

(**C**)　次の文中の必要な個所に冠詞を補え。
1. I saw tall and thin man walking together with short and stout lady. （背の高いやせた人が背の低いふとった婦人と歩いているのを見た）
2. I saw tall and short man walking together. （背の高い人と低い人といっしょに歩いているのを見た）
3. Early in morning I had visit from intimate friend. （朝早くある親友の訪問を受けた）
4. Lawyer would make better statesman than soldier. （法律家の方が軍人よりもいい政治家になれるだろう）
5. Ostrich is largest bird on earth. （だちょうは地球上で一番大きい鳥だ）

5. VERB
動　詞

(A) CLASSES OF VERBS
動 詞 の 種 類

485　動詞は、目的語を要するか要しないかによって、他動、自動の二つに大別し、補語を要するか要しないかにより、さらに、それぞれ不完全、完全の二つに小分し、なおこれに目的語二つを要する授与動詞を加え、あわせて五つに分類することは、すでに序論において述べたとおりである。ここでは次の順序に従う。

Transitive { **Complete Transitive Verb** (完全他動詞) .... I.
　　　　　 Incomplete Transitive Verb (不完全他動詞) ... II.
　　　　　 Dative Verb (授与動詞) ....III.
Intransitive { **Complete Intransitive Verb** (完全自動詞) ......IV.
　　　　　　 Incomplete Intransitive Verb (不完全自動詞)... V.

I. COMPLETE TRANSITIVE VERB
完 全 他 動 詞

486　すべて目的語を要する動詞を **Transitive Verb** (他動詞) といい、そのうち補語を要せず、目的語を持つだけで意義の完全なものを **Complete Transitive Verb** (完全他動詞) という。

　　I **know** him. He **speaks** English.　(私はあの人を知っている。あの人は英語を話す)

REFLEXIVE CONSTRUCTION
(再帰的構文)

487 他動詞の動作が行為者自身に向けてなされることを示すためには Reflexive Pronoun を目的語とする。他動詞はすべてこの構文をとることができる。

> How did he **kill himself**? Did he **drown himself** or **hang himself**? (彼はどうして自殺したか、身投げしたのか首をくくったのか)
> **Respect yourself**, or no one else will respect you. (自分を尊敬しなさい、さもないと人から尊敬されません)
> To **know oneself** is difficult. (自分を知ることはむずかしい)
> Don't **praise yourself** so much. (そう自分自身のことを賞めるものではない)
> How do you **amuse yourselves** on board the ship? (船中では何をして楽しむか)
> I **threw myself** on the grass to **rest myself**. (草の上に寝て身体を休めた)
> I beg you will **exert yourself** in my behalf. (どうか私のためにご尽力を願います)
> **Warm yourself** at the fire. (火におあたりなさい)
> **Make yourself** at home. (おらくになさい)
> I am sorry I can not **avail myself** of your kind offer. (ご親切を無にするのは残念です)

488 動詞によっては Reflexive の構文 (すなわち「動詞 + "oneself"」) にのみ用いられるものがある。そういうものを特に **Reflexive Verb** (再帰動詞) という。

> **Bestir yourself**, or you will get beaten. (奮発せよ、さもないと負けるぞ)
> I **bethought myself** (=*thought*) **of** a good plan. (うまい考えが浮んだ)
> He **betook himself** (=*took*) **to** entreaties. (彼は嘆願という手段に訴えた)

He **prides himself on** (=*is proud of*) his English. (彼は英語を自慢している)

Do not **plume yourself on** your personal appearance. (風采がよいからといって自慢するものではない)

I am afraid I have **overslept myself**. (これは寝すごしたわい)

Japanese students are apt to **overwork themselves**. (日本の学生はとかく勉強しすぎる)

If you **overeat yourself**, you will make yourself ill. (食べすぎると病気になるよ)

I am obliged to **absent myself** from school. (やむを得ない事情で欠席いたします)

【注意】 "to absent" は Reflexive のほかには用いられないが、"to present" はほかにも用法がある。

We **presented** a watch **to** him. }(彼に時計を贈った)
We **presented** him **with** a watch.

Many people **presented themselves at** the funeral. (多数の会葬者があった)

Soon a good opportunity **presented itself**. (まもなくよい機会があった)

489 Complement を伴なう Reflexive Construction がある。

She **cried herself blind**. (目を泣きつぶした)
He **talked himself hoarse**. (おしゃべりして声をからした)
He **worked himself ill**. (勉強しすぎて病気になった)
The child **cried itself to sleep** (その子は泣寝入りした)
He **ran himself out of breath**. (あまり走って息をきらした)
He **worked himself into consumption** (勉強しすぎて肺病になった)

EXERCISE 25

再帰動詞を用いて次の和文を英訳せよ。
1. 彼は首をつって自殺した。
2. 彼はいま服を着ている。
3 どうかわたしのためにご尽力を願いたいものです。
4. ご親切を<u>無にする</u> (cannot avail) のは残念です。
5. 彼は私のそばにすわった。

6. ご心配には及びません。
7. 病気のためやむを得ず (to be obliged) 欠席しました。
8. いいわけ (to excuse oneself) をしてもだめだ。
9. どうぞ自由にお菓子をお取りください (to help oneself to)。
10. そのドラマは自明 (to explain itself) だから、解説はいらない。

II. INCOMPLETE TRANSITIVE VERB
不完全他動詞

490 目的語のほかに補語を要する動詞を **Incomplete Transitive Verb** (不完全他動詞) という。この類の動詞の代表ともいうべきは "**make**" で、「何を何とする」というような意味をあらわすから、この類の動詞を **Factitive Verb** (作為動詞) ともいう。

(a) He **made** her his wife. (彼は彼女を妻とした)
(b) He **made** her happy. (彼は彼女を幸福にした)

この 2 例の "make" は目的語 "her" のほかに "wife", "happy" のような補語を要する Factitive Verb である。"wife" は Noun Complement (名詞補語), "happy" は Adjective Complement (形容詞補語) であるが、いずれも "her" という目的語の状態をあらわすものだから Object-complement である (cf. §21)。

491 同一の動詞が完全他動詞として用いられる場合と作為動詞として用いられる場合とを対照して次に掲げる。

Complete	Factitive
Make a hole in the board. (板に穴をあけなさい)	**Make** it **large** enough to admit a hand. (手のはいるくらいの大きさにせよ)

Call the maid servant. (女中を呼べ)	We **call** her **Chiyo**. (私たちは彼女を千代と呼ぶ)
Have you **named** the dog? (犬に名をつけましたか)	I have **named** him **Teddy**. (テディとつけました)
I **think** he is honest. (私は彼は正直だと思う)	I **think** him **honest**. (私は彼を正直と思う)
Keep the money. (その金をとっておけ)	**Keep** your sword **bright**. (刀をさびぬようにしておけ)
I **found** the book easily. (本がたやすく見つかった)	I **found** the book **easy**. (読んでみたらやさしかった)
He **left** Tokyo yesterday. (彼はきのう東京を去った)	Don't **leave** the door **open**. (戸をあけ放しにしておくな)

【注意】 " I found the book easily " の " easily " は " found " にかかる副詞, " I found the book easy " は「読んでみたらやさしかった」という意味で、" The book was easy " の意味を含み、" easy " は形容詞補語で、" the book " に対するものである。

以上のほか「何を何とする」という意の " make " の同類には " elect " (選挙する), " create " (叙する), " appoint " (任ずる) などがあり、「何を何と考える」意の " think " の同類には " believe " (信ずる), " suppose " (仮定する), " imagine " (想像する) などがある (cf. §476)。

EXERCISE 26

次の和文を英訳せよ。
1. <u>お国の方では</u> (at home) 皆様お変わりありませんでしたか。
2. みな無事でした。
3. 花子をお前の<u>お嫁さん</u> (bride) にしてやろう。
4. 私は君のおかげで<u>今の身分</u> (what I am) になった。
5. 目をつぶっていなさい。
6. 彼を偉い人ということはできようが、善人とはいえない。
7. 医者が行ってみると彼はもう死んでいた。
8. ふろがさめぬようにしておけ。
9. それを<u>悪くとって</u> (take it amiss) はなりません。
10. 世間では彼を金持ちだ<u>という</u> (to call)。

III. DATIVE VERB
授 与 動 詞

492 他動詞中に 目的語を 二つ要するものがある。 この類の動詞の代表ともいうべきは "**give**"(与える)で、「だれに何を与える」のように人をあらわす **Indirect Object** (間接目的語)と、物をあらわす **Direct Object** (直接目的語)とを要する。この類の動詞を **Dative Verb** (授与動詞)という。

493 【注意】 英語では直接目的となる語も 間接目的となる語も別に形に変化がないから Objective Case (目的格) という一つの名のもとに二つを包括しておいて別に不都合はない。 昔は Direct Object に当るものは Accusative Case (対格); Indirect Object に当るものは Dative Case (与格)として区別された。

494 間接目的語は直接目的語の前に 置くのが 通例である。 間接目的語の後に置く場合には その前に 相当の前置詞 (" to ", " for ", " of " など) をつけて副詞句とする。

 I **gave the boy** a top.＝I **gave** a top **to the boy**. (私は少年にこまを与えた)
 I **bought the girl** a doll.＝I **bought** a doll **for the girl**. (私は少女に人形を買ってやった)

495 【注意】 直接、間接両目的語のいずれかが代名詞のときは、その方を先に置くのが通例である。また両方とも代名詞のときは間接目的語を直接目的語の後に置く。

 (a) I gave the boy a top.
 (b) I gave a top to the boy.
 (c) I gave him a top.
 (d) I gave a top to him.
 (e) [I gave the boy it.]
 (f) I gave it to the boy.
 (g) I gave him it.
 (h) I gave it (to) him.

この八つのうち、(b) および (d) は 与えられる人に 重きを 置く形である、すなわち他の人ではないその子に、あるいは彼に与えたと強くいう心持ち。(e) は口調が悪いから、全く用いない。(h) において "it to" の "to" は発音上消滅することが多い。

496 授与動詞のおもなものを次に掲げる。

I **gave** him a watch.　(私は彼に時計をあたえた)
Will you **lend** me your knife?　(ナイフを貸してくれないか)
Bring me some water.　(水を持ってきてくれ)
Go and **fetch** me my hat.　(行って帽子を取ってきてくれ)
I will **take** him some flowers.　(彼に花を持って行ってやろう)
He **sent** me a nice present.　(彼は私にすてきなみやげをくれた)
He **left** his son a large fortune.　(彼はむすこに大きな財産を残して死んだ)
I have **paid** him all I owe him.　(私は彼に借りをみな払った)
I will **tell** you an interesting story.　(きみたちにおもしろい話をしてやろう)
I will **show** you the way.　(道をご案内いたしましょう)
He **taught** me how to swim.　(彼は私に泳ぎを教えてくれた)
She **made** her doll a pretty dress.　(彼女は人形にきれいな着物をこしらえてやった)
I will **buy** you a bicycle.　(きみに自転車を買ってやろう)
He **asked** me a question.　(彼は私に質問をした)

497【注意】(1) "**to ask**" が物を たずねる意味のときは間接目的語をすぐその後に置き、人に恩恵を求める意味のときは間接目的語を後へまわして前置詞 "of" をはさむのが現今のふつうの用法である。

  {I want to **ask you** a question.　(質問したいことがある)
  {I want to **ask** a favour **of you**.　(お願いしたいことがある)

(2) "**to ask**" を用いて「何かをくれ」という 意味をあらわすときは "for" を伴なう。

He **asked** me **for** some money.　(彼は私に金をくれといった)

(3) "**to inquire**"(たずねる)には Dative Construction はない。常に "of" を伴なう。

  {I **asked**　　 him about the matter.}
  {I **inquired of him** about the matter.} (その件について彼にたずねた)

動　詞

(4) 間接目的語にあたるもののみを目的語とする動詞がある。

Such conduct does not **become** a gentleman. (そんな行ないは紳士に似合わない)

A misfortune **befell** him. (不幸が彼の身にふりかかった)

This coat has **lasted** me five years. (この上衣はもう5年着ている)
[私に対して、5年間つづいた。この"five years"は副詞目的格]

EXERCISE 27

(**A**) 次の和文を英訳せよ。
1. あなたの誕生日には美しい人形を買ってあげますよ。
2. 私は新らしい時計を買ったから、もとのを佐藤にゆずった。
3. 君の兄さんが私にきれいな絵を描いて (to paint or draw) くれた。
4. 私は君にはまだだいぶ借金がある。
5. わたしの切符を買って (to get) きてください。
6. 自転車の乗り方 (how to ride) を教えてやろう。
7. 彼は私に長い手紙をよこした。
8. この包みを持ってくれませんか。
9. このパンフレットは30円しました (to cost)。
10. あなた方におもしろい話を読んで聞かせましょう。

(**B**) 直接目的語と間接目的語と位置を交換できれば、書きかえよ。
1. I will make you a new suit of clothes. (新しい着物をこしらえてあげよう)
2. If you are a good boy, I will bring you some cake. (お行儀をよくしているとお菓子を持ってきてあげます)
3. If you keep quiet, I will get you a picture book. (静かにしていると絵本を買ってあげます)
4. When I was sick in bed, he read me an interesting novel. (私が病気で寝ているときに彼はおもしろい小説を読んでくれた)
5. I have lent my dictionary to your brother. (私は君の兄さんに辞書を貸してある)
6. Leave the matter to me. (この事件は私にまかせてくれ)
7. She sang us a song. (彼女は私たちに歌を歌ってきかせた)
8. I wrote him a long letter. (私は彼に長い手紙をやった)
9. I still owe my tailor a lot of money. (私はまだ洋服屋にだいぶ借りがある)

10. We must choose Mary a good birthday present. (われわれは、メアリに、よい誕生日のプレゼントをえらんでやらねばならない)

TRANSITIVE AS INTRANSITIVE

他動詞の自動詞転用

498 他動詞は次の三つの場合に自動詞となる。

1. **In Universal Sense**——他動詞の目的語が、ごく一般的なものを指すときは目的語をはぶくから自動詞になる。

Transitive	Intransitive
He can **speak** English. (彼は英語を話せる)	Man can **speak**. (人はものを言うことができる)
The cat **saw** a mouse. (ねこがねずみを見た)	The cat can **see** in the dark. (ねこは暗がりで物が見える)
I **ate** some beef at supper. (夕食に牛肉を食った)	We **eat** in order to live. (われわれは生きるために食う)
He is **reading** a book; she is **writing** a letter. (彼は本を読み、彼女は手紙を書いている)	He can neither **read** nor **write**. (彼は読み書きもできない)

「英語を話す」といえば「話す」という動作が特に英語に限られるから "English" という目的語を要するが、「人間はものを言うことができる」といえば、日本語では「ものを」という目的語があるけれど、英語ではこういう一般的の目的語ははぶくから単に "speak" となって自動詞に変わるのである。その他の場合もこれに準ずる。

499 2. **In Reflexive Sense**——他動詞が再帰的構造をとるべ

き場合にその Reflexive Object をはぶくと自動詞になる。

Transitive	Intransitive
The rock **hid** the lion （岩がライオンを隠した）	The lion **hid** [himself] behind the rock. （ライオンが岩陰に身を隠した＝隠れた）
The troops **dispersed** the mob. （軍隊が暴徒を追い散らした）	The mob **dispersed** [themselves]. （暴徒が散った）
A tree **spreads** its branches （木が枝を広げる）	The branches **spread** [themselves]. （枝が広がる）

500 3. **In Passive Sense**——他動詞が受動の意味に用いられる場合。これは人の働きを物に移していう場合に起こる。たとえば「人が本を売る」ので「本は人に売られる」のであるが、それを自動にして「本が売れる」とし、しかもその「売れる」を " sell " であらわすような場合である。

501 （a） " **How?** ", " **well** " その他の副詞を伴なう場合。

Transitive	Intransitive
They **sell** the book very dear. （あの店は本を非常に高く売る）	**How** does the book **sell**?—It **sells** very **well**. （本の売れ行きはどうか——たいへんよく売れる）
Have you **drunk** this beer? （君このビールを飲んだか）	**How** does it **drink**?—It **drinks** very well for its price.（飲み口はどうか——値の割合にはなかなか飲める）
Do you **smoke** these cigars? （君はこの葉巻をのむのか）	Yes; they **smoke** very **well** （のむ、なかなかのめる）
Keep the fish in a cool place. （魚を涼しい所に置け）	It will not **keep** over **night** (or **long**). （あすまでは——長くは——もつまい）
We **wear** this cloth in summer （この布地は夏着る）	This cloth **wears** very **well**. （この布地はたいへんもちがいい）

502 (b) **"like..."** を伴なう場合。

> **What** does a frog **eat like**?—It **eats like** fish. (かえるはどんな味がするか——魚のような味がする)
> **What** does saké **drink like**?—It **drinks like** sherry. (酒はどんな味がするか——シェリーのような味がする)

【注意】 これは自動詞 **"look like..."** に準じた用法と考えることができる。

> What does he **look like**?—He **looks like** a wrestler. (どんなふうな人か——すもうとりのような人だ)

503 (c) Adjective Complement を伴なう場合。

Transitive	Intransitive
Have you **tasted** the fruit? (この果物を食べてみたか)	Yes, it **tastes sweet** (or **sour**). (食べてみた、甘い——すっぱい)
The blind man **feels everything** with his hands. (盲人は何でも手でさわってみる)	Velvet **feels** smooth. (ビロードは手ざわりがなめらかだ)
The girl **smelled** the flower (少女が花をかいでみた)	The flower **smelled** fragrant. (その花はいい香りがした)

【注意】 これは "The flowers **look pretty**"(この花は美しい)などに準じた用法として説明できる。

504 (d) 数量をいう動詞

Transitive	Intransitive
I have **measured** the height of it. (高さをはかってみた)	It **measures** six feet. (6フィートある)
Have you **weighed** the beef? (牛肉の目方をかけてみたか)	Yes, it **weighs** two pounds. (かけてみたら2ポンドある)
The captain **numbered** his men. (隊長は部下の者をかぞえた)	The men **numbered** 75 in all. (部下はみんなで75人いた)

【注意】 他動詞の "measure" は "the height" のような Object を持ち、自動詞の "measure" は "six feet" のような Complement を持つのである。その他もこれに準ずる。

505 （e） 能動進行形を受動進行形の意味に用いる場合。

Transitive	Intransitive
They are **building** a house. (家を建てている)	The house **is building**. (家は建築中)
They were **firing** guns, and **beating** drums. (大砲をうち太鼓をたたいていた)	Guns were **firing**, and drums were **beating**. (大砲がとどろき太鼓が鳴っていた)
They are **printing** the book. (本を印刷している)	The book is **printing**. (本は目下印刷中です)

【注意】 "The house **is building**" は "The house **is being built**"（建築されつつある）という Passive の意味をあらわす。ただし、この用法は上記のような特殊な動詞に限られる。

EXERCISE 28

次の和文を英訳せよ。
1. 生まれたばかりの (new-born) ねこは目が見えない。
2. 強盗が汽車をとめた。
3. 急行列車はこの駅には停車しません。
4. かたつむりはどんな味がするだろう。
5. 家が 300 万円に売れた。
6. 吸取紙はざらざらする。
7. このりんごはこの冬[春まで]もつだろうか。
8. この酒 (liquor) はどんな味ですか。
9. 上等のぶどう酒のような味です。
10. この道を行けば駅へ出ます (to lead)。

IV. COMPLETE INTRANSITIVE VERB
完 全 自 動 詞

506 補語を要せず、それ自身で完全な意味をあらわす自動詞を **Complete Intransitive Verb** （完全自動詞）という。

　　　Birds **fly**. （鳥が飛ぶ）　　　Fish **swim**. （魚が泳ぐ）

V. INCOMPLETE INTRANSITIVE VERB
不完全自動詞

507 形容詞あるいは名詞を 補語として 補わなければ 完全な意味をあらわさない自動詞を **Incomplete Intransitive Verb**（不完全自動詞）という。その代表的なものは、" A is B."（A は B である）の is であり、そのほかは、その「である」の「あり方」を細かく説明するものである。

508 不完全自動詞のおもなものを次にあげる。

（a） " **be** " およびそれに代わるもの：――

He **is** a merchant.　He **is** rich.　（彼は商人だ。彼は金持ちだ）
I **feel** hungry (*or* thirsty).　（私は腹がすいた――のどがかわいた）
He **looks** pale.　（彼は顔色が悪い）
They **seem** happy together.　（夫婦仲がむつまじそうだ）
He **remained** a bachelor all his life.　（彼は一生独身で通した）
She **kept** silent all the time.　（彼女はずっとだまっていた）

【注意】 §503 (c) に述べた " feel ", " taste " なども、上記の説明にあてはまるから、" be " の同類と見るべきものである。

Velvet **feels** (=*is*) smooth.　（ビロードはなめらかだ）
Sugar **tastes** (=*is*) sweet.　（砂糖は甘い）

509　（b）" **become** " およびそれに代わるもの：――

He **became** a merchant.　He **became** rich.　（彼は商人になった。彼は金持ちになった）
He has **grown** old.　（彼は年寄りになった）
He **went** mad with vexation.　（彼はくやしさで、きちがいになった）
I hope I shall soon **get** well.　（じきによくなるだろうと思います）
She has **fallen** sick.　（彼女は病気になった）
He **turned** pale at the alarm.　（彼は警報に接して青くなった）
The report **proved** false.　（その評判はうそとわかった）

510 同一の自動詞で Complement を要する場合と要しない場合と両様に用いられるものがある。

Complete	Incomplete
He **turned** toward the door. (彼は戸の方に向いた)	He **turned** pale. (彼は青くなった)
He has not **appeared** yet. (彼はまだやって来ない)	He **appeared** satisfied. (彼は満足した様子であった)

511 同じ補語を持つ 不完全自動詞と 不完全他動詞とを、対照的に考えると参考になる。

Incomplete Intransitive	Incomplete Transitive
You **are** always at your books. (君はいつも勉強している)	I always **find** you at your books. (君はいつ来てみても勉強している)
Her name **is** Mary. (彼女の名はメアリという)	We **call** her Mary. (私たちは彼女をメアリと呼ぶ)
He **became** rich by diligence. (彼は勤勉で金持ちになった)	Diligence **made** him rich. (勤勉が彼を金持ちにした)

512 【注意】 不完全動詞の補語として<u>形容詞</u>を用いるべき場合に<u>副詞</u>を誤用しないよう注意を要する。

　{Honey tastes **sweetly**. (誤)
　{Honey tastes **sweet**. (正) (みつは甘い)
　{Velvet feels **smoothly**. (誤)
　{Velvet feels **smooth**. (正) (ビロードはなめらかだ)
　{He looked **haughty**. (彼は高慢なようすをしていた) (補語)
　{He looked **haughtily** around. (彼はいばってあたりを見まわした) (副詞)
　{I found the book **easy**. (読んで見たらやさしかった) (補語)
　{I found the book **easily**. (たやすくその本を見つけた) (副詞)

補語は文の主要素であるから はぶくことはできないが、副詞は Modifier であるから、はぶいても文として成立することに注意。

EXERCISE 29

(A) 次の和文を英訳せよ。
1. 彼はうれしそうな様子だった。
2. <u>病人</u> (invalid) は日ましによくなります。

3. 秋は木の葉が紅葉する。
4. 彼は、落第と聞いて気でもちがうのではないかと心配だ。
5. 私の予言 (prediction) が当った。
6. <u>私は何かひとかどの人間</u> (somebody in the world) になるつもりだ。
7. 君は年のわりに若く見える。
8. 私は(ねむいのを)やっと目をさましていた。
9. 夢が実現することもある。
10. 彼はおどろいて顔色を変えた。

(**B**) 次の文を、[ ] の中の語を主語とする他動詞の構文に改めよ。
1. When I went into her room, she **was in tears**. (彼女のへやへ行ってみたら彼女は泣いていた) [I]
2. Why **is it impossible** to do so? (なぜそうすることができないのか) [What]
3. If you drink too much, you will **become sick**. (飲みすぎると病気になるぞ) [Too much wine]
4. Take a good night's rest, and you will **be all right**. (一晩よく休みなさい、そうすればよくなります) [A good night's rest]
5. He nearly **went mad** with vexation. (彼はくやしがって気が狂いそうだった) [Vexation]

INTRANSITIVE AS TRANSITIVE
自動詞の他動詞転用

自動詞は次の三つの場合に他動詞となる。

513 1. **With Cognate Object**——自動詞がそれ自体と同意義の目的語、すなわち Cognate Object (同族目的語) を持つ場合。これについては、次の四つの場合に分けて考えることができる。

(a) 目的語と動詞と全く同語源から出るもの。

He **lived** (=*led*) a happy **life**. (彼は幸福な一生を送った)
He **died** a glorious **death**. (彼は光栄ある死に方をした)
I **dreamed** (=*had*) a strange **dream**. (私はふしぎな夢を見た)
She **smiled** a sad **smile**. (彼女は悲しそうな笑顔をした)

He **laughed** a hearty **laugh**. （彼は心から笑った）
She **sighed** (=*heaved*) a deep **sigh**. （彼女は深いためいきをついた）
I **slept** a sound **sleep**. （私は熟睡した）
I have **fought** a good **fight**. （私はよく戦った）

【注意】 これらはたいてい Cognate Object に形容詞をつけて副詞の意義をあらわすものである。

to live a **busy** life=to live **busily**
to laugh a **hearty** laugh=to laugh **heartily**

（b） 目的語と動詞とが、語源は異なるが、同一または類似の意義を持つもの。

Let us **run** a **race**. （ひとつ駆けっこしようじゃないか）
He **fought** his country's **battles**. （国家のために戦った）
It was **blowing** a **gale**. （疾風が吹いていた）

（c） 一般の目的語が Cognate Object を兼ねる場合。

He **looked** the **thanks** (=*look of thanks*) that he could not express. （口にはいえぬ感謝の意を様子にあらわした）
She **smiled** a **welcome** (=*smile of welcome*). （彼女は えがお を もって歓迎の意をあらわした）

（d） 最上級の形容詞の後に Cognate Object を省略する場合。

He has **breathed** his **last** (*breath*). （彼は息を引取った）
Let's **run** our **fastest** (*running*). （全速力で走ろう）
They **shouted** their **loudest** (*shouts*). （ありったけの声で叫んだ）
He **tried** his **hardest** (*trial*). （一生懸命やってみた）
Behave your **best** (*behaviour*). （行儀をよくしなさい）

514 2. **In Causative Sense**――何々するという意味の自動詞を何々させるという他動詞に用いる場合。たとえば沈むという自動詞を沈ませる、沈めるという他動詞に用いるような場合である。

Intransitive	Transitive
A top **spins**. （こまがまわる）	Can you **spin** a top? （君はこまをまわすことができるか）
A kite **flies** into the air. （たこが空中にあがる）	Boys **fly** kites. （子供がたこをあげる）

Intransitive	Transitive
Rice **grows** in the rice-field. (米は田にできる)	Farmers **grow** rice. (農夫が米を作る)
The enemy's flag-ship **sank** with all hands on board. (敵の旗艦は乗組員全部をのせたまま沈んだ)	It was our torpedo that **sank** her. (それを沈めたのはわが軍の水雷であった)
The boy **stood** in a corner. (子供はすみっこに立っていた)	The teacher **stood** the boy in a corner. (先生が子供をすみっこに立たせた)

母音の相違によって自動詞と他動詞とが対立しているものがある。「何が何する」という自動と「何を何させる」という他動との対立である。

Intransitive	Transitive
I **sit** in a chair. (いすにすわる)	I **set** a book on the shelf. (本をたなに置く)
A thousand people can **sit** in this room. (このへやには千人すわれる)	This room can **seat** a thousand people. (このへやは千人をいれることができる)
The book **lies** on the table. (本がテーブルの上にある)	I **lay** the book on the table. (本をテーブルの上に置く)
The price **rises**. (値があがる)	They **raise** the price. (値をあげる)
I **rise** with the sun. (私は太陽と共に起きる)	The sun **rouses** me. (太陽が私を起こす)
A tree **falls**. (木が倒れる)	A woodcutter **fells** a tree. (きこりが木を倒す)

【注意】 日本語の動詞にもこれに似た変化がある。英和を対照してみよう。

Intransitive	Transitive
to **sit** (すわる)	to **set** (すえる) to **seat** (すわらせる)
to **lie** (よこたわる)	to **lay** (よこたえる＝よこたわらせる)
to **rise** (上がる)	to **raise** (上げる＝上がらせる)
to **fall** (倒れる)	to **fell** (倒す＝倒れさせる)

上記の他動詞を Reflexive（再帰）あるいは Passive（受動）の構造にすれば、もとの自動の意味に帰る。

{ He **seated himself** (=*sat down*) on the bank.（彼は土手にしりをすえた——すわった）
  He **was seated** (=*was sitting*) by the fire.（炉ばたにすわっていた）

{ He **raised himself** (=*rose*) by his own exertions.（自分の力で身を起こした）
  He **was raised** (=*rose*) to a high position.（高い地位に上げられた——昇った）

515   3. With Preposition—— 自動詞中には前置詞と結合して一種の **Compound Transitive Verb**（複合他動詞）を作るものがある。たとえば " laugh " と " at " とが結合して " deride "（あざ笑う）という他動詞に等しい意味をあらわす。自動詞は受動態にならないが、複合他動詞は受動態になることができる。

Active	Passive
People will **laugh at** you.（人がお前を笑うぞ）	You will **be laughed at**.（お前は人に笑われるぞ）
Everybody **looked at** me.（人が皆私を見た）	I **was looked at** by everybody.（私は皆に見られた）
A dog **barked at** us.（犬が私たちをほえた）	We **were barked at** by a dog.（私たちは犬にほえられた）
We **sent for** the doctor.（医者を呼んだ）	The doctor **was sent for**.（医者が呼ばれた）

【注意】 " send for the doctor "=" send *someone* for the doctor " で「医者を呼ぶため、つかいのものをやる」の意味。

EXERCISE 30

(**A**)   次の和文を英訳せよ。
1.   いつ、そのふしぎな夢を見たのですか。
2.   見物人がかっさいした (to shout applause)。

3. 彼はいそがしい一生を送った。
4. 彼は寿命 (natural death) で死んだ。

複合他動詞を用いて、次の和文を英訳せよ。
5. 人はみな幸福を求める (seek for)。
6. あの子はまだ若いから世話をし (look after) てやりなさい。
7. みんなが私に演説をせよと求めた。
8. こんどだけ私のいうことを聞いてくれ。

(**B**) 次の文中の空所に下表中の適当な動詞を補え。[太字に注意]

原形	過去形	過去分詞
sit	sat	sat
set	set	set
seat	seated	seated
lie	**lay**	lain
lay	laid	laid
rise	rose	risen
raise	raised	raised
fall	**fell**	fallen
fell	felled	felled

1. Please...down. (Pray be...) (どうぞおかけください)
2. He...down beside me. (彼は私のそばにすわった)
3. They were...around the fire. (彼らは炉を囲んでいた)
4. Tired with toil, I...down on the grass. (働き疲れて私は草の上に寝ころんだ)
5. She...the child in the bed, and...down beside it. (彼女は子供を床に寝かし自分もそのそばに横になった)
6. The book has...here since yesterday (本はきのうからここにある)
7. You had better...down and rest yourself. (横になって、からだを休めるがいいでしょう)
8. The rails are not yet.... (レールはまだ敷設してない)
9. He...himself up in his bed. (床の中に起き上がった)
10. The sun has.... (日が出た)

(**C**) 次の文中に誤りがあれば正せ。
1. Do not lay down on the wet grass. (ぬれた草の上に寝ころぶな)
2. We seated around the fire. (私たちは炉を囲んですわった)
3. Books were laying about the room. (書物がへやの中に散らかっていた)

4. He fell down one of his father's cherry-trees. (彼は父の桜の木の一つを切り倒した)
5. He rose himself to a high position. (彼は高い地位に昇った)

516 以上述べてきた動詞の種類、用法を表示しておこう。

KINDS OF VERBS

Transitive		
	I. **Complete**	(+*Object*).
	II. **Incomplete**	(+*Object*+*Object-complement*).
	III. **Dative**	(+*Indirect Object*+*Direct Object*).
Intransitive		
	IV. **Complete**	
	V. **Incomplete**	(+*Subject-complement*).

USES OF VERBS

Transitive as Intransitive	(a)	*in Universal Sense.*
	(b)	*in Passive Sense.*
	(c)	*in Reflexive Sense.*
Intransitive as Transitive	(a)	*with Cognate Object.*
	(b)	*in Causative Sense.*
	(c)	*by Vowel Change.*
	(d)	*with Preposition.*

EXERCISE 31

次の文中の各動詞の種類を述べ、目的語あるいは補語があればそれをも指摘せよ。

1. Foreign clothes **become** you very well. (君は洋服が非常によく似合う)
2. How did he **become** so rich? (どうして彼はあんなに金持ちになったか)
3. The dog **ran** mad and bit its master. (犬は気が狂って飼主をかんだ)
4. They **ran** the train off the track. (汽車を脱線させた)

5. I **threw** a stone at the dog. (犬に石を投げた)
6. I **threw** the dog a bone. (犬に骨を投げてやった)
7. He **slept** the sleep that knows no waking. (彼は、とこしえにさめぬ眠りについた)
8. I have **overslept** myself. (これは寝すごした)
9. This overcoat will **keep** you warm. (このオーバーを着ていれば寒くないでしょう)
10. You must **keep** it hot till I come back. (私が帰るまで、さめないようにしておかなくちゃいけないよ)
11. **Cut** this cake in two. (この菓子を二つに切りなさい)
12. Does this knife **cut** well? (このナイフはよく切れるか)
13. He **returned** yesterday. (彼はきのう帰りました)
14. Please **return** me the book I lent you the other day. (先日貸してあげた本を返してください)
15. They have **painted** the boat. They **painted** it green. (彼らは船を塗った。緑色に塗った)
16. **Get** me a glass of water. (水を1杯持ってきてくれ)
17. You must not **get** angry at trifles. (つまらぬことに怒ってはいけない)
18. Can you **sing**? Please **sing** us a song (あなたは歌が歌えますか。ひとつ歌って聞かしてください)
19. Some constables **appeared** on the scene (数名の巡査が現場へやって来た)
20. Even the constables **appeared** terrified. (巡査でさえ恐怖を感じたらしかった)

OTHER KINDS OF VERBS

動詞の他の分類

動詞は、考察の角度をかえると、以上述べたてきた種類のほかに次のように分類することもできる。

(a) PRINCIPAL AND AUXILIARY
(本動詞と助動詞)

517 他の動詞に結合して特殊の意味を加える動詞を **Auxiliary Verb** (助動詞) といい、それに対し、主要な意味をつたえる動詞を **Principal Verb** (本動詞) という。

助動詞のおもなものは次の8個である。

Do──疑問および否定を作る。

Shall ⎫
Will ⎭──未来形を作る。

Can ⎫　　⎧1. 能力、許可、必要⎫
May ⎬──⎨　　　　　　　　　　⎬の意味をあらわす。
Must⎭　　⎩2. 推量　　　　　　⎭

Have──完了形を作る。

Be──受動態および進行形を作る。

【注意】 これらに関するくわしいことは Mood および Tense の項で説明する。

(b) FINITE VERB AND VERBID
(定形動詞と準動詞)

518 直接的に主語につき **Predicate Verb** (述語動詞) として用いられるものは主語の人称、数などによって形が一定し、用いる場合が限られているから、これを **Finite Verb** (定形動詞) という。

動詞の性質を持ちながら名詞あるいは形容詞などのように用いられるものを **Verbid** (準動詞) という。**Verbid** には定形動詞に見られるような形式的制約がないから、**Non-finite Verb** (非定形動詞) といってもよいわけである。

準動詞には次の3種ある。

（a） **Infinitive** (不定詞)──動詞の **Root** (原形) に **"to"** を

つけて作り、主として名詞の代わりに用いるものである (cf. §§ 753-795)。

> **To live** is not merely **to breathe**. (生きるということは単に呼吸するということではない)

【注意】 Infinitive につける " to " は一種の記号であり、Infinitive としての機能は Root 自体にある。したがって **Root** も Infinitive の一種であって、これを **Bare Infinitive** or **Root-infinitive** (原形不定詞) と呼ぶことがある。

(b) **Participle** (分詞)――**Present Participle** (現在分詞) は動詞の原形に " -ing " をつけて作り、**Past Participle** (過去分詞) は通例 " -ed ", " -d ", " t ", " en " などの語尾を持ち、いずれも形容詞の役目をする (cf. §§ 796-821)。

> Who is the man **speaking** to your father? (君のおとうさんに話をしている人はだれですか)
> What is the language **spoken** in Mexico? (メキシコで話される言葉は何ですか)

(c) **Gerund** (動名詞)――動詞の原形に " -ing " をつけて作り、名詞として用いられるものである (cf. §§ 822-837)。

> **Riding** is a good exercise. (馬に乗るのはよい運動だ)

(B) INFLECTIONS OF VERBS
動 詞 の 変 化

I. CONJUGATION
活　　用

519　動詞には三つのおもな形がある。

1. **Root** (原形) —— 動詞の根本の形で、三つの機能を持つ。

（a）　"do"，"shall"，"will"，"can"，"may"，"must" などの助動詞と結合する。

（b）　"to" を冠して Infinitive (不定詞) を作る。

（c）　語尾に "-ing" をつけて Present Participle (現在分詞) を作る。

　【注意】　英語においては、三人称単数現在の場合のほかはこの Root がそのまま現在形である。ただ、同じ形であっても現在形は定形動詞であり、Root は Bare Infinitive であって、準動詞である。

2. **Past** (過去形) —— Past Tense (過去時制) として用いられる形。

3. **Past Participle** (過去分詞) —— 次の二つの用法がある。

（a）　助動詞 "have" と結合して Perfect Tense (完了時制) を作る。

（b）　助動詞 "be" と結合して Passive Voice (受動態) を作る。

この三つのおもな形を **Three Principal Parts of the Verb** (動詞の基本3要形) といい、この三つの形の変化を **Conjugation** (活用) という。

520　動詞をその活用の点から分類して、次の二つとする。

(1) **Regular Verb** (規則動詞)――原形に " **-ed** " をつけて過去および過去分詞を作るもの。

(2) **Irregular Verb** (不規則動詞)――過去および過去分詞を作るのに上述のような一定の規則によらず、母音の変化などによるもの。

(1) REGULAR VERB
規 則 動 詞

521 原形に " **-ed** " をつけるとき、いくぶん つづりの上に変化がある。

1. 黙字の " **e** " に終わるものにはただ " **-d** " のみをつける。

Root	Past	Past Participle
love (愛する)	love**d**	love**d**
like (好む)	like**d**	like**d**

2. 「短母音+1個の子音字」で終わる 一音節の語は 終わりの子音字を重ねて後 " **-ed** " をつける。

stab (刺す)	sta**bb**ed	sta**bb**ed
wed (結婚する)	we**dd**ed	we**dd**ed
beg (こう)	be**gg**ed	be**gg**ed
sum (総括する)	su**mm**ed	su**mm**ed
dun (催促する)	du**nn**ed	du**nn**ed
[dine (食事する)	dined	dined]
stop (止める)	sto**pp**ed	sto**pp**ed
[stoop (かがむ)	stooped	stooped]
[jump (とぶ)	jumped	jumped]
stir (動かす)	sti**rr**ed	sti**rr**ed
[tire (疲れさす)	tired	tired]
pat (軽く打つ)	pa**tt**ed	pa**tt**ed
[scent (かぎ分ける)	scented	scented]

【注意】 表中 [ ] をつけたものは ここに掲げた 種類に属しないが、比較のために入れたものである。以下の表においても同様。

3. 最後の音節が1個の子音字で終わり、その音節に Accent がある場合にはその子音字を重ねて後 " **-ed** " を加える。

o-mit′ (はぶく)	omitted	omitted
per-mit′ (許す)	permitted	permitted
[lim′it (制限する)	limited	limited]
in-fer′ (推理する)	inferred	inferred
pre-fer′ (選ぶ)	preferred	preferred
[en′ter (入る)	entered	entered]
[of′fer (提供する)	offered	offered]
[con′quer (征服する)	conquered	conquered]
oc-cur′ (起こる)	occurred	occurred

【例外】 この規則には二、三の例外がある。

wor′ship (崇拝する)	⎰worshipped ⎱worshiped	worshipped (英) worshiped (米)
trav′el (旅行する)	⎰travelled ⎱traveled	travelled (英) traveled (米)
mim′ic (まねる)	mimicked	mimicked

4. 子音に先だたれた " **y** " で終わるものは " **y** " を " **i** " に変えて後 " **-ed** " を加える。

carry (運ぶ)	carried	carried
cry (叫ぶ)	cried	cried
copy (写す)	copied	copied
try (試みる)	tried	tried
study (学ぶ)	studied	studied
[play (遊ぶ)	played	played]
[stay (止まる)	stayed	stayed]
[employ (雇う)	employed	employed]

【注意】 ただし " studying " を " studiing " などとしてはならない。

5. つぎの3語は " **y** " → " **id** " とする。

lay (よこたえる)	laid	laid
pay (払う)	paid	paid
say (言う)	said [sed]	said [sed]

522 発音に関する注意──過去および過去分詞の語尾 " **-ed** " の

の発音には、次の3通りある。

1. [t], [d] 音の次では [-id].

    end (終わる) ended [éndid]
    repeat (繰り返す) repeated [ripí:tid]

2. [f], [k], [p], [s] 音の次では [-t].

    stuff (詰める) stuffed [stʌft]
    laugh (笑う) laughed [lɑ:ft]
    ask (こう) asked [ɑ:skt]
    stop (止まる) stopped [stɔpt]
    pass (過ぎる) passed [pɑ:st]
    mix (まぜる) mixed [mikst]

3. 他の有声音の次では [-d].

    stay (止まる) stayed [steid]
    learn (学ぶ) learned [lə:nd]

(2) IRREGULAR VERB

不 規 則 動 詞

不規則動詞の変化は非常に大切なものであるから、できれば全部覚えておくべきである。今そのおもなものを変化の類型によって区分し、次に示す。

【注意】 表中太字で印刷したのはモデルとなるもの。斜体で印刷したのはその類の規則に従わないもの。[　] の中は発音。

1. 過去および過去分詞の語尾が "**t**" に終わるもの。

523　　　　　　　　　　(**A**)

原　形	過去形	過去分詞
keep (保つ)	**kept**	**kept**
sleep (眠る)	slept	slept
creep (はう)	crept	crept
weep (泣く)	wept	wept

sweep (はく)	swept	swept
meet (会う)	met	met
feel (感じる)	felt	felt
kneel (ひざまずく)	knelt	knelt
deal (扱う)	dealt [delt]	dealt [delt]
leap (とぶ)	leapt [lept] (or *leaped*)	leapt [lept] (or *leaped*)
leave (去る)	left	left
cleave (割る)	cleft (or *cloven*)	cleft (or *cloven*)
shoot (射る)	shot	shot
lose (失う)	lost	lost
mean (意味する)	meant [ment]	meant [ment]

以上はいずれも原形の長母音 ee [i:], ea [i:], o [u:], oo [u:] が過去および過去分詞において短母音 e [e], ea [e], o [ɔ] に変っている。

524 (B)

lend (貸す)	**lent**	**lent**
rend (裂く)	rent	rent
send (送る)	sent	sent
spend (費す)	spent	spent
bend (曲げる)	bent	bent
build (建てる)	built	built
gild (メッキする)	gilt	gilt

この群は原形の語尾 "**d**" が、過去、過去分詞において "**t**" に変わっている。

525 (C)

catch (捕える)	**caught**	**caught**
teach (教える)	taught	taught
buy (買う)	bought	bought
bring (もってくる)	brought	brought
think (考える)	thought	thought
seek (求める)	sought	sought
beseech (懇願する)	besought	besought
fight (戦う)	fought	fought

この群は過去および過去分詞が " -aught "," -ought " で終わる。

526　　　　　　　　　　　　　　(**D**)

get（得る）	**got**	**got**
sit（すわる）	sat	sat
spit（つばを吐く）	spat	spat

この三つは母音の変化によって、過去、過去分詞ができている。

2. 過去、過去分詞の語尾が "**d**" に終わるもの。

527　　　　　　　　　　　　　　(**E**)

feed（食物を与える）	**fed**	**fed**
lead（導く）	led	led
bleed（出血する）	bled	bled
breed（育てる）	bred	bred
read（読む）	read [red]	read [red]

この群は (**A**) の群と同じく原形の長音が、過去、過去分詞において短音に変わっている。

528　　　　　　　　　　　　　　(**F**)

have（持つ）	**had**	**had**
make（作る）	made	made
flee（逃げる）	fled	fled
hear（聞く）	heard [hə:d]	heard [hə:d]
sell（売る）	sold	sold
tell（語る）	told	told
hold（支える）	held	held
behold（見る）	beheld	beheld
stand（立つ）	stood	stood

529　　　　　　　　　　　　　　(**G**)

⎰**find**（見出す）	**found**	**found**
⎱[found（土台を置く）	founded	founded]
bind（しばる）	bound	bound
⎰wind（巻く）	wound [waund]	wound [waund]
⎱[wound (wu:nd)（傷つける）規則動詞]		
grind（ひく、くだく）	ground	ground

この群は原形の i [ai] が、過去、過去分詞において ou [au] に変わっている。

3. 主として母音変化によるもの。

530 **(H)**

spin（つむぐ）	**spun**	**spun**
sting（刺す）	stung	stung
swing（揺れる）	swung	swung
cling（すがりつく）	clung	clung
wring（しぼる、よじる）	wrung	wrung
slink（こそこそ歩く）	slunk	slunk
⎰hang（掛ける）	hung	hung
⎱[*hang*（絞罪にする）	hanged	hanged]
stick（附着する）	stuck	stuck
strike（打つ）	struck	struck (or *stricken*)
dig（掘る）	dug	dug

この群は原形の i [i]（"strike" においては [ai]）が、過去、過去分詞において u [ʌ] に変わっている。"hang" の原形は例外。

531 **(I)**

begin（始める）	**began**	**begun**
sing（歌う）	sang	sung
ring（鳴る）	rang	rung
spring（とぶ）	sprang	sprung
drink（飲む）	drank	drunk (or *drunken*)
sink（沈む）	sank	sunk (or *sunken*)
swim（泳ぐ）	swam	swum

この群は i [i]＞a [æ]＞u [ʌ] のように変化する。(**H**) の群のものと混同しやすいから、はっきり覚えておかなくてはならない。

【注意】 "**drunken**" および "**sunken**" は形容詞としての形である。例：――

a **drunken** fellow（よっぱらい）
a **sunken** bell（沈んだ鐘）

4. 過去分詞の語尾に "n" または "ne" を持つもの。

532　　　　　　　　　　　　　　(J)

tear (裂く)	**tore**	**torn**
bear (産む)	bore	born
bear (になう)	bore	borne
wear (着る)	wore	worn
swear (誓う)	swore	sworn

この群は ear [ɛə]＞ore [ɔː]＞orn(e) [ɔːn] のように変化する。

533　　　　　　　　　　　　　　(K)

speak (言う)	**spoke**	**spoken**
steal (盗む)	stole	stolen
weave (織る)	wove	woven
cleave (割る)	clove (or *cleft*)	cloven (or *cleft*)
[cleave (粘着する)	cleaved (or *clave*)	cleaved]
freeze (凍る)	froze	frozen
break [breik] (破る)	broke	broken
tread [tred] (踏む)	trod	trodden (or *trod*)
get (得る)	got	*got* (gotten)
forget (忘れる)	forgot	forgotten
swell (膨脹する)	*swelled*	swollen (or *swelled*)
choose (選ぶ)	chose	chosen
wake (さます)	woke (or *waked*)	woke (or *waked*)
show (示す)	showed	shown
sow (まく)	sowed	sown
shine (輝く)	shone	shone

【注意】 "get" の過去分詞は "got" である。"gotten" は "ill-gotten" などの形容詞を作る。

この群はやや雑多のものを含んでいるが、過去と過去分詞が同母音を持つ点は一致している。

534　　　　　　　　　　　　　　(L)

write (書く)	**wrote**	**written**
rise (あがる)	rose	risen
ride (乗る)	rode	ridden

stride (大またに歩く)	strode	stridden (or *strid*)
drive (追う)	drove	driven
strive (努める)	strove	striven

この群の母音変化は i [ai]＞o [ou]＞i [i] である。

535 (M)

bite (かむ)	**bit**	**bitten** (or *bit*)
hide (隠す)	hid	hidden (or *hid*)
slide (すべる)	slid	slidden (or *slid*)

この群の母音変化は i [ai]＞i [i]＞i [i] である。

536 (N)

know (知る)	**knew**	**known**
blow (吹く)	blew	blown
grow (生長する)	grew	grown
throw (投げる)	threw	thrown
fly (飛ぶ)	flew	flown
draw (引く)	drew	*drawn*

この群は -ow＞-ew＞-own で、終わりの二つは少し変則である。

537 (O)

see (見る)	**saw**	**seen**
eat (食う)	ate [et, eit]	eaten
give (与える)	gave	given
bid (こう)	bade [bæd]	bidden
⎰fall (倒れる)	fell	fallen
⎱[fell (倒す)	felled	felled]
take (取る)	took	taken
forsake (捨てる)	forsook	forsaken
shake (にぎる)	shook	shaken

この群は過去と原形とは母音を異にするが、過去分詞は原形に"**n**"または"**en**"がついてできている。

538 (P)

win (勝つ)	**won** [wʌn]	**won** [wʌn]

slay (殺す)	slew	slain
{lie (横たわる)	lay	lain
[lay (横たえる)]	laid	laid]
be (ある)	was, were	been [bin]*
do (なす)	did	done [dʌn]
go (行く)	went	gone [gɔn]*
come (来る)	came	come

ここにあげたのは、ことに不規則で、今まであげたどの群にもはいらないものである。*印を長く発音しないこと。

5. 原形、過去、過去分詞とも同形のもの。

539　　　　　　　　　　　**(Q)**

let (貸す、許す)	**let**	**let**
set (すえる)	set	set
bet (かける)	bet	bet
shed (流す)	shed	shed
spread [spred] (拡げる)	spread	spread
sweat (汗を流す)	sweat	sweat
beat (打つ)	beat	beat
hit (打つ)	hit	hit
knit (編む)	knit	knit
split (裂く、割る)	split	split
cast (投げる)	cast	cast
cost (値する)	cost	cost
cut (切る)	cut	cut
put (置く)	put	put
hurt (傷つける)	hurt	hurt
burst (破裂する)	burst	burst
thrust (突込む)	thrust	thrust

540　6. Prefix (接頭辞) を持つ動詞は語根の変化に準ずる。

{rise (上る)	rose	risen
{arise (上る)	arose	arisen
{bear (になう)	bore	borne
{forbear (たえる)	forbore	forborne

give (与える)	gave	given
forgive (ゆるす)	forgave	forgiven
take (取る)	took	taken
mistake (誤る)	mistook	mistaken
partake (参与する)	partook	partaken
undertake (企てる)	undertook	undertaken
stand (立つ)	stood	stood
understand (理解する)	understood	understood
draw (引く)	drew	drawn
withdraw (退く)	withdrew	withdrawn
come (来る)	came	come
become (なる)	became	become
overcome (うち勝つ)	overcame	overcome

【例外】 welcome (歓迎する)　welcomed　　　　welcomed

541　7. 現在分詞は 規則動詞、不規則動詞を 通じて、一様に 原形に " **-ing** " をつけて作るから、この形のことを **Ing-form** ともいう。" **-ing** " をつける際に いくぶん つづりの変化を 生ずるものがある。これは §521 の注意に準ずる。

(a)	get (得る)	getting
	begin (始める)	beginning
	occur (起こる)	occurring
	hop (とぶ)	hopping
(b)	hope (望む)	hoping
	take (取る)	taking
(c)	lie (横たわる)	lying
	die (死ぬ)	dying

【注意】 (a) は 語尾の 子音字 を 重ねて 後 " **-ing** " をつけるもの。" **occur'** " は終わりに Accent をもつから " **r** " を重ねて " occurring " とするが、" **of'fer** " は前に Accent があるから " offering " でよい。(b) は語尾の " e " を除いて " **-ing** " を加える。(c) は " **-ie** " を " **y** " にかえて " **-ing** " を加える。" **y** " に終わる動詞に " **-ed** " を加えて過去を作る場合の逆である。　比較：——

　　　　　　　　lie＞lying
　　　　　　　　carry＞carried

II. CONCORD
一　　　致

542　Predicate Verb (述語動詞) すなわち Finite Verb (定形動詞) は人称および数において主語と一致しなければならない。これを **Rule of Concord** (一致の法則) という。

人称には一人称、二人称、三人称の三つがあり、数には単数、複数の二つがあるから、それに応ずるためには動詞は六つの形を要するわけである。しかし実際は二人称単数の主語 ("thou") に対する語尾変化(ただし古い英語で)を除外すれば、三人称単数の主語 ("he," "she," "it" および名詞) に対し現在において語尾に " **-(e)s** " を付加するという変化が唯一のものである。

ただし "be" だけは例外で現在において四つ、過去において三つの変化を持っている。次に "see" という動詞と、"be" という動詞の変化を表にして掲げてみよう。

"to see"			"to be"		
	Present	Past		**Present**	Past
I	see	saw	I	**am**	was
(thou	see**st**	saw**est**)	(thou	**art**	wast)
he she it	see**s**	saw	he she it	**is**	was
we you they	see	saw	we you they	**are**	**were**

543　【注意】(1) "thou" は現今ふつうの英語では用いられないから、通例の英語における動詞の人称および数の変化は<u>三人称　単数　現在</u>に限るといってよい。

(2) 動詞の語尾に "**-s**" あるいは "**-es**" を付加する場合の発音の規則は、たいてい名詞の複数を作る場合と同じである。

  He stop*s* [-s]. (彼が止まる)
  It snow*s* [-z]. (雪が降る)
  He teach*es* [-iz] English. (彼は英語を教える)
  The sun ris*es* [-iz]. (日が昇る)
  Time fl*ies*. (時が飛ぶ)
  He stud*ies* hard. (彼は勉強する)

(3) 古い英語では動詞三人称単数の現在の語尾は "**-(e)th**" であった:——**hath** (=*has*), **doth** (=*does*), **goeth** (=*goes*), etc.

SPECIAL RULES OF THE CONCORD

(一 致 の 特 例)

544 動詞が主語の数に一致するという規則の適用はその主語の形の単複でなくて<u>意味の単複</u>によってきめるべきものである。そこで次に列挙するような特別の法則ができる。

545 1. 2個以上の単数の主語が "**and**" で結合された場合の動詞は複数形とする。

  He and I (=*We*) **are** great friends. (彼と私とは親友です)
  Both **you and he** (=*both of you*) **are** to blame. (君も彼も両方とも悪い)
  Japan and Russia were then at war. (日本とロシヤはその当時戦争をしていた)
  Mr. and Mrs. Smith are busy. (スミス夫妻はいそがしい)

546 2. 2個以上の主語が "**or**", "**nor**" で結合されている場合の動詞は、もっとも近い主語の人称と数に一致する。

  Either you [*are* to go] *or* **I am** to go. (君か私かどちらかが行かなくてはならない)
  Either he [*has* to do it] *or* **we have** to do it. (彼か私たちかどちらかがしなくてはならない)
  Neither you [*are* wrong] *nor* **he is** wrong. (君も彼もどちらもまちがってはいない)

Either they [are wrong] or I am wrong. (彼らがまちがっているか、私がまちがっているか、どちらか一つだ)

以上の例では、[ ]の中だけはぶかれているのだから、動詞が後の主語に一致するのはもちろんである。

Is *either your father or your mother* at home? (おとうさんかおかあさんか御在宅ですか)

Neither my father nor my mother **is** at home. (父も母も不在です)

【注意】 こういう構文を避けようと思えば前の方を省略する代わりに後の方を省略すればよい。たとえば

Either he or I am to go.＝Either he is to go, or I am.

Neither you nor he is wrong.＝Neither you are wrong, nor is he [語順に注意]

547 3. 2個の主語が "**as well as**" で結合されている場合の動詞は、最初の主語の人称および数と一致する。

You *as well as he* **are** wrong. (彼もまちがっているが、君もまちがっている)

He *as well as we* **is** to blame. (私たちも悪いが彼も悪い)

The teacher, *as well as the students,* **wishes** for a holiday. (生徒のみならず先生も休みたいのだ)

【注意】 "A as well as B..."（B と同様に A も...）というのは「A が...である」のをいうのが主意で、B はいわば引き合いにすぎないのであるから、動詞が A と一致するのは当然といわねばならない。したがって訳すときも「B のみならず A も」とか「B と同様に A も」と A の方に重きを置きかねばならない。ただしこの " as well as " の意味が弱くなってほとんど " and " と同じように感じられる場合には "A as well as B"＝"A and B" のように見て複数扱いをすることもある。そういう場合には「A も B も」などと訳すべきである。

My brother, as well as myself, **are** greatly obliged to you. (兄も私も大いに君に感謝している)

548 4. 2個の主語が "**not only...but (also)**" で結合されている場合の動詞は、後の主語の人称、数と一致する。

Not only the students, but also **the teacher wishes** for a holiday. (生徒のみならず教師も休みたいのだ)

Not only his brothers, but also **his father is** a good-natured man.
(彼の兄弟ばかりではない、彼の父も好人物だ)

【注意】 " not only A, but also B " にあっては " as well as " の場合と反対に B が主で A は引き合いであるから、動詞が B と一致するのは当然である。" as well as " の構文でいったことを " not only ... but also " の構文でいおうとすれば、主語の順序を転倒しなければならない。

His parents **as well as** he are very kind to me.
Not only he, **but also** his parents are very kind to me.
(彼のみならず彼の両親もたいそう私によくしてくれる)

この " not only ... but also " を " and " のようにみなし、両方の主語が単数でも、動詞を複数にすることもある。

Not only the house but also the garden **are** very fine.—*Brinkley*.
(家屋ばかりではなく庭園もたいそうすばらしい)

549 5. 主語が衆多名詞であれば動詞は複数形になる (cf. §62)。

All my *family* **are** well. (家族は皆元気です)

550 6. 複数の主語が「1個の概念」を示すときは動詞は単数。

Two hundred *dollars* a month **is** a large sum in our eyes, but it is nothing to him. (月 200 ドルといえば私たちの目から見れば大金だが彼にとっては何でもない)

Six *months* **is** too short a time to learn a language. (1 国語を学ぶに 6 ヵ月はあまり短い)

" Gulliver's *Travels* " **was** written by Swift. (「ガリバー旅行記」はスウィフトの作です)

Three *fourths* of the earth's surface **is** water. (地球の表面の 4 分の 3 は水です)

【注意】 " two hundred dollars " はもちろん複数であるが上例のような場合は " the *sum* of two hundred dollars " (200 ドルという<u>金額</u>) という意味である。同様に " six months " は 6 ヵ月という<u>期間</u>、" three fourths " は 4 分の 3 の<u>面積</u>を意味するものである。

551 7. " **and** " で結合された 2 個以上の主語が 1 個の物または概念をあらわすときは動詞は単数。

Slow and steady **wins** the race. (ゆっくりと着実なものが競争に勝つ)

The great *general and statesman* **is** dead. （将軍で同時に政治家である偉い人が死んだ）

Our *happiness and misery* **is** due to our own actions. （われわれの幸不幸はわれわれ自身の行為による）

A needle and thread **was** found on the floor. （糸のついた針が床に落ちていた）

Bread and butter **is** a good kind of food. （バタをつけたパンはよい食品だ）

The long and the short of the matter **is** this. （手っ取り早くいえばこうなんだ）

" *Romeo and Juliet* " **is** a play written by Shakespeare.
（" Romeo and Juliet " はシェイクスピア作の劇である）

【注意】 最初の例では「" slow " も競争に勝ち " steady " も競争に勝つ」のではなく、「" slow " にして " steady " なるものが競争に勝つ」のである。2番の例では一人で " general " と " statesman " とを兼ねた人が死んだのである。3番の例では " happiness " と " misery " とは1個の概念「幸福度」の表裏にすぎない、" happiness " といえば裏に " misery " を含んでいる、それをただ二つ並べたままである。" a needle and thread ", " bread and butter " などは二つのものが結合して一体をなしているのである。

552 8. **" half ", " part ", " rest "** などは<u>数</u>に関するか、<u>量</u>に関するかによって、複数または単数に扱う。

Nearly one **half** of the inhabitants **are** Chinese. （住民のほとんど半数は中国人である）

Half of a circle **is** a semicircle. （円の半分は半円である）

Part of the men **were** drowned. （その人々のうち一部はおぼれ死んだ）

Part of the money **was** stolen. （その金の一部が盗まれた）

The **rest** of the water **was** thrown away. （残りの水は捨ててしまった）

Frank and Mary were playing on the ice. The **rest** of us **were** at work within doors. （フランクとメアリは氷の上で遊んでおり、そのほかの者はうちの中で仕事をしていた）

EXERCISE 32

(**A**) 次の和文を英訳せよ。
1. アメリカ合衆国は共和国 (republic) である。
2. 母子共に健全 (to do well) です。
3. 話 (news) がうますぎて信じられない。
4. 校長も教師もこんどの計画 (project) に賛成 (to approve of) しない。
5. 潮の干満 (ebb and flow) は月の引力 (gravitation) による (due to)。
6. 3 日では不足だ。
7. "Pickwick Papers" は Dickens の初期の作 (earlier works) の一つです。
8. きみたちの めいめいが 義務をはたすように期待されている。
9. 家族は後から参ります。
10. 月 3 万円あれば暮しに (to live on) 十分だ。

(**B**) 次の文中に誤りがあれば正せ。
1. Tanaka and I am very intimate. (田中と私とは非常に親密だ)
2. Time and tide wait for no man. (歳月人を待たず)
3. Five miles are a good exercise. (5 マイルも歩けばよい運動だ)
4. Where is your parents? (ご両親はどこにおられますか)
5. Experience, as well as scholarship, are necessary to a teacher. (教師には経験ということが学問と同じく必要だ)
6. The president, as well as the professors, were unwilling to reform the system. (教授のみか、学長も、制度改革をしたいとは思わなかった)
7. The rest needs no telling. (あとは話す必要がない)
8. A number of sailors were loitering on the pier. (水兵が何人か波止場をぶらついていた)
9. There are a pair of gloves on the table. (テーブルの上に手袋が一組ある)
10. No voice or sound were heard. (人声も物音も聞こえなかった)

III. VOICE
態

553 動作をするものを主語とする他動詞の形を **Active Voice**（能動態）といい、動作を受けるものを主語とする他動詞の形を **Passive Voice**（受動態）という。

受動態は "**be**" に過去分詞を加えて作る。

Active	Passive
love（愛する）	be loved（愛される）
kill（殺す）	be killed（殺される）
teach（教える）	be taught（教えられる）
sink（沈む）	be sunk（沈められる）

【注意】 "be" は人称、数によって形を変え、また時を示すために他の助動詞と結合することはもちろんである (cf. §568)。

554 1. 能動態を受動態に変えるには、先に目的語であったものを主語とし、先に主語であったものに前置詞 "**by**" をつけて副詞句を構成し動作主をあらわす。

Active	Passive
He **wrote** this book.（彼がこの本を書いた）	This book **was written** *by* him.（この本は彼によって書かれた）
The people **love** the king.（人民は王を愛する）	The king **is loved** *by* the people.（王は国民に愛される）
He **will punish** me.（彼は私を罰するだろう）	I **shall be punished** *by* him.（私は彼に罰せられるだろう）
He **has caught** a thief.（彼は泥棒を捕えた）	A thief **has been caught** *by* him.（泥棒が彼に捕えられた）

555 【注意】 (1) 古い英語では "by" の代わりに "of" が用いられたこともある。今でも "be beloved" のつぎには "of"、"by" どちらも

用いる(この動詞は Active には用いられない)。

Everybody **loves** him. (彼を愛さない者はいない)	He **is loved by** everybody. He **is beloved of** (or **by**) all. (彼はすべての人に愛される)

(2) 英語では無生物を動作主として他動詞の主語とすることが多い。

Active:—*A falling tile* **killed** the child.
Passive:—The child **was killed** *by a falling tile*.
(子供が 落ちた かわらにあたって死んだ)

556 2. 能動態における主語が "people", "they", "you", "we" など一般的のものか、あるいは重要視されないものであれば、受動態に直すときには はぶかれるのが通例である。

Active	Passive
They export a great deal of silk every year. (毎年多量の絹を輸出する)	A great deal of silk **is exported** every year. (毎年多量の絹が輸出される)
People say that he is insane. (世間では彼は気がふれているといっている)	It **is said** that he is insane. (彼は気がふれているといわれている)
You must not **speak** Japanese in class. (教室では日本語を使ってはいけません)	Japanese must not **be spoken** in class. (教室で日本語が使われてはならない)
We named the dog "Pochi" (犬をポチと名づけた)	The dog **was named** "Pochi". (犬はポチと名づけられた)
Some one **blew out** the candle. (だれかろうそくを吹き消した)	The candle **was blown out**. (ろうそくが吹き消された)
I **sent for** the doctor. (医者を呼びにやった)	The doctor **was sent for.** (医者が呼びよせられた)

動作主に重きを置かない場合には受動態を使うことが多い。

Active:—Columbus **discovered** America. (コロンブスがアメリカを発見した)
Passive:—America **was discovered** in the year 1492. (アメリカは 1492 年に発見された)

この2例中、後のは年代をいうのが主意であり、発見者に重きをおかないのである。

557 3. 作為動詞を受動態にすると、先に Object-complement であったものが Subject-complement になる。

They elected *him* **chairman.** (彼らは彼を議長に選んだ) He made *her* **happy.** (彼は彼女を幸福にした)	*He* was elected **chairman.** (彼は議長に選ばれた) *She* was made **happy.** (彼女は幸福にされた)

558 4. 授与動詞の受動態は、先に直接目的語であったものを主語にするのと、間接目的語であったものを主語にするのと二通りできる。

$\begin{cases} \text{He } \textbf{gave} \text{ me a watch.} \text{ (彼は私に時計をくれた)} \\ \text{A watch } \textbf{was given} \textit{ me} \text{ (by him).} \\ \text{I } \textbf{was given} \text{ a } \textit{watch} \text{ (by him).} \end{cases}$ (私は時計をもらった)

$\begin{cases} \text{They } \textbf{offered} \text{ him a position.} \\ \text{A position } \textbf{was offered} \textit{ him.} \\ \text{He } \textbf{was offered} \text{ a } \textit{position.} \end{cases}$ (彼は就職の口をかけられた)

$\begin{cases} \text{The Emperor } \textbf{granted} \text{ him a pension for life.} \text{ (皇帝が彼に終身年金を賜わった)} \\ \text{A pension for life } \textbf{was granted} \textit{ him.} \\ \text{He } \textbf{was granted} \text{ a } \textit{pension} \text{ for life.} \end{cases}$ (彼は終身年金を賜わった)

【注意】 Dative Verb を Passive に改める際そのまま取り残される Object (上の斜体字) を **Retained Object** (保留目的語) という。

559 5. 自動詞には性質上 Passive はない。しかし自動詞が前置詞と結合して複合他動詞となった場合はこれを受動態にすることができる (cf. §515)。

You cannot **rely upon** him. (あの人をあてにすることはできぬ)	He cannot **be relied upon.** (あの人はあてにならない)
The motor-car **ran over** a girl. (自動車が少女をひいた)	A girl **was run over** by the motor-car. (少女が自動車にひかれた)

You must **look after** the child. (君は子供の世話をしてやらなくてはならない)	The child must **be looked after.** (子供が世話されなくてはならない)

560 6. 「他動詞＋目的語＋前置詞」、あるいは「動詞＋副詞＋前置詞」などが複合他動詞となる場合には、はじめその <u>前置詞の目的であったもの</u> を主語として受動態にすることができる。

You must **take care of** the book. (本を大切にしなければらなない)	The book must **be taken care of.** (本は大切にされなくてはならない)
Let us **do away with** all ceremony. (儀式ばったことはよそうではないか)	Let all ceremoney **be done away with.** (無礼講にしようではないか)

【注意】 第1例はまた " Care must **be taken** of the book " ともなる。

561 自動詞が Cognate Object を持って他動詞に転用された場合も受動態ができる。

They **ran** a race. (彼らは競走をした)	A race **was run** by them. (競走が行なわれた)
They **fought** a good fight. (彼らはよく戦った)	A good fight **was fought** by them. (彼らは善戦した)

When **was** the Battle of the Japan Sea **fought**? (日本海の戦はいつあったか)

562 【注意】 「" be "＋Past Participle」 の形が動作完了の結果をあらわすことがある (cf. §§ 631–665, § 812)。

> (a) They **shut** the gate at 10＝The gate **is shut** at 10.
>   (10 時に門をしめる——門は 10 時にしまる)
> (b) They **have shut** the gate already＝The gate **is shut.**
>   (もう門をしめてしまった——門がしまっている)

(a) の " is shut " はふつうの Passive であるが、(b) の " is shut " は動作完了の結果である現在の状態をあらわすものである。

自動詞に受動はないから、それが 「" be "＋Past Participle」 の形になる場合は、常に動作の完了あるいはその結果を示すものである。

All hope **is gone**. (望みは全く去った)

When I woke up, my watch **was gone**. (目をさましてみると時計がなかった)

EXERCISE 33

能動態を受動態、受動態を能動態の構文に書き改めよ。

1. Is English taught in your school? (君の学校では英語を教えるか)
2. They offered me a bribe. (彼らは私に わいろ を出した)
3. I found the task very easy. (その仕事はごく容易だった)
4. The teachers speak of him in high terms. (先生たちは彼を非常に賞めている)
5. The boy ran away, and we have not heard of him since. (少年は逃亡してその後いっこうに消息がない)
6. We drink tea here without sugar. (こちらでは茶に砂糖を入れずに飲みます)
7. Everybody respects him. (彼を尊敬しない人はない)
8. Everybody knows him. (彼を知らない者はない)
9. We make many things out of bamboo. (竹でいろいろな物を作る)
10. They think him a great scholar. (人は彼を大学者と思っている)
11. Many houses were destroyed by the fire. (その火事で多数の家屋が焼失した)
12. You must not leave the door open. (戸をあけ放しにしてはいけない)
13. We found him dead in the woods. (彼は森の中で死んでいた)
14. A robber broke into our house last night. (昨夜私の家に泥棒がはいった)
15. One can hardly believe it. (ほとんど信じられないことだ)
16. The savage struck him with a club. (蛮人はこん棒で彼を打った)
17. The street lamps are lighted at five. (街灯は5時に点灯される)
18. His friends took care of him. (友人たちが彼の世話をした)
19. All his friends laughed at him. (友人はみんな笑った)
20. Who showed you the way? (だれが君に道案内をしてくれたか)

(C) MOOD AND TENSE
法 と 時 制

563 動詞が動作あるいは状態を述べる方式を **Mood** (法) という。法に次の4種あり、あわせて、法の助動詞を研究する必要がある。

1. **Indicative Mood** (直説法)——事実を述べる。平叙文、疑問文、感嘆文に用いる。

> **Is** he diligent?—No, he **is** idle. (彼は勉強するか——いや怠惰だ)

2. **Subjunctive Mood** (仮定法)——あることを事実としてでなく、思想 (願望、仮定) として述べる。

> If he **be** diligent, I will employ him. (もし彼が勤勉なら雇おう)
> If he **were** not idle, I would employ him. (もし彼が怠惰でなかったら雇うのだが)

3. **Conditional Mood** (帰結法)——仮定に応ずる法。

> If he were not idle, I **would employ** him. (もし彼が怠惰でなかったら雇うのだが)

4. **Imperative Mood** (命令法)——命令・依頼などをあらわす法。

> **Be** diligent. (勉強せよ)
> **Lend** me some money. (金を少し貸してくれ)

5. **Modal Auxiliaries** (法の助動詞)——助動詞 " **can** ", " **may** ", " **must** " などをいう (cf. §§ 715 ff.)。

【注意】 (1) Subjunctive Mood は語の意義からいえば「接続法」と訳すべきものである。本来は Principal Clause に接続して用いられたからこの名がある。

(2) Conditional Mood を設けないで Subjunctive Mood の中に含めている文法書もあるが、本書は説明の便宜のためにこれを設けた。

(3) " **can** ", " **may** ", " **must** " を用いて作る動詞の形はその助動

詞自身の意味に応じて、可能、推量などの意味をあらわすのであるから、これらの助動詞は、動詞に対して、一つの特別な「法」的意味を付加するものと言える。それで、とくに（"be", "have" が助動詞である場合などと区別して）、**Modal Auxiliaries** と呼ぶのである。

564 動詞は その動作の行なわれる 時 をあらわすために種々異なった形を持つ。これを動詞の **Tense**（時制）という。

以下順次各法の時制を述べる。

I. TENSES OF THE INDICATIVE MOOD
直説法の時制

565 直説法には 12 の時制がある。
(a) **Primary Tenses**（基本時制）:──
　(1) **Present**（現在）
　(2) **Past**（過去）
　(3) **Future**（未来）
(b) **Perfect Tenses**（完了時制）:──
　(4) **Present Perfect**（現在完了）
　(5) **Past Perfect**（過去完了）
　(6) **Future Perfect**（未来完了）
(c) **Progressive Tenses**（進行形時制）:──
　(7) **Prog. Present**（進行形現在）
　(8) **Prog. Past**（進行形過去）
　(9) **Prog. Future**（進行形未来）
　(10) **Prog. Pres. Perfect**（進行形現在完了）
　(11) **Prog. Past Perfect**（進行形過去完了）
　(12) **Prog. Fut. Perfect**（進行形未来完了）

FORMATION OF THE TENSES

(時制の作り方)

566 Present Tense には活用の部で述べた原形をそのまま用いる。ただし三人称単数は原形の語尾に " **-(e)s** " をつける。

Past Tense には活用の部で述べた過去形をそのまま用いる。

Future Tense は原形の前に助動詞 " shall " あるいは " will " をつけて作る。

三つの Perfect Tenses は助動詞 " have " の現在、過去、未来に過去分詞をつけて作る。

六つの Progressive Tenses は助動詞 " be " の現在、過去、未来および三つの完了形に現在分詞をつけて作る。

567 " **to teach** " (教える) という他動詞を例に取ってその 12 の時制を示そう。

	Primary	**Progressive**
Present	I teach	I am teaching
Past	I taught	I was teaching
Future	I shall teach	I shall be teaching

	Perfect	**Progressive**
Pres. Perfect	I have taught	I have been teaching
Past Perfect	I had taught	I had been teaching
Fut. Perfect	I shall have taught	I shall have been teaching

568 " **to be taught** " (教えられる) という受動態の時制は次のとおり。ここでは " be ", " have+been " の変化に注意。

直説法の時制

	Primary	Progressive
Present	I am taught	I am being taught
Past	I was taught	I was being taught
Future	I shall be taught	——

	Perfect	Progressive
Pres. Perfect	I have been taught	——
Past Perfect	I had been taught	——
Fut. Perfect	I shall have been taught	——

569 " to be " は自動詞であるから受動態はもちろんないし、また進行形もない。したがって時制は六つしかないが、人称による形の変化がやや複雑である。

Present		Present Perfect	
I am	We are	I have been	We have been
You are	You are	You have been	You have been
He is	They are	He has been	They have been
Past		Past Perfect	
I was	We were	I had been	We had been
You were	You were	You had been	You had been
He was	They were	He had been	They had been
Future		Future Perfect	
I shall be	We shall be	I shall have been	We shall have been
You will be	You will be	You will have been	You will have been
He will be	They will be	He will have been	They will have been

570 " to have " が本動詞として、助動詞 " have " と結合する場合は混雑を生じやすいから、念のためその Tense Forms を表示しておこう。太字が本動詞(「持つ」、「とる」、など)。

	Primary	Progressive
Present	I **have**	I am **having**
Past	I **had**	I was **having**
Future	I shall **have**	I shall be **having**

	Perfect	Progressive
Pres. Perfect	I have **had**	I have been **having**
Past Perfect	I had **had**	I had been **having**
Fut. Perfect	I shall have **had**	I shall have been **having**

(1) PRESENT
現　　在

Present Tense の用いられる場合を次に列挙する。

571　1. **General Truth** (一般の真理) として認められていることをいう場合。

 The sun **rises** in the east.　(太陽は東から出る)
 Two and two **make** four.　(2 と 2 で 4 になる)
 Honesty **is** the best policy.　(正直は最良の策) [諺]

572　2. **Habitual Actions** (習慣的動作)、すなわちただ 1 回行なわれるのでなく、日常繰り返し行なわれることをいう場合。習慣的動作をいえば、けっきょく、習慣、人格、才能、職業などをいうことになるものである。

習慣:――

 He **rises** early (=He is *an early riser*). (彼は早く起きる=早起きだ)

He **drinks** much (=He is *a great drinker*). (彼はなかなか飲む＝大酒家だ)

人格：――

He **keeps** his word (=He is *a man of his word*). (彼は言葉を守る＝堅い人だ)
He **tells** lies (=He is *a liar*). (彼はうそをつく＝うそつきだ)

才能：――

He **swims** well (=He is *a good swimmer*). (彼はよく泳ぐ＝泳ぎの名人だ)
He **writes** a good style (=He is *a good writer*). (彼はりっぱな文章を書く＝文章家だ)

職業：――

He **teaches** English (=He is *a teacher* of English). (彼は英語を教える＝英語の教師だ)
He **deals** in rice (=He is *a dealer* in rice). (彼は米をあきなう＝米屋だ)

573　3.　**Present instead of Past** (過去代用の現在)：――

過去の事柄を読者の眼前にいきいきと描写するために、ことさらに Present Tense を用いることがある。これを **Historic Present** (歴史的現在) という。

The life boat still **needs** one man. Ned Brown **wishes** to fill the place. But first he **bends** gently to a woman who **stands** beside him, and **says** to her, "Mother, will you let me go?" (救助船にはもう一人必要だ。ネッド・ブラウンはその位置を満たそうと欲する。しかしまず自分のそばに立っている婦人に向ってしずかに腰をかがめ、「おかあさん、私が行くことを許してくださいますか」と言う)

574　4.　**Present instead of Future** (未来代用の現在)：――往来・発着などの動詞に未来をあらわす副詞の伴なう場合。

When **do** you **leave**? (いつおたちですか)
I **leave** Tokyo tomorrow morning. (明朝東京を立ちます)

I **am** off tomorrow: my brother **goes**, too. (あす立ちます、弟も参ります)
What time **do** you **leave**? (何時におたちですか)
I **leave** at eight. (8時にたちます)
The ship **sails** on Saturday. (船は土曜日に出帆する)
He **comes** home next week. (彼は来週帰宅する)
School **recommences** on January 8th. (学校は1月8日に始まります)

575 5. "if", "when", "while", "before", "after", "till" などの接続詞に導かれる条件または時を示す Adverb Clause (副詞節) 中にあっては Future の代わりに Present を用いる。Noun Clause (名詞節) にはこの規則は適用されない。

Noun Clause	Adverb Clause
I doubt **if it will be fine** tomorrow. (あすは好天気かどうか怪しいものだ)	I shall start **if it is fine**. (天気なら出立する)
I don't know **when he will come home**. (いつ彼が帰るか私は知らない)	Let's welcome him **when he comes home**. (彼が帰ったら歓迎しよう)
I think **he will come** very soon. (もうすぐ来るだろう)	We must wait **till he comes** (彼が来るまで待たねばならない)

I think **he will come** this evening, what shall I say **when he comes**? (彼は今晩来るでしょう、来たら何と申しましょう)
You must finish it **before you go out**. (お前は出かける前にそれをやってしまわなくてはならない)
I will take care of your children **while you are away**. (ご不在中は私がお子様方のお世話をします)
I will let you know **as soon as I hear from him**. (彼からたよりがあったらすぐ、お知らせします)
The earlier he comes, the better. (早く来れば来るほどよい)

576 【注意】 上記のような副詞節では古い英語では、人称にかかわらず、「未来の "shall"＋Root」を用いるか、または助動詞を用いず "before he come" のように Root のみを用いたりしたのであるが、現在では、直説法の形がふつうになっている。したがって三人称単数では、動詞の語尾に "-s" をつける。

(a) We must wait **till he shall come**. [古体]
(b) We must wait **till he** come. [古体]
(c) We must wait **till he** **comes**. [現今の慣用]

古体の例をあげてみよう。

> Turn we again to the fireside, and sit musing there, lending our ears to the wind, **till** perhaps it **shall** seem like an articulate voice, and dictate wild and airy matter for the pen.—*Hawthorne*. (私たちは再び炉辺に帰り黙想に沈んでそこに座し、風の音に耳を傾けていると、ついには風の音が意味ある声のように聞え、取りとめない空想的なことを私たちに口述して書き取らせるのだ)

> The landscape will lose its melancholy bleakness and acquire a beauty of its own, **when** Mother Earth **shall** have put on the fleecy garb of her winter's wear.—*Hawthorne*. (母なる大地が冬着の白い衣を着けると、山や川がそのゆううつな寂しさを失い、一種の特別の美を得るのである)

> I will fight to the last breath, **before** they **shall** take my wife and son.—*Mrs. Stowe*. (息の根のつづくかぎり戦わずには妻や子を彼らに渡しはせぬ)

577 6. **Present instead of Present Perfect** (現在完了代用の現在)——「だれそれから聞いた」という場合には後に述べる Perfect Tense を使って "I **have heard** it from Mr. A"(A 君から聞きました)などというべきであるが、日常の会話で「...だそうだ」などいう場合は、いつだれから聞くともなしに耳にはいるのであるから、軽く Simple Present を用いるのが通例である。

> I **hear** (=People *say*) he is going to resign his post. (彼は辞職するという話だ)
> I **am told** (=They *tell* me) that he is a good scholar. (彼は学問が出来るということだ)
> I **read** in the papers that you have been promoted. (君が昇進されたということを新聞で見ました) [read: 現在形]
> My father **writes** to say that he cannot agree to your proposal. (父からご相談に応じがたいという手紙がきました)
> Franklin **says**, "Diligence is the mother of good luck." (フランクリンは「勤勉は幸運の母なり」と言っている)

【注意】 うわさというものは多くの人がきのうも、きょうも、またあすも口にするものであるから "People say=I hear" などと現在を用いるものと思えばよい。また新聞に載ったこと、手紙に書いてよこしたこと、書物に書いてあることなどは、現在の問題として述べるのであるから "I read", "He writes", "Franklin says" などいずれも現在を用いるのである。

(2) PROGRESSIVE PRESENT
進 行 形 現 在

578 1. この Tense は現在行なわれつつある動作をあらわす。

What **are** you **doing**? (君は何をしているか)
I **am writing** a letter to my father. (父へ手紙を書いている)

【注意】 ここに現在行なわれつつあるといった「現在」という語の中には「この瞬間」という意のほかに「目下」「現今」というやや広い意味を含む。

He is **writing** a novel. (彼は<u>目下</u>小説を書いています)

単純現在との区別を明らかにするため、両者を対照して数例を示そう。

Present	Progressive Present
He **writes** well. (彼は文章がうまい)	He **is writing** a letter. (彼は手紙を書いている)
Mr. A. **teaches** English in this school. (A 氏はこの学校の英語の教師だ)	But Mr. B. **is teaching** in his place now. (しかし B 氏が今 A 氏の代わりに教えている)

579 【注意】 以上述べたところから、現在の動作をあらわすには現在を用いないで、進行形現在を用いることがわかった。しかしここに現在形を使って現在の動作(あるいは状態)をあらわす場合が三つある。

(1) 進行形のない動詞は現在形を用いて現在の状態をあらわす。このことは次節にくわしく述べる。

I **am** a Japanese. (私は日本人です)
He **keeps** a large school. (彼は大きな学校を経営している)

I **know** him very well. (私は彼をよく知っている)
I **hear** a voice; what can it be? (何か声がする、何かしら)

(2) 目前に起こっていることを述べる場合。
There **comes** Mr. Ito. (やあ、伊藤君がやって来る)
How furiously the dog **barks**. (なんて恐ろしく犬がほえるのだろう)

(3) 言葉と動作と同時の場合。
I **take** a ten-yen piece—I **wrap** it in a piece of paper—**light** the paper. (10円銅貨を手に取ります、紙に包みます、紙に火をつけます)

580 2. 終始、開閉、生死などのように、継続の概念を含まない、一時限りの動作をあらわす動詞の進行形現在は <u>まさに何々しようとする</u> という意味をあらわす。

The invalid **is dying**. (病人は死にかかっている)
The flowers **are opening**. (花がまさに開こうとしている)

581 3. 往来、発着などの動詞の進行形現在は「近い将来に起ころうとする」ことをあらわすことがある。

When **are** you **going** to America? (君はいつアメリカへ行くか)
Are you **coming** tomorrow? (君はあす来るか)
When **are** you **leaving** Tokyo? (いつ東京をたつか)
I **am leaving** the day after tomorrow. (あさってたちます)

【注意】(1) この用法は "**be going to** go (*or* come)" などで、「近い将来」をあらわす形の、一種の変形と考えることができる。
What **are** you **going** to *do* with it? (それをどうするつもりか)
の do の代わりに go, come をおけば
When are you *going to go*? (いつ行くつもりか)
When are you *going to come*? (いつ来るつもりか)
となるべきはずであるが "going to go" や "going to come" は、(まったく用いられないわけではないが、)通例は短かくして
When **are** you **going**?
When **are** you **coming**?
という。それにならって、次のようになる。
When **are** you **leaving**? (いつ たつか)
What time **are** you **leaving**? (何時にたつか)

(2) 未来代用の現在 (cf. §574) と比較せよ。
- (a) I **leave** tomorrow.
- (b) I **am leaving** tomorrow. (明日たちます)
- (a) What time **do** you **leave**?
- (b) What time **are** you **leaving**? (何時にたちますか)

(a) は計画、予定に主眼がある。
(b) は個人的意志を含めての発言である。
(3) 次の 2 例を比較せよ。
- Where **are** you **going**? (どこへ行くところか...現在)
- When **are** you **going**? (いつ行くか...未来)

582 進行形現在が " always ", " constantly " などの副詞を伴なって常習をあらわすのに用いられることがある。

He **is** *always* **grumbling** and **complaining**. (彼はいつもぶつぶつ不平をいっている)
I **am** *constantly* **forgetting** people's names. (私は始終人の名を忘れる)

【注意】 " to forget " は次節に述べるように通例は進行形にならないのであるが、上例のような場合、すなわち、「いつも忘れるので、こまる」のように「常習＋話者の感情」をあらわすときに限り進行形を用いるのである。

VERBS WITHOUT THE PROGRESSIVE FORM
(進 行 形 を 欠 く 動 詞)

動詞により進行形を欠くものがある。

583 1. **Verb of Continuous State** (継続状態の動詞)

存在、所有、そのほか本来継続的な性質を持つ動詞は 進行形を持たない。

He **is sitting** by the fire. (彼は炉ばたにすわっている)
He **resembles** his father. (彼は父親に似ている)

【注意】 この 2 例を比較してみると、日本語では 同じく 「何々している」であるが、英語では一方は進行現在、一方は単純現在を用いてある。" to sit " (すわる) は動作の動詞である。今すわっていても、いや

になれば立ちもし、寝もする。それは意のままである。しかし、" to resemble "（似る）は状態の動詞で、元来が継続的な性質を持つものであるから、自分の意のままに似たり似なかったり するわけには いかない。今は似ている、今は似ていないということはない。似ているものはいつも似ており、似ていないものはいつも似ていない。" He **is resembling** his father " といえば「今は父親に似ているが 今にも 似なくなりそう」に聞こえておかしい。これがすなわち本来継続の性質を持つ動詞に進行形がない理由である。

この類に属する動詞のおもなものを掲げる。

He **is** a teacher of English. （彼は英語の教師だ）
The school **stands** on the hill. （学校は丘の上にある）
He **has** a good physique. （彼はりっぱな体格を持っている）
He **possesses** great wealth. （彼は非常な金持ちだ）
The two flowers **resemble** in shape. （二つの花は形が似ている）

584 【注意】 (1) " to live " は、(a)「住居がある」という意味では進行形にならないが、(b) " stay " の気持ちで時間的観念から言うときと、(c) " alive " の意味で「生存している」と言うときとは、進行形に用いることができる。

(a) He **lives** somewhere about Waseda. （彼はどこか早稲田のあたりに住んでいる）
(b) He **has been living** there for five years. （彼はそこに 5 年も住んでいる）
(c) **Is** he still **living**? （彼はまだ生きているのか）

(2) " to stand " が " to be " すなわち「ある」の意味のときは進行形がないが、「存続する」の意味のときは進行形がある。
比較：――

    {**Is** the house **standing**? （その家はまだあるのか）
    {Where **does** it **stand**? （どこにあるか）

(3) 家などは " is standing " という必要はないが、立ったりすわったりすることのできるものについていう場合は進行形がある。

    {The house **stands** on the hill. （その家は丘の上にある）
    {The man **is standing** on the rock. （その人は岩の上に立っている）
    {The field **lies** across the river. （その原は川向うにある）
    {The cow **is lying** on the grass. （牛は草の上に寝ている）

(4) " to have " が所有の意味でなく、" to take "、" to eat " などの意味 (cf. §842) に用いられるときは進行形がある。

He **is having** his supper. （彼は夕飯を食べている）

He **is having** his bath. (彼は ふろに はいっている)

(5) " to be " が状態でなく、「ふるまう」 という意味のときは進行形がある。

You **are being** silly. (あなたは、ばかげた まね をしているね)

2. **Verb of Involuntary Action** (不随意動詞):──

585 (a) Perception (知覚) すなわち見えるとか聞こえるとかの働きは、われわれに目、耳という器官が備わっていて自然に起こる現象で、意志によって働くものではない。つんぼでない以上は音がすればいやでも聞こえる、すなわち不随意である。こういう動詞はいわば 存在動詞 " be " の言いかえともいうべきものであるから進行形はない。

　I **see** a book on the table. (テーブルの上に本が見える)

ということは

　There **is** a book on the table. (テーブルの上に本がある)

というのと同じである。だから " I am seeing " ということは言えない。

　この類に属するおもな動詞を次に掲げる。

　　I **see** some birds in the tree. (木に鳥が見える)
　　I **hear** the birds singing. (鳥がさえずる声が聞こえる)
　　I **smell** something nice. (何だかまそうな においがする)
　　I do not **notice** any difference between the two. (両者の間になんらの差異を認めない)

586 (b) Emotion (感情) は続く間は続き、止まるときは自然に止まる。「愛する」 とか 「憎む」 とかいうことは自然の情であって、意志をもって勝手にすることはできない。ゆえに感情をあらわす動詞は進行形を持たない。

　　He **loves** her. (彼は彼女を愛している)
　　I **hate** band-music. (私はバンド・ミュージックはきらいだ)
　　The students **fear** that teacher. (学生はあの先生をおそれている)
　　I **like** apples. (私はりんごが好きだ)

587 （c） Knowledge (知識) に関すること、たとえば「知っている」「覚えている」なども 意志で左右 することのできないものである。 覚えていては都合が悪いからといって勝手に忘れることはできない。 したがってこれらの動詞にも 進行形はない。「知っている」を直訳して "I am knowing" などといってはならない。

  He **knows** English. （彼は英語を知っている）
  I **remember** him very well. （私はよく彼を覚えている）

588【注意】(1) "to see", "to hear" は他動詞であるが、日本語の「見える」「聞こえる」に当るもので、無意志の働きだから進行形はないが、"to look at", "to listen to" は意志によって「目をむける」、「耳を傾ける」の意味であるから進行形になり得る。

  {What **do** you **see**? （何が見えるか）
  {What **are** you **looking at**? （何を見ているのか）
  {What **do** you **hear**? （何が聞こえるか）
  {**Are** you **listening to** me? （私のいうことを聞いているのか）

 "to see", "to hear" を「見える」「聞こえる」の意味でなく、特殊な意味に用いる場合には、進行形も可能である。

  The authorities are **seeing** *into* the matter. （当局は目下事件を調査中です）
  The judge is **hearing** the case. （判事が事件を審理中）

(2) "to know" は「知っている」という状態の動詞だから進行形はないが、"to study" は「学ぶ」という動作の動詞だから進行形がある。

  {Do you **know** English? （君は英語を知っているか）
  {**Are** you **studying** English? （君は英語を学んでいるか）

EXERCISE 34

(**A**) 次の和文を英訳せよ。
1. あの子は野球が上手だ。
2. 校長が辞職するそうですね。
3. あの人は字がじょうずです。
4. あの人は何の商売をして (to deal in) いるのですか。
5. あす天気ならいっしょに行きましょう。
6. 君はいつ洋行するのか。

7. 兄の帰朝 (to come home from abroad) しだい行く。
8. 兄はことしの末にアメリカから帰ります。
9. 彼のむすこは官職について (to hold a post under government) いる。
10. 日本酒は色がシェリー酒に似ている。

(B) 次の文に誤りがあれば正せ。
1. I am taking the Asahi. (私は朝日新聞を取っている)
2. What are you seeing? (君は何を見ているのか)
3. He edits a magazine. (あの人はある雑誌の編集をやっている)
4. I must stay here till my brother will arrive. (兄の着くまでここにいなければならない)
5. I will let you know when he will come. (彼が来たらお知らせしましょう)

---

(3) PAST
過　去

589 この Tense は過ぎ去ったことを述べるのに用いる。

He **died** last year. (彼は去年死にました)
I **studied** English while [I was] in the country. (私はいなかにいるとき英語を勉強した)

(4) PROGRESSIVE PAST
進行形過去

590 この Tense は過去のある特定のときに行なわれつつあったことを述べるのに用いる。

I **was reading** a novel when you came. (君が来たときに私は小説を読んでいた)
He **was writing** a novel at that time. (彼はそのころ小説を書いていた)

(5) FUTURE
未　　来

591　この Tense は未来に起こることを述べるのに用いる。

　　I am afraid it **will rain** tomorrow.　（あすは雨だろうと思う）
　　We **shall learn** geometry next year.　（ぼくたちは来年 幾何をやるのだ）

　"shall", "will" の用法は項を改めて (§§ 594–630) 詳説する。

592　【注意】　現在および進行形現在が未来に代用されることはすでに述べた (cf. §§ 574, 581) が、未来をあらわすには、なお次のような方法がある。
　(1)　「" be "+Infinitive」を用いて「何々するはずになっている」という未来の意味をあらわす。
　　I **am to go** in that ship.　（私はあの船で行くことになっている）
　　The ship **is to sail** on Saturday.　（船は土曜日に出帆のはずです）
　　We **are to have** an examination on Wednesday.　（水曜日に試験があるはずです）
　　There **is to be** no school on that day.　（当日は学校はお休みのはずです）
　(2)　「" be going "+Infinitive」 あるいは 「" be about "+Infinitive」を用いて「何々しようとしている」という意味をあらわす。
　　I **am going to write** a letter.　（私は手紙を書こうとしている）
　　He **is about to start** on a tour.　（彼は旅行に出かけようとしている）

(6) PROGRESSIVE FUTURE
進 行 形 未 来

593　この Tense は未来のあるときに行なわれつつあると思われることを述べるのに用いる。

　　I **shall be waiting** for you at the station tomorrow morning.　（あすの朝 駅でお待ちしています）
　　He **will be teaching**, if you go now.　（今行けば彼は授業中だろう）

"Shall" and "Will"

594 ひとしく未来といわれるものの中にも二つの区別がある。

(1) **Non-volitional Future**（無意志未来）——人の意志によって左右することのできない未来。

(2) **Volitional Future**（意志未来）——Speaker（話者）あるいは Subject（主語）になるものの意志を含む未来。

この両様の未来をあらわすのが すなわち "shall", "will" の使い分けである。

595 "shall" の原義は "to owe"（負う）で、Obligation（義務）あるいは Necessity（必要）などの概念を含むものである。

$\boxed{\text{I shall}}$　一人称の "shall" は原義通りに用いられる。たとえば "I shall go" といえば "I owe (or ought) to go" あるいは "I am obliged to go" すなわち「行く義務を負うている」、「行かないわけにはいかぬ」というような意味で、さらに言い換えれば次のようになる。

I shall go. = $\begin{cases} \text{It is my duty to go.} \\ \text{It is necessary for me to go.} \end{cases}$

すなわち、「行く」という行為が 自己の意志から 出るのではなく、義務、必要など外部の力によってきめられることを意味する。無意志未来に "shall" が用いられるのはこのためである。

596 "will" の原義は "to wish"（願う）で、Volition（意志）を含むものである。

$\boxed{\text{I will}}$　一人称の "will" は 原義通り 話者の意志を含み Determination（決意）あるいは Intention（意向）などをあらわし、次のように言いかえられる。

I will go. = $\begin{cases} \text{I am determined to go.} \\ \text{I intend to go.} \end{cases}$

すなわち、「行く決心」とか「行くつもり」とかいう自己の意志をあらわすものである。

597 You shall　He shall　　二人称および三人称においても "shall" は 義務 あるいは 必 要の観念 を含む。たとえば "You shall go", "He shall go" は「行く」という行為が "you" や "he" の意志から出るのでなく、義務あるいは必要など、外部的状勢によってきめられることを示すものである。すなわち Subject の意志によらないという点は "I shall" の場合と異なるところはない。ところが "You shall", "He shall" には一つ特異な点がある。それは、この場合における外部的状態というのが実は Speaker's Volition (話者の意志) である点である。すなわち

 You shall go.＝*I will let* (or *make*) *you* go.　(お前は行かねばならない＝私がお前を行かせる)
 He shall go.＝*I will let* (or *make*) *him* go.　(彼は行かねばならない＝私が彼を行かせる)

という関係になり、"you" あるいは "he" の義務を作り出すものとして必ず "I" の意志を含むのである。

598 You will　He will　　二人称と三人称においては、無意志未来をあらわすのにも "will" を用いる。これは "will" の原義にそむくのであるが、すべて他人 (すなわち二人称、三人称) の行為は その人の意志から出るもののようにいうのがていねいであるとの考えから、実際には意志の力によって左右し得ない未来にも "will" を用いて、あたかもその人の意志によるかのようにいうのである。すなわち "You will", "He will" は "I shall" の場合と等しく、原則としては、無意志未来である。

599　以上述べたところを表示すると次のようになる。

	Non-Volition	Speaker's Volition
1st Person	I shall	I will
2nd Person	You will	You shall
3rd Person	He will	He shall

600 【注意】 " **You will** ", " **He will** " が Subject's Volition (主語の意志) すなわち " you " あるいは " he " の意志をあらわすことがある。とくに次のような場合に多い。

(1) **Request** (依頼):――

You will please not do so again. (2度とそんなことをしないでください)

I beg **you will** accept this trifling present. (粗品ですがご受納ください)

などにおける " You will . . . " は後に述べる " Will you . . . ? "(何々してください)という疑問形の変形である。

(2) **Condition** (条件):――

Will you take charge of the school during my absence? **If you will** do so, I shall be obliged to you. (私の不在中学校を預ってくださいませんか、そうしてくだされがありがたい) [cf. If you do so . . . § 575]

など条件の " If you will . . . " もやはり " Will you ? " から転じたものであることは上の例でわかろう。

上表に示した両様の未来の形がどんな動詞に伴ない、どんな場合に用いられるかを少しくわしく研究してみよう。

VOLITIONAL VERB AND NON-VOLITIONAL VERB

意志動詞と無意志動詞

601 { I think **I will** try. (私はやってみようと思う)
{ I hope **I shall** succeed. (私は成功するだろうと思う)

「やってみる、やってみない」は自分の勝手で、どうともなる。

すなわち " to try "（やってみる）は自分の意志で自由になる行為をあらわす。こういう種類の動詞を **Volitional Verb**（意志動詞）という。

事を企てそれに努力するのは自分の勝手であるが、「成功失敗」は自分の意志で左右することはできない。" to succeed "（成功する）, " to fail "（失敗する）などは、意志で自由にならない事象を意味している。こういう種類の動詞を **Non-volitional Verb**（無意志動詞）という。

　【注意】　意志動詞か無意志動詞かということは、動詞を命令法としてみて、自然にきこえるかどうかできまる。意志動詞では命令法を作っても自然であるが、無意志動詞ではそうはいかない。
　Try hard!（一生懸命やってみろ）
は無理ではないが、
　Succeed!（成功せよ）
と命ずるのは無理である。成功・不成功はいわば運命で、個人の意志で左右することはできないからである。

(a) NON-VOLITONAL FUTURE
（無　意　志　未　来）
" I shall ", " You will ", " He will "

602　この形は無意志動詞と結合して、自己の意志に全く関係なく、外部的状態によってきめられる未来をあらわす。

（a）**Necessity**（必要）:——

　I shall need some five thousand yen on the last day of the month.（今月の末には 5,000 円ばかり金がいる）
　You will need more money, if you are not more careful.（もっと注意しないと、もっと金がいるぞ）

　If I fail, **I shall** have to leave school.（私は落第すると学校をやめなくてはならない）
　If he fails, **he will** have to leave school.（彼は落第すると学校をやめなくてはならない）

(b) **Ability** (能力):——

> If all goes well, **I shall** be able to pay you at the end of the month. (つごうよく行けば月末にお払いができます)
> If you work hard, **you will** soon be able to read any book you like. (勉強すれば、じきに何でも好きな本が読めるようになる)

(c) **Emotion** (感情)——

> **I shall** be happy to be of service to you. (お役に立てば幸いです)
> **Your parents will** be delighted to hear of your success. (ご両親は君の成功を聞いて喜ばれるだろう)

(d) **Expectation** (期待):——

> I hope **I shall** succeed this time. (こんどは成功するだろうと思う)
> I am afraid **they will** never get on in life. (とても彼らは出世はできないだろう)

603 意志動詞が " I shall " につくことがある。その場合は個人の意志と無関係なものとして、義務、予定、なりゆき をあらわすために、無意志の未来の形をとるのである。

(a) **Duty** (義務):——

> I can not go with you, for **I shall** go to school tomorrow. (あすは学校があるから、おともはできません)

【注意】 ここの「あすは学校へ行く」は " I go to school tomorrow " と現在を用いてもあらわせる (cf. § 574)。また「あすは学校があるから行かなくてはならない」と必要をあらわすのは " I **must** go " であるが、その意味を軽く無意志の形であらわせば " **I shall** go " である。

(b) **Pre-arrangement** (予定):——

> **I shall** go to Hakone on Saturday. (土曜日には箱根へ行く)

【注意】 実際の意味からいえば " I intend to go to Hakone " (箱根へ行くつもり) だから " I will go " とすべきように思われるが、個人的色彩を避けて、予定そのものを、いわば事務的に言うには " shall " を用いる。次も同様。

> We **shall** leave off here. (きょうは、ここまでにしよう) [教室で先生が言う]

直説法の時制 (Shall と Will)

(c) **Natural Result** (なりゆき):——

> If I work too hard, **I shall** kill myself (=*I shall* die). (私は勉強が過ぎると死んでしまう)
> If you work too hard, **you will** kill yourself (=*you will* die). (君は勉強が過ぎると死んでしまうぞ)

If I try to bend a piece of chalk, {**I shall** break it. / *it will* break.}
(チョークを曲げようとすれば折れる)

If you work your horse too hard, {**you will** kill him. / *he will* die.}
(あまり馬を酷使すると死んでしまうぞ)

【注意】 "**I will** kill myself" は "I will commit suicide" (自殺する) の意である。"**I shall** kill myself" は「勉強が過ぎると我と我が身を殺すようなことになる」という自然の結果をいうのである。

(d) **Passive** (受動)[なりゆきの一種]:——

If I am late, **I shall** be punished. (私は遅刻すれば罰を食う)
If you do your duty, **you will** be rewarded. (君は本分を尽せばむくいられる)

(b) VOLITIONAL FUTURE
(意 志 未 来)
"I will", "You shall", "He shall"

604 一人称の "**will**" は意志動詞と結合して、次に列挙するような場合に用いられる。

(a) **Choice** (選択):——

If you will take that one, **I will** take this one. (君がそれを取るなら私はこれを取る)

(b) **Resolution** (決心):——

I will accomplish my purpose at any cost. (私はどんな犠牲を払っても目的を遂行する)

(c) **Threat** (威嚇):——

　　I will kill you. （殺してしまうぞ）

(d) **Consent** (承諾):——

　　Yes, **I will** undertake the work. （よろしい、その仕事を引き受けよう）

(e) **Promise** (約束):——

　　I will pay you at the end of the month. （月末に払います）

(f) **Offer** (提供):——

　　I will lend you any sum you may need. （金はいくらでもいるだけ貸そう）

605 二人称と三人称の "**shall**" は、Speaker の意志によって、主語があらわすものの行為を支配する意をあらわす。すなわち裏の意味として "I will" を含む。

　　You shall...=I will let (*or* make) you...
　　He shall...=I will let (*or* make) him...

(a) **Permission** (許可) or **Promise** (約束):——

　　You shall (=*I will let you*) have it for nothing. （無料で、それをあげよう）
　　He shall (=*I will let him*) live. （生かしてやる——命は助けてやる）
　　They shall not (=*I will not let them*) want as long as I live. （私の生きている間は彼らに不自由はさせない）

(b) **Compulsion** (強要) or **Threat** (威嚇):——

　　You shall (=*I will make you*) do so whether you will or not. （いやでも応でもそうさせる）
　　He shall (=*I will make him*) die. （死なせる——殺す）
　　You shall (=*I will make you*) smart for those words. （そんなことを言うとひどい目に会わせるぞ——今に見ておれ）

(c) **Prohibition** (禁止):——

　　You shall not (=*I will not allow you to*) set foot in this house again. （二度と再びこの家に足踏みをさせない）

直説法の時制 (Shall と Will)

No man shall leave the room without my permission. (だれも私の許可なしにこのへやを出てはならない)

606　「させる」「させぬ」という意味から一歩進んで、自分が、監督して、あるいは<u>自分が引き受けて</u>、「きっと何々させる、あるいはさせない」などの意味に "**You shall**", "**He shall**" の形を用いることがある。

See that the students learn their lesson. (生徒が授業を覚えるように頼みますよ)
　　⎰ Yes, *I will see that* they learn it.
　　⎱ Yes, **they shall** learn it.
　　　(きっと覚えさせます) [話者の責任において]
See that the boys do not get into mischief. (子供たちがいたずらをしないようにしてください)
　　⎰ Yes, *I will see that* they get into no mischief.
　　⎱ Yes, **they shall** get into no mischief.
　　　(いたずらはさせません) [話者の責任において]

607　"**You shall**", "**He shall**" が Passive Verb と結合する場合は、Speaker の意志で「行為が起こる」だけでなく、Speaker 自身で「手を下す」ことをあらわす。

You shall be rewarded.＝*I will* reward you. (私がお前にほうびをやる) [≒I will let you be rewarded]
He shall be punished.＝*I will* punish him. (私が彼を罰する) [≒I will let him be punished]

608　形の上からでなく、動詞元来の性質から見て、「Causative Meaning (使役的意味) を持つ動詞の Passive (受動)」にひとしい Passive Meaning (受動的意味) をもつ動詞がある。

たとえば "see" (見る) という動詞は、Causative Meaning をもつ "show (=*let see*)" (見せる＝見させる) という動詞の Passive "be shown" (見せられる) の意味だから、しばしば "see＝be shown" の関係にたつ。

次の対照表は記憶すると便利:

Causative Meaning	Passive Meaning
make (する) (=let be)	(be made=) **be** (なる)
give (与える) (=let have)	(be given=) **have** (もらう)
show (見せる) (=let see)	(be shown=) **see** (見る)
tell (話す) (=let hear)	(be told=) **hear** (聞く)
inform (知らせる)(=let know)	(be informed=) **know** (知る)
spare (助命する) (=let live)	(be spared=) **live** (助かる)
kill (殺す) (=let die)	(be killed=) **die** (死ぬ)
send (送る) (=let go)	(be sent=) **go** (行く)
bring (つれて来る)(=let come)	(be brought=) **come** (来る)

"**You shall**", "**He shall**" にこの Passive Meaning の動詞をつけたものは "**I will**" に Causative Meaning の動詞をつけたものに等しくなる。

You shall have=*I will let you have*=**I will give you**
You shall be given=**I will give you**

You shall be (=*I will make you*) my companion of my travels. (お前を旅の道づれにする)

You shall have (=*I will give you*) my answer in a few days. (二、三日中に返事をします)

You shall see (=*I will show you*) how it ought to be done. (どうするものか私が模範を示してやろう)

You shall hear (=*I will tell you*) my story after dinner. (食事がすんでから話しましょう)

He shall know (=*I will inform him of*) the result. (結果を彼に知らしてやろう)

He shall live (=*I will spare him*). (命は助けてやる)

He shall die (=*I will kill him*). (殺してしまう)

The boy shall go (=*I will send the boy*) to school next spring. (来春から子供を学校へやります)

He shall come (=*I will bring him*) with me the next time I come here. (こんど来るときは彼をつれて来ます)

EXERCISE 35

次の和文を英訳せよ。
1. ご親切は決して忘れません。
2. 私はもう借金 (to run into debt) はしない。
3. こんどはうんと勉強したから合格することと思う。
4. 金を返してくれなければ訴え (to bring an action against one) ますよ。
5. 金を返してくれなければやむを得ず訴えます。
6. こんどこそは彼を逃さない。
7. 私が生きているうち (as long as I live) はお前たちに不自由はさせない。
8. 子供をお庭へ入れてください、花は決して取らせません。
9. あんなやつはこの家に足踏み (to set foot) もさせない。
10. そんなことをするとひどい目に会わせるぞ。

"SHALL" AND "WILL" IN QUESTIONS
(疑問文における "Shall" と "Will")

609 疑問の性質として Speaker に意志のあることはない。意志の有無は問いかけられた人にあるのである。そこで未来に関する疑問は、(1) だれの意志にも関係のないことを問う場合と、(2) 相手方の意志を問う場合と2通りになる。

(a) NON-VOLITIONAL FORM
(無 意 志 形)
"Shall you?", "Shall I?", "Will he?"

610 この形は、それぞれ、前述の無意志の "I shall", "You will", "He will" と相対応するもので、無意志動詞と共に用いられる。

Necessity (必要):――

When **shall you** (**shall I**, **will he**) have to report at the office? (君は――私は、彼は――いつ事務所に出頭しなければならないのか)

How much money **shall you** (**shall I**, **will he**) need in school? (学費はいくらかかるだろう)

Ability (能力):――

Shall you be able to pay me by the end of the month? (月末までには払ってくれることができますか)

When **shall I** be able to read such books? (私はいつそんな本が読めるようになるだろう)

When **will he** be able to speak English? (彼はいつ英語が話せるようになるだろう)

Emotion (感情):――

Shall you not be glad to see him? (君は彼に会うのがうれしくないか)

Will he be angry, if I disobey him? (彼のいうことを聞かなかったらおこるだろうか)

Expectation (期待):――

Shall you meet Mr. Ito tomorrow? (君はあす伊藤さんに会いますか)

Duty (義務):――

Shall you go to school tomorrow? (あすは学校へ行きますか)

Pre-arrangement (予定):――

Where **shall you** be during the holidays? (休暇中はどこへ行きますか)

Natural Result (なりゆき):――

Shall I die, if I swallow this poison? (この毒を飲んだら死ぬだろうか)

Will he lose much by the failure of that company? (彼はあの会社の破産でよほど損をするだろうか)

When **shall we** (=**will the train**) arrive at Sendai? (この列車は仙台へはいつ着くでしょうか)

{ **We shall** arrive tomorrow morning. (あすの朝着きます——一行中の人の答)
You will arrive tomorrow morning. (明朝、着きます——駅員の答) }

(b) VOLITIONAL FORM
(有 意 志 形)
"Will You?"、"Shall I?"、"Shall he?"

611 "**Will you?**" は相手の意志を問う形で、その返事の方の "I will" と相応ずるものである。

(a) **Request** (依頼):——

Will you please lend me your dictionary? (辞書を貸してくださいませんか)

(b) **Invitation** (勧誘):——

Will you come out for a walk? (散歩に出ませんか)

(c) **Promise** (約束):——

Will you be more careful in future? (将来はもっと気をつけるか)

(d) **Choice** (選択):——

Which **will you** take? (君はどちらを取りますか)

612 【注意】(1) 以上の (a), (b) は、主として命令、勧誘の気持ちであるが、これに対し、(c), (d) を含め、純粋の疑問、すなわち、「あいての意志についての疑問」の場合は、命令、勧誘の場合と区別するために動詞を<u>進行形</u>にすることが多い。比較:——

Will you *come* again soon? (すぐまた来てくださいね) [依頼]
Will you *be coming* again soon? (すぐまた来てくださるおつもりですか) [意志をきく]
Will you *post* the letters tomorrow? (手紙をあす出してください) [依頼]

Will you *be posting* the letters tomorrow? (手紙は、あす出すつもりですか) [意志をきく]

(2) (a), (b) において " Will you? " の代わりに " Would you? " を用いればていねいになる。なお、日本語では「...しませんか」となっても英語では " Will you not " とか " Won't you " としない方がふつう。

613 " Shall I? " と " Shall he? " が Active Meaning の動詞 (" do ", " tell ", " give " などの類) に伴なうときは

$$\begin{cases} \textbf{Shall I} \ldots ? = Do\ you\ wish\ me\ to \ldots ? \\ \textbf{Shall he} \ldots ? = Do\ you\ wish\ him\ to \ldots ? \end{cases}$$

すなわち " I " または " he " のなすべきことについて相手の Desire (願望) を問うので、答は " Shall I...? " に対してはふつうの命令形、または " You may... " を用い、" Shall he...? " に対しては " Let him... " という形を用いる。すなわち、答は、" You shall "、" He shall " でないから注意を要する。

What **shall I** (=*do you wish me to*) do?—**Do** this. (何をしましょうか——これをしなさい)
What **shall he** (*do you wish him to*) do?—**Let him do** that. (彼に何をさせましょうか——あれをさせなさい)
When **shall I** (=*do you wish me to*) call on you?—**Call** tomorrow. (いつお訪ねしましょうか——あす来なさい)
When **shall he** (=*do you wish him to*) come?—**Let him come** this evening. (いつ彼をよこしましょうか——今晩よこしてください)

【注意】 " Shall we...? " の答は " Let's (=We will)... " である。このように " We will "=" Let's " のこともあるから注意せよ。

Where **shall we** go?—**Let's** (=*We will*) go to the park. (どこへ行こうか——公園へ行こう)

614 " Shall I? " および " Shall he? " が Passive Meaning の動詞 (" have ", " see ", " know " など) を伴なう場合は

$$\begin{cases} \textbf{Shall I} \ldots ? = Will\ you\ let\ me \ldots ? \\ \textbf{Shall he} \ldots ? = Will\ you\ let\ him \ldots ? \end{cases}$$

すなわち、相手のなすべきことについてその意向を問うので、"Shall I...?" には "You shall..." の形で答え、"Shall he...?" には "He shall..." で答える。

> When **shall I** (=*will you let me*) have your answer?—**You shall** have it tomorrow. (いつご返事くださいますか——あす返事をする)
> **Shall he** (=*Will you let him*) know the truth?—Yes, **he shall** know it. (彼に本当のことをお話しになりますか——本当のことを知らせる)

615 以上二つの用法を表にしてみると次のようになる。

> (1) { What **shall I** do?——(**Imperative**)
>   { What **shall he** do?——**Let him**...
>
> (2) { What **shall I** have?——**You shall** have...
>   { What **shall he** have?——**He shall** have...

"Who will?" and "Who shall?"

616 (a) **"Who will?"** は三人称の "will" だから "Will he?" にひとしく Non-volitional Future を示す。

> So the governor has resigned **Who will** be appointed in his place? (すると知事が辞職したんだね。だれが後任になるだろう)

617 (b) **"Who shall?"** は三人称の "shall" だから "Shall he?" にひとしく「だれにさせましょうか」と相手の意志をたずねる形であるが、通例は "Who can?"="No one can"(だれにできるか=だれにもできない)の意に用いられる。

> **Who shall** (=*Who can*) perform such a task? (だれにそんな仕事ができるか)

618 疑問における "shall" と "will" とのあらわれ方を、すでに述べた "shall", "will" の用法と対照して表に示す。

Non-volitional Forms	Volitional Forms
Shall you?—I shall.	Will you?—I will.
Shall I?—You will.	Shall I?—You shall.
Will he?—He will.	Shall he?—He shall.

【注意】 (1) 二人称の問は一人称の答と相応じ、一人称の問は二人称の答と相応ずる。

(2) 無意志形の " Shall I? " に対して " You will " をもって答えるほかは、" shall " の疑問には " shall " の答、" will " の疑問には " will " の答である。

(3) 有意志形の " Shall I? "、" Shall he? " に対しては " You shall "、" He shall " をもって答えるほかに、命令文、あるいは " Let him... " の形で答える場合は §613 で示したから、ここにははぶいた。

EXERCISE 36

次の和文を英訳せよ。
1. 弟をいつ参上させましょうか。
2. 今晩来るようにしてください。
3. いくら俸給 (salary) をくださいますか。
4. いくらでも望み次第あげよう。
5. 赤帽に荷物 (luggage) をどこへ運ばせるのですか。
6. 3番ホームへ持たせてやってください。
7. なるべく早く返事をしてください。
8. 二、三日中にはきっと確答 (definite answer) します。
9. 君はあす学校があるか。
10. 君はこんどいつ伊藤に会いますか。

" SHALL " AND " WILL " IN INDIRECT NARRATION
(間接話法における " Shall " と " Will ")

619 Direct Narration (直接話法) を Indirect Narration (間接話法) になおすときは、最初引用符中にあった名詞、代名詞の人称が

場合に応じて変わり、"shall","will" はその変わった人称に一致しなければならない。

620 1. 無意志の "I shall","You will","He will" を直接話法から間接話法になおしてみよう。

1. I say,
2. You say,   } "**I shall** succeed this time."　（私はこんどは成功するつもりだ）
3. He says,

を間接話法になおすと次のようになる。

{
1. **I** say **I shall** succeed this time.
2. **You** say **you will** succeed this time
3. **He** says **he will** succeed this time.
}

ただしこの場合 "will" の代わりに "shall" を用いることもある。

1. I say (to you),
2. You say (to me),   } "**You will** succeed this time."　（君はこんどは成功するだろう）
3. He says (to me),

を間接話法になおすと次のようになる。

{
1. **I** say **you will** succeed this time.
2. **You** say **I shall** succeed this time.
3. **He** says **I shall** succeed this time.
}

1. I say,
2. You say,   } "**She will** succeed this time."　（彼女はこんどは成功するだろう）
3. He says,

を間接話法になおすと次のようになる。

{
1. **I** say **she will** succeed this time.
2. **You** say **she will** succeed this time.
3. **He** says **she will** succeed this time.
}

621 2. Speaker's Volition をあらわす "I will","You shall","He shall" を直接話法から間接話法になおしてみよう。まず

1. I say
2. You say, } "**I will** do my best." (全力をつくします)
3. He says,

を間接話法になおすと次のようになる。

{
1. **I** say **I will** do my best.
2. **You** say **you will** do your best.
3. **He** says **he will** do his best.
}

こんどは

1. I say (to you),
2. You say (to me), } "**You shall** have it." (それを君にあげよう)
3. He says (to me),

を間接話法になおすと次のようになる。

{
1. I say { **you shall** have it.
            I will give it to you.
            I will let you have it.
2. **You** say { (**I shall** have it.)
                  you will give it to me.
                  you will let me have it.
3. **He** says { (**I shall** have it.)
                   he will give it to me.
                   he will let me have it
}

(2) と (3) の場合、間接話法でも " have " を用いるなら、" I *shall* have it " となるが、実際には意味があいまいとなる。" give " を用いて " you ", " he " との関係をはっきりさせるのがよい。

1. I say,
2. You say, } "**She shall** have it." (彼女にそれをやる)
3. He says,

を間接話法になおすと次のようになる。

1. **I** say **she shall** have it.
2. **You** say **she shall** have it.
3. **He** says **she shall** have it

622 【注意】 以上すべての場合に Principal Clause の動詞が "**said**" と過去になれば Indirect Speech における "**shall**", "**will**" はそれぞれ "**should**", "**would**" に変わる。

{ He said, "I **will** do my best."
{ He said he **would** do his best. } (彼は全力をつくすといった)

SPECIAL USES OF "WILL"
("Will" の特殊用法)

"will" には次に列挙するような特殊な用法がある。しかしせんじ詰めれば、いずれも意志の概念に帰する。

623 1. "**Will**" **of Insistence** (主張)──この用法は "one says one will" の "One says" をはぶいたものと思えばよい。

{ [He says] He **will** have everything his own way.
{ =He says, "I **will** have everything my own way."
{ =He **insists on** having everything his own way.
  (彼は何でもかでも思うとおりにしなければ承知しない)

すなわち "**I will**"(私はぜひ何々する)と主張する形が移って "**He will...=He insists on...ing**"(彼は...することを主張する)という意味をあらわすのである。

  Boys **will** be boys. (子供はあくまで子供だ──子供におとなしくせよといってもだめだ)
  Women **will** be curious. (女は好奇心に富むものだ)

これはけっきょく、「性質」をあらわすことになるから、無生物におよぼして次のような言い方をすることが多い。

  Accidents **will** happen. (事故はどうしたって起こるものさ)
  Nature **will** be obeyed. (自然の法則にはさからいがたい)

これらの例は Accident(偶然のできごと)とか Nature(自然)というものに意志があって、"**I will** happen"(人がどんなに

予防したって起こってみせる), あるいは "I **insist on** being obeyed"(自分はぜひ服従されなくてはならない) などと主張する心持ちである。

624 2. "**Will not**" **of Refusal** (拒絶)——これは Insistence の裏で, "**I will not**"(私はどうしても何々しない)と「拒否する意志」を、「三人称の主語が持っている」 ように表現したもの。

> This wood **will not** burn.
> =This wood says, "I **will not** burn."
> =This wood **refuses to** burn.
> (このまきはどうしても燃えない)
>
> This cork **will not** come out. (このコルクはなかなか抜けない)

すなわち まき に心があって、「私は燃えるのはいやだ」 とことわるような心持ちである。

625 3. "**Will**" **of Habit** (習慣)——喜んでする意味の "will" から転じて、常に何々する、よく何々する、時々何々するなど習慣をあらわすにいたるのである。この意味の "will" は通例 "always", "often", "sometimes" などの副詞を伴なう。

> He **will often** come of a Sunday, and stay all day. (彼はよく日曜などにやって来て一日中遊んで行く)
> She **will sometimes** sit up all night, poring over a novel. (彼女は小説に読みふけって徹夜をすることがよくある)
> **Whenever** he meets anyone, he **will** boast of his son. (彼はだれに会ってもきっとむすこの自慢をする)

この用法から一転して動物などの習慣をいうのに "will" を用いる。

> Unless driven by hunger, a lion **will** not attack man. (飢えにせまられるのでなければライオンは人を攻撃しないものです)

626 4. "**Will do**"="will answer the purpose"

> If you have no pen, a pencil **will do** as well. (ペンがないなら、鉛筆でもよろしい)

Any book **will do** as long as it is interesting. (おもしろくさえあればどんな本でもよろしい)

627 5. **"Will" in Concessive Clause** (譲歩)——**"will"** は譲歩を示す Clause (節) 中にあって **"may"** の代わりに用いられる。

> **Whatever** the matter **may** be, do your best.
> **Let** the matter be what it **may** (or **will**), do your best.
> Be the matter what it **will**, do your best.
> (何事であろうとも全力をつくせ)

SPECIAL USES OF "SHALL"
("Shall" の特殊用法)

"shall" にも次のような特殊な用法がある。

628 1. **"Shall" of Legislation** (立法)——これは神のような絶対権力をもつものが人間に向かって **"Thou shalt** not steal"(なんじ盗むべからず) などと 命ずる形の応用と みるべきで、「規則」などの文に多い。

Art. 1. The association **shall** be called the English Speaking Society. (第1条 本会は英語会と称する)
Art. 2. The association **shall** have for its aim... (第2条 本会は...を目的とする)
[註] **art.**=article (項、条)

629 2. **"Shall" of Prophecy** (予言)——昔の用法では無意志の純未来には人称にかかわらず "shall" を用いたものである。

Seek, and ye (=*you*) **shall** find.—*Bible*. (求めよ、さらば与えられん)

詩歌、格言などで「何々するのものは何々せん」など予言的に用いる **"shall"** はこの用法の遺物である。

He who touches pitch **shall** be defiled therewith.—[諺]（ピッチに触れる者はそれによごされるだろう＝朱に交われば赤くなる）

630 3. **Subjunctive "Shall"**（仮定）——昔は、無意志未来の仮定には人称にかかわらず "shall" を用いたものである。関係代名詞 "who", "which", "that" あるいは接続詞 "when", "while", "before", "after", "as soon as", "as long as" などに導かれる Clause 中には今でも往々 shall が用いられるが、それはこの古い用法のなごりで、人称にかかわらず無意志未来をあらわす。

A man **who shall** do such a thing, will be called a mad man. （そんなことをする者は狂人といわれよう）
His name will be remembered **as long as** the world **shall** endure. （彼の名は世の続くかぎり末代まで残るだろう）

【注意】 "**who shall**" の中には "if he shall do"＝"if he does" の意味を含むのである。現今の用法ではこの "shall" は通例省略されて直接法現在になることは前に述べた (cf. §576)。

EXERCISE 37

次の文中の空所に "shall" あるいは "will" を補え。

1. How old . . . I be next year? （わたしは来年いくつになるかしら）
2. You . . . be seven. （七つになります）
3. I think I . . . write to him at once. （早速手紙を出そう）
4. I think I . . . hear from him very soon. （まもなくたよりがあるだろう）
5. When . . . I hear from you? （いつおたよりをくださいますか）
6. You . . . hear from me as soon as possible. （なるべく早くたよりをします）
7. I . . . be somebody in the world. （私はひとかどの人間になるつもりだ）
8. If I fail, I . . . be a beggar. （私は失敗すればこじきた）
9. I fear he . . . not recover. （私は彼はなおるまいと思う）
10. He fears he . . . die. （彼は自分でも死ぬと思っている）
11. She says she . . . drown herself. （彼女は身を投げるといっている）
12. If you work too hard, you . . . make yourself ill. （君はあまり

勉強が過ぎると病気になるぞ）
13. He says he . . . never set foot in this house again. （彼はこの家には 2 度と足踏みをしないといっている）
14. He says he . . . give it to me. （彼はそれをくれると言っている）
15. If he does not give up drinking, he . . . die （彼は酒をやめなければ死んでしまう）
16. . . . you meet Takahashi today?　I think I . . . （君はきょう高橋に会うか。——会うだろうと思う）
17. . . . you see him now or afterwards?　I . . . see him at once. （今お会いになりますか、それとも 後に なさいますか。今すぐに会おう）
18. I have offered him some money, but he . . . not take it. （いくらかの金をやろうと言ってもどうしても取らない）
19. . . . you have some wine? （ぶどう酒を召し上りますか）
20. . . . I give you some beer? （ビールをあげましょうか）

---

(7) PRESENT PERFECT
現　在　完　了

FORMATION OF THE PRESENT PERFECT
（現　在　完　了　の　形　成）

631 現在完了は " have " に Past Participle を加えて作るのであるが、この " have " は元来 " be " という自動詞に対応する他動詞なのである。たとえば

　My work **is** ready. （私の仕事ができ上がっている）

と仕事を主にして 自動詞でいうところを、人間を主にして他動詞でいうと

　I **have** my work [which is] **ready**. （私はでき上がっている仕事を持つ——しあげておいた）

ということになる。この " ready " という形容詞の代わりに " finished" という過去分詞を用いると、

> My task **is finished**. (仕事がしあがっている)
> **I have** my task **finished**. (仕事をしあげておいた)
> **I have finished** my task. (仕事をやってしまった)

という順序になる。すなわち

> **I have finished** my task.＝My task **is finished**. (私は仕事をしてしまった＝仕事ができ上っている)

これからわかるように、現在完了は、元来、受動の変形であって、決して過去ではない。

632 【注意】 運動をあらわす動詞 (Verb of Motion) " go "、" come "、" rise "、" fall "、" set "、" grow " などは「" have "＋過去分詞」の形のほかに「" be "＋過去分詞」で Present Perfect を作ることがある。古い英語では他動詞の現在完了は「" have "＋過去分詞」の形を、また、自動詞の現在完了は「" be "＋過去分詞」の形を用いて、

Transitive:―He **has done** it. (してしまった、出来ている)
Intransitive:―He **is gone**. (彼は行ってしまった、ここにはいない)

のようにいったものである。現今では完了形は原則的に「" have "＋過去分詞」の形を用いることになり、少数の場合にのみ「" be "＋過去分詞」の Perfect Form が残っている。そして「" have "＋過去分詞」とは意味が違うことがある。たとえば " have gone " は「どこそこへ行った、行っている」の意味、" be gone " は「どこかへ行ってしまってもういない」の意味に用いる。

> The sun **is set**. (太陽が沈んだ)
> The children **are** all **grown up**. (子供たちが皆成人した)
> {He **has gone** to America. (彼はアメリカへ行った)
> {When he **is gone**,... (彼がいなくなったら、死んだら)
> All hope **is gone**. (全く絶望だ)

MEANING OF THE PRESENT PERFECT
(現 在 完 了 の 意 義)

633 1. 現在完了はその名の示すようにまず第一に **Completion of an Action** (動作の完了) を示す。

Are you still **doing** your task?—I **have done** it already. （まだ仕事をしているのか——もうしてしまった）

634　2.　動作完了の意味から移行して、その結果である **Present State of Things** （現在の状態）を示すにいたる。

He **has become** rich (=He **is** rich) （彼は金持ちになった＝彼は金持ちだ）

Japan **has made** great porgress (=Japan **is** in an advanced state of civilization). （日本は非常な進歩をした＝文明が進んでいる）

635　【注意】　Past Tense は「いつ、どこで、どうして、何々した」など過去の動作そのものを述べるのが主意で、現在の状態については何も述べない。ところが Present Perfect は動作完了の結果としての現在の状態を示すのが主意で、いつ、どこで、どうしてその動作が行なわれたかについては何も述べない。

　(a)　Father **has gone out**, but he will soon be back. （父は出かけて不在ですが、じきに帰るでしょう）
　(b)　Mother also **went out** a little while ago, but I think she has come back by this. （母もさっき出かけましたが、もう帰っているでしょう）

Present Perfect の " **has gone out** " は「出かけて家にいない」という現在の状態をいうのであるから、(b) のように「出かけたがもう帰っているかもしれない」という場合には用いられない。そのときは Past を使うのである。

要するに Past Tense は単に過去を過去として述べるに止まり、Present Perfect は「過去の動作を述べて現在の状態を説明する」のである。

Present :—**Have** you a bicycle? （君は自転車があるか）
Pres. Perfect :—Yes, I **have bought** one. （ある、1 台買った）
Past :—Where **did** you **buy** it? （どこで買ったか）
　　　　I **bought** it at the market. （市場で買った）

Present :—**Do** you **know** German? （ドイツ語を知っているか）
Pres. Perfect :—Yes, I **have learned** a little. （知っている、すこし習った）
Past :—When **did** you **learn** it? （いつ習ったか）
　　　　I **learned** it when I was young. （若い時習った）

以上述べたところから Present Perfect に関して次のような二つの法則ができる。

636 第1則——Present Perfect は過去を示す副詞を伴なうことはできない。

 The new ambassador **has arrived** *a few days ago.* ....誤
 The new ambassador **arrived** *a few days ago.* ....正
 （新任大使は二、三日前に着いた）

637【注意】現在を含む時期をあらわす副詞 すなわち "**today**"（今日），"**this week**"（今週），"**this month**"（今月），"**this year**"（今年），"**lately**" or "**of late**"（近頃）などは Present Perfect に伴なうことができる。
 I **have received** a letter from him **today**.（きょう彼から手紙が来た）
 We **have had** much rain **this year**.（ことしは雨が多かった）
 ⎰He **has been** here **this morning**.　[午前中の談話]
 ⎱He　　　**was** here **this morning**.　[午後の談話]
 　（彼はけさここへ来た）
 I **have seen** nothing of Mr. Ito **of late**.（近頃いっこうに伊藤君に会わない）

638 第2則——Present Perfect は "**when**" で始まる疑問に用いることはできない。

 When has he **arrived**? ....誤
 When did he **arrive**? ....正
 （彼はいつ着いたか）

639【例外】「いつそんなことをしたことがあるか、そんなことをしたためしはない」という「反語」の意味の場合は "When...?" に Present Perfect を用いてもよい。
 When have I **told** a lie?（私がいつ うそをついたか、うそをついたためしはない）

USES OF THE PRESENT PERFECT
（現在完了の用法）

現在完了には三つの用法がある。

640 1. **Completion**（完了）——「何々<u>してしまった</u>」という意味

をあらわす場合で、通例次にあげるような副詞を伴なう。(副詞は斜体で示す)

> **Has** the bell **rung** *yet*? (もうベルが鳴ったか)
> It **has** *not* **rung** *yet*. (まだ鳴らない)
> He **has left** *already*. (彼はもう出発しました)
> I think he **has reached** Osaka *by this* (*time*). (今ごろはもう大阪に着いたでしょう)
> The performance **has** (*only*) *just* **commenced**. (演技は今はじまったばかりだ)
> I **have** *now* **arrived** at the close of my story. (今や物語のおわりに来た)

641 【注意】(1) 「もうベルが鳴りましたか」という疑問は "already" を用いずに "yet" を用いて、"Has the bell rung yet?" といわねばならないが、「[まだだと思うのに] もうベルが鳴ったのか」と驚きをあらわすには "Has the bell rung already?" という。

(2) 原則として "(only) just" および "now" は Present Perfect と共に用いられるが、"just now" は Past Tense に伴なう。

> He **has** *just* **arrived**. (彼は今着いたばかり)
> He **arrived** *just now*. (彼はつい今しがた着いた)

642 2. **Experience** (経験)――「何々したことがある」という意味をあらわす場合で、次のような副詞に伴なわれることが多い。

> **Have** you *ever* **met** him? (君は彼に会ったことがあるか)
> I **have** *never* **met** him. (決して会ったことがない)
> I think I **have met** you *before*. (前にお目にかかったことがあるように思います)
> I **have seen** many great men *in my time*. (私は今までたくさんの偉い人を見た)
> I **have met** him *once or twice* (*several times*). (私は彼に一、二度――何度も――会ったことがある)
> I **have met** him *very often*. (しばしば彼に会った)

643 【注意】(1) "ever?" が疑問に、"never" が否定に用いられるのは、"yet?" が疑問に、"not yet" が否定に用いられるのと同様である。"ever" は調子を強める語で「一体全体」くらいの語調を含む。これを「かつて」と訳すのは適当でない。否定の場合は "never" で「決して」

という訳語があてはまるが " ever " には適当な訳語がない。

(2) " **before** " は漠然と「以前」とか「今までに」とかいう意味だから Present Perfect に伴ない得るが、" **ago** " を用いて今より何時間前、何日前、何年前などと一定の過去の時を示すときは Past Tense を用いなければならない。比較:──

- I **have met** him *before*. (彼には<u>以前</u>会ったことがある)
- I **met** him *three years ago*. (<u>3 年前</u>に会った)

(3) 「見たことがある」とか「ない」とか経験の有無をいうには " have seen ", " have not seen " と Perfect を用いるはずだが、" ever ", " never " がつく場合は Past を代用してもよい。

- **Have** you *ever* **seen** a giraffe?
  =**Did** you *ever* **see** a giraffe? (君はキリンを見たことがあるか)
- I **have** *never* **seen** a live giraffe.
  =I *never* **saw** a live giraffe. (私は生きたキリンを見たことがない)

(4) " **in one's time** " は「今まで何々したこともある」と肯定文に用いられるが、「<u>生れてから一度も何々したことがない</u>」と否定する場合は " **in one's life** " を用いる。比較:──

- I **have seen** many great men *in my time*, but I **never** saw a greater man *in my life*. (私は偉い人もたくさん見たがあんな偉い人は<u>生れてから</u>はじめてだ)

644 3. **Continuance** (継続)──状態をあらわす動詞はその性質上すでに継続的概念を持つものであるから進行形を持たないことは前に述べた (cf. §§ 583—588)。継続をあらわす動詞に完了のあろうはずはない。そこでこの類の動詞の Present Perfect は完了を示さないで、<u>現在までの状態の継続</u>を示すのである。その場合には時間の長さをあらわす副詞を伴なうのが通例である。

- *How long* **have** you **been** ill? (君はいつから病気をしているか)
- I **have been** ill *for a week*. (もう 1 週間病気している)
- This house **has stood** here *these ten years*. (この家は 10 年この方この土地に立っている)
- I **have loved** you *all my life*. (私ははじめからずっとあなたを愛している)
- I **have had** this penholder *since I was in the high school*. (私はこのペン軸を高校時代から持っている)

How long **have** you **known** him? (いつから君は彼を知っていますか)

I **have known** him *from a child* (=*since he was a child; since his childhood*). (私は彼の子供の時から知っている)

I **have** *ever* **held** this view. (私はいつもこの意見でした)

645 【注意】(1) "**How long?**" は何時間、何日間、何年間などと時間の長さをたずねるのであるが、Present Perfect に伴なう場合は日本語では「いつから」という言い方をする。

How long have you lived in Tokyo? (君は今まで何年間東京に住んでいるか——いつから東京にいるか)

I have lived here **for seven years**. (もう 7 年間ここに住む——7 年前から住んでいる)

この 2 文は、たとえば日本滞在を終わって帰国する外人との応答の場合であり、一般的には進行形現在完了を用いる (cf. §§ 584 (1), 653)。

(2) 上述のような関係があるから、継続をあらわす Present Perfect を Past の代わりに用いることができる場合が多い。

Past	Present Perfect
When **did** you **come** here? (君はいつここへ来たか)	*How long* **have** you **been** here? (君はいつからここにいるか)
I **came** here *three years ago*. (3 年前に来た)	I **have been** here for three years. (3 年前からここにいる)
He **was taken ill** *at the end of last month.* (彼は先月末に病気にかかった)	He **has been ill** *since the end of last month.* (先月末から病気をしている)
She **became** a widow *seven months ago.* (彼女は 7 ヵ月前に未亡人になった)	She **has been** a window *for seven months.* (7 ヵ月前から未亡人です)
He **died** *five years ago.* (彼は 5 年前に死んだ)	He **has been dead** *these five years.* (彼が死んでからもう 5 年になる)

最後の例の "**has been dead** ..." は "be dead" すなわち「故人になってこの世にいないという状態」が 5 年間続いている意味である。

(3) 継続の意の "**ever**" は "always" くらいに解したらよい。

646 状態をあらわす動詞の Present Perfect は上述のように継続をあらわすほかに、経験をあらわすこともある。

Have you *ever* **been** ill? (君は病気をしたことがあるか)
I **have** *never* **been** ill in my life. (私は生れてから病気をしたことがない)
I **have lived** both in China and India. (私は中国にもインドにも住んだことがある)
I **have loved** you *once*. (私はあなたを愛したこともあります)

647 Verb of Destiny (なりゆき動詞)——なりゆきを示す動詞すなわち "**What has become of** him?"(彼はどうしたか)という疑問に答える動詞の Present Perfect は、動作の直接の結果である Presence (いること), Absence (いないこと) などの意味をあらわすのに用いられ、経験の意味には用いられない。

この類の動詞のおもなものを次に掲げる。

To go:—　　He **has gone** to America.=He **is** in America. (彼はアメリカへ行った——アメリカにいる)
To come:—　He **has come** home.=He **is** home. (彼は帰朝した——本国にいる)
To arrive:—　He **has** just **arrived**.=He **is** here. (彼は今着いた——ここにいる)
To leave:—　He **has left** school.=He **is** no longer in school. (彼は学校を出た——学校にいない)
To become:— He **has become** rich.=He **is** rich. (彼は金持ちになった——金持ちだ)

648 Verb of Disposal (処分動詞)——処分を示す動詞、すなわち "**What have** you **done with** it?"(それをどうしたか) に答える動詞は、動作の直接の結果、すなわち Possession (所有), Non-possession (不所有) などの意味を示すのに用いられる。

To buy:—　　I **have bought** a watch.=I **have** one. (私は時計を買った——時計がある)
To sell:—　　I **have sold** my watch.=I do not **have** it. (私は時計を売った——もう持っていない)

To give:— I **have given** my watch to Ito.＝Ito **has** it. （私は時計を伊藤にやった——伊藤が持っている）

649 "**have been**"——前述のように "**have gone**" は「行っている」という意、"**have come**" は「来ている」という意で、いずれも Whereabouts（所在）を示すのみに用いられる。そこで「行ったことがある」、「来たことがある」という経験をあらわすには "**have been**" という形を用いる。

```
⎧ He has gone there ……………そこへ行っている
⎩ He has been there ……………そこへ行ったことがある
⎧ He has come here ……………ここへ来ている
⎩ He has been here………………ここへ来たことがある
```

Experience	Whereabouts
Have you ever **been** abroad?（君は洋行したことがあるか）	He **has gone** abroad. （彼は洋行している）
Has the doctor **been** here to-day? （きょう医者が来たか）	**Has** the doctor **come**? （医者が来ているか）

650 【注意】(1) "**have been at** (or **in**)…" は「…へ行ったことがある」という経験をあらわし、"**have been to**…" は「…へ行って来た」あるいは「近頃…へ行った」などの意味をあらわす。

(a) ⎧ **Have** you ever **been at** Koganei? （小金井へ行ったことが<u>ある</u><u>か</u>）
   ⎩ No, I **have** never **been** there yet. （いや行ったこと<u>がない</u>）

(b) ⎧ **Have** you **been to** Mukojima? （<u>もう</u>向島へ行ったか）
   ⎩ I **have** not **been** there yet. （<u>まだ</u>行かない）

(a) はいつと限らず「行ったことがある」、あるいは「ない」という経験の意味、(b) は花見時の問答で、「もう花見に行った」とか「行かない」とかいう完了の意味である。

副詞の "**there**" は "**at that place**" の意味にも "**to that place**" の意味にもなるから区別はない。大体上述のような区別はあるが、一般的な「行ったことがある」の意味に "**have been to**" を用いて、"Have you ever been to Kyoto?" （京都へ行ったことがあるか）などという人もある。

(2) "**have been**" の次に Infinitive が続けば「何々しに行って来た」の意味をあらわす。

Where have you been today? (きょうはどこへ行ったか)
I **have been** *to see* the cherry blossoms. (花見に行ってきた)
I **have been** to the station *to see* a friend off. (友人を見送りに駅へ行ってきた)

(3) 「行ったことがある」が、文字どおり、「往来の動作」に関する場合は、"**have gone**" を経験の意味に用いる。

Have you ever gone to Oshima **by boat**? (船で大島へ行ったことがあるか)

この場合、"go (to Oshima) by boat" という動作についての経験をたずねるのであるから、この文で "gone" の代わりに "been" とはしない。すなわち、この文でたずねているのは「大島滞在」の経験ではなく、「特殊な行き方」の経験なのである。

以上を整理して次の 2 法則を得る。

651 第 1 則——"**have gone**", "**have come**" は経験の副詞とともには用いられない。ただし上の (3) は例外。

{ **Have** you *ever* **come** here? ……………………………誤
{ **Have** you *ever* **been** here? ……………………………正
{ I **have gone** there *once or twice*. ………………誤
{ I **have been** there *once or twice*. ………………正

652 第 2 則——"**have gone**" は一人称、二人称には用いられない。現在対話している相手同志が "I have gone"（私は行っている)、"You have gone"（君は行っている）などということのあろうはずはない。

{ **Have** you **gone** to America? …………………………誤
{ **Have** you **been** in America? …………………………正

【注意】 Indirect Narration (間接話法) において、"**go**" が、ある特殊な意味に用いられる場合はこの限りでない。

If anybody asks for you, where shall I say **you have gone**?——Say that **I have gone** to my office. (どなたかお訪ねになったらどこへいらっしゃったと申しましょうか——事務所へ行ったと言ってください)

この例における "**you have gone**", "**I have gone**" は Direct Narration では "**he has gone**" となるべきもので正しい。

I have gone too far to retreat. (行き過ぎてひくにひかれない)
この例は "go" が特殊な意味に用いられたものである。
上記 §650 (3) もまた "go" が特殊な意味の場合と解される。

(8) PROGRESSIVE PRESENT PERFECT

進行形現在完了

653 この Tense は現在まで動作の継続をあらわす。比較：――

(a) **I have been studying** English these five years. (私は 5 年このかた英語をやっている)
(b) **I have studied** English for five years. (私は 5 年間英語をやった、今まで 5 年英語をやってきた)

(a) の "**have been studying**" は 5 年前から現在まで研究を継続していることを示し、(b) の "**have studied**" は単に 5 年間研究したことがある、または、今までで完了したということを示す。(a) の方は、「英語の勉強がこれからも続くであろう」という意味があり、(b) の方は、「もうこれで一応打ち切り」という意味になることが多い。

(a) Where **have** you **been** all this while?—I **have been** in my room. (君は今までどこにいたのか――自分の へや にいた) [状態]
(b) What **have** you **been doing** all this while?—I **have been reading** the book you have kindly lent me. (君は今まで何をしていたか――君の貸してくれた本を読んでいた) [動作]

(a) は "**be**" (いる) という状態が現在まで継続したことを示し、(b) は "**do**" (なす) あるいは "**read**" (読む) という動作が現在まで継続したことを示す。ただしこれをまた "be doing"、"be reading" という状態の継続と見てもさしつかえはない。

654 【注意】 (1) Progressive Present の形を持たない動詞には Progressive Present Perfect の形もないことはもちろんである。

$\begin{cases} \text{I } \textbf{am knowing} \text{ him well—I } \textbf{have been knowing} \text{ him for ten} \\ \text{years.} \dotfill 誤 \\ \text{I } \textbf{know} \text{ him well—I } \textbf{have known} \text{ him for ten years.} \dotfill 正 \\ \text{(私は彼をよく知っている——10 年前から彼を知っている)} \end{cases}$

$\begin{cases} \text{I } \textbf{am not seeing} \text{ him recently. I } \textbf{have not been seeing} \text{ him} \\ \text{for a year.} \dotfill 誤 \\ \text{I } \textbf{don't see} \text{ him recently. I } \textbf{have not seen him} \text{ for a year.} \dotfill 正 \\ \text{(わたしは彼に近ごろ会わない、1 年も会ってない)} \end{cases}$

(2) 同一の動詞で状態を示す場合(進行形なし)と、動作を示す場合(進行形にもなる)とがある (cf. §584 (1))。

$\begin{cases} \text{The castle } \textbf{stands} \text{ on the hill. It } \textbf{has stood} \text{ there for a century.} \\ \text{(城は丘の上に立っている。百年も前からそこに立っている)} \\ \text{He } \textbf{is standing} \text{ at the door. He } \textbf{has been standing} \text{ there for} \\ \text{an hour. (彼は玄関に立っている。1 時間も前から立っている)} \end{cases}$

EXERCISE 38

(**A**) 次の和文を英訳せよ。
1. 彼はなかなか世間を見た人だ。
2. ご子息は近ごろよほど進歩 (to make progress) されました。
3. 彼は学校を出て実業界にはいった (to go into business)。
4. あの人が実業界にはいったのは卒業早々だった。
5. 彼は卒業して以来ずっと実業界にいる。
6. とんだことをしてすみません。
7. 私は父が死んでからおじのせわになっている (to live with one)。
8. 父は 3 年前に死んだから、もう 3 年おじの所にいる。
9. 彼らが結婚してから 3 年になる。
10. 君はきょうはどこへ行ってきたか。
11. 日比谷へ菊見に行ってきました。
12. 彼は今こそおちぶれ (to be reduced to poverty) ているが、昔は相当な暮しをした (to see better days) ものだ。
13. あの人はもう盛り (one's best day) を過ぎた。
14. もう半年も彼からたよりがない。
15. この間やった金はどうしたか。

16. あれで本を買いました。
17. お待ち遠さまでした、長く待ちましたか。
18. 30 分ばかりお待ちしました。
19. 長い雨だ、きょうでもう 1 週間降る。
20. 今はよい時候 (fine season) だ。きょうで 1 週間天気が続く。

(**B**) 次の文に誤りがあれば正せ。

1. Has the cherry-trees blossomed already? (桜はもう咲いたか)
2. It seems somebody has come into my room in my absence. (だれか私のるすに私の へや へはいったらしい)
3. He has often come here last month. (彼は先月何度もここへ来た)
4. I have read this book when a child. (私は子供の時この本を読んだことがある)
5. When has the accident taken place? (その事故はいつのことか)
6. It has taken place a few days ago. (二、三日前のことです)
7. I just received a letter from my brother. (いま兄から手紙が着いた)
8. Have you ever gone abroad? (君は洋行したことがあるか)
9. No, I was never outside the country, but my brother has gone to several countries. (いや私は 1 歩も国を離れたことはない、しかし兄は方々の国へ行った)
10. Have you ever gone to Kyoto? (君は京都へ行ったことがあるか)
11. Yes, I have ever gone there. (前に一度行ったことがある)
12. How long have you been living in Japan? (あなたはいつから日本においでですか)
13. I have studied German these four years. (私はこの 4 年間ドイツ語をやっている)
14. What have you been doing?—I have been seeing some pictures. (何をしていたか——絵を見ていました)
15. How long has he been ill? (彼はいつから病気しているか)
16. He has suffered from influenza for a fortnight. (彼は 2 週間前からインフルエンザをやっている)
17. I have bought a bicycle but sold it the next day. (私は自転車を買ったけれど翌日売ってしまった)
18. The castle has been standing since Hideyoshi's days. (あの城は秀吉時代からある)

19. How did you enjoy yourself today?—I have had a very good time; I must thank you for your hospitality. (きょうはいかがでございましたか——たいへん愉快でした、おもてなしにあずかってありがとうございました)
20. I have never had such a good time in my time. (こんなにおもしろかったことは生まれてはじめてです)

---

(9) PAST PERFECT

過 去 完 了

655 Past Perfect と Past との関係は、Present Perfect と Present との関係に全く等しい。

> He **has left** school.＝He *is* not in school now. (彼は学校を出た——今はもう学校にいない)
> He **had left** school.＝He *was* not in school then. (彼は学校を出ていた——その時はもう学校にいなかった)

> He **has seen** much of life.＝He *knows* the world. (彼は世間を見ている——世情に通じている)
> He **had seen** much of life.＝He *knew* the world. (彼は世間を見ていた——世情に通じていた)

> He **has been** married for a year.＝It *is* a year since he got married. (彼が妻を迎えてから 1 年たつ)
> He **had been** married for a year.＝It *was* a year since he had got married. (彼が妻を迎えてから 1 年たっていた)

こういうふうに、Past Perfect は Present Perfect と等しく、完了、経験、継続をあらわすのに用いられる。ただ Past Perfect の方はすべて 過去のある一点 (これを視点という) を基準として、それまでに完了したこと、それまでにあった経験、それまで継続したことをあらわすのである。

直説法の時制(過去完了) 331

656 1. **Completion** (完了):——

School **had begun** *already*. (授業がもう始まっていた)
By that time I **had finished** my task. (その時はもう仕事を終っていた)
I asked if the bell **had rung** *yet*. (ベルがもう鳴ったかとたずねた)
He said that the bell **had** *not* **rung** *yet*. (まだ鳴らないといった)
I got to the station to find that the train **had** *only just* **left**. (駅へ着いてみたら汽車が出たばかりというところだった)

657 2. **Experience** (経験):——

I wondered if I **had** *ever* **met** him. (私は彼に会ったことがあるのかしらと思った)
I concluded I **had** *never* **met** him. (会ったことはないと断定した)
I knew him, for I **had met** him *before*. (私は彼を知っていた、以前会ったことがあったから)
I **had met** him *several times*. (何度も会ったことがあった)
But I **had** *seldom* **spoken** to him. (しかし口をきいたことはめったになかった)

658 3. **Continuance** (継続):——

I **had** *long* **wanted** to know him. (私はとうから彼と知り合いになりたいと思っていた)
How long **had** you **known** him? (いつから彼を知っていたのか)
Then I **had known** him *for seven years*. (そのとき、私は彼と7年前からの知り合いであった)
I **had known** him *since we were boys together*. (おたがいに子供であったころから知っていた)
Up to that time all **had gone** well. (その時までは万事好都合に行った)

659 4. **Double Past** (二重過去)——Past Perfect には以上3用法のほかに、ある過去に対して、なおその過去であること [すなわち、過去の視点よりも以前] を示す用法がある。比較:——

(a) He said that his father **had returned**.
  (=He said, "My father *has returned*.")
  (「父はもう帰りました」といった) [視点における現在完了]

(b) He said that his father **had returned** the day before.
　　　(=He said, "My father *returned* yesterday.")
　　　(「父はきのう帰りました」といった) [視点における過去]

　(a) の "**had returned**" は直接話法の "has returned" (もう帰った) という完了を示す Present Perfect から変わったものである。しかるに (b) の "**had returned**" は "returned" (過去の一定の時に「帰った」) から変わったもので、いわゆる **Double Past** (二重過去) である。すなわち、「過去の視点」における現在完了と過去は、ともに、「現在の視点」からは、過去完了となる。

(c) He said that he **had met** her before.
　　　(=He said, "I *have met* her before.")
　　　(彼は以前彼女に会ったことがあるといった)
(d) He said that he **had met** her three years before.
　　　(=He said, "I *met* her three years ago.")
　　　(彼は3年前に彼女に会ったといった)

　(c) の "**had met**" は "have met" (会ったことがある) という経験を示す Present Perfect から変わったものである。しかるに (d) の "**had met**" は二重過去である。

660　5. Priority (先位過去)——Past Perfect はまた、ある過去の動作に先立つことを示すのに用いられる。連続して起こった過去の動作を述べるのに、その自然の順序にしたがうときは Past を重ねて用いればよいが、Complex Sentence においては後の動作を先に述べることがある。その場合には先の動作は先位過去に属し、やはり Past Perfect を用いてあらわす。

(a) I **bought** some books and **read** them.　(私は本を数冊買ってそれを読んだ)
(b) I **read** the books which I **had bought**.　(私は買った本を読んだ)

　(a) は "**bought**" (買った), "**read**" (読んだ) という二つの過去の動作の起こった順序にしたがって並べたもので、全体は二つ

の Independent Clause からなる Compound Sentence である。(b) はその順序を転倒して Complex Sentence の構文となり、先に起こった動作が、かえって後に述べられることとなったから **"had bought"** と Past Perfect を用いたのである。

> The maid **broke** a plate and **concealed** it. (女中が皿を 1 枚こわしてそれを隠した)
> The maid **concealed** the plate which she **had broken**. (女中はこわした皿を隠した)

> Father **built** a house, and we **moved** into it. (父が家を建て、一家はそれへ転居した)
> We **moved** into the house which father **had built**. (一家は父が建てた家へ転居した)

661 【注意】 過去の動作をその自然の順序に従って述べながら、先に起こった動作に Past Perfect を用いることがある。
  (a) It **rained** all night, but it **cleared** up in the morning.
    (夜通し降ったが朝になって晴れた)
  (b) It **had rained** all night, and the roads **were** bad (夜通し降ったので道が悪かった)

 (a) は単に「降った」、「晴れた」という過去の動作を順序に従って述べたものであるが、(b) は「道が悪かった」というのが主意であり、視点は、それを述べる時に一致するから、「雨が降った」は、視点以前のことと感じられるのである。

(10) PROGRESSIVE PAST PERFECT
進行形過去完了

662 この Tense はある動作が過去のあるときまで継続したことを示す。

  I **had been waiting** about an hour when he came. (彼が来た時までに 1 時間も待った——1 時間も待ってから彼が来た)
  Up to that time, I **had been studying** without any definite object. (その時までは、はっきりした目的もなく研究をしていた)

EXERCISE 39

次の和文を英訳せよ。
1. けさ私が来た時はまだだれも起きていなかった。
2. なくした時計がけさ見つかりました。
3. 私は石を拾って犬に投げつけた。
4. 汽車が 1 時間も走ったと思うころとまった。
5. 彼は食べたものを皆はいて (to throw up) しまった。
6. 東京へ引越して 3 年目に父が死にました。
7. 消防隊 (fire brigade *or* firemen) の着いたときは倉庫はもう焼け落ちて (to be burnt down) いた。
8. 1 時間も待ったろうと思うころ伊藤がやって来た。
9. ゆうべ君に借りた本を読んでおもしろかった (to enjoy reading)。
10. その当時彼は職を失って困って (to be badly off) いた。

---

(11) FUTURE PERFECT

未 来 完 了

663 これは未来のあるときを基準とした完了、継続、および経験をあらわす。すなわち、視点が未来に移行した場合である。

(a) **Completion** (完了):——

I **shall have finished** my task by the time school begins. (授業のはじまるまでには仕事をやってしまえる)

The new building **will have been completed** by the time you return. (お帰りになるまでには ふしんもでき上っておりましょう)

"Before this time tomorrow I **shall have gained** a peerage or Westminster Abbey."—*Nelson.* (あすの今ごろは自分は[戦勝の功により]貴族になるか、あるいは戦死して ウェストミンスター寺院にまつられるようになっている)

(b) **Continuance** (継続):——

I **shall have been** ill in bed for five years by the end of this year. (ことしの末までで 5 年間病臥していることになる)

(c) **Experience** (経験):──

By the time you succeed in your undertaking, you **will have seen** something of the world. (君がこの事業に成功するころには多少世間を見ているだろう)

664 【注意】 時または条件を示す Adverb Clause 中にあっては Future Perfect は Present Perfect の形となる (cf. §575)。これは Subjunctive " shall " がはぶかれるからである (cf. §576)。

I shall go out with you when I [*shall*] **have written** my letters. (手紙を書いてしまってからおともいたしましょう)
I intend to go into business when I [*shall*] **have finished** school. (学校がすんだら実業界にはいるつもりだ)

この Present Perfect の形さえも避けて、単に Present の形でこの意味をあらわすこともある。

I will lend you my pen when I **finish** (=*shall have finished*) my composition. (作文を書いてしまったらペンを貸してあげよう)

(12) PROGRESSIVE FUTURE PERFECT

進行形未来完了

665 これは未来の、あるときまでの動作の継続をあらわす。

It **will have been raining** a whole week if it does not stop raining tomorrow. (あす止まなければまる1週間降ることになる)
I **shall have been studying** English for five years next April. (こんどの4月で英語を5年やっていることになる)

EXERCISE 40

(**A**) 次の和文を英訳せよ。
1. 君はまだ作文を書いているのか──君の帰って来るまでには書いてしまう。
2. なんという長い雨だろう、あす降ると1週間になる。
3. あなたがご帰国 (to come back from abroad) のころにはこの子も学校を卒業しております。

4. まだ食ってるのか、もうじき 30 分になるぜ。
5. もう 1 時間たてば月がはいって (to set) しまっているだろう。
6. 彼はいつから洋行しているか。
7. 今年いっぱいでちょうど 5 年いるわけだ。
8. 君の帰るころには私はここを去ってしまうだろう。
9. 君は英語を何年やっているか。
10. この 9 月でちょうど 4 年になる。

(**B**) カッコ中の動詞を適当な時制に直せ。
1. I (write) for the last two hours. (私は 2 時間前から書いている)
2. Our party not (go) far when it started to rain. (われわれの一行がいくらも行かないうちに雨が降りはじめた)
3. The ship (run) only a short distance when she was overtaken by the enemy. (船はまだ少し走ったばかりのとき敵に追いつかれた)
4. I not yet (finish) the book you lent me. (君の貸してくれた本をまだ読んでしまわない)
5. He (leave) here a moment ago. (彼はついさっきここを去った)

(**C**) 次の文に誤りがあれば正せ。
1. I was ill all this week. (私は今週中病気だった)
2. I shall never do such a thing. (私は決してそんなことはしないよ)
3. He is dead twenty years ago. (彼は 20 年前に死んだ)
4. Shall you do me a favour? (お願いをかなえてくださいませんか)
5. I don't see him since Monday last. (月曜以来彼に会わない)

II. TENSES OF THE SUBJUNCTIVE MOOD
仮定法の時制

666 仮定法にも直接法と同じく Tense の形はあるが、直説法と異なるところは、次の 2 点である。

(a) 三人称単数現在の語尾に "**-s**" の変化がない。
(b) 未来は人称にかかわらず無意志には "**should**"、有意志

には "**would**" を用いる。

667 ただし "**to be**" の仮定法だけは直説法と全然異なった形を持ち、次のような変化をする。

The Verb "To Be"

Subjunctive Present	Subjunctive Past Perfect
If I be	If I had been
If you be	If you had been
(If thou be)	(If thou hadst been)
If he be, etc.	If he had been, etc.
Subjunctive Past	**Subjunctive Future**
If I were	If I should be
If you were	If you **should be**
(If thou wert)	(If thou shouldst be)
If he **were**, etc.	If he **should be**, etc.

668 次に "**to write**" の仮定法の時制を表示する。

The Verb "to Write"

	Primary	Progressive
Subj. Present	If he write	If he be writing
Subj. Past	If he wrote	If he were writing
Subj. Future	If he should write	If he should be writing
Subj. Past Perf.	If he had written	If he had been writing

669 Passive Verb "**to be written**" の仮定法時制は次のとおりである。

The Verb " to be Written "

	Primary	Perfect
Subj. Present	If it be written	
Subj. Past	If it were written	If it had been written
Subj. Future	If it should be written	

670【注意】 古い英語では、人称のいかんにかかわらず、無意志未来は" shall ", 意志未来は" will "を用いて

    Non-volitional   **Volitional**
 If I (you, he) shall fail, . . . If I (you, he) will try, . . .
の形を用いたこともある。Subjunctive Future が人称にかかわらず、無意志には" should ", 有意志には" would "を用いるのも、やはり昔の用法の残ったものである。

 「本来の Subjunctive」の形は、" If I be ", " If I were ", " If he write " などのように、助動詞を用いないものである。ゆえに" shall ", " will ", " should ", " would "を用いる形は、厳密には「代用の Subjunctive」と呼ぶべきである。現今の Subjunctive というのは、この (a)「本来の Subjunctive」と (b)「代用の Subjunctive」とを含んだものと言える。三人称単数語尾に" -s "の変化のないのは、本当は (a) のなごりであるが、これを便宜上「(b) から" shall ", " will ", " should ", " would "を省略して、そのあとにくる Root のみが残った」と考えることもできる。

(1) SUBJUNCTIVE PRESENT
仮 定 法 現 在

671 この Tense は通例" if ", " unless ", " provided " などにひきいられる条件の Adverb Clause 中に用いられるものである。現今の英語ではこの Tense は次第にすたれ、その代わりに Indicative Present (直接法現在) を用いて (すなわち三人称単数の語尾に" -s "をつけて)、下の文の ( ) の中のように言う。

If the report **be** (or **is**) true, there will be a war. (この評判が本当なら戦争になるだろう)

Unless he **consent** (or **consents**), we can do nothing. (彼が承知しなければ、われわれは何もできない)

Provided he **confess** (or **confesses**) his fault, I will pardon him. (彼が過失を自白すれば許してやる)

672 この Tense は 名称 および 形 は Present であるけれども、意味においては現在あるいは未来に関する Uncertainty（不確実）をあらわす。

(a) If he **be** (or **is**) too old, I will not employ him. (あまり老年ならやとわない)
(b) If it **rain** (or **rains**) tomorrow, I shall not leave. (あす雨なら出発しない)

(a) においては「彼が老年であるか否か」という現在の事実の不確実をあらわすが、(b) においては「あす降るか降らぬか」という未来に関する不確実をあらわすものである。

673 【注意】(1) この Tense は "**whether**" あるいは "**if**" にひきいられ疑問をあらわす Clause、および "**when**"、"**till**" などにひきいられ時をあらわす Clause 中にも用いられるのであるが、現今ではやはり Indicative Present を用い、下の（ ）の中のように言う。

I doubt **whether** the report **be** (or **is**) true or not. (そのうわさは本当かどうかあやしいものだ)

I wonder **if** this report **be** (or **is**) really true. (そのうわさは本当かな)

We had better wait, **till** the storm **be** (or **is**) over. (暴風雨のやむまで待つ方がよかろう)

(2) "**though**"、"**whether**"、"**whatever**"、"**however**" などにひきいられ譲歩の意味をあらわす Clause 中にもこの Tense を用いたものであるが、今では "**may**" を加えて用いる (cf. §719, a)。

Though he **may slay** me, yet I will trust in him. (たとえ彼が私を殺そうとも私は彼を信ずる)

Whether the report **may be** true or not, something must have happened. (そのうわさが本当であろうとなかろうと、何事か起こったにちがいない)

Whatever the matter **may be**, do your best. (何事であろうと全力をつくせ)

こういう Concessive Clause を書き直して Subjunctive Present の動詞を文の先頭に出すことがある。

Be the matter what it **may**, do your best.

(3) 一般の名詞節の中でも、むかしは Subjunctive Present を用いたが、今は "should" を加えて用いる。

It is necessary that he **should remain**. (彼はここに止まらねばならない)

It is requested that subscriptions **should be paid** to the treasurer without delay. (寄附金は猶予なく会計係へお払いをこう)

【注意】 アメリカ英語では "should" をはぶいた形、すなわち Subjunctive Present を名詞節に用いることが多い。たとえば、上例を "It is requested that **subscriptions be paid**..." のようにする。

(4) 祈願をあらわす文中にも この Tense が用いられる。 この場合に命令法と誤らぬよう注意を要する (cf. §719, c)。

God **bless** you! (神が君を祝福せんことを、君に幸福あらんことを)
Long **live** the Emperor! (皇帝陛下万歳)
Devil **take** it! (えいくそ、しまった)

(2) SUBJUNCTIVE PAST
仮定法過去

674 1. この Tense は現在の事実に反対の Supposition (仮定) をあらわす。 すなわち名称および形においては過去であるがその述べるところは現在に関するのである。

If I **were** a bird, I would fly to you. (ぼくが鳥なら飛んで行くのだが)

If I **could** fly, I would fly to you. (ぼくが飛べたら、飛んで行くのだが)

これらの例において "if I **were** a bird" は "I **am not** a bird" (自分は鳥ではない) という事実に反する仮定、 "if I **could** fly" は "I **cannot** fly" (自分は飛べない) という事実に反する

仮定である。

【注意】 次の 2 文を比較せよ。
(a) If he **was** rich, he **was** not happy. （彼は金持ちであったとしても幸福ではなかった）
(b) If he **were** rich, he **would** not **be** happy. （彼は金持ちだったら幸福ではないだろうに）

(a) は過去のことに関して、「彼が金持ちであったかもしれないが、たとえ、そういうことが成立しても、彼は幸福ではなかった」の意味。

(b) は " He **is not** rich, so he **is** happy " という現在の事実の裏をいう。ただし (b) でも口語では " was " を用いる。

675 2. この Tense を " wish " という動詞の後に用いれば Unattainable Desire （かなえられぬ願い）をあらわすもので、その裏の意味は現在の事実を悲しむのである。

I **wish** I **were** a bird. （鳥ならばよかろうに）
I **wish** I **could** fly. （飛べたらばよかろうに）

という願いの裏面には、それぞれ

I am sorry I am not a bird. （鳥でなくて残念だ）
I am sorry I cannot fly. （飛べなくて残念だ）

という意味を含むのである。

676 3. " **as if** " は常にこの Tense を伴なうが、これは一種の省略文である。たとえば

The child talks **as if** he **were** a man.
 (=He talks *as* he would talk *if* he were a man.)
 （あの子はおとなのようなことを言う）

は 「もし おとな だったら こうも言うだろうと 思われるような口ぶり」という意味で、" He **is not** a man "（おとなではない）という裏の意味をいうものである。なお二、三の例を追加しよう。

He lives **as if** he **were** rich. （彼は金持ちのようなくらしをしている）
He talks **as if** he **knew** everything. （彼は何でも知っているようなことを言う）

【注意】 "as though"="as if"
He talks **as though** he knew everything.

677 4. **"as it were"**=as if it were so; so to speak, これは少し無理に聞こえる場合(すなわち誇張や、ふつうでない語句を使う場合)に用いられる。「そんなことを言うことができれば」、「いわば」などの意味である。

> He is, **as it were**, a walking dictionary. (彼はいわば生き字引のようなものだ)
> He is, **as it were**, trusting to a broken reed. (彼はいわば折れた芦にすがっているようなものだ)

678 5. **"were to..."** の形は未来に関する純粋の仮定、すなわち、議論のための仮定条件をあらわす。

> If the sun **were to** rise in the west, my resolution would be unchanged. (太陽が西から上ろうとも、私の決心は変わらない)
> I am not going abroad, but if I **were to** go, I would go to England. (私は外国へは行かない、しかし行くならイギリスへ行く)

(3) SUBJUNCTIVE PAST PERFECT
仮定法過去完了

679 Subjunctive Past が現在の事実の反対を仮定するように、Subjunctive Past Perfect は過去の事実に反対の仮定をするのに用いられる。

Subjunctive Past	**Subjunctive Past Perfect**
If I **were** rich, I would go abroad. (金持ちならば洋行するのだが)	If I **had been** rich, I would have gone abroad. (金持ちだったら、洋行したのだが)
If I **had** the money, I would lend it to you. (その金があれば貸してあげるのだが)	If I **had had** the money, I would have lent it to you. (その金があったら貸してあげたのだが)

I **wish** I **knew** English. (=I am sorry I *do not know* English.) (英語を知っていたらよかろうに)

He looks **as if** nothing **were** the matter [though something *is* the matter]. (何事もないようなふうをしている——実は何事かあるのだが)

I **wish** I **had learned** English. (=I am sorry I *did not learn* English.) (英語を習っておけばよかったのに)

He looks **as if** nothing **had happened** [though something *has happened*]. (何もなかったようなふうをしている——実は何かあったのだが)

(4) SUBJUNCTIVE FUTURE
仮 定 法 未 来

680 Subjunctive Present は現在あるいは未来に関する Uncertainty (不確実) をあらわしたが、それに " should " を付加して Subjunctive Future とすると、その Uncertainty の概念を強くして Improbability (有りそうもないこと) をあらわす。

Subjunctive Present

I fear I shall fail. What shall I do if I **fail**? (どうも落第しそうだ。落第したらどうしよう)

I think it will rain. I shall not leave, if it **rain(s)**. (降りそうだ、もし降れば出発しない)

Subjunctive Future

I hope I shall succeed. But what should I do if I **should fail**? (及第のつもりだが、<u>万一</u>落第したらどうしよう)

I don't think it will rain. I shall leave, even if it **should rain**. (降りはしまいが、たとえ降っても出発する)

681 Subjunctive の " would " は意志動詞のみにつき、次のような用法がある。

　(a)　現在の事実の裏をあらわす。

　　I could do so, if I **would** [do so]. (私はしようと思えばできるのだが) [しようと思わない]

You might go, if you **would** [go].　(君は行こうと思えば行くことができるのだが)〔行こうと思わない〕

(b)　人がするか しないか わからないことをあらわす。

If you **would** grant my request, I should be greatly obliged to you.　(お願いをかなえてくだされはばありがたいが)

If you **would** only **do** your best, you would succeed.　(君は全力をつくしさえすれば成功するのだが)

III. CONDITIONAL MOOD
帰　結　法

682　Conditional Mood (帰結法) は "if"-Clause *or* Conditional Clause (条件節) に対し、その「条件の結果」を示す法である。換言すれば Subjunctive Mood に応ずる法である。

帰結法は "should", "would", "could", "might" を用いて作るのであるが、Tense の形は二つしかない。

1. Simple Form:——

$$\left.\begin{array}{l}\text{should}\\ \text{would}\\ \text{could}\\ \text{might}\end{array}\right\} + \text{Root-form}$$

2. Compound Form:——

$$\left.\begin{array}{l}\text{should}\\ \text{would}\\ \text{could}\\ \text{might}\end{array}\right\} \text{have} + \text{Past Participle}$$

【注意】(1) Conditional Mood において "should", "would" を意志、無意志に使い分けることは、Indicative Mood の項 (§§ 602-608)

で述べた"shall","will"の用法と全く等しい。

(2) "could"および"might"の用法は後章"can","may"の項(§§ 722-730)であわせ述べる。

(1) SIMPLE CONDITIONAL FORM
帰結法単純形

この形は"if"-Clause が Subjunctive Past かあるいは Subjunctive Future の場合、それに応ずる形として用いられる。

683 1. Subjunctive Past に応ずる場合は、現在の事実の裏をあらわす。

> I **would buy** it, *if I had* the money.
> (＝I *do not buy* it, because I have no money.)
> (金があれば買うのだが、無いから買わない)
> *If I were* rich, I **would go** abroad.
> (＝I am not rich, so I *do not go* abroad.)
> (私は金持ちなら洋行するのだが、金持ちでないから洋行しない)

意志、無意志の使い分けは次のとおり。

Non-volitional (無意志):——

> If I tried, **I should** succeed. (私はやれば成功するのだが)
> If you tried, **you would** succeed. (君はやれば成功するのだが)
> If he tried, **he would** succeed. (彼はやれば成功するのだが)

Volitional (有意志):——

> If I had the money, {**I would** lend it to you. / **you should** have it.}
> (金があれば君に貸してあげるのだが)
> If I had the money, {**I would** lend it to him. / **he should** have it.}
> (金があれば彼に貸してやるのだが)

684 2. Subjunctive Future に応ずる場合は、単に帰結的未来をあらわす。

If you *would* grant my request, **I should esteem** it a great favour. (願いをかなえてくだされればありがたく思いますが)

You **would have** to leave school, if you *would* not amend your conduct. (行状を改めないと学校をやめなければなりませんよ)

He **would have** to give up his studies, if his eyes *should* not get better. (彼は目がなおらなければ学問をやめねばならない)

(2) COMPOUND CONDITIONAL FORM
帰結法複合形

685 この形は Subjunctive Past Perfect に応ずる形で常に過去の事実の裏をあらわす。

I **would have written** to you if I *had known* your address. (=I *did not* write to you, because I *did not know* your address.) (ご住所が知れていたら手紙を上げるのでしたが)

If the doctor *had come* earlier, the invalid **would have been** saved. (=The doctor *came* too late, and so the invalid *was not* saved.) (医者がもっと早く来たら病人は助かったのだが)

意志、無意志の使い分けは Simple Form の場合と同様。

Non-volitional (無意志):──

If I had tried, **I should have succeeded**. (私は、やったら、成功したのだが)

If you (he) had tried, **you (he) would have succeeded**. (君は──彼は──やったら成功したのだが)

Volitional (有意志):──

If I had had the money, { **I would have lent** it to you.
you should have had it.

(金があったらば貸してあげたのだが)

【注意】「あのとき～であったら、今ごろは～であろう」のような場合は、前半には Subjunctive Past Perfect, 後半には Conditional Simple Form を用いればよい。

If **he had taken** my advice then, he **would be** a rich man now. (あのとき、私の忠告をきいていれば、今は金持ちになっているだろうに)

帰　結　法

EXERCISE 41

次の和文を英訳せよ。
1. 私が君だったらそんなことはしない。
2. 読む価値のある (to be worth reading) 本なら読んでみよう。
3. もう1分早いと急行 (express) に間に合ったのだが。
4. たとえ百万円もらってもそんな仕事はいやだ。
5. この毒薬 (poison) を1滴飲む (to swallow) とすぐ死んでしまう。
6. もし彼が死んだら遺族はどうなるだろう。
7. 国民はいわば噴火山上に (on a volcano) 眠っているのだ。
8. ご住所 (your address) がわかっていたら手紙を上げるのでした。
9. その人が年が若いなら使ってみよう。
10. あんなに年をとっていなかったなら使ってやるのだが。

NOTES ON THE USES OF "SHOULD" AND "WOULD"
("Should" および "Would" の用法についての注意)

686 "should", "would" には3通りの用法がある。

(a) **Indicative "Should" and "Would":**——

これは直説法未来の "shall", "will" の過去形で、Indirect Narration の Sequence of Tenses によるもの。

(b) **Subjunctive "Should" and "Would":**——

これは人称にかかわらず無意志には "should" を、有意志には "would" を用いる。

(c) **Conditional "Should" and "Would":**——

この場合の "should", "would" は全く "shall", "will" の用法にしたがう。

SPECIAL USES OF "SHOULD"
("Should" の特殊用法)

"**should**" には次に列挙するような特殊な用法がある。　しか

し元をただせば、いずれも Subjunctive **"should"** の特殊の場合にすぎない。したがって人称による変化はない。

687 1. **Duty**(義務)——「何々すべきもの」「何々すべからざるもの」などの意をあらわす。[" should "=" ought to "]

> Children **should** obey their parents. (子供は親の命に従う<u>べきもの</u>)
> Brothers **should not** quarrel. (兄弟は相争う<u>べきものではない</u>)

688 2. この義務の "should" に Perfect Form がつくときは過去の事実と反対の気持、すなわち「何々すべきであった」などの意味をあらわす。

> You **should have written** it with pen and ink. (あなたはペンで書くべきであった)
> =You have done wrong in not writing with pen and ink. (ペンで書かなかったのが悪い)
> You **should not have concealed** the matter from me. (君は私にそれをかくすべきではなかった)
> =You have done wrong in concealing the matter from me. (私にかくしたのが悪い)

689 3. この義務の "should" を強めるために **"It is good**(**well, right, wrong, proper**) that one **should . . ."** のような形式の中で用いることが多い。

> It is right that one **should speak** well of the absent. (いない人のことはよくいうべきものだ)
> It is not good that man **should be** alone. (人はひとりでいるべきものでない)

これらの例はただ "One should . . .", "Man should not . . ." の意味を強くいうにすぎない。

690 4. なお、これらの形式が **"must"**, **"ought to"** などの意味をあらわすことがある (cf. §673 (3))。

> It is necessary that we **should leave** at once.
> =We *must leave* at once. (すぐに出発しなければならない)

It is proper that you **should pay** what you owe.
＝You *ought to pay* what you owe.
(借りたものは返すのが当然だ)
It is natural that he **should succeed**.
＝He *ought to succeed*.
(彼が成功するのは当然だ――勉強したので成功するはずだ)

過去のことには "should have..." の形を用いる。

It is right that you **should have done** so. (君がそうしたのは正しい)
It is natural that he **should have got** angry. (彼が怒ったのも無理はない)

691　**5. Surprise** (驚き)――「何々であると<u>は驚いた</u>」など驚きをあらわす文の Dependent Clause 中にも "should" を用いる。

I am surprised that you **should say** such things. (君がそんなことをいうとは驚いた)
It is strange that cherry-trees **should be** blossoming at this time of the year. (桜が今ごろ咲いているとはふしぎだ)

【注意】これらの "should" は義務の "should" の裏と見ることができる。すなわち君はそんなことを<u>いうべきではない</u>(*should not say*)のにいうから驚く、桜は今ごろ<u>咲いているべきでない</u>(*should not be blossoming*)のに咲いているからふしぎなのである (cf. §582 (note))。

これも過去のことには "should have" の形を用いる。

I am surprised that he **should have succeeded**. (彼が成功したとは驚いた)
It is surprising that he **should have said** such things of me. (彼が私のことをそんなことを言ったとは驚いた)

692　【注意】(1) 驚きの気持ちが疑問となっている場合にもこの "should" が用いられる。
What has he done that you **should** resort to violence? (君が暴力に訴えるなんて、いったい彼が何をしたというのだ)
(2) 驚きをあらわすに次のような形を用いることもある。
Who should come in **but** the very man we were talking of? (だれがはいって来るかと思えば、うわさをしていたその人だから驚くではないか)

693 6. **Regret** (悲しみ)──「何々であるとは残念」などの意味を あらわす文の Dependent Clause 中にも "should" を用いる。

> **I am sorry** that things **should have come** to this. (事態がここに至ったのは残念である)
> **It is a pity** that such a necessity **should have arisen**. (そんな必要の起こったのは遺憾である)
> 【注意】 驚き、悲しみなどの文句を略すことが、ときにはある。
> **That** it **should** have come to this! (こんな事になろうとは)

694 7. "why" に伴なって「何々しなければならない理由があろうか、そんな理由はない」などの意味に用いられる。

> If others have succeeded, **why should I** not succeed?
> (=There is no reason **why I should** not succeed.)
> (人が成功したら私だって成功して悪いことがあろうか──私にだって成功できぬ理由はない)
>
> 【注意】 この構文はしばしば "Why not?" と略されることがある。
> Your father intends to make a milkman of you?—**Why not?**
> (**Why should** he not make a milkman of me?)
> (君のお父さんは君を牛乳屋にするつもりだろう── 牛乳屋にしたっていいじゃないか)

695 8. "lest...should"="that...may (or might) not":

> He works hard *that* he *may not* fail.
> He works hard *for fear* [*that*] he *may* fail.
> He works hard [*for fear*] **lest** he **should** fail.
> (彼は失敗しないように勉強する──失敗するといけないから勉強する)
>
> He worked hard *that* he *might not* fail.
> He worked hard *for fear* [*that*] he *might* fail.
> He worked hard [*for fear*] **lest** he **should** fail.
> (彼は失敗しないように勉強した──失敗するといけないから勉強した)
>
> 【注意】 現在の "may" は過去になって "might" に変わる。同様に現在に "shall", 過去に "should" を用いるべきだが、今日の英語では現在にも "should" を用いて、"He works hard lest he **should**

fail" とするのがふつうである。この場合の "should" は人称にかかわらない。

ただし、"lest...should" の構文は文語体であるから、日常の会話では "(so) that...may not" の形を用いる方がよい。

SPECIAL USES OF "WOULD"
("Would" の特殊用法)

696 1. "would"="wish to":——

 If you **would** (=*wish to*) be happy, be virtuous. (幸福でありたいと思うなら行ないをつつしめ)
 He who **would** (=*wishes to*) search for pearls, must dive deep. (真珠を求めようと欲するものは深くもぐらないといけない——虎穴に入らざれば虎児を得ず)
 What **would** you have me do?
 =What do you wish me to do?
 (私にどうしてもらいたいというのか)

697 2. "would"="I wish":——

 Would (that) I were young again. (もう一度若くなりたいものだ)
 Would to Heaven I had never seen her! (彼女に会わなければよかった＝彼女に会ったのが悪縁だ)

698 3. Insistence の "will" および Refusal の "will not" の過去として "would", "would not" を用いる。(cf. §§ 623, 624)

 He gave an evasive answer, but I **would** have (=I *insisted on having*) a definite answer, yes or no. (彼はあいまいな返事をした、しかし私はイエスかノーか確答を得たいと迫った)
 I offered him some money, but he **would not** (=*refused to*) take it. (私はいくらかの金をやろうといったが、彼はどうしても取らなかった)

699 4. 習慣の "will" の過去として "would" を用いる (cf. § 625)。これは主語の個人的習性をあらわす。

He **would** often come home drunk, and beat his wife. (彼はよく酔って帰って来ては妻を打つことがあった)

【注意】 "**used to** ..." も過去の習慣をあらわすが、この方は、時期を明示しない、継続的過去をあらわす。

{ He **will** often sit up all night poring over a novel. (彼は小説に読みふけってよく徹夜する)
He **would** often sit up all night poring over a novel. (彼は小説に読みふけってよく徹夜するのであった)

{ I **take** the Mainichi. (私は「毎日」を取っている)
I **used to take** the Asahi. (もとは「朝日」を取っていた)
He **used to say** that ... (彼はいつも ... と言っていた)

EXERCISE 42

(**A**) 次の和文を英訳せよ。
1. 君は私に相談 (to consult) すべきであったのだ。
2. 公報 (official report) のまだ来ないのがおかしい (odd)。
3. 死んだ人のことを悪くいうものではない。
4. 君がそう思ったのも無理はない。
5. 何も私だってタクシーに乗れ(to take a taxi)ない理由はあるまい
6. あんななまけ者が成功したとは驚く。
7. 彼は長くイギリスにいたのだから英語を上手に話すのは当然だ。
8. 彼が成功したのに何のふしぎがあろう。

(**B**) 次の文中の空所に "should" あるいは "would" を補え。
1. One of them proposed that the boy's camel ... be killed. (彼らの一人は少年のラクダを殺そうと提案した)
2. He said it ... be better for him to lose his camel than that he ... die. (その男は、あの子だってラクダを失う方が自分が死ぬより良いだろうといった)
3. The boy said to himself that the camel ... not die. (少年はラクダを殺しはせぬとひとりごとをいった)
4. What ... his father say, if he ... arrive at Suez without the camel? (ラクダをつれずにスエズへ着いたらおとうさんは何というだろう)
5. If you ... not amend your conduct, I ... have to dismiss you. (あなたが行ないを改めないならやむを得ず退校させます)

6. He...often fly into a passion at trifles. （彼はよくつまらないことで腹を立てた）
7. He hoped he...succeed, but I feared he...not. （彼は自分では成功するつもりでいたが、私は失敗を気づかっていた）
8. If you...grant my request, I...never forget your kindness. （願いをかなえてくだされば ご恩は決して忘れません）
9. If I were you, I...not have done such a thing. （私だったら、そんなことはしなかったのに）
10. If you...fail again, you...have to leave school. （君はこんど落第すると学校を出なければならないぞ）

IV. IMPERATIVE MOOD
命　令　法

FORMS OF THE IMPERATIVE
（命 令 法 の 形）

700　1. Direct Imperative （直接命令）:――

　命令法の主語は常に二人称であるが、通例省略される。Tense は Present ただ一つだけで、単複にかかわらず Root-form を用いる。

　Work hard. （勉強せよ）
　Be diligent. （勉強せよ）
　Make hay while the sun shines. （日の出ているうちに草を乾せ――好機を逃がすな）〔諺〕

701　とくに語勢を強めるためには動詞の前に " do " を加える。

Ordinary Form	Emphatic Form
Be quiet. （静かにせよ）	**Do be** quiet！（まあまあ静かに）

Mother, **take** me to the play. (おかあさん、お芝居へ つれて行ってちょうだい)	Mother, **do take** me to the play.（おかあさん、お芝居へつれて行ってちょうだい<u>よう</u>）

702 否定の命令は "Do not", 口語では "Don't" ではじまる。これは "be" についても同様である。

> **Do not neglect** your duties.（職務を怠るな）
> **Do not be** idle.（なまけるな）
> **Do not count** your chickens before they are hatched.（かえらないうちから ひな を数えるな――取らぬたぬきの皮算用）〔諺〕

703 古文体では "Go not" のようにも言った。

Modern Form	Older Form
Do not fear.	Fear not.
Do not be afraid.	Be not afraid.
（心配するな）	（心配するなかれ）

704 【注意】 まれには命令文に Subject を言いあらわすことがある。その場合には "You" に強勢をおいて Indicative と区別する。

> **Yóu sit** down and **get** your breakfast.（君、すわって 朝飯を食べたまえ）
> **Don't yóu** stumble.（君、つまずくなよ）

705 2. **Indirect Imperative**（間接命令）:――

第三者に「何かさせよ」という使役の命令は **"let him (them)"** の形を用いる。

(a) **Come** at once.（すぐに来い）
(b) **Let** him come at once.（彼をすぐによこしてくれ）

(a) は相手に直接に命ずる形、(b) は相手を通じて第三者に命ずる間接命令である。

> 【注意】 間接命令の 場合も Subject は やはり 二人称で ある。たとえば "Let him come" は直訳すれば「君、彼を来させてくれ」となり、ふつうの命令法になおせば "(Yóu) tell him to come"（君、彼に来るように命じてくれ）となるのを見てもわかる。

706 現在 目の前にいる者に向かって命ずる場合でも、もし三人称の名詞を用いれば "let..." の形にしなければならない。

(a) Men, **do** your best. (諸君、努力せよ)
(b) **Let** each man **do** his best. (きみたち[めいめいが]努力せよ)

(a) は直接命令、(b) は "each man" という三人称に対する間接命令の形式としたものである。

707【注意】(1) 間接命令の "let" を "should" (...すべきだ)の意味に解すべき場合が多い。

Let the teacher **look** to the interests of the students. (教師は生徒の利益を計るべきだ)

Let young men **bear** this fact in mind. (青年はこのことを心に銘記すべきだ)

(2) 「何々するならばせよ、自分はかまわない」の意味に間接命令の形を用いることがある。

(a) **Blow**, wind, **blow**! (風よ、吹け、吹け)
(b) **Let** the wind **blow**. (風吹かば吹け)

(a) は「風よ」と呼びかけた直接命令で、"wind" は二人称、(b) の "wind" は三人称で、全体は間接命令の形である。

708 "**Let me...**" は相手に向って「私に何々させてくれ」と許しを乞う心持ちで、話者自身を対象にした間接命令である。

Let me speak! (私に言わせてくれ)

Let me see—what have I done today? (<u>まてよ</u>、<u>はてな</u>、きょうは何をしたかしら)

It is hard work to teach English, **let me tell you**. (英語を教えるのは骨が折れる<u>ぜ</u>、<u>本当に</u>)

709 "**Let's...**" は「何々しよう」と発議するときに用いる。

Where *shall we* go?—**Let's** go to the park.—Yes, and *we will* visit the Zoo. (どこへ行こう——公園へ行こう——そうだ、そして動物園を見よう)

【注意】"Let us" は、§708 の "Let me" と同じく命令文であるが、発議・歓誘のときは、"Let's" と略すのが、現今の用法である。

710 Active の命令を Passive になおすと間接命令の形になる。

{Do it at once.
 =Let it be done at once.} (それをすぐにせよ)

{Hear me.
 =Let me be heard.} (私の言うことを聞いてくれ)

{Obey him.
 =Let him be obeyed.} (彼の命に従え)

USES OF THE IMPERATIVE
(命 令 法 の 用 法)

命令法には Command (命令) あるいは Request (依頼) を示すほかに、次のような用法がある。

711 1. **Conditional Imperative** (条件的命令) ── これは命令法の後に " and " または " or " の来る場合である。

(a) **Work** hard, **and** you will succeed.
　　=*If you work* hard, you will succeed.
　　(勉強しなさい、そうすれば成功します)
　　Talk of the devil, **and** he will appear. (うわさをすれば影) [諺]
(b) **Work** hard, **or** you will fail.
　　=*If you do not work* hard, you will fail.
　　(勉強しなさい、さもないと失敗しますよ)

712 2. **Concessive Imperative** (譲歩的命令) ── これは「たとえ何々なりとも」の意味を命令の形であらわすものである。

　　Whatever the matter *may* be, do your best.
　　=*No matter what* the matter *may* be, do your best.
　　(何事であっても全力を尽せ)

" Let " を用いて言えば、次のようになる。

　　Let the matter **be** what it **may** (or **will**), do your best.

しかし通例はこの " let " をはぶいて、動詞を前に出し

　　Be the matter what it **may** (or **will**), do your best.

のようにするが、意味に変わりはない。なお数例を付加しておく。

Say so who will, it is not true.
　=Let anyone who will say so, ...
　=Whoever may say so, ...
　(だれがそう言うにせよ、それは本当ではない)
Come what may (or **will**), I am prepared for it.
　=Whatever may happen, ...
　(何事が起ころうと、私は覚悟をしている)
Go where you will, you cannot succeed without perseverance.
　=Wherever you may go, ...
　(どこへ行こうと忍耐なくては成功はできない)
Be a man ever so rich, he ought not to be idle.
　=Let a man be as rich as he will, ...
　=However rich a man may be, ...
　(いくら金持ちでも、なまけているべきではない)
Be it true or not, it does not concern us.
　=Whether it (may) be true or not, ...
　(それが事実であろうとなかろうと私たちに何の関係もない)

713 【注意】 この構文において文頭に立つ動詞は、本来は命令法でなくて、Subjunctive Present である。古い英語で
　Whatever the matter **be**, ...
　Though a man **be** ever so rich, ...
　Whether it **be** true or not, ...
などのように Subjunctive Present を用いたのが文頭に移ったのである (cf. §673 (2))。現代ではこれが命令法と感じられている。

714 3. **Absolute Imperative** (独立的命令)——"**Suppose**" および "**say**" は独立的に用いられることがある。これは相手に命令をくだすのでなく、議論のための仮定的命令で「...とせよ(そうすれば)」の気持ちである。

Suppose (=*If*) you had a sum of money—**say** (=*for instance*) a thousand dollars, what would you do with it? (かりに君がいくらかの金——たとえば千ドル——持っているとしたら、君はそれをどうするか)

EXERCISE 43

次の和文を英訳せよ。
1. 人 (others) が何といおうと私はするだけのこと (duty) はする。
2. 白状せよ、さもないと許さないぞ。
3. だれでもよそ見をしている (to look off one's book) ものを見つけたら私に告げなさい。
4. 人に親切にすれば人もまた親切にする。
5. 学生は常にこのことを心に銘記す (to bear in mind) べきだ。
6. 青年は偉人の伝記 (life) を読むべきだ。
7. さっそく始めようじゃないか。
8. かりに君が世界一の金持ちだったらどうするか。
9. いくら君が笑ったって事実は事実だ。

V. MODAL AUXILIARIES
法 の 助 動 詞

715 助動詞 "**may**", "**might**", "**can**", "**could**", "**must**", "**should**", "**would**" などは、文に、話者の心理的、感情的色彩を添えるもので、これらを含む文は、"This **is** a pen" (これはペンである) などと断定の意味をあらわす文とは性質が異なる。その性質の相違は Mood (法) 的なものであるから、これらを **Modal Auxiliaries** (法の助動詞)という。したがって、これらは、Subjunctive, Conditional の文中においてしばしば用いられるのみならず、Indicative の文に用いられたときは、p. 359 にあげる 2 用法のような意味をあらわして、文の意味に、話者の心理的、感情的色彩を添えるのである。**Modal Auxiliaries** のうち、とくに重要なのは、"**may**", "**can**", "**must**" の 3 語 (過去形、あるいは過去形に相当する形を含む)である。

法 の 助 動 詞

【注意】 助動詞にはこの **Modal Auxiliaries** のほかに Tense, Voice に関係するものがある。たとえば、助動詞としての "be", "have" および "shall", "will" である。これらは Modal Auxiliaries としては扱わない。"should", "would" も、単に "shall", "will" の過去形として用いられているときは Tense の助動詞と見るべきである。

(1) 意志動詞に伴なって許可 (may), 能力 (can), 必要 (must) をあらわす場合を **Primary Use** (第一用法) と名づけておく。

(2) 無意志動詞に伴なって、「かもしれぬ、だろう」(may),「にちがいない」(must),「はずがない」(cannot) など Inference (推定)をあらわす場合を **Secondary Use** (第二用法)と名づけておく。これは話者の推定をあらわす。

716 これらは次の四つの Tense にわけて研究するのが便利である。

I.	**Present**	**may, can, must**+*Root-form*
II.	**Present Perfect**	**may, cannot, must**+*have*+P.P.
III.	**Past**	**might, could,** [**must**]+*Root-form*
IV.	**Past Perfect**	**might, could,** [**must**]+*have*+P.P.

(1) PRESENT
現　　在

"May"

717 1. **Primary Use**:——

(a) **Permission** (許可)—— "**may**" は意志動詞に伴なうときは「何々してもよろしい」と許可の意をあらわす。その許可の否定、すなわち **Prohibition** (禁止) は "**must not**" である。

May I **go** to the play? (芝居へ行ってもいいですか)
{Yes, you **may go**. (行ってもよろしい)
No, you **must not go** to such places. (そんな所へ行ってはならない)
【注意】 "may not" で「禁止」をあらわすこともある。

（b）**Concession** (譲歩)——"**may**" を "**say**"（言う）の類の動詞と共に用いると許可の観念が一転して、「何々と言ってもよい」と譲歩の観念をあらわす。この場合の "may" は "can perhaps" の意味である。すなわち "may...but" で譲歩をあらわす。その否定は "**cannot**" である。

> You **may say** that he was a great man, **but** you **cannot** call him a good man. (彼が偉人であったとはいってもよいが、善人とは言うことができない)

【注意】"may" は "can perhaps" の意味から移って "can easily" の意味に用いられることがある。
> You **may** imagine my surprise. (諸君は容易に私の驚きを察することができよう)

譲歩の "may" は次のような慣用句を作る。

> He **may well** be proud of his son. (彼がむすこの自慢をするのも無理はない、もっともだ)
> I **may as well** begin at once. (さっそく始めた方がよかろう)
> I **may as well** have a cup of tea with you. (お茶をつきあってあげてもいいと思います)

718 2. **Secondary Use**:——

Possibility（可能推定）——"**may**" を無意志動詞と用いると、「何々かもしれない」という **Possibility**（可能性）を示す。この "may" の否定形 "**may not**" は「何々ではないかもしれない」という弱い **Impossibility**（不可能性）を示す。

> The report **may** or **may not** be true. (その評判は本当かもしれない、また本当でないかもしれない)

この "may" は現在、未来いずれのことにも用いられる。

> **Present**:— He **may be** honest (=Perhaps he **is** honest).
> (彼は正直かもしれない)
> **Future**:— He **may succeed** (=Perhaps he **will** succeed).
> (彼は成功するかもしれない)

719 Subjunctive Use:——

　現今の英語で "may" が Subjunctive Present の代わりに用いられることは前に述べたが (cf. §673 (2))、念のためここに繰り返しておく。

　(a) "though", "whether", "whoever", "whatever", "whichever", "whenever", "wherever", "however" などにひきいられる Concessive Clause (譲歩節) 中に用いられる。

Though he **may** be a good scholar, he is certainly not a good scholar. (学問はできるだろうが、よい教師では断じてない)
Whether the report **may** be true or not, it does not concern us. (その評判が本当であろうとなかろうと、私たちには関係はない)
Whoever may say so, it is not true. (だれが言おうとそれは本当ではない)
Whatever you **may** do, you cannot succeed without perseverance. (何をしようとも忍耐なしでは成功ができない)
Whichever course you **may** take, you cannot escape some difficulty. (どの道を取ろうと何らかの困難はまぬかれない)
Whenever I **may** go, I always find him at his books. (いつ行ってみても彼は勉強している)
Wherever you **may** hide, I will find you out. (君がどこに隠れても私はさがし出す)
However rich a man **may** be, he ought not to be idle. (人はどんな金持ちでも遊んでいるものではない)

　(b) "that", "so that", "in order that" などにひきいられる Final Clause (目的節) 中に用いられる。

He works hard **in order that** (or **so that**) he **may** succeed. (彼は成功するがために勉強する)
He works hard (**so**) **that** he **may not** fail.
He works hard **for fear** he **may** fail.
He works hard **lest** he **should** fail.
　(彼は失敗しないように勉強する)
He works hard **in order that** his family **may** live in comfort. (彼は妻子が安楽に暮せるように働く)

（c） 祈願をあらわす Optative Sentence（祈願文）の中に用いられる（cf. § 673 (4)）。

> **May** you succeed！= $\begin{cases} \text{I wish you } \textbf{may} \text{ succeed!} \\ \text{I wish you success!} \\ \text{Success to you!} \end{cases}$
> （ご成功を祈る）
>
> **May** God bless you！（＝God bless you!）（天、君に幸いせんことを＝君に幸いあらんことを）
> **May** you come back safe and sound.（無事にお帰りになることを祈る）
> **May** the King live long！（国王陛下万歳）

次のような区別に注意せよ。

> $\begin{cases} \text{I hope (=I think) you } \textbf{will} \text{ succeed.} （君はたぶん成功するだろうと思う） \\ \text{I hope (=I wish) you } \textbf{may} \text{ succeed.} （ご成功を祈る） \end{cases}$
> $\begin{cases} \text{I wish he } \textbf{would} \text{ recover.} （どうかなおしたいものだが——どうもむずかしそう） \\ \text{I wish he } \textbf{may} \text{ recover.} （彼の回復を祈る） \end{cases}$

"Can"

720 1. Primary Use :——

Ability（能力）——"**can**" が意志動詞に伴なえば「何々することができる」と能力を示す。その否定 "**cannot**" は Inability（不能）を示す。

> **Can** you swim?（君は泳げるか）
> $\begin{cases} \text{Yes, I } \textbf{can} \text{ swim.} （ああ、泳げるよ） \\ \text{No, I } \textbf{cannot} \text{ swim.} （いや、泳げない） \end{cases}$

721 2. Secondary Use :——

Impossibility（否定推定）——"**can**" が否定形あるいは疑問形であって無意志動詞に伴なうときは「そんなことがあろうか、あろうはずはない」という否定推定をあらわす。

Can it be true? (本当のはずがあろうか)

It **cannot** be true. (本当のはずはない)

Can he be ill when he runs about like that? (あんなに走りまわっているのに病気ということがあろうか)

He **cannot** be ill, for he runs about like that? (病気のはずはない、あんなに走りまわっているから)

【注意】 " can " のこの用法については次の例を比較してみること。

(a) The report **is** true. (そのうわさは本当である)
(b) The report **may be** true. (そのうわさはおそらく本当であろう)
(c) The report **must be** true. (そのうわさは本当にちがいない)

(a) The report **is not** true. (本当でない)
(b) The report **may not be** true. (おそらく本当でない)
(c) The report **cannot be** true. (本当のはずがない)

上の例は「本当である」および「本当でない」ということを示す叙述としては皆同じである。ただ物事を控え目にいう場合には (b) が用いられ、反対に強く言い張る場合には (c) が用いられる。要するに " can be " は " is " よりも強い語勢を含むものと解すべきである。

この意味の " cannot " は現在、未来、いずれのことにも用いられる。

Present:— It **cannot be** true (=It is impossible that it **is** true). (それは本当のはずがない)

Future:— You **cannot fail** (=It is impossible that you **will** fail). (君は失敗するはずがない)

前項に述べた疑問の " can " から移って「そんなことがあるかしら——ないだろう」という反語の気持ちをあらわす。

How **can** that be? = $\begin{cases} \text{I } wonder\ how \text{ that } can \text{ be.} \\ \text{That } cannot \text{ be.} \end{cases}$

(どうしてそんなことがあるかしら=まさかそんなことはあるまい)

" Must "

722 1. **Primary Use:**——

(a) **Necessity** (必要)——" **must** " が意志動詞に伴なえば

「何々しなければならない」と必要をあらわす。

> One **must** pay what one owes. (借りたものは返さなければならない)
> The leg **must** be cut off. (足は切断しなければならない)

否定形 " **must not** " は禁止の意味で、許可の " may " の逆をいうものである。そして、必要の " must " の逆、すなわち **Non-necessity** (不必要) は " **need not** " (何々するにおよばない) である。比較 :――

> {**May** I go?—No, you **must not** go. (行ってもよいか――いや行ってはならない)
> **Must** I go?—No, you **need not** go. (行かなくてはならないか――いや、行くにはおよばない)

(b) **Insistence** (主張)――必要の意味から一歩進んで、「ぜひ何々しなければ承知ができない」などという Insistence (主張) あるいは Strong Desire (強い欲求) をあらわすに至る。

> I **must** know your reason.
> =I *insist on* knowing your reason.
> (ぜひ 理由を承わらなけりゃなりません)
> You **must** stay to dinner.
> =I *insist on* your staying to dinner.
> (ぜひごはんを召し上がっていらっしゃい)
> I **must** positively see him. (ぜひ 彼に会わなくてはならない)

723 2. **Secondary Use :** ――

(a) **Certainty** (確実推定)――" **must** " が無意志動詞に伴なえば Logical Necessity (論理的必然) すなわち「論理上ぜひそうなければならない、それにちがいない」という意味をあらわすものである。この " must " の否定は前に述べた " cannot " である。

> The report **cannot** be true; it **must** be false. (このうわさは本当のはずがない、うそにちがいない)

この意味の"must"は"may","can"と同様現在のことにも未来のことにも用いる。

Present :— He **must** be honest (=He **is** certainly honest). (彼は正直であるにちがいない)

Future :— He **must** succeed (=He **will** certainly succeed). (彼はきっと成功する)

(b) **Presumption** (推定)——前項の用法から転じて「さぞ何何であろう」という意味をあらわす。

You have walked all the way? Then you **must** be tired. (ずっとお歩きですって、それではさぞお疲れでしょう)

724 上述してきた"may","can","must"の二つの用法をわかりやすいように表示すると、次のとおりである。

(1) **Primary Uses :**——

You **may** do so.	(そうしてもよろしい)............*Permission.*
You **must not** do so.	(そうしてはならない) ....*Prohibition.*
I **can** do so.	(そうすることができる) ....*Ability.*
I **cannot** do so.	(そうすることができない) ......*Inability.*
You **must** do so.	(そうしなければならない) ......*Necessity.*
You **need not** do so.	(そうするにはおよばない) *Non-necessity.*

(2) **Secondary Uses :**——

It **may** be so.	(そうかもしれない)...............弱い *Possibility.*
It **may not** be so.	(そうでないかもしれない)...弱い *Impossibility.*
It **must** be so.	(そうにちがいない) ....*Certainty.*
It **cannot** be so.	(そうのはずがない) ....*Impossibility.*

EXERCISE 44

1. それでは<u>道中ご無事で</u> (to have a safe journey)!
2. <u>急行</u> (express train) に間に合うように急ぎましょう。

3. 彼は人に軽べつされないように、いつも<u>相当の</u> (respectably) 服装をしている。
4. 彼はだれが<u>忠告</u> (to talk to) しても耳に入れない。
5. あなたがそうおっしゃるのももっともです。
6. 君のいうことは本当かもしれないが、私は信じない。
7. どんな仕事に従事するにも語学が必要だ。
8. どのように勉強したとて、英語が半年や1年でマスターできるものではない。
9. 田中がイタリーへ行ったというのは本当かしら。
10. 本当のはずがない、私はきのう彼に会った<u>ばかり</u> (only yesterday) だもの。

---

(2) PRESENT PERFECT
現在完了

725 この形には Primary Use はなく、Secondary Use すなわち Inference (推定) にのみ用いられる。そして今まで述べた Present は現在あるいは未来に関する推定をするのに用いられるが、この Present Perfect は完了した動作について推定をする。

> He **may have arrived** already. (もう着いているだろう)
> He **may not have arrived** yet. (まだ着いていないかもしれぬ)
> **Can** he **have arrived**? (もう着いたのかしら、まさかまだ着きはすまい)
> He **cannot have arrived** yet. (まだ着いているはずはない)
> He **must have arrived**. (もう着いたにちがいない)

完了した動作は意志の概念を伴なわないから、本来、意志動詞であるものでもこの形で用いると推定を示す。

> He **may have done** so. (彼はそうしたのかもしれない)
> He **must have said** so. (彼はそういったにちがいない)
> He **cannot have done** such a thing. (彼がそんなことをしたはずはない)

(3) PAST
過　去

726　ここでは、"**might**", "**could**", "**must** (*or* **had to**)" について述べるが、これらは Indicative にも用いられ、また条件文の中で Subjuntive, Conditional としても用いられる。これら三つの Mood にわたって用いられることは、前に述べた "should", "would" と同様である。

727　1. **Indicative**:――

　直説法としての "might", "could", "must" はそれぞれ "may", "can", "must" の過去で、多くは Indirect Narration (間接話法) 中に用いられる。"must" は現在も過去も同形であるが、Necessity (必要) をあらわす "must" の過去にかぎり "**had to**" を用いる。すなわち、"must" の過去形は、その意味により、"must" と "had to" を使いわけるのである。

(a) **Primary Use**:

Permission:――
He said, "You **may** go."
He said that I **might** go.
(彼は私に行ってもよいと言った)

Ability:――
I asked, "**Can** you swim?"
I asked if he **could** swim.
(私は彼に泳げるかとたずねた)

Necessity:――
He said, "I **must** go to school."
He said that he **had to** go to school.
(彼は学校へ行かなくてはならないと言った)

Insistence:――
He said, "I **must** know your reason."
He said that he **must** know my reason.
(彼は私にぜひ理由をききたいと言った)

Prohibition:――
He said, "You **must not** drink."
He said that I **must not** drink.
(彼は私に酒を飲んではならないと言った)

(b) **Secondary Use**:——

He said, "The report **may** or **may not** be true."
He said that the report **might** or **might not** be true.
(彼はその評判は本当かもしれない、本当でないかもしれないと言った)

I thought, "It **cannot** be true; it **must** be false."
I thought it **could not** be true; it **must** be false.
(私はそれが本当のはずはない、うそにちがいないと思った)

728【注意】(1) 第二用法すなわち推定の "might", "could", "must" は Indirect Narration にのみ用いられ、他の場合には用いられない。

(2) 第一用法の "could" および "had to" は Direct Narration 中にも用いられるが、"might" は Indirect Narration にのみ用いられる。

My father said that I **might** go to the play. But I **could** not go, for I **had to** prepare myself for the examination.. (父は私に芝居に行ってもよいと許したが、私は行かれなかった、試験の勉強をしなければならなかったから)

(3) "had to" のかわりに "must" を用いることがある。

It was too late now to retreat, he **must** make good his word or incur lasting disgrace. (もう引くに引かれない場合となった、彼は自分の言葉を実行するか、さもなければ永久の恥をかかねばならない事態となった)

(4) 次例のような "must" は「来られてこまる」という感情を含み Historic Present (cf. §573) というべき過去代用である。

Just as I was busiest, he **must** come worrying. (私の一番いそがしい時に彼がやって来てじゃまするとは)

729 2. **Subjunctive**:——

この Past を Subjunctive Past として用い、現在の事実の逆をあらわす。この場合は第一の意味にのみ用いられ、第二すなわち推定の意味には用いられない。"must" の Subjunctive Past は **"had to"** である。

If I **might**	= I must not
If I **could**	= I cannot
If I **had to**	= I need not

If I **might** give an opinion, I should say...

　=I *must not* (or *have no right to*) give an opinion on the subject. (私などが意見を述べるのはせん越ですが、もし述べてもよいとすれば、こう申します)

⎰I wish I **could** fly (=I am sorry I *cannot* fly). (飛べたらさぞよかろうに)
⎱I would fly to you, if I **could**. (飛ぶことができれば飛んで行くのだが)

If I **had to** join one of the clubs, I would join the E.S.S. (=I *need not* join). (私はクラブにはいらなくてもよいのだが、もしどうしてもとあれば、英語研究部にはいる)

730　3. **Conditional**:――

Conditional Mood としての "might", "could" は第一、第二両方の意味に用いられる。"must" は第一の意味においては **"should have to"** となり、第二の意味においては **"must"** をそのまま用いる。

(a) **Primary Meaning**

```
I might (=should be permitted    ⎧I must not do so. ............( i )
  to) do so, if ......................= ⎨I may, but do not ............( ii )
                                      ⎩
I could (=should be able to)      ⎧I cannot do so. ...............(iii)
  do so, if............................ = ⎨I can, but do not do so. ...(iv)
                                      ⎩
I should have to do so, if ...= I need not do so. ............( v )
```

(i) You **might** go to the play, if you were older.
　　=You *must not* go to the play, because you are too young.
　　(お前はもっと年をとっていれば芝居へ行ってもよいのだが、若いから行ってはならない)

(ii)　I **might** go to the play, if I wanted to.
　　=I *may* (=*am permitted to*) go, but I *do not* want to.
　　(私は芝居に行きたければ行ってよいのだが、行きたくないから行かない)

(iii)　You **could** see, if you would.
　　=You *cannot* see, because you will not.
　　(見ようと思えば見えるだが、見ようと思わないから見えないのだ)

(iv) I **could** enter the school, if I tried.
　　=I *can* enter the school, but I *do not* try.
　　(やってみれば入学できるのだがやってみない)
(v) I **should have to** get a bicycle, if I did not live near the station.
　　=I *need not* get a bicycle, because I live near the station.
　　(私は駅の近くに住んでいなかったとしたら、自転車を買わなければならないところだ)
【注意】 "**might**" を "could easily" の意味に用いることがある。
You **might** help me, if you would. (君は私を助けてくれようと思えばいくらも助けることができるのだ)

(b) Secondary Meaning

I **might** succeed, if............=I *should perhaps* succeed, if.........
You **could not** fail, if.........=You *would certainly* not fail, if......
He **must** succeed, if............=He *would certainly* succeed, if......

If I tried hard, I **might** (=*should perhaps*) succeed.
　=I *shall not* succeed, because I do not try hard.
　(私は勉強すれば成功するのだが)
If you did your best, you **could not** (=*would never*) fail.
　(君は一生懸命やれば失敗するはずはないのだが)
If he tried hard, he **must** (=*would certainly*) succeed.
　(彼は勉強すれば成功するにちがいないのだが)

(4) PAST PERFECT

過去完了

　この形も Indicative, Subjunctive, Conditional の三つの法に用いられる。

731 1. **Indicative**:——

　この形は、前に述べた Present Perfect の形 "may have (been)", "must have (been)", "cannot have (been)" などの過去として、Indirect Narration に用いられるものである。したがって Present Perfect と同じく第二の意味にのみ用いられ、

第一の意味には用いられない (cf. §725)。

- I said, "How **can** I **have done** wrong?"
- I wondered how I **could have done** wrong.
  (私はどうして悪かったのかしらと思った)
- He said, "You **may have done** wrong in opening the letter."
- He said that I **might have done** wrong in opening the letter.
  (彼は私に手紙を開封したのが悪かったかもしれないと言った)
- I thought, "I **cannot have done** wrong in doing so."
- I thought that I **could not have done** wrong in doing so.
  (私はそうしたのが悪いはずはないと思った)

【注意】 "may have been", "can have been" を用いるべき場合に "might have been", "could have been" を用いて疑いの程度を強めることがある。

- Uncle, **could it have been** you? (おじさん、それはあなただったのですか、まさかおじさんじゃないと思いました)
- I am sure my husband had some money. I wonder what he **could have done** with it. (夫は確かにお金を持っていたはずだが、いったいどうしてしまったのかしら)
- I met him last summer—it **might have been** about the middle of August. (私は去年の夏彼に会った——8月の中旬だったかもしれない)

732　2. Subjunctive:——

この Past Perfect の形を Subjunctive Past Perfect として用い、過去の事実の逆をあらわす。この場合は第一の意味にのみ用いられる。"must" の形の欠けたところは "had to" を用いて補う。

If I **might have done** so＝I *was not permitted to* do so.
If I **could have done** so＝I *could not* do so.
If I **had had to do** so＝I *did not have to do* so.

- He would have come, if he **might have done** so.
  ＝He did not come, because he *was not permitted*.
  (彼は来てもよいのだったら来たのだ)
- I would have helped you, if I **could have done** so.

=I did not help you, because I *could not*.
　　(私は助けてあげることができたら助けてあげたのだが)
　If I **had had to do** it, I would have done it at once.
　　=I *did not have to do* it, so I did not do it.
　　(私はやらなければならないのだったら、すぐにやったのだが)

733　3. **Conditional:**──

　Conditional Mood としての Past Perfect は第一、第二両方の意味に用いられる。第一の意味において " **must** " は " **should have had to** " の形になる。

(a) **Primary Meaning**

I **might have done** so, if……… =	I *might not* do so………(i) I *might*, but *did not* do so ………(ii)
I **could have done** so, if ……… =	I *could not* do do……………(iii) I *could*, but *did not* do so ………(iv)
I **should have had to do** so, if =	I *did not have to do* so…(v)

(i)　You **might have gone** to the play, if you had been older.
　　=You *were not permitted to go*, because you were young.
　　(おまえはもっと年をとっていたら芝居に行くことを 許されたのだった)
(ii)　I **might have gone** to the play, if I had wanted to.
　　=I *was permitted* to go, but *did not* want to.
　　(私は芝居に 行きたければ 行ってもよいのだったが、行きたくなかった)
(iii)　I **could have entered** the school, if I had been here.
　　=I *could not* enter, because I was not here.
　　(私はここにいたら入学できたのだが、いなかったらだめだった)
(iv)　I **could have entered** the school, if I had wanted to.
　　=I *could* enter, but I *did not* want to.
　　(私は入学しようと思えば入学できたのだ)
(v)　If I had not entered the school, I **should have had to** go back to my home town.
　　=I didn't have to, because I entered the school.

(私は入学しなかったら故郷へ帰らねばならなかった)

【注意】 " **might have**..." を " could easily have..." の意味に用いることがある。この場合には (a) Regret (残念), あるいは (b) Reproach (非難) をあらわす。

(a) I **might have made** myself a rich man, if I had wanted to.
 =I *could easily have made* myself a rich man, if I had wanted to ; I am sorry I did not. (金持ちになろうと思えばなれたものを、ならなくて残念なことをした)

(b) He **might** at least **have come** to say good-bye.
 =He did not do what he *could easily have done*.
 (せめていとまごいくらいには来てもよかったのだ。来ようと思えば来られたものを、来なかったとは、ひどい)

(b) Secondary Meaning

I **might have succeeded**, if...
 =I *should perhaps have succeeded*, if...
You **could not have failed**, if...
 =You *would certainly not have failed*, if...
He **must have succeeded**, if...
 =He *would certainly have succeeded*, if...

I **might** (=*should perhaps*) **have succeeded**, if I had worked harder. (私はもっと勉強したら成功したかもしれない)

You **could** (=*would certainly*) **not have failed**, if you had worked harder. (君はもっと勉強したら失敗するはずはなかったのだ)

He **must** (=*would certainly*) **have succeeded**, if he had worked harder. (彼はもっと勉強したら成功したのにちがいない)

EXERCISE 45

1. 進水式 (launching ceremony) をごらんでしたか、さぞ壮観でしたろう。
2. できることならその金を貸してあげたいが。
3. こういう難問題が解けるといいのだが。
4. 私は仕方がない (cannot help it) から金を借りるのだ。借りずにすむなら借りはしない。

5. もし何でもすきなことができるなら私は<u>ロケット</u> (rocket) で月世界を見物したいものだ。
6. 君は高校を卒業したのなら、試験を受けるには及ばなかったのに。
7. 私は君が<u>助けに来て</u> (to come to one's rescue) くれなかったらきっと死ぬところだった。
8. 君は金を貸そうと思えば貸してくれることができるはずだのに。
9. 君はきのうは来られなかったのか。——私は朝は来られなかったので午後なら来られたのですが。
10. <u>救命ボート</u> (life-boat) があったら乗組員は助かったのだが。

"May", "Can", and "Must" with their Wanting Parts

734 "may", "can", "must" には Root-form がないから、したがって Infinitive も Participle もない。そこでその欠けた形を補うために "can" の代わりに "be able to"（否定の意味は "be unable to"）を、"must" の代わりには "have to" を、"may" の意味には "be permitted to" を用いる。

	must	can	may
Infinitive	to have to	to be able to	to be permitted to
Present	must	can	may
Past	had to	could	might
Future	shall (*or* will) have to	shall (*or* will) be able to	shall (*or* will) be permitted to
Pres. Perfect	have had to	have been able to	have been permitted to
Past Perfect	had had to	had been able to	had been permitted to
Future Perfect	shall (*or* will) have had to	shall (*or* will) have been able to	shall (*or* will) have been permitted to

【注意】 ここに掲げたものはいずれも第一の意味の Indicative として用いられるものである。前に「法の助動詞」の Tense Forms として §716 に掲げた表の中にも Present Perfect があったが、あれは第二の意味にのみ用いられるのであるが、ここに掲げた Present Perfect の形は第一の意味に用いられるものである。

また、同じ表の中に Past Perfect もあったが、あれも Indicative としてはやはり第二の意味にしか用いられなかった。ここに掲げた Past Perfect は第一の意味である。

When **shall** I **be able to** speak English with ease? (私はいつ英語が楽に話せるようになるでしょう)

I **have** not **been able to** find a house suited for the purpose. (その目的に適当の家が見つからなかった)

cf. I *cannot have found*. (見つけたはずがない)

⎰He said, "I **could** not come yesterday."
⎱He said that he **had** not **been able** to come the previous day. (彼はその前日は来られなかったのだと言った)

I could not come yesterday, because I **had to** go to school. (きのうは来られませんでした、学校へ行かなければならなかったものですから)

I **shall have to** wait longer. (もっと待たねばならない)

I **have had to** work very hard to prepare (myself) for the examination. (私は試験準備にうんと勉強しなければならなかった)

⎰He said, "I **had to** go to school yesterday."
⎱He said that he **had had to** go to school the previous day. (彼はその前日は学校へ行かなければならなかったと言った)

I dislike **to have to** do the same thing over again. (私は同じ仕事を何度もくり返してするのはいやだ)

【注意】 (1) "have to" の代わりに "have got to" を用いることがある。

It **has got to** (=*must*) be done. ⎱
I **have got to** (=*must*) do it. ⎰(それをしなければならない)

(2) "not have to" は "need not" の意味。"have only to" は「ただ...さえすればよい」の意味。

You will **not have to** work so hard. (そんなに勉強するにはおよぶまい)

You **have only to** try hard. (一生懸命やりさえすればよいのだ)

VI. CONDITIONAL SENTENCE
条　件　文

735　条件文は二つの部分からなる。

　　（a）　条件を言う Clause すなわち **Protasis**（条件節）

　　（b）　条件に応ずる Clause すなわち **Apodosis**（帰結節）

仮定法および帰結法で述べたところを総括して、条件文における Tense の呼応を表示すると、次のようになる。

	Protasis	Apodosis	
⎧	Sub. Present	Indicative	(1)
⎨	Sub. Present Perfect	Indicative	(2)
⎧	Sub. Past	Simple Cond. Form	(3)
⎨	Sub. Past Perfect	Comp. Cond. Form	(4)
	Sub. Future ⎧ (*should*)	Simple Cond. Form	(5)
	⎨ (*would*)	Simple Cond. Form	(6)
	⎩ (*were to*)	Simple Cond. Form	(7)
	Sub. Fut. ⎧ (*should have*)	Cond. *or* Indicative	(8)
	Perfect ⎩ (*would have*)	Comp. Cond. Form	(9)

次に、各番号に応ずる例文をあげてみよう。

(1) If that **be** the case, I **can** wait a little.（そういうわけなら、すこし待ってもよい）

(2) If he **have arrived**, they **ought** to send me word to that effect.（彼が着いたのなら、みんなからそういってくるはずだ）

　【注意】　この (1), (2) の Protasis の部分は、古文体である。Subjunctive Present の形であることがはっきりするように、とくに三人称単数の主語に対して "be", "have" の形を用いている。この (1), (2) は、少し古い文を読むときの 参考までに あげたのであって、現代英語では、前述のとおり、Indicative を用いる。すなわち三人称単数において語尾変化する。上の例で言うと次のようにするのが正しいのである。

　　If that **is** the case, . . .

　　If he **has** arrived, . . .

(3) If I **knew** it, I **would tell** it to you.（知っていれば話すのだが）

【注意】 Subjunctive Past を受けるのに Compound Cond. Form を用いることがある、それは条件は現在に関し、帰結は完了した行為に関する場合である。

> If the weather **were** good today, more people **would have come.** (きょう天気がよかったらもっと人が集まったのだろうが)

(4) If I **had known** it, I **would have told** it to you. (もし知っていたら話したのだ)

【注意】 Sub. Past Perfect を受けるのに Simple Cond. Form を用いることがある。それは条件は過去に関し、帰結は現在に関する場合である (cf. §685)。

> If the locomotive **had** not been **invented,** we **should** be travelling in coaches now. (蒸気機関の発明がなかったら私たちは今も馬車で旅をしているだろうに)

(5)
> If I **should fail** this time, I **would try** again. (万一こんど落第したらまたやってみる)
> If I **should fail** this time, I **should have to** go back to my home town. (こんど落第しようものなら故郷に帰らねばならない)

【注意】 (a) Subjunctive "should" を先に出して上段のような構文にすれば Simple Conditional Form の "should" または "would" で受けるのが通例であるが、順序を転倒して Indicative を先に出し、後に Subjunctive Future を置くことがある。

> I **will try** again, if I **should** fail this time.
> I **shall have** to go back to my home town, if I **should fail** this time.

(b) Subjunctive "should" に対して命令法を用い、あるいは Indicative Present を用いることもある。

> If you **should meet** him, please **tell** him so. (万一会ったらそう言ってください)
> If he **should do** so, I **am** much mistaken in his character. (万一彼がそんなことをするなら、私は彼の性格を非常に誤解しているのだ)

(6) If you **would** grant my request, I **should** esteem it a great favour. (願いをかなえてくだされば大へんありがたく思います)

(7) If I **were to learn** a foreign language, I **would** learn French. (私が外国語を学ぶのだったらフランス語を学ぶ)

(8) If he **should** not **have arrived** yet, he **will** (or **would**) be sure to arrive tomorrow. (万一まだ着いていないにしても、あしたはきっと着くだろう)

(9) If he **would** but **have tried** harder, he **would have succeeded**. (もっと勉強しさえしたらば成功したのだが)

【注意】 昔は Conditional の代わりに Subjunctive の形を用いたことがある。

If it were so, it **were** (=*would be*) well. (そうならいいのだが、そうでなくて残念)

It thou hadst been here, my brother **had** not **died** (=*would not have died*).—*John* xi. 21. (なんじ、ここにありしならば、わがきょうだいは死なざりしものを)

FORMS OF THE PROTASIS
(条 件 の 形)

736 1. Conditional Clause は **"if"**, **"in case"**, **"unless"**, **"provided"** などの接続詞にひきいられるのが通例である。

If I were rich, I should not have to work. (私は金持ちならば働かなくてもいいのだが)
Even if I were rich, I would work. (私はたとえ金持ちでも働く)
I shall wait **in case** he is absent. (もし不在だったら待っていましょう)
I will pardon him **provided** (that) he acknowledge(s) his fault. (彼があやまれば許してやる)

737 2. Subjunctive の動詞 (助動詞があれば助動詞) が Subject の前に出て Conditional Clause をひきいる場合は "if" を省略する。[現代英語ではこの用法は少ない。]

Should anyone call (=*If anyone should call*), say that I shall not be home till evening. (万一だれか訪ねてきたら晩まで帰らないといってくれ)
Were it not (=*If it were not*) for his idleness, he would be a good student. (なまけさえしなければ良い生徒だが)
Had it not been (=*If it had not been*) for your timely rescue, I should have been drowned. (君が折よく助けてくれなかったら、私はおぼれるところだった)
Did not hope prolong (=*If hope did not prolong*) the duration of

life, it would be short indeed. (希望というものが人生を長引かせるのでなかったら、それは実に短かいものだろう)

【注意】 Concessive Clause (譲歩節) 中に用いられた Subjunctive の動詞が文頭に立つことがある (cf. §673, 2)。

Be it ever so humble, there is no place like home. (どんなに質素であろうと、わが家にまさる所はない)

Cost what it may, I will help you. (どんなひどい目に会っても君を助ける)

Were I a king, I should not be able to do that. (たとえ自分が王でもそんなことはできない)

738 3. 「条件」が明示されず Infinitive, Preposition, Conjunction その他に含まれていることがある。

(a) **Infinitive**:—

What shall I do? It would be wrong **to tell** (=*if I were to tell*) a lie. (どうしようか、うそをついては悪いし)

To hear (=*If one were to hear*) him speak English, one would take him for an Englishman. (彼が英語を話すところを聞くと、まるでイギリス人かと思う)

To look (=*If one were to look*) at the drops of water on the grass, one would think it had rained during the night. (草の葉に置く露を見れば、ゆうべ雨が降ったと思うだろう)

I should be happy **to be** (=*if I could be*) of service to you. (私でお役に立てばうれしいが)

(b) **Preposition**:—

With (=*If I had*) your assistance, I should certainly succeed. (君がご助力くだされればきっと成功します)

Without (=*If there were no*) water, nothing could live. (水が無かったら何物も生きることはできまい)

I would not do such a thing **for** the world. (たとえ世界をもらっても、そんなことはしない)

But for (=*If it were not for*) his idleness, he would be a good student. (なまけさえしなければ、よい生徒だが)

But for (=*If it had not been for*) your care, I should have died. (あなたが看病してくれなかったら私は死ぬところでした)

【注意】 上の2例で"but for"は Subjunctive Past にも Subjunctive Past Perfect にも代用されることがわかる。

(c) **Conjunction**:—

He worked very hard, **otherwise** (or **or else**) he would have failed. (=If he had not worked hard,...)(彼は非常に勉強した、そうでなかったら失敗したのだ)

I would have replied, **but that** (=*but for the fact that*) he prevented me. (=...if he had not prevented me.) (彼が邪魔をしなければ答えたのであったのに)

(d) 主語としての **Noun**:—

A wise man would not do such a thing. (利口な人ならそんなことはするまい)

A Japanese would not do such a thing. (日本人ならそんなことはしないだろう)

Why, **a child** could answer that. (なんだ、そんなことは子供だって答えられよう)

739 4. 条件が全然省略されている場合。

(a) "**I should like to**..." は "if I could..."(もしできるならば)という意味を含むのであるから、単に "I like..." と断言的にいうよりも口調がおだやかである。したがって「何々したいものだが」などと訳すべきである。

I should very much **like to go** with you. (ぜひお供をしたいものです)

I should like to go abroad. (洋行をしたいものだが)

I should like (to have) some tea. (茶を飲みたいものだが)

【注意】 "**I should like**" というのが文法的であるが、往々 "**I would like**" を用いる。また疑問にすれば "**Should you like**...?" というのが合理的であるが、通例は "**Would you like**...?" という。

(b) "**I should think** (or **say**)" は "if I thought about it"(もし私が考えるとすれば) あるいは "if I might venture my opinion"(もし私が意見を述べられるとすれば) などの意味

を含むものであるから "I think", "I say" などよりおだやかな口調で,「まあ何々でしょうね」などにあたる。ただし, "I should think" は軽べつの気持ちを含むこともある。

> How old do you think he is?—He must be above forty, **I should think.** (あの人はいくつくらいでしょう——どうしても 40 の上でしょうね)
>
> Is he the greatest Japanese statesman living? **I should think** (or **say**) so. (あの人が今日本で第一の政治家ですか——まあそうでしょうね) [軽べつ]

(c) **"it would seem"** = "I should think"

> He is a scholar, is he?—So **it would seem.** (あの人は学者でしょうね——そうらしいですな)

(d) **"Would you?"** は "if I were to ask you" (もし私がお願いするとしたならば) などの意味を含むものであるから "Will you?" よりもていねいな願いである。

> **Would you** kindly show me the way? (どうぞ道を案内してくださいませんか)

同様に **"Might I ask you?"**, **"Could you?"** は "May I ask you?", "Can you?" よりもていねいである。

> **Might I ask you** to show me the way? (道を案内していただくことはできますまいか)
> **Could you** come and show me the way? (道を案内してくださることはできますまいか)

(e) **"I would advise you"** は "if I were to advise you" の意を含み "I advise you" と命令的にいうよりおだやかである。

> **I would advise you** to go to the seaside. (海岸へおいでになるようおすすめします)

(f) **"I would rather"** は Choice (選択) の意をあらわす。

> **I would rather** die **than** live in dishonour (=*I prefer* death *to* dishonour). (生きて恥を受けるよりはむしろ死んだ方がいい)

【注意】 "I had rather" を用いることもある。
I had rather go (=*I would prefer* to go). (私は行く方がいい)

(g) "**You had better** (or **best**)" は "You would have it better to..." などの意味で Advice (勧告) の意味に用いられる。ただし "You had better (*or* best)" は「さしず」をする口調であるから、その点に注意すること。

You had better go to the seaside. (海岸へ行った方がいいでしょう)
You **had best** keep silent. (だまっているのが一番よい)

EXERCISE 46

次の和文を英訳せよ。
1. 私は仕事があった、さもなければ洋行したのだが。
2. あの先生はなまけさえしなければ良い教師だが。
3. 真の友人ならそんなことはしない。
4. 君のするところを見るとやさしそうだ。
5. もしだれか私をたずねて来たら病気だと言ってくれ。
6. この妨げ (obstacle) さえなければ私は成功するのだが。
7. 彼は病気にちがいない、さもなければきっと来たのだ。
8. もし街に騒音がなかったら、どんなに気持ちのよいことだろう。
9. 君の保養のため (for the benefit of your health) 旅行するがよいだろう。
10. 私は降参する (to surrender) くらいなら死んでしまう。

VII. SEQUENCE OF TENSES
時 制 の 一 致

740 1. 複文における主節の動詞が現在または未来の部類に属するものならば、従属節の動詞の Tense には何らの制限がない。たとえば主節が "I know", "I have heard", "I shall know" などならば、従属節の動詞は 12 個の Tense のうちどれでもよい。

I know
- that he **paints** pictures ....(1)
- that he **is painting** a picture........................(2)
- that he **has painted** a picture ....(3)
- that he **has been painting** a picture ....(4)
- that he **painted** a picture ....(5)
- that he **was painting** a picture.....................(6)
- that he **had painted** a picture ....(7)
- that he **had been painting** a picture............(8)
- that he **will paint** a picture ....(9)
- that he **will be painting** a picture ....(10)
- that he **will have painted** a picture ....(11)
- that he **will have been painting** a picture...(12)

741 2. しかるに主節の動詞が過去の類ならば従属節の動詞も過去の類でなくてはならない。これを **Sequence of Tenses** (時制の一致)という。前節の " I know " を " I knew " に変えれば、従属節の動詞は次のようになる(各文の番号はそれぞれ対応)。

I knew
- that he **painted** pictures ....(1)
- that he **was painting** a picture.....................(2)
- that he **had painted** a picture ....(3)
- that he **had been painting** a picture............(4)
- that he **had painted** a picture ....(5)
- that he **had been painting** a picture............(6)
- that he **had painted** a picture ....(7)
- that he **had been painting** a picture............(8)
- that he **would paint** a picture ....(9)
- that he **would be painting** a picture............(10)
- that he **would have painted** a picture.........(11)
- that he **would have been painting** a picture (12)

従属節におけるこの変化を概括すれば、次の3点に帰する。

	主節動詞現在の場合		主節動詞過去の場合
(i)	Present	>	Past
(ii)	Past	>	Past Perfect
(iii)	Past Perfect	——	Past Perfect

(1) paints＞painted, (2) is＞was, (3) (4) has＞had はいずれも Present＞Past といえる。(5) painted＞had painted, (6) was＞had been は Past＞Past Perfect である。(7) had painted, (8) had been は共に Past Perfect で変化がない。(9) (10) (11) (12) において "will" が "would" に変わるのも Present＞Past といってさしつかえあるまい。これと同様に **"shall"**, **"may"**, **"can"**, **"must"** などは **"should"**, **"might"**, **"could"**, **"must** (or **had to**)" に変わるのである。

Is she your sister? I **thought** she **was** your wife. (あれは妹さんですか、私は奥さんと思いました)

Has he returned? I **did not know** that he **had returned.** (彼は帰ってきたのですか。帰ってきたとは知りませんでした)

He **is** doubtful if he **shall** (or **will**) succeed, but he **says** he **will** do his best. (彼は成功はおぼつかないと思っている、しかし全力をつくすつもりだと言っている)

He **was** doubtful if he **should** succeed, but he **said** he **would** do his best. (彼は成功はおぼつかないと思っていた、しかし全力をつくすつもりだと言った)

I **work** hard that I **may** succeed. (私は合格しようと思って勉強する)

I **worked** hard that I **might** succeed. (私は合格しようと思って勉強した)

He **says** he **can**not play with me, for he **must** learn his lessons. (彼は学課の勉強をしなければならぬから私と遊べないと言う)

He **said** he **could** not play with me, for he **had to** learn his lessons. (彼は学課の勉強をしなければならぬから私と遊べないと言った)

> I **fear** that he **may have missed** the train. (彼は汽車に乗りおくれたかもしれぬと心配だ)
> I **feared** that he **might have missed** the train. (私は彼が汽車に乗りおくれたかもしれないと心配した)

742 【例外】 (a) 不変の真理をいう現在は Principal Clause の動詞が過去でも、従属節は現在形のままである。

He **used** to preach that honesty **is** the best policy. (彼はいつも正直は最良の政策であるということを説いた)

Did he deny that two and two **make** four? (彼は 2+2=4 ということを否定したのか)

The teacher **told** us that the earth **moves** round the sun. (先生が地球は太陽の周囲をまわると教えてくれた)

(b) 従属節があらわすことが過去から現在にわたっての習慣であるときも、動詞は主節の動詞によって影響されない。

I **told** him that I **take** a walk every afternoon. (私は毎日、午後に散歩することを彼に話した)

(c) 史上の事実を独立的に (ほかのできごととの時間的比較をしないで) 言うときは、主節の動詞が過去でも、過去完了にならない。

The teacher **told** us that Columbus **discovered** America in 1492. (先生が私たちにコロンブスが 1492 年にアメリカを発見したと教えた) ["*had* discovered" としない]

743 3. Dependent Clause が比較を示す接続詞 **"than"** または **"as"** に導かれるときも Tense になんらの制限を受けない。

She **sang** then better than she **has** just **done**. (彼女はその時は今歌ったより上手に歌った)

She **sang** then as well as she **has done** today. (その時もきょうのようによく歌った)

VIII. DIRECT AND INDIRECT NARRATIONS
直接話法と間接話法

744 人の言葉をそのまま伝えるのを **Direct Narration** (直接話

法)といい、趣旨のみを取り、自分の言葉に直して伝えるのを **Indirect Narration**（間接話法）という。

> **Direct:**— He said, " I am a student."（彼は「私は学生です」といった）
> **Indirect:**— He said that he was a student.（彼は学生だといった）

このような Sentence における Principal Clause の動詞を **Reporting Verb**（伝達動詞）といい、直接・間接にかかわらず述べ伝えられる部分を **Reported Speech**（被伝達文）という。

> 【注意】 Reporting Verb の最もふつうなのは "**say**" であるが、場合に応じて、"**ask**", "**tell**", "**inform**", "**reply**", "**answer**", "**write**" など、いろいろの動詞がある。

直接話法にあっては (a) Reported Speech は Capital Letter で書きはじめ、(b) はじめと末尾に Quotation-marks（引用符）をつける、(c) Principal Clause と Reported Speech との間は通例 Comma で句切り、別に両者をつなぐ接続詞を要しない。

間接話法にあっては (a) 引用符は不要、(b) Principal Clause と Reported Speech とをつなぐために "**that**" あるいはその他の接続詞を要する、(c) 動詞は時制の一致の規則にしたがう。

745 1. 直接話法の文を間接話法の文になおすには動詞の時制、代名詞の人称、その他を適当に変える必要がある。Reporting Verb が過去でない場合は Reported Speech 中の動詞の Tense は変化を受けない。

> He says, " **I am** busy."（彼は「私はいそがしい」と言っている）
> He says that **he is** busy.（彼はいそがしいと言っている）

> He said, " I **am** sorry you **are** ill."
> He said that he **was** sorry I **was** ill.
> （彼は私が病気なのを気の毒だと言った）

> He said, " My brother **arrived** yesterday."
> He said that his brother **had arrived** the day before.
> （彼は「兄はきのう着きました」と言った）

> He said, "I **have** just **arrived**."
> He said that he **had** just **arrived**.
> (彼は今着いたところだと言った)

> He said, "Up to that time all **had gone** well."
> He said that up to that time all **had gone** well.
> (彼はその時までは万事好都合に運んだと言った)

【注意】 "shall", "will", "may", "can", "must" が "should", "would", "might", "could", "must" (or "had to") に変わる例は前に掲げたから略す (cf. §§ 727 & 741)。

746 2. Reported Speech の動詞が Subjunctive Mood (Sub. Present を除く) あるいは Conditional Mood であれば、それは Reporting Verb が過去でも変化を受けない。

> He said, "I **would** go abroad if I **were** rich."
> He said that he **would** go abroad if he **were** rich.
> (彼は金持ちなら洋行するのだがと言った)

> He said, "If I **had** the money, you **should** have it."
> He said that if he **had** the money, I **should** have it.
> (彼は金があったら貸してあげるのだがと言った)

> He said, "If I **had been** you, I **would have gone** abroad."
> He said that if he **had been** I, he **would have gone** abroad.
> (彼は「もし私が君だったら洋行したのだ」と言った)

次の例を比較せよ。

> He said, "I **am** sorry I **can**not go with you."
> He said that he **was** sorry he **could** not go with me.
> (彼は私と同行できないのは残念だと言った)

> He said, "I **wish** I **could** go with you."
> He said that he **wished** he **could** go with me.
> (彼は私と同行できるといいんだがと言った)

747 3. 直接話法を間接話法になおすとき、Tense や Person のほかに、もっともふつうに起こる変化は次のようなものである。

Direct	**Indirect**
now (今)	then (その時)
this (これ)	that (あれ)(それ)

these (これら)	those (それら)
here (ここ)	there (そこ)
today (きょう)	that day (その日)
tomorrow (あす)	the next day (その翌日) / the following day (その翌日)
yesterday (きのう)	the day before (その前日) / the previous day (その前日)
last night (昨夜)	the night before (その前夜) / the previous night (その前夜)
ago (今より…前)	before (その時より…前)

【注意】" last week " (先週), " last month " (先月), " last year " (去年) などの **" last "** はいずれも **" the previous "** に変わり、" next week " (来週), " next month " (来月), " next year " (来年) などの **" next "** は **" the following "** に変わる。

He said, " My father *returned* **last night**."
He said that his father *had returned* **the previous night**.
 (彼は、父は昨夜帰ってきましたと言った)

Pointing to a book on the shelf, he said, " I *bought* **this** a few days **ago**, but I *am* going to sell it **tomorrow**."
Pointing to a book on the shelf, he said that he *had bought* **that** only a few days **before**, but that he *was* going to sell it **the next day** (or **the following day**).
 (彼は書架中の1冊の本をさして、この本は二、三日前に買ったのだが、あす売ってしまうつもりだと言った)

He said, " It *is* 8 o'clock **now**."
He said that it *was* 8 o'clock **then**.
 (彼はもう8時だと言った)

He said, " I *have* been **here** several times."
He said that he *had* been **there** several times.
 (彼は何度もそこへ行ったことがあると言った)

748 ただしこういう変化は、話者から見た関係と、伝達者から見た関係とが異なる場合に起こることで、その関係のひとしいときは変化は起こらない。

たとえば、Aが汽車に乗って東京から京都へ行ってBに会った

ところ、BがAに「昨日こちらは雨が降りました」と話したのをAがその日さらに京都でCを訪問して、Bの話したことを伝えるには「Bさんが昨日こちらは雨が降ったとのお話でした」と言うとする。これを "he＝Mr. B" として英語でいえば

{ He said, " It rained **here yesterday**."
He said that it had rained **here yesterday**.

となり、"here" も "yesterday" もそのままでよいが、その翌日Aが大阪へ行ってDに会ってBの話を伝える場合は「一昨日あちらは雨が降ったそうです」となる。

{ He said, " It rained **here yesterday**."
He said that it had rained **there the day before yesterday**.

さらにAが東京に帰ってEにBの話を伝える場合は「私が京都へ着いた前の日あちらは雨が降ったそうだ」となる。

{ He said, " It rained **here yesterday**."
He said that it had rained **there the previous day**.

749 4. Reported Speech が疑問文ならば Reporting Verb はは "say" から **"ask", "inquire", "demand", "want to know"** などに変わるのが通例である。疑問詞は Dependent Interrogative となって接続詞の役目をする (cf. §299).

疑問詞のない場合は別に接続詞 **"if"** または **"whether"** を加えなければならない。

{ He said, " Who *are you*? "
He **asked** me **who** *I was*.
 (彼は私に「あなたはどなたですか」とたずねた)
{ He asked, " Where *do you live*? "
He **inquired of** me **where** *I lived*.
 (彼は私にどこに住んでいるかとたずねた)
{ He said to me, " Why *did you strike* my dog? "
He **demanded of** me **why** I *had struck* his dog.
 (彼は私になぜ人の犬を打ったかと詰問した)

> The man said, "When *shall I* call again?"
> The man **wished to know when** *he should* call again.
> (その人はいつまた訪問したらいいかとたずねた)

> He asked me, "*Have you* ever been at Nikko?"
> He asked me **if** *I had* ever been at Nikko.
> (彼は私に日光へ行ったことがあるかとたずねた)

> He said, "*Do you know* my brother?"
> He **asked** me **whether** *I knew* his brother **or not**.
> (彼は私に彼の兄を知っているかどうかとたずねた)

> I said to myself, "*Shall I* ever be able to read such books?"
> I **wonderd if** *I should* ever be able to read such books.
> (私はこんな本がいつか読めるようになるかしらと思った)

【注意】 " ask " と " inquire " は同じ意味であるが、" inquire " は必ず " of " を伴なう (cf. § 491 (3))。" demand " も " of " を伴ない、理由などを詰問する場合に用いられる。

750 直接話法中の 疑問文は 間接話法において 従属疑問に変わるから、主語と動詞との配置が叙述文の 配置になることは上の例でわかるが、これに一つ例外がある。次のように動詞が " be " で、疑問代名詞が補語となっていて、それが 従属疑問となっても動詞と主語の位置が変わらない場合もある。比較:——

> He said, "**Which is** the book you want?"
> He asked me **which was** the book I wanted.
> (彼は私に私の欲しい本はどれかとたずねた)

> He said, "**Which do you want**?"
> He asked me **which I wanted**.
> (彼は私がどちらを欲しいのかたずねた)

第 1 例の " which " は " be " の Complement であるが、第 2 例の " which " は " want " の Object である。

> He said, " **What is** the matter with you? "
> He asked **what was** the matter with me.
> (彼は私がどうしたのかたずねた)

751 5. Reported Speech が命令文ならば Reporting Verb は通例 " say " から **" tell "** (言いつける), **" bid "** (言いつける),

"**command**"(命ずる), "**order**"(命ずる), "**advise**"(忠告する), "**forbid**"(禁ずる), "**beg**"(こう), "**request**"(依頼する)などに変わり、もとの命令文の動詞は Infinitive となってそれに伴なう。

> I said to the boys, "**Be** quiet."
> I **told** the boys **to be** quiet.
> (私は子どもたちに静かにせよと命じた)

> I said, "Boys, **don't make** such a noise."
> I **told** the boys **not to make** such a noise.
> I **forbade** the boys **to make** such a noise.
> (私は子供たちにそんなに騒ぐなと命じた)

> "**Fire!**" cried the officer to his men.
> The officer **ordered** his men **to fire**.
> (士官は部下に発砲せよと命じた)

> He said to me, "**Please wait** a moment."
> He **asked** me **to wait** a moment.
> (彼は私に少しお待ちくださいといった)

> I said to him, "**Please lend** me your knife."
> I **asked** him **to be kind enough to lend** me his knife.
> (私は彼にどうかナイフを貸してくださいといった)

752 6. Reported Speech が感嘆文ならば感嘆詞は除き、他の語で言いかえてその意味をあらわすのが通例である。

> They all said, "**Hurrah!** There is no school today."
> They all **exclaimed with delight** that there was no school that day.
> (彼らは「万歳! きょうは学校がないぞ」と叫んだ)

> He said, "**Alas!** how foolish I have been!"
> He **owned** his past folly **with regret**.
> (彼は「ああ、私はなんとばかだったろう」といった)

> He said, "(**May**) God bless my child!"
> He **prayed** that God **might** bless his child.
> (彼はわが子に幸いあれと祈った)

> He said, "**May you be happy!**"
> He **expressed his hearty wishes for my welfare**.
> (彼は私の幸福を祈ってくれた)

EXERCISE 47

(**A**) 次の文を間接話法に改めよ。

1. He said to me, "Have you ever seen a tiger?" (彼は私に「トラを見たことがあるか」と言った)
2. The girl said, "I cannot find my book." (少女は「本が見つかりません」といった)
3. "I would accompany you if I could," he said. (「できることならお供をしたいのだが」と彼が言った)
4. My cousin in Canada wrote to me, saying, "Your letter arrived yesterday. It is very cold here." (カナダのいとこから「お手紙が きのう着きました、当地は ひどい寒さです」と書いてよこした)
5. He said to me, "Do you suppose that this state of things is a pleasure to me?" (彼は私に「おまえはこういう有様が私にとって愉快だと思うのか」と言った)
6. He said to me, "You had better take your umbrella with you, as it may rain." (彼は私に「かさを持って行く方がいい、降るかもしれないから」と言った)
7. I said to him, "Would you kindly lend me your pencil?" (私は彼に「どうか鉛筆を貸してくださいませんか」と言った)
8. I said to them, "I must be going now. Goodbye!" (私は彼らに「もう帰らなくちゃいけない。さようなら」と言った)
9. "My brother left for America a week ago," said he. (「兄は1週間前にアメリカへ立ちました」と彼が言った)
10. I asked him, "How old are you?" (私は彼に「おいくつですか」とたずねた)

(**B**) 次の文を直接話法に改めよ。

1. I asked him how long he had been living in Japan. (私は彼にいつから日本に住んでいるかとたずねた)
2. He told me that he had been living in Japan for five years. (彼は5年前から日本にいると言った)
3. He told me that his father had come back. (彼は父が帰ったと私に言った)
4. I asked him when his father had come back. (私は彼におとうさんはいつお帰りになりましたかとたずねた)

5. He told me that his father had come back the day before. (彼は父がその前の日に帰ったと私に言った)
6. My brother told me not to tell a lie. (兄が私にうそをつかないようにと言った)
7. She told me to be good when she was gone, and to love my father, and be kind to him. (彼女は自分がいなくなったらお行儀をよくし、おとうさんを愛し、だいじにしてあげるようにと私に言った)
8. He said that he was very sorry for the fault he had committed. (彼はとんだ失敗をしてすまないと言った)
9. I asked him on what business he had come up to town. (私は彼に何の用で上京したかとたずねた)
10. He said to his sister that if he had no business, he would go with her. (彼は妹に、用事が無ければいっしょに行くんだが と言った)

(**C**) 次の文に誤りがあれば正せ。
1. His parents were very glad to hear that their son has passed the examination. (両親はむすこの合格を聞いて大へん喜んだ)
2. He told me just now that he has bought a house. (彼は今しがた私に新しい家を買ったと話した)
3. He told me that he wishes to sell his old house. (彼は古い家を売りたいと私に話した)
4. He has done so that he might win your favour. (彼はきみのごきげんを取るためにそうしたのだ)
5. He reluctantly admitted that he may have committed the blunder. (彼は自分がその失敗をしたのかもしれないということをいやいやながら認めた)

(D) VERBID
準 動 詞

I. INFINITIVE
不 定 詞

753 **Infinitive**（不定詞）は、非定形動詞（**Non-finite Verb**）とも称すべき準動詞（**Verbid**）の一種であることは前に述べた（cf. §518）。したがって文法上の主語をもたず、人称、数などの変化もなく、単に動作それ自身をあらわすものである。

FORMS OF THE INFINITIVE
不 定 詞 の 形

754 Infinitive は通例 Root Form に "to" をつけて作り、六つの形をもつ。次に "study" という動詞を例に取り、六つの形を示そう。

	Active		Passive
	Non-progressive	Progressive	
Simple	to study	to be studying	to be studied
Perfect	to have studied	to have been studying	to have been studied

755 【注意】 Infinitive の本体が省略されて "to" だけが残ることがある。これは同一文中、前にそれと同じものが出ている場合に行なわれる。

　　I could go abroad, if I wanted **to**. （私は洋行しようと思えば洋行できるのに）
　　I shall go, if you wish me **to**. （私に行ってもらいたいとおっしゃるなら参ります）

I meant to go, but I forgot **to**. (行くつもりでしたが忘れました)

これらの場合の " to " はいずれも " to go " あるいは " to do so " がはぶかれたものである。

Infinitive は上表のように Simple および Perfect の二つの Tense の形をもつのみであるが、Infinitive に先立つ Finite Verb の時制との関係によって種々の時制を暗示することができる。その関係を次に示す。

756 1. **Simple Infinitive** (単純形不定詞):——

（a） **Simultaneous Action** (同時の動作)——Simple Infinitive が **" seem "**, **" appear "**, **" be thought "** など推定の意味をあらわす動詞の次に来た場合は、その動詞と同時の動作を示す。

He *is thought* **to be** a scholar.
It *is thought* that he **is** a scholar. }(彼は学者と思われている)

He *was thought* **to be** a scholar.
It *was thought* that he **was** a scholar. }(彼は学者と思われていた)

（b） **Subsequent Action** (後に起こる動作)——Simple Infinitive が **" wish "**, **" hope "**, **" intend "**, **" expect "**, **" promise "** のような未来の観念を含む動詞の次に来た場合は、その動詞の示す動作より後に起こる動作をあらわす。

He *promises* **to study** harder.
He *says* he **will study** harder. }(彼はこれからもっと勉強すると言っている)

He *promised* **to study** harder.
He *said* he **would study** harder. }(彼はこれからもっと勉強すると言った)

757 2. **Perfect Infinitive** (完了形不定詞):——

（a） **Prior Action** (前に起こった動作)——Perfect Infinitive が **" seem "**, **" appear "**, **" be thought "** など推定動詞の次に来る場合は、その動詞より前に起こった動作をあらわす。

He *seems* **to have been** diligent.
It *seems* that he **has been** diligent. }(彼は勤勉であったらしい)

He *seemed* **to have been** diligent.　　(彼は勤勉であったらしかった)
It *seemed* that he **had been** diligent.

【注意】 次の 2 例を比較して時の関係を把握せよ。

He *is thought* **to have been** a scholar.
 ＝It *is thought* that he **was** a scholar.
He *was thought* **to be** a scholar.
 ＝It *was thought* that he **was** a scholar.

(b) **Non-realization of the Action** (動作の非実現)—— Perfect Infinitive が "**wished**", "**hoped**", "**intended**", "**expected**" など未来の観念を含む動詞の過去の次に来る場合は、その Wish, Hope, Intention, Expectation などが実現されなかったことを示す。この場合に Simple Infinitive を用いれば、結果についてはとくに言及していないのである。

比較：——

He *hoped* **to have succeeded**.
 (＝He hoped to succeed, but he did not.)
 (彼は成功のつもりでいたが成功しなかった)
He *hoped* **to succeed**.
 (＝He may or may not have succeeded.)
 (彼は成功のつもりでいた、はたして成功したかどうかは不明)

He *was* **to have come,** but he did not. (彼は来るはずだったが来なかった)
He *was* **to come**, but I don't know whether he did or not.
 (彼は来るはずだったが、はたして来たかどうか知らない)

USES OF THE INFINITIVE

不 定 詞 の 用 法

758 Infinitive の用法を次の 5 項に分けて説明する。

(1) **Noun Infinitive**　　　　(名詞的不定詞)
(2) **Root-infinitive**　　　　(原形不定詞)
(3) **Adjective Infinitive**　　(形容詞的不定詞)
(4) **Adverbial Infinitive**　　(副詞的不定詞)
(5) **Absolute Infinitive**　　　(独立不定詞)

不　定　詞

【注意】 Root-infinitive は Noun Infinitive の中にはいるべきものであるが、解説上のつごうで別に項を設けた。Adjective Infinitive と Adverbial Infinitive との二つをいっしょにして **Oualifying Infinitive** (修飾的否定詞)と呼ぶこともある。

(1) **NOUN INFINITIVE**
名詞的不定詞

759 Noun Infinitive とは名詞と同じように用いられる Infinitive をいう。したがってその用法も次の三つに分かれる。
- (a) **as Subject**　　　(主語として)
- (b) **as Object**　　　 (目的語として)
- (c) **as Complement** (補語として)

(a) NOUN INFINITIVE AS SUBJECT
(主語としての不定詞)

760 Infinitive を主語として用いる場合には、名詞や代名詞を主語とするときの構文と同じように、主語を前に置いて、

　To know oneself is difficult.　(自分自身を知ることはむずかしい)

のようにすることもできるが、主語となるべき Infinitive を後へまわし、その代わりに **Formal Subject** (形式主語) として "**it**" を置くことが多い。そういう場合には Infinitive は "it" と Apposition (同格) である。

　It is difficult **to know** oneself.　(自分自身を知ることはむずかしい)
　It is wrong **to tell** a lie.　(うそをつくのは悪い)

以上に掲げた例は一般の真理を述べたものであるから、<u>だれが</u>自分自身を知るのか、<u>だれが</u>うそをつくのかなど、動作主とは無関係に表現される。すなわち不定詞の Sense-subject (意味上の

主語) を文の表面にあらわす必要はない。しかし特殊な場合には Sense-subject が必要である。Noun Infinitive の Sense-subject の前には前置詞 " for " を置く。

(a) It is hard **to master** a language. (1 国語を習得するのは困難だ)
(b) It is hard *for a Japanese* **to master** any European tongue. (日本人が欧州語を習得するのは困難だ)

(a) は一般の場合をいうのであるから Sense-subject はない。(b) はとくに日本人に関することをいう場合であるから " for a Japanese " がいるのである。

(b) NOUN INFINITIVE AS OBJECT
(目的語としての不定詞)

761 1. Infinitive が不完全他動詞の目的語として用いられる場合は、それを補語の後へまわし、その代わりに **Formal Object** (形式目的語) として **" it "** を置く。前に述べた Formal Subject と比較してみよう。

　　It was easy **to perform** the task.
　　I found **it** easy **to perform** the task.
　　(やってみたら仕事は楽だった)

　　It is a rule with me **to side** with the weaker party.
　　I make **it** a rule **to side** with the weaker party.
　　(私は弱い方に味方する主義だ)

　　I thought (that) **it** was wrong **to disobey** him.
　　I thought **it** wrong **to disobey** him.
　　(彼に従わないのは悪いと思った)

762 2. Infinitive が **" know "**, **" learn"**, **" teach "**, **" tell "**, **" show "** など、いわゆる知識動詞の目的語となる場合は疑問詞を伴なう。

　　I don't know **how to thank** you enough. (とても十分お礼は申し

きれません)［いくらお礼を言っても言いきれない］
I don't know **in what words to thank** you. (お礼の申しようもありません)
I am learning **how to ride** a bicycle. (私は自転車の乗り方を習っている)

【注意】 "to learn" の次に "how" を置かないで直接 Infinitive に続けると「何々するようになる」という意味になる。比較：——

I am **learning how to swim**. (私は泳ぎを習っている)
You will soon **learn to swim** well. (君はじきに上手に泳げるようになる) ["learn to"="be able to"]

763 3. "think" という動詞は有意志の Intention (意向), 無意志の Expectation (期待) のどちらにも用いられる。日本語の「思う」にもこの二つの用法がある。

Intention:— I **think** (that) **I will** try. (私はやってみようと思う)
Expectation:— I **think** (that) **I shall** succeed. (私は成功するだろうと思う)

こういう構文の "that" 以下の Noun Clause を Infinitive にちぢめる場合に、

I **think to** try.
I **think to** succeed.

としては、原文で "will", "shall" を用いてあらわした意志無意志の差別を無視することになるから、これは誤りで、正しくは別の (Object として Infinitive を持ち得る) 動詞を用いて、

I **intend to** try.
I **expect to** succeed.

といわねばならない。すなわち次のような規則ができる。

Intention あるいは Expectation をあらわす "think" の Object として Infinitive の形を用いることができない。すなわち **"think to..."** という形は許されない (cf. §767)。

764 4. "**say**" という動詞も Infinitive の形の Object を持つことができない。

> He **says** he **will** do his best.＝He **promises to** do his best.
> （彼は一生懸命やるといっている）
> She **said** she **would not** marry him.＝She **refused to** marry him.
> （彼女は彼の所へお嫁に行くのはいやだといった）
> He **said** he **would** kill me.＝He **threatened to** kill me.
> （彼は私を殺すといった）

これらの場合にそれぞれ Infinitive を用いて

> He **says to** do his best.
> She **said not to** marry him.
> He **said to** kill me.

などというのは誤りである。すなわち "**say to** . . ." という形は許されないのである (cf. §769)。

(c) NOUN INFINITIVE AS COMPLEMENT
（補語としての不定詞）

765 Infinitive を Complement とする動詞の種類を順次列挙して説明を加える。

1. **Intransitive Verb**（自動詞）：――

> He *seems* **to be** honest. （彼は正直らしい）
> The report *proved* **to be** false. （そのうわさはうそとわかった）
> The man *turned out* **to be** an impostor. （意外にもその男はさぎ師とわかった）
> How *came* you **to know** him? （君はどうして彼を知るようになったか）［この慣用句では "did you come" より "came you" の方がふつう］
> No one *happened* **to be** by. （だれも居合わせなかった）

766【注意】「"be"＋Infinitive」は「予定」の意味から転じて "can", "must" などの意味になることがある。

> We **were to meet** at the station. （駅で会うことになっていた）

We **are to have** an examination tomorrow. ｝（あすは試験がある
There **is to be** an examination tomorrow. 　　はずです）
The regatta **is to be** held on Saturday. （レガッタは土曜日挙行のはずです）
What **am** I **to do**, Bill? （ビル、私は何をするんですか）
You **are to go** to the post office first. （第一に郵便局へ行くのだ）
Tell him that he **is to come** at once. （彼にすぐ来るんだと言いなさい）
This house **is to be** let or sold. （この家は貸すか売るかするのだ）
This book **is** not **to be** (=cannot be) had in Tokyo. （この本は東京では手に入らない）
Not a soul **was to be** (=could be) seen. ｝（だれひとり、人影は
Not a soul was visible. 　　　　　　　　　　 なかった）
Not a sound **was to be** (=could be) heard. ｝（コソとの音もしな
Not a sound was audible. 　　　　　　　　　　かった）
He **was** never **to see** his native land again. （彼はそれきり故国へ帰ることはできない運命であった）

767 2. **Verb of Judgment** (判断動詞)——「何を何と思う」という意味の動詞をこう名づけたのである。

I *thought* him **to be** a good man. （私は彼を善人と思っていた）
I *found* him **to be** a great liar. （彼は大うそつきだとわかった）
While he was living, people *supposed* him **to be** rich. （彼が生きている間は世間の人は彼を金持ちと思っていた）
She *fancies* herself **to be** beautiful. （彼女は自分では美人だと思っている）

【注意】 Infinitive as Object の項 (§763) で " think to . . . " という形が許されないことをいったが、" think " が判断の意味の場合には Complement として Infinitive を用い、Object を中間において **" think him to . . ."** のような形をとることができるのである。

768 3. **Verb of Statement** (陳述動詞)——「何を何という」という意味の動詞をこう名づけたのである。

He *declares* it **to be** false. （彼はそれをうそだと明言している）
He *asserts* his statement **to be** true. （彼は自分の説を本当だと主張している）

He *admits* my statement **to be** true. (彼は私の説を本当と認めている)

The doctor *pronounced* his illness **to be** very serious. (医者が彼の病気を重態だと診断した)

この類に属すべき動詞中 "say" に限り Infinitive を Complement とすることはできず、動詞をとりかえる。

{ He **said** I **might go** to the play.
　= He **permitted** me **to go** to the play.
　(彼は私に芝居へ行ってもよいといった)
{ He **said** I **must not go** to such places.
　= He **forbade** me **to go** to such places.
　(彼は私にそんな所へ行ってはいけないといった)
{ He **said** that it **was** true.
　= He **declared** it **to be** true.
　(彼はそれは本当だといった)

これらの場合に "He **said** me **to** go"、"He **said** me **not to** go"、"He **said** it **to** be true" などというのは誤りである。

769 【注意】 "say" に Object としての Infinitive がつかないことは前にいった (§ 764)。要するに "say" には Object としても、Complement としても、Infinitive はつけられないのである。ただし "say" が Passive の場合には Infinitive を Complement とすることができる。

{ They **say** that he **is** mad. (世間では彼をきちがいといっている)
　["They say him to be mad" は誤り]
{ It **is said** that he **is** mad. }
　He **is said to be** mad. 　　 } (彼はきちがいだといわれている)

770 4. **Verb of Causation** (使役動詞)——「だれそれに何をさせる」という意味の動詞をこう名づけたのである。同じく「人に何かさせる」にも、<u>しいてさせる</u>、<u>許してさせる</u>、<u>命じてさせる</u>、<u>頼んでしてもらう</u>などいろいろある。

Compulsion (強迫):——

If he does not wish to go, you need not **compel** him **to go**. (行きたくないなら、しいて行かせるにはおよばない)

Circumstances **oblige** me **to absent** myself. (止むを得ない事情で欠席します——事情が私を、どうしても欠席させる)

Permission (許可):——

My father **permitted** me **to attend** the cocktail-party. (父が私にカクテル・パーティに出席してもよいと許した)
Allow him **to drink** as much as he likes. (飲みたいだけ飲ましておけ)

Prohibition (禁止):——

My father has **forbidden** me **to smoke**. (父が私に喫煙を禁じました)

Command (命令):——

I **ordered** him **to clean** the garden. (彼に庭を掃かせた)
I **told** him **to wait**. (彼に待っておれといった)

Request (依頼):——

He **begged** me **to stay**. (どうぞお泊まりくださいといった)
He **asked** me **to step in**. (どうぞおはいりくださいといった)

Inducement (勧誘):——

My doctor **advised** me **to go** to the seaside. (医者が海岸に行くように私にすすめました)
I **urged** him **to work** harder. (私はもっと勉強するように彼をうながした)

Causation (原因):——

Heat **causes** water **to evaporate**. (熱が水を蒸発させる)
His wealth **enables** him **to be** generous. (富が彼を寛大ならしめる——彼は金があるから気前よくすることができる)

771 【注意】 以上の説明は、いわゆる使役動詞を不完全他動詞と見て、目的のほかに補語として不定詞をとるものと解したのであるが、あるいは、使役動詞は一種の授与動詞で、間接目的語のほかに、直接目的語として不定詞をとるものと解することもできる。次の例を比較せよ。

{
He **allows** his son four thousand yen a month. (彼はむすこに毎月 4,000 円を送る)
He **allows** his son **to spend** four thousand yen a month. (彼はむすこに月に 4,000 円使うことを許す)

{
The doctor **forbade** me wine. (医者が私に酒を禁じた)
The doctor **forbade** me **to drink**. (医者が私に酒を飲むことを禁じた)

EXERCISE 48

次の和文を英訳せよ。
1. 君は英語を知っているからドイツ語を学ぶのは容易だ。
2. 私は間食 (to eat between meals) はしない主義だ。
3. 彼は今後は (in future) 酒を飲まぬと申します。
4. 彼は重態 (to be seriously ill) だということだ。
5. あんななまけ者が成功するのは不可能なことだ。
6. 彼は自分自身をえらいものと思っている。
7. 父があまり長くおじゃま (to stay long) してはいけないと言いました。
8. おじが学資を送ってくれる (to supply one with one's school expenses) と申します。
9. おとうさんに自転車を買ってもらいなさい (ask)。
10. 父は私を医者にしようと思っている。

---

(2) ROOT-INFINITIVE
原 形 不 定 詞

772 Root-infinitive とは、Infinitive の形であって、しかも " to " を伴なわないもの、すなわち動詞の Root-form をそのまま Infinitive として用いたものをいうのである。Root-infinitive は前項 (§§ 765–771) に述べた Noun Infinitive as Complement 中にはいるべきものであるが、便宜のため別項を設けたのである。Root-infinitive を Complement とする動詞は次の 2 種である。

不　定　詞

773　**1. Verb of Perception**（知覚動詞）——「見る」、「聞く」、「感ずる」など五感に関する動詞。

  To see:— **See** the dog **run**. （犬の走るのをみよ）
  To hear:— **Hear** the bird **sing**. （鳥の歌うのをお聞き）
  To feel:— I **felt** the house **shake**. （家の揺れるのを感じた）
  To observe:— They **observed** the barometer **fall** suddenly. （彼らは晴雨計が急に降下するのを見た）
  To watch:— I was **watching** the crows **fly** home to roost. （私はからすがねぐらへ帰って行くのを眺めていた）
  To notice:— I didn't **notice** (or **perceive**) anyone **enter** the room. （だれも へや へはいった様子もなかった）

　【注意】(1) " to observe " は「変化に気のつく」こと、" to watch " は「動作を見つめる」こと、" to notice "、" to perceive " は「気がつく」という意で、この二つはおもに否定に用いられる。

　(2) この構文においては文法上他動詞の目的語である名詞（あるいは代名詞）と、その補語である不定詞とが、意味上 主語と述語動詞との 関係にある。たとえば " See the dog run " は文法的に直訳すれば「犬を、走る姿において、見よ」で、" dog " は目的語、" run " は補語であるが、意味は「犬が走るのを見よ」で、" dog " が主語、" run " が述語動詞の関係である。cf. The dog runs.

774　以上の諸動詞が Passive（受動）に用いられる場合は " to " のついた Infinitive を Complement とする。

  {I **saw** a man **enter** the room.
   A man **was seen to enter** the room.}　（一人の 男が へやに はいるのが見えた）
  {I never **heard** him **laugh**.
   He **was** never **heard to laugh**.}　（彼は笑ったためしがない）

775　**2. Verb of Causation**（使役動詞）——「何々させる」の意味の動詞は たくさんある（cf. §770）。その中で Root-infinitive を Complement とするものは、次の五つである。

  To let:— **Let** him **go** if he wants to.
       (=*Allow* him *to go* if . . .)
       （行きたいというなら行かしてやれ）
  To make:— I will **make** him **go** whether he will or not.

(= I will *compel* him *to go* whether...)
(いやでも応でも私が行かせる)

To bid:— **Bid** him **wait**.
(= *Tell* him *to wait*.)
(待たせておけ)

To have:— I will **have** someone **show** me the way.
(= I will *get* someone *to show*...)
(だれかに案内してもらいましょう)

To help:— **Help** me **put** the room in order.
(手つだって へや を整頓してくれ)

【注意】 以上のうち " let " は黙認、あるいは放任、" make " はしいてさせる、" bid " は命じてさせる、" have " は命じてあるいは頼んでしてもらう、" help " は手つだう意味である。" help " は " to " のついた Infinitive を Complement とすることもある。

Help me **to finish** the work. (手つだって仕事をすませてくれ)

以上のほかの使役動詞は " to " のついた Infinitive を Complement とすることは前に述べた (cf. §770)。

776 以上五つのうち " make " および " bid " は Passive (受動) としても用いられる。そのときは " to " のついた Infinitive を Complement とする。

{They **made** me **sign** the paper.　} （私は無理に証書に署名させら
{I **was made to sign** the paper.　}　れた）

{He **bade** me **follow** him.　} （私はついて来いといわれた）
{I **was bidden to follow** him.　}

777 「" **have** "+**Object**+**Root-infinitive**」の形は、話者の意志を含むときは、上に述べたように命じて<u>させる</u>、あるいは頼んで<u>してもらう</u>意味であるが、意志を含まない場合は「何々<u>される</u>」という受動的な意味をあらわす。比較：——

(a) I will **have** someone **come** and bear me company. （だれかに<u>来て</u>相手を<u>しても</u>らおう）
(b) I can't go out, because I shall **have** some people **come** this evening. （今晩は人に<u>来られる</u>から——来客があるから——出かけられない）

（a）は「来てもらう」すなわち当方に意志があって来させる意味で "make", "let" などの類に属する **Causative "have"** である。このとき "have" に強勢をおいて読む。

（b）は先方が勝手にやって来るので当方に意志はない。すなわち来られるという Passive Meaning を持つものである。この **Passive "have"** は知覚動詞 "see", "hear" などの類に属するもので、強勢なく、弱く発音する。

> She **said** so. （彼女がそういった）
> I **heard** her **say** so. （私は彼女がそういうのを聞いた）
> He **did** it. （彼がそれをした）
> I **saw** him **do** it. （私は彼がそれをするのを見た）
> His wife **died**. （彼の妻が死んだ）
> He **had** his wife **die**. （彼は妻に死なれた）

これらはいずれも客観的な「できごと」を、主観的に「個人の経験」に移して言ったものである。

778 以上2種の動詞のほかに Root-infinitive のつく慣用句に次のようなものがある。

（a）**"had better"**——これは "would have it better to ..." の意味である (cf. §739, g)。

> My doctor told me that I **had better go** to the seaside. （医者が私に海岸へ行く方がよいとすすめた）
> I told him that he **had best study** in the country. （私は彼にいなかで勉強するのが一番いいとすすめた）

（b）**"cannot but"**:——

> I **could not but laugh**. （私は笑わないわけにはいかなかった）
> **Who can but pity** her? (＝No one **can but pity** her.) （だれが彼女をあわれまずにおれようか）

（c）**"do nothing but"**:——

> He **does nothing but drink** every day. （彼は毎日飲んでばかりいる）

EXERCISE 49

(A) 次の和文を英訳せよ。
1. うちの男に荷物 (luggage) を駅へ持たせてやりましょう。
2. あの先生は何でもかでも (everything) 暗記 (to learn by heart) させる。
3. ゆうべは近所から火事を出された。
4. だれかが私の肩をたたく (to pat one on the shoulder) なと思った。
5. 女中におへやのそうじをさせましょう。
6. いそがしい時に人に来られるのは困る (do not like)。
7. 娘がいやだというのに (against one's will) 両親が無理やりにお嫁にやったのだ。
8. 子供に薬を飲ませ (to take the medicine) なくてはいけない。
9. きみを見ると弟のことを思い出す。
10. だれかにそれを音読 (read aloud) してもらいなさい。

(B) 次の文中の Finite Verb の Voice を変えよ。
1. We never **heard** him speak English. (あの人が英語を話すのを聞いたことがない)
2. We **saw** them slowly climb up the steep path. (彼らがけわしい道をそろそろ登るのが見えた)
3. They **made** me drink against my will. (私は無理に飲まされたのだ)
4. He **was** often **heard** to say so. (彼はよくそう言っていた)
5. He **was** never **known** to tell a lie. (彼がうそをついたためしはない) [訳し方に注意]

---

(3) ADJECTIVE INFINITIVE
形容詞的不定詞

　形容詞のように名詞を修飾する Infinitive を Adjective Infinitive という。この場合その名詞と Infinitive との関係を次の三つに分けて見ることができる。

779 **1. Subjective Relation** (主格的関係)――修飾される名詞が Infinitive の Sense-subject である場合。

> There is no **one to do** it. (だれもそれをする人がない)
> ＝There is no one *who will do* it.
> I kave no **friend to help** me. (私を助けてくれる友達がない)
> ＝I have no friend *who will help* me.

これらの例においては、人がそれをする、友だちが私を助けるのであるから "one"、"friend" はそれぞれ "to do"、"to help" の「意味上の主語」である。

780 **2. Objective Relation** (目的格的関係)――修飾される名詞が Infinitive の Sense-object である場合。

> I have **nothing to do** today. (きょうは何もすることがない)
> ＝I have nothing *that* I *must do*.
> He has no **food to eat**. (彼は食べる物がない)
> ＝He has no food *which* he *can eat*.

これらの例においては、仕事をする、食物を食べるのであるから "nothing"、"food" はそれぞれ "to do"、"to eat" の意味上の目的語である。Objective Relation に属する最もふつうの例をいくつか加えておこう。

> Is there **anything to drink**? (何か飲むものがあるか)
> I want **something to read**. (何か読むものが欲しい)
> Have you **anything to sell**? (何か売る物がありませんか)
> There is a **house to let** in this street. (この通りに貸家がある)
> There are many **sights to see** in Kyoto. (京都には見る所がたくさんある)
> There is no **time to lose**. (失うべき時がない――ぐずぐずしてはいられない)

781 【注意】 以上二つの関係のほか、Infinitive が名詞に対し Apposition (同格) の関係に立つことがある。

> I have made a **promise to do it.** (私はそれをするという約束をした)
> ＝I have made a promise *that I will do it*.

この例では " a promise " はすなわち " to do it " で、両者は Apposition である。

782 Objective Relation の特殊な場合として、前置詞の目的語である関係代名詞をはぶき、Infinitive を用いて直接的に名詞を修飾する場合には、最初 関係代名詞の前にあった前置詞は Infinitive の後へまわして保存しなくてはならない。

> We must have a **house to live in** (=*in which to live*). (住む家がなくてはならない) [cf. " live *in* a house "]
> Give me a **chair to sit on** (=*on which to sit*). (掛ける いす を ください) [cf. " sit *on* a chair "]
> He has sufficient **income to live on** (=*on which to live*). (彼は暮しを立てるに十分の収入がある)

他動詞の Infinitive で目的語をもつ場合には前置詞はその後になる。

> I have no **basket to carry** the apples **in** (=*in which to carry the apples*). (りんごを入れて運ぶかごがない)
> I have no **money to buy** it **with** (=*with which to buy it*). (それを買う金がない)
> I have no **pen to write** it **with** (=*with which to write it*). (書くペンがない)

【注意】 第1例では " to carry " は " basket " を修飾しているが、「かごが運ぶ」のでもなければ「かごを運ぶ」のでもない、すなわち " basket " は " to carry " に対して主語の関係でもなく、目的語の関係でもない。" basket in *which* to carry "（入れて運ぶべき かご）の " which " が略されたものである。以下の例も同様。

783 3. **Attributive Relation** (修飾的関係)――抽象名詞を修飾する Infinitive はその名詞に対して修飾語的な関係に立つ。

> Practice is the only **way to learn** a language. (語学をやるには練習のほかに道はない)
> Autumn is the best **time to visit** Nikko. (日光へ行くには秋が一番よい)

(4) ADVERBIAL INFINITIVE

副詞的不定詞

Adverbial Infinitive とは副詞と同じように用いられる Infinitive をいう。したがって動詞、形容詞、または副詞を修飾する。

(a) INFINITIVES QUALIFYING VERBS
(動詞を修飾する不定詞)

784 不定詞は動詞について (a) 目的、(b) 結果、(c) 原因を示す。

- (a) I went **to see** a friend. (友人に会いに行った)
- (b) He lived **to see** his son a great man. (彼はむすこが偉くなるまで生きていた)
- (c) She grieved **to see** her son in such a plight. (彼女はむすこのそんな有様を見て悲しんだ)

(a) は見るために行く、(b) は生きた結果として見る、(c) は見て悲しむのである。以下もう少しくわしく説こう。

785 (a) **Purpose** (目的)——Infinitive が意志動詞につけば通例目的を示す。

He went **to buy** meat and wine. (彼は肉と酒を買いに行った)
She ran **to meet** her mother. (彼女は母を迎えるために駆け出した)
We eat **to live**, not live **to eat**. (われわれは生きるために食う、食うために生きるのではない)

Infinitive が目的を示す場合に "**in order**" を付加することがある。これは意志動詞の前に限る。

I got up early **in order to catch** the first train. (私は一番列車に乗るために早く起きた)
I got up early **so as to be** in time for the first train. (私は一番列車に間に合うように早く起きた)

この2例のうちで "to catch" (乗る) は有意志、"to be in

time "（間に合う）は無意志である。

【注意】 " so as to . . ." とつづく場合は目的を示し、" so " と " as to . . ." との間に副詞がはいると結果を示す。

Purpose：—I got up early **so as to** be in time for . . .
　　　　　　＝I got up early **so that** I **might** be in time for . . .
　　　　　　（間に合うように早く起きた）

Result：— I got up **so** early **as to** be in time for . . .
　　　　　　＝I got up **so** early **that** I **was** in time for . . .
　　　　　　（早く起きたから間に合った）

786 目的を示す Infinitive の代わりに前置詞 **" for "** を用い、あるいは Prepositional Phrase を用いることがある。

Will you come out **for** (＝*to take*) a walk?（散歩に出かけないか）
Send [a messenger] **for** (＝*to procure*) the doctor.（医者を呼びにやれ）
We went **in search of** (＝*to search for*) the lost child.（私たちは迷子をさがしに行った）
They go abroad **in pursuit of** knowledge.（彼らは研究のために洋行する）

787 (b) **Result**（結果）——Infinitive が目的の概念を含まない動詞（すなわち無意志動詞）につく場合は結果を示す。

I awoke **to find** (＝*and found*) myself lying in a strange place.（目がさめて見ると自分は妙な所に寝ていた）
Few people live **to be** (＝*till they are*) eighty years old.（80まで生きる人は少ない）
The boy grew up **to be** (＝*and became*) a fine youth.（少年は成育してりっぱな若者となった）

これらの例における動詞 " awake "（さめる）、" live "（生きる）、" grow up "（成長する）などはいずれも自然の働きで、人間の意志で左右することはできない。したがって目的を示すはずはないのである。

Infinitive が " only " および " never " の後に来る場合も結果を示す。

> He worked hard, **only to fail**. (彼はよく働いたがその結果は失敗に終わった――彼は失敗するために働いたようなものだ)
>
> Byron left his native land, **never to return**. (バイロンはこの時故国を去ったままついに帰らなかった――バイロンは再び帰ることのないように故国を去った)

これらの場合において「失敗しよう」「帰るまい」という目的があったのではない。

788 (c) **Cause** (原因)――"**to hear**", "**to see**" などの Infinitive が感情を示す動詞につくときは、その感情の原因を示す。

> I rejoice **to hear** of your success. (ご成功を聞いてうれしい)
> I could not but laugh **to see** the sight. (私はその光景を見て笑わずにはいられなかった)

これらの例において "to hear", "to see" は聞いて喜ぶ、見て笑うなどと、いずれも感情の原因を示すものである。

789 【注意】 このほか Infinitive が条件、理由などをあらわすこともある。
> You will do well **to speak** (=*if you speak*) more carefully. (君はもっと注意して口をきくといいんだ――条件)
> He cannot be a good man **to do** such a thing. (そんなことをするからには善人のはずがない――理由)

(b) INFINITIVES QUALIFYING ADJECTIVES
(形容詞を修飾する不定詞)

Infinitive が形容詞につくと目的または原因を示す。

790 (a) **Purpose** (目的):――

> Is this water *good* **to drink**? (この水は飲用に適しているか)
> Esperanto is very *easy* **to learn**. (エスペラントはきわめて学びやすい)
> Chinese characters are *difficult* **to learn** (漢字は覚えにくい)

791 (b) **Cause** (原因)――Infinitive が感情を示す形容詞につくときは、その感情の原因を示す (cf. §788)。

I am *glad* **to see** you. (お目にかかってうれしい——よくおいでくださいました)

I am *sorry* **to give** you trouble. (ご面倒をかけてすみません)

I was *surprised* **to hear** of his failure. (彼の失敗を聞いて驚いた)

792 【注意】(1) この Infinitive が "if"-Clause すなわち Conditional Clause の代わりになることがある。

I should be glad **to get** (=*if I could get*) the position. (その地位が得られればうれしいが)

I should be sorry **to stand** (=*if I were to stand*) in your way (お邪魔になってはすみませんから)

(2) またこの Infinitive は次のような慣用句を作る。

He has, **I am glad to say**, passed his examination. (彼は<u>結構なことには</u>試験に及第しました)

Regrettable to say, he is addicted to drinking. (<u>困ったことだが</u>彼は飲酒にふけっている)

But **strange to say**, he does not neglect his duties. (しかし<u>ふしぎなことには</u>彼は職務を怠らない)

(c) INFINITIVES QUALIFYING ADVERBS

(副詞を修飾する不定詞)

793 Infinitive に修飾される副詞は次の三つである。

So...as:— Her hair is **so** long **as to** sweep the floor.
= Her hair is *so* long *that* it sweeps the floor.
(彼女の髪は長くてゆかにつくほどだ)

Enough:— You are rich **enough to** keep a car.
= You are *so* rich *that* you *can* keep a car.
(君は金持ちだから自動車ぐらいは持てる)

Too:— I am **too** poor **to** afford such extravagance.
= I am *so* poor *that* I *cannot* afford such extravagance. (私は貧乏だからそんなぜいたくはできない)

この例の "so...as to", "enough to" と合わせて記憶すべき言い方をまとめておく。

He **was so kind as to** lend me the money.
He **was kind enough to** lend me the money.
He **had the kindness to** lend me the money.
He   **kindly**   lent me the money.
(彼は親切にも私に金を貸してくれた)

Will you **be so good as to** lend me the money?
Will you **be good enough to** lend me the money?
Will you **have the goodness to** lend me the money?
Will you **kindly** (=**please**) lend me the money?
(どうか金を貸してくださいませんか)

すなわち次のような関係となる。

$$\left.\begin{array}{l}\text{to **be so** (Adjective) **as to**}\ldots\\ \text{to **be** (Adjective) **enough to**}\ldots\\ \text{to **have the** (Abstract Noun) **to**}\ldots\end{array}\right\}=\text{Adverb}$$

(5) ABSOLUTE INFINITIVE
独 立 不 定 詞

794 Infinitive が Sentence 全体を修飾するために用いられることがある。そういう Infinitive は文中の他の個々の要素に対して何ら特別の関係もない、すなわち、いずれの語に対しても主語とか目的語とか補語とかあるいは修飾語とかの関係を少しも持たないところから Absolute と呼ばれているのである。実は、こういう Infinitive は条件あるいは譲歩などをあらわす Clause を短かく言いあらわすための代用形である。

To tell (or **speak**) **the truth**, I am tired of teaching. (実をいえば私は教えることはもう飽きたのだ)

To be frank with you, I don't care much for your project. (卒直にいってしまえば私は君の計画にあまり感心しない)

【注意】 これらの例はいずれも文頭を " If I were to tell ", " If I were to be frank..." としたのと同じ意味である。そして、この " If one were to " の意味の不定詞のことは条件文の項で述べた (cf. §738, a)。

To do my best (=*Though I did my best*), I could not understand the meaning. (どんなに 考えて みても、その意味が わからなかった)

To do her utmost (=*Though she did her utmost*), she could not eat as much as at other times. (彼女はいくら努めても、平常ほどには食べられなかった)

この2例は譲歩の意を示すものである。以上のほか重要な Absolute Infinitive の例をいくつか付加しておこう。

It is a good method, **to be sure**; but it is hard to practise. (なるほどいい方法にはちがいないさ、しかし実行は困難だ)

To make matters worse, it began to snow. (さらに、悪いことには雪さえ降りはじめた)

He is very frugal, **not to say** (=*I might almost say*) stingy. (彼はケチといわないまでも非常につつましい——ケチといってもよいくらい)

He knows French and German, **not to speak of** (=*as well as*) English. (彼は英語はいうまでもなくフランス語とドイツ語も知っている)

He knows **no** English, **to say nothing of** (=*much less*) French or German. (彼は英語さえ知らない、ましてフランス語とドイツ語はいうまでもない)

【注意】 " not to speak of " も " to say nothing of " も同じく " I need not speak of ... " (何々のことはいうにおよばず) の意味であるが、前に否定がないとあるとの相違があって、訳す調子もちがう。

He is a wise fool, **so to speak** (=*if I am allowed so to speak*). (彼はいわば賢いばか者だ——もしそんな文句を使ってもよいとすれば)

795 以上述べた Infinitive の用法を表示すると、次のとおり。

(1) Noun Infinitive
  - (a) As Subject
  - (b) As Object
  - (c) As Complement

(2) Root-infinitive
  - (a) With Verbs of Perception
  - (b) With Verbs of Causation

分　　　詞

(3) Adjective Infinitive $\begin{cases}\text{(a) Subjective Relation.}\\ \text{(b) Objective Relation.}\\ \text{(c) Attributive Relation.}\end{cases}$

(4) Adverbial Infinitive $\begin{cases}\text{(a) With Verbs}\begin{cases}(\alpha)\ \text{Purpose.}\\ (\beta)\ \text{Cause.}\\ (\gamma)\ \text{Result.}\end{cases}\\ \text{(b) With Adjectives}\begin{cases}(\alpha)\ \text{Purpose.}\\ (\beta)\ \text{Cause.}\end{cases}\\ \text{(c) With Adverbs.}\end{cases}$

(5) Absolute Infinitive

EXERCISE 50

次の和文を英訳せよ。

1. <u>この辺に</u> (in this neighbourhood) 貸家がありますか。
2. この町には見物する所がありますか。
3. この本の英文はわかりやすい。
4. 私は生きて<u>故国に帰れ</u> (to see one's native land) ぬと思った。
5. 君は散歩に行くのか。
6. 私は花見に行くところだ。
7. 彼女は<u>たよる</u> (to depend upon) べき親類もない。
8. その男は<u>厚かましく</u> (impudent) も金をくれといった。
9. 私は愚かにもあんな人を信用した。
10. 彼女はまだお嫁に行く年ではない。

II. PARTICIPLE

分　　　詞

796　Participle (分詞) は動詞と形容詞との性質を兼有するもの、すなわち Verbal Adjective (動詞状形容詞) として名詞に結びつくものである。

Participle は動詞でもあるのだから、動詞なみに目的語、補語、あるいは副詞を伴なうことができる。

With Object:—
  Writing *something* on a card, he gave it to me. (名刺に何か書いて私にくれた)

With Complement:—
  Being *poor*, he could not send his son to school. (貧乏なものだから、むすこを学校へ出すことができなかった)

With Adverb:—
  The boy, **working** *hard*, tried to make up for lost time. (少年は勉強して、失った時間の埋め合わせをしようとした)

Participle は文法上の主語をもつことはできないが、必ず Sense-subject (意味上の主語) をもつ。上の例では 主節の Subject が Participle の Sense-subject を兼ねており、また次のように Sense-subject が表現される場合もある。

(a) I saw *a man* **writing** at the desk. (机に向って書き物をしている人が見えた)
(b) I received *a letter* **written** in English. (私は英語で書いた手紙を受け取った)

(a) の " writing " は「手紙を書いている人」と " man " に結びついて形容詞の役目をする Participle であるが、「人が書く」のであるから " man " が " writing " の Sense-subject である。(b) も同様に、「手紙が書かれてある」のだから " letter " が " written " の Sense-subject である。

FORMS OF THE PARTICIPLE
分 詞 の 形

797 他動詞は六つ、自動詞は四つの分詞形を持つ。他動詞 " to do " と自動詞 " to go " を例にとってその形を示そう。

	To do		To go
	Active	Passive	
Present	doing	being done[4]	going
Past	——[2]	done[1]	gone[3]
Perfect	having done[4]	having been done[4]	having gone[4]
Prog. Perf.	having been doing[4]	——	having been going[4]

【注意】(1) 他動詞の **Past Participle** は Passive Meaning に用いられるのが通例で (2) Active Meaning に用いられるものは少ない。(3) 自動詞の **Past Participle** は二、三の例を除くほかは Attributive Adjective としては用いられない。(4) " having " および " being " の形は原則として Participial Construction にのみ用いられる。

USES OF THE PARTICIPLE

分 詞 の 用 法

798 分詞の用法を次の3項に分けて説明する。

(1) **As Adjective** (形容詞として)

(2) **As Complement** (補語として)

(3) **Participial Construction** (分詞構文)

(1) PARTICIPLE AS ADJECTIVE

形容詞としての分詞

799 Present Participle (現在分詞) および Past Participle (過去分詞) は形容詞として用いられる。

名詞のすぐ後へ来て、その名詞を修飾する Participle は Adjective Clause がちぢまったもの、あるいは変形と考えることが

できる。

> Who is *the man* **speaking** to your father?
> (=Who is the man *that is speaking* to your father?)
> (君のおとうさんに話している人はだれか)
> What is *the language* **spoken** in Mexico?
> (=What is the language *that is spoken* in Mexico?)
> (メキシコでは何語を使いますか)

800 Participle が純粋の形容詞として名詞の前につく場合には、とくにこれを **Participial Adjective**(分詞状形容詞)と名づける。Participial Adjective もやはり、Adjective Clause の変形と見ることができる。

> an **interesting** book=a book *that interests* (おもしろい本)
> **interested** parties=parties *which are interested* (利害関係者)

801 形容詞として用いられた分詞と、分詞状形容詞との差異は次のとおり。

(a) 形容詞としての分詞は (1) 名詞の後につき、(2) 動詞としての付属語(目的語など)を伴なうことができ、(3) 通例一時的な状態をあらわす。

(b) 分詞状形容詞は (1) 名詞の前につき、(2) 通例永久的な性質を示し、(3) 比較を許すものもある。

Participle as Adjective	Participial Adjective
birds **singing** in a tree (木で歌っている鳥)	**singing birds** (歌う鳥=鳴禽類)
a letter **written** in English (英語で書いた手紙)	**written language** (文章語)

> This is **an interesting** book. (これはおもしろい本だ)
> I never read **a more interesting** book. (こんなおもしろい本を読んだことはない)
> This is **the most interesting** book I ever read. (この本は私の読んだうちで一番おもしろい本です)

(a) PRESENT PARTICIPLE
(現 在 分 詞)

802 自動詞、他動詞にかかわらず現在分詞は通例 Active Meaning に用いられるものである。

> Men **living** (=*who live*) in town do not know rural pleasure. (都会に住む人は田園の楽しみを知らない)
> I saw a man **wearing** (=*who wore*) a straw hat. (麦わら帽子をかぶった人が見えた)

Participial Adjective すなわち純粋の形容詞として用いられる場合も同様。

> A **rolling** stone gathers no moss. [a stone which *rolls*] (ころがる石はこけを着けぬ＝移り気の人は金がたまらない) [諺]
> He is a kind, **obliging** man. [a man who *obliges*] (彼は親切で、何でもしてくれる人だ)

803 【例外】 現在分詞で Passive Meaning をあらわすものがまれにある。それは「何かが欠けている」の意味の動詞に多い。

> What is the **wanting** volume? [the volume that *is wanted*] (欠けているのは何巻か)
> I cannot find the **missing** papers. [the papers which *are being missed*] (紛失した書類が見つからない)

(b) PAST PARTICIPLE OF THE TRANSITIVE VERB
(他 動 詞 の 過 去 分 詞)

804 他動詞の過去分詞は通例 Passive Meaning を持つ。

> These fables were written by a man **named** Æsop. [a man who *was named* Æsop] (これらの物語はイーソップという人の書いたものだ)
> He lived in a country **called** Lydia. [a country which *was called* Lydia] (彼はリディアという国に住んでいた)
> Is there a magazine **devoted** to the study of English? (英語研究専門の雑誌があるか)

純粋の形容詞として用いられた場合も同様。

> **Stolen** fruit tastes sweet. [fruit which *is stolen*] （盗んだ果実はうまい）
> They discovered an **uninhabited** island. [an island which *is not inhabited*] （彼らは無人島を発見した）
> A **cracked** vessel often lasts longest. （きず物がもっとも長くもつということがしばしばある）
> Customs are **unwritten** laws. （習慣は不文律である）
> A **burnt** child dreads the fire （やけどした子は火をこわがる）

805 【例外】 他動詞の過去分詞で Active Meaning に用いられるもの：
> a **drunken** fellow=a fellow who *has drunk* much wine （よっぱらい=酒を飲んだ男）
> a **learned** man=a man who *has learned* （学者=学んだ人）
> a **well-read** man=a man who *has read* much （読書家）
> a **well-(fair-, smooth-)spoken** man （口先のうまい人）

(c) PAST PARTICIPLE OF THE INTRANSITIVE VERB
（自 動 詞 の 過 去 分 詞）

806 他動詞の過去分詞が Passive Meaning であったのに反し、自動詞の過去分詞は Active Meaning である。そして自動詞の過去分詞は、次に掲げるような少数の場合を除くほかは、直接に名詞につけては用いられない。

> in days **gone by** (=*which have gone by*) （過ぎ去った日に）
> I have met a gentleman **just returned** (=*who has just returned*) from abroad. （外国から帰ったばかりの紳士に会った）

純粋の形容詞として用いられる場合もやはり Active Meaning を持つ。

> a **retired** officer [an officer who *has retired* from service] （退役の将校）
> a **well-behaved** boy [a boy who *behaves* well] （行儀のいい子）
> a **returned** emigrant （出かせぎ帰り）

escaped convicts (脱獄囚)
a **withered** flower (しぼんだ花)
a **decayed** tooth (虫歯)
a **rotten** egg (腐った卵)
a **grown-up** son (成人したむすこ)

(d) QUASI-PARTICIPLE
(擬 似 分 詞)

807 過去分詞の中には前に例示した " learned ", " well-behaved " のようにある性質の所有を示すものと考えられるものがある。

- a **learned** man＝a man *who has learning*; a man *of learning* (学者＝学問のある人)　発音 [lə́:nid]
- a **well-behaved** child＝a child *who has good behaviour* (行儀のいい子)

これらの形にならって、名詞の語尾に " **-ed** " をつけ、所有を示す形容詞として用いる語がある。動詞形をもとにしていないから、いわば擬似分詞と称すべきものである。

- a **one-eyed** monster＝a monster *possessed of one eye* (ひとつ目の怪物)
- a **three-legged** stool＝a stool *having three legs* (3脚の腰掛)
- a **long-armed** monkey＝a monkey *having long* arms (手長ざる)
- a **kind-hearted** man＝a man *blest with kind heart* (親切心のある人)
- a **hot-tempered** man＝a man *cursed with hot temper* (怒りっぽい人＝かんしゃく持ち)

(2) PARTICIPLE AS COMPLEMENT
補語としての分詞

808 現在分詞および過去分詞は一種の形容詞であるから、純粋の形容詞と同様に不完全動詞の補語として用いられる。

> He **is** always **busy**. ...(*Adj.*)
> 　(彼はいつもいそがしがっている)
> He **is** always **doing** something. ...(*Pres. Part.*)
> 　(彼はいつも何かしている)

> My work **is ready**. ...(*Adj.*)
> 　(仕事の用意ができている)
> My work **is done**. ...(*Past Part.*)
> 　(仕事ができている)

(a) PRESENT PARTICIPLE AS COMPLEMENT
(補語としての現在分詞)

809 1. 現在分詞を補語とする自動詞は進行形「**" be "**+Present Participle」における " be " の代わりとなるものである。

> **To sit :—**　We **sat telling** stories in the dark. (私たちは暗がりにすわって話をしていた)
> **To stand :—**　He **stood gazing** at the scene. (彼はその光景に見とれて立っていた)
> **To lie :—**　An old man **lay dying** on the roadside. (一人の老人が死にかかって道ばたに倒れていた)

> **To go :—**　The ball **went flying**. (ボールが飛んで行った)
> **To come :—**　The boy **came running** to meet me. (子供が私を迎えようと駆けだしてきた)

> **To keep :—**　The dog **kept barking** all night. (犬が夜通しほえていた)
> **To remain :—**　He **remained standing** in the water. (彼は水の中に立ったままでいた)
> **To go on :—**　The prices **go on rising**. (物価がますますあがる)

以上の例における " sit ", " stand ", " lie " はいずれも " be " に代わって身体の位置をいうもの, " go ", " come " は運動を示すもの, " keep ", " go on " は連続を示すもので, いずれも " be " をさらにくわしく言いかえたものと見ることができる。

810 2. 現在分詞を補語とする他動詞は意味において上に列挙した種類の自動詞と対応するものである。

To have :—	I **have** my car **waiting** for me.
	=My car *is waiting* for me.
	（車を待たせてあります＝車が待っております）
To keep :—	He **kept** me **waiting**.＝I *kept waiting*.
	（彼は私を待たせた＝私は待っていた）
To find :—	I **found** her **crying**.＝She *was crying*.
	（行って見たら彼女は泣いていた）
To leave :—	We have **left** the old house **standing**.
	＝The old house *remains standing*.
	（古い家を取りこわさずそのままにしておいた）
To send :—	I **sent** the ball **flying**.＝The ball *went flying*.
	（ボールを飛ばせた＝ボールが飛んで行った）
To see :—	I **saw** him **standing** at the door.
	＝He *was standing* at the door.
	（彼は玄関に立っていた）
To hear :—	I **heard** the thunder **roaring**.
	＝The thunder *was roaring*.　（雷が鳴っていた）

(b) PAST PARTICIPLE AS COMPLEMENT

（補語としての過去分詞）

811　1.　過去分詞を補語とする自動詞は受動態すなわち「 **" be "** ＋ **Past Participle** 」における " be " の代わりとなるものである。

To sit :—	He **sat surrounded** by his family.（彼は家族に囲まれてすわっていた）
To stand :—	He **stood accused** of a great crime.　（彼は大罪を着せられた）
To lie :—	One of Japan's heroes **lies buried** here.　（日本の英雄の一人がここに葬られている）
To come :—	He **came in unobserved**.　（彼はだれにも気がつかれずにはいって来た）
To go :—	He **went out unperceived**.　（彼はだれにも知られずに出て行った）

> **To become:**—Where did you **become acquainted** with him?（君はどこで彼と知り合いになったか）
> **To get:**—　You will soon **get used** to the work.（君はじきに仕事になれるだろう）
> **To grow:**—　He will soon **grow tired** of the work.（彼は今に仕事に飽きるだろう）

To get:—
> I want to **get shaved**.（顔をそってもらいたい）
> He went shooting, and **got shot** by accident.（彼は銃猟に行ってあやまって撃たれた）

812　【注意】（1）　Passive Verb 中に継続の状態を示すものがある。たとえば

　I **am acquainted** with him.（私は彼と知り合いだ＝知っている）

　He **is used** to teaching.（彼は教えることになれている）

　I **am tired** of the work.（私はもう仕事に飽いている）

などにおける " be acquainted "，" be used "，" be tired " などがそれである。このように「何々の状態にある」ことをあらわす Passive を Passive of Being（状態受動態）という。ただし、上例中の三つの過去分詞は、むしろ純粋の形容詞に近いから、これらの場合は「受動態」というより、「" be "＋Complement」に近いとも言える。

　（2）　次に、上の " be " の代わりに " become "，" get "，" grow " などを用いると「知り合いになる」、「なれてくる」、「飽きてくる」など、「その状態になる」ことをあらわす。このような Passive を Passive of Becoming（動作受動態）という。

　上記の " get shaved " などの場合は、" be shaved " でも同じ意味（動作受動態）にならないことはない。しかし、一般に " be shaved " は「状態」をもあらわし得るから、とくに " get " を用いて、「動作」の意味であることを明らかにしたのである。

　このように同じ " be " を用いても「状態」と「動作」を区別して意味することもあり、その区別は文脈によらなければわからない。

　When I went there, the door **was** already **shut**.（行ってみると、戸はもう閉まっていた）[Passive of Being]

　The door **is shut** at six every day.（戸は毎日6時に閉め[られ]ます）[Passive of Becoming]

813　2.　過去分詞を補語とするおもな他動詞を次に掲げる。

α {
To have:— I **had** (or **got**) my watch **stolen**. [My watch *was stolen*.] (私は時計を盗まれた)
To get:— He **got** (or **had**) his arm **broken**. [His arm *was broken*.] (彼は腕を折られた——腕を折った)
}

β {
To have:— I **had** (or **got**) my watch **mended**. (私は時計を直させた)
To get:— He **got** (or **had**) a new suit **made**. (彼は新しい着物をこしらえさせた——着物を新調した)
}

γ {
To find:— They **found** a man **concealed** behind the door. (戸のかげに一人の男が隠れていた)
To leave:— I **left** no means **untried**. (やって見ぬ手段はない、あらゆる手段をつくした)
}

δ {
To see:— I should like to **see** paper **made**. (紙をこしらえるところを見たいものだ)
To hear:— I never **heard** Italian **spoken**. (私はイタリア語は聞いたことがない)
}

814 【注意】 (1) 「" **have** " (or " **get** ")+**Object**+**Past Participle**」の形には (α) の例のように「何を何される」という Passive Meaning の場合と、(β) の例のように「何を何させる」という Causative Meaning の場合とある。前者は当方に意志がなく先方が勝手にするので当方は受身の位置に立つから「される」意味となる。日本語の「だれは何を何された」のような構文を英訳するとき、この (α) の構文を思い出すことが必要である。後者 (β) は当方に意志があって先方に命じ、あるいは頼んでさせるのである。比較:——

{
(a) (α) I shall **have** him **steal** it. [=He will steal it.] (彼にそれを盗まれるだろう=彼がそれを盗む)
(b) (α) I shall **have** it **stolen**. [=It will be stolen.] (それを盗まれるだろう=それが盗まれる)
}

{
(a) (β) I will **have** him **mend** it.=I will **get** him **to mend** it. (彼にそれを修繕させよう=彼がそれを修繕する)
(b) (β) I will **have** it [be] **mended**.=I will **get** it [to be] **mended**. (それを修繕させよう=それが修繕される)
}

つまり " **have** " には (a) Root-Infinitive を Complement とする場合と (b) Past Participle を Complement とする場合とあり、意味においては (α) Passive と (β) Causative との二つに分かれる。ただし、

(a) (α) の実例は少ない。

- (a) $\begin{cases}(\alpha) & \text{I shall } \textbf{have him dó} \text{ it.} \quad (される) \\ (\beta) & \text{I will } \textbf{háve him do} \text{ it.} \quad (させる)\end{cases}$ [" have "＋人＋Root]
- (b) $\begin{cases}(\alpha) & \text{I shall } \textbf{have it dóne.} \quad (される) \\ (\beta) & \text{I will } \textbf{háve it done.} \quad (させる)\end{cases}$ [" have "＋事＋P.P.]

(2) 「" see " (or " hear ")＋Object＋Complement」と比較：――

1) I never *heard* her *sing* a jazz-song. （彼女がジャズを歌うのをきいたことがない）
1)′ Once I *heard* her *sing* a jazz-song. （彼女がジャズを歌うのをきいたことがある）

以上は「彼女がジャズを歌う」という「事実」に関係する。

2) I *heard* her *singing* a jazz-song last night. （昨晩、彼女がジャズを歌っているのをきいた）

これは、「現場を知っている」という「描写」を主とする。

3) We *heard* " B.G." often *spoken of* （" B.G." ということばがよく言われ［てい］るのをきいた）

これは上の 1) または 2) いずれの型の受動態ともとれる。

(3) PARTICIPIAL CONSTRUCTION
分 詞 構 文

815 1. Participle に動詞と接続詞とを兼ねた働きをさせる構文を **Participial Construction** (分詞構文) という。

> **Seeing** the constable, he ran off.
> ＝He *saw* the constable, *and* ran off.
> （警官を見て彼は逃げ出した）
> **Living** in a remote village, I rarely have visitors.
> ＝I *live* in a remote village, *so* I rarely have visitors.
> ＝*As* I *live* in a remote village, I rarely have visitors.
> （私は片いなかに住んでいるから、めったに来客もない）

のような構文における " seeing ", " living " は文法上は " he ", " I " を修飾する形容詞となっているが、実際は

$$\textbf{seeing} = \text{saw} + \text{and} \qquad \textbf{living} = \begin{cases}\text{live} + \text{so} \\ \text{as} + \text{live}\end{cases}$$

のように述語動詞と接続詞とに分解することができる。

分詞の六つの形はみなこの構文で用いることができる。

Active:—
> **Writing** something on a card, he gave it to me. (彼は名刺に何か書いてそれを私にくれた)
>
> **Having written** my composition, I have nothing more to do. (私は作文を書いてしまったから、もうすることがない)
>
> **Having been writing** letters all the morning, I had no time to attend to other matters. (午前中手紙書きをやっていたので、ほかのことをする暇がなかった)

Passive:—
> The book, **being written** in an easy style, has many readers.
> =**Written** in an easy style, the book has many readers.
> (その本は平易な文体で書いてあるから読者が多い)
>
> The book, **having been written** in haste, has many faults.
> =**Written** in haste, the book has many faults
> (その本は一夜作りだから欠点が多い)

【注意】 " being written ", " having been written " などは、文の先頭に出る場合は省略されて " written " の形となる。

816 この構文における Tense の関係は次のとおりである。

（ a ） 主節の中で言いあらわされることと同時のことは Present Participle を用いてあらわす。

> **Living** (=as I *live*) in a remote village, I rarely **have** visitors. (いなかに住んでいるから、めったにたずねて来る人もない)
>
> **Living** (=as I *lived*) in a remote village, I **had** rarely visitors. (いなかに住んでいたから、めったにたずねて来る人もなかった)

（ b ） 主節に言いあらわされることよりも前に起こったことは、Perfect Participle であらわす。

> **Having lived** (=as he *has lived*) abroad, he **is** proficient in English. (彼は洋行していたから英語が達者だ)
>
> **Having lived** (=as he *had lived*) abroad, he **was** proficient in English. (彼は[それ以前に]洋行しておったのだから英語が達者だった)

817 Participial Construction においては主節の主語が Participle の Sense-subject でなくてはならない。たとえば

Picking up a stone, **he** threw it at the dog. （彼は石を拾ってそれを犬に投げつけた）

において主節の主語 "he" が同時に Participle "picking" の Sense-subject である。これを書きなおせば、

He picked up a stone and (**he**) threw it at the dog.

となる。同様に

Having solved the first problem, **I** must now solve the second. （第1問を解いたから、こんどは第2問を解かなくてはならない）

にあっては主節の主語 "I" が Participle "having solved" の Sense-subject であるから正しい文であるが、これを

Having solved the first problem, **the second** must now be solved.

とすれば、"Having solved" という動作の動作主とは別の "the second" が主節の主語となっているからこの文は誤りである。なお §§ 819—821 を参照。

818 【注意】 分詞構文で Subject が名詞ならば、それを Participle の前におくことも後におくこともできるが、代名詞の主語は **Participle** の先に立つことはできない。

{*The robber*, **seeing** the officer, ran off.
{**Seeing** the officer, {*the robber* ran off.
{*he* ran off.

819 2. Participle が独立の Sense-subject をもち、文の他の部分と関係なく独立しているように見えることがある。そういう Participle を **Absolute Participle** （独立分詞）という。しかし Absolute Participle は Adverb Phrase の役目をするもので、その意味によって次の三つの場合に分けることができる。（Sense-subject は斜体で示す）

(a) 時あるいは理由を示すもの。

> *Night* **coming on** (=When night came on), **we** started for home. (晩になって私たちは家路についた)
> *The first problem* **having been solved** (=As the first problem has been solved), the second must now be solved. (第 1 問が解かれたから、こんどは第 2 問が解かれねばならない)
> *The moon* **having risen** (=As the moon had risen), we put out the light. (月が出たから燈を消した)
> *It* **being** Sunday (=As it was sunday), there was no school. (日曜で授業がなかった)

(b) 条件を示すもの。

> We shall leave on Saturday, *weather* **permitting** (=if weather permits). (お天気がよければ、土曜日に出発します)

(c) 単に付帯の状況を示すもの。

> He was reading a book, *his wife* **sewing** beside him. (彼は本を読んでいた、妻はそのそばで縫物をしていた)

820【注意】 "being", "having been" などが はぶかれて 次のような形になることがある。

> **Breakfast** [being] **over** (=When breakfast was over), he went out for a walk. (朝飯がすんで彼は散歩に出かけた)
> **This** [having been] **done**, he left the room. (これがすんで、彼はへやを出て行った)

821 3. また Participle の Sense-subject であるべきものが "we" などのような不定のものであると、それが はぶかれて、文の表面に全然 Sense-Subject があらわれない場合がある。これは **Absolute Participle** の特別な場合と考えることができる。こういう Participle は副詞、前置詞、あるいは接続詞などの代用をする。

As Adverb:──

> **Strictly speaking** (=*If we speak strictly*), the subject belongs to rhetoric (厳密にいえば、この問題は修辞学に属する)

Generally speaking, girls make better linguists than boys. (一般的に言えば女子の方が男子より語学が上手になる)

As Preposition:――

He is very strong, **considering** (=*for*) his age. (彼は年のわりにはなかなか丈夫だ)

According to the papers, the matter grows serious. (新聞で見ると、事態はますます重大だ)

Judging from reports, he seems to be a great scholar. (うわさから判断すると、彼はよほどの学者らしい)

Talking of bicycles, have you seen my new one? (自転車といえば、きみは私のこんどの自転車を見たか)

As Conjunction:――

Granting that (=*Though*) he was drunk, that is no excuse for his behaviour. (酔っていたとしても、それはああいう行動をした言いわけにはならない)

We make allowances, **seeing that** (=*since*) he is a foreigner. (彼が外国人だからと思って、手加減するのだ)

Supposing (that) I fall sick, the doctor lives near by. (病気にかかったとしても、医者が近所にある)

EXERCISE 51

(**A**) 次の和文を英訳せよ。
1. 私はちょっと散髪に行ってくる。
2. あの女は夫婦げんかをして髪を切られた。
3. 彼はこの間の火事で家を焼いて今新築中だ。
4. ごみ (rubbish) を集めて焼かせた。
5. 私の所へ紫インキで書いた手紙が来た。
6. 私はくじらをとるところを見たいものだ。
7. <u>一度やってみて</u> (in one's first attempt) 失敗したから、二度とやらなかった。
8. 日も暮れたので、私たちは帰途についた。
9. 行ってみたら彼女は泣いていた。
10. 人を待たせるものではない。

(**B**) 次の文に誤りがあれば正せ。
1. Being a fine day, I went out for a walk. （天気がよかったから私は散歩に出かけた）
2. Having read the book, it was thrown aside. （本を読み終ったものだから、それは投げ捨てられた）
3. Groaning and reeling under its load, we saw the stage coach slowly ascending the hill. （駅馬車が重荷にうんうんいってよろめきながら、のろのろ坂を登るのが見えた）
4. Defeated on all sides, his heart began to fail. （諸方面で打ち破られたので彼は勇気を失ってきた）
5. We going on deck, saw a curious sight. （甲板に出るとふしぎな光景が目にはいった）

(**C**) 次の文を Participial Construction に変えよ。
1. The weather was warm, and so I kept the window open. （天気が暖かだったから窓をあけておいた）
2. As Tanaka was absent, I had no one to help me. （田中が不在だったのでだれにも手つだってもらう人がなかった）
3. If you turn to the right, you will find the building you are looking for. （右に曲れば、おさがしのビルが見つかります）
4. When dinner was over, we went out for a stroll. （食事がすんで私たちは散歩に出かけた）
5. I leave tomorrow, if weather permits. （天気がよければあす立ちます）

(**D**) 次の文中に Participle に変え得るところがあれば変えよ。
1. He wears a coat that is worn out. （彼は切れた着物を着ている）
2. Customs are laws that are not written. （習慣は不文律である）
3. I have a picture that represents the Battle of the Japan Sea. （私は日本海の海戦を描いた絵を持っている）
4. Who is the man that lives in that house? （あの家に住んでいる人はだれか）
5. A chair which is of a common size cannot hold him. （ふつうの大きさのいすでは彼にはこしかけられない）

III. GERUND
動 名 詞

(1) FORMS OF THE GERUND
動 名 詞 の 形

822　「**Root-form**＋"**ing**"」の形の名詞として用いられるものを **Gerund** (動名詞) といい、「…すること」をあらわす。

Gerund は四つの形をもつ。"to write" を例にとって四つの形を表示してみよう。

	Active	Passive
Present	writing	being written
Perfect	having written	having been written

(2) GERUND AND PARTICIPLE COMPARED
動名詞と分詞との比較

823　Gerund と Participle とは同じ形を持っているが、Participle は Verbal Adjective (動詞状形容詞) であるから必ず名詞に関係する。しかるに Gerund は Verbal Noun (動詞状名詞) であるから、それ自身が Subject, Object あるいは Complement となることができる。

　Subject:—
　　Reading is a good pastime. (読書は良い娯楽だ)
　Object of a Verb:—
　　I like **reading**. (私は読書を好む)
　Object of a Preposition:—
　　I am fond **of reading**. (私は読書が好きだ)

Complement:—
 Seeing is **believing**. (見るはすなわち信ずるなり——事実を見せつけられれば、どうしても信ずるようになる)

824 Gerund も形容詞として用いられることがあるが、この場合は Participle の場合とちがって、目的・用途を示すことが多い。

> **Praticiple:**—a **smoking** dish＝a dish *that is smoking* (湯気の立っているごちそう)
> **Gerund:**—a **smoking**-room＝a room *used for* [*the purpose of*] smoking (喫煙室)

> **Participle:**—a **sleeping** child＝a child *that is sleeping* (眠っている子供)
> **Gerund:**—a **sleeping**-car＝a railway wagon *provided with beds* (寝台車)

> **Participle:**—a **walking** dictionary (生き字引)
> **Gerund:**—a **walking**-stick (散歩用ステッキ)

上例中 " smoking-room ", " sleeping-car ", " walking-stick " の " smoking ", " sleeping ", " walking " はそれぞれ「喫煙」「睡眠」「散歩」という名詞で、それが改めて、形容詞的に用いられたものである。

【注意】 Gerund が形容詞として用いられる場合は、通例次の名詞との間に Hyphen を置くが、Participle の次には Hyphen はない。たとえば "**a dancing**-girl"(踊り子)や "**a dancing**-master"(踊りの先生)の " dancing " は Gerund であるが、" a dancing girl " と書けば「踊っている少女」という意味で、" dancing " は Participle である。

(3) GERUND AND INFINITIVE COMPARED
動名詞と不定詞との比較

825 Gerund は主語、動詞・前置詞の目的語、補語となることができる。しかるに Infinitive は主語、動詞の目的語、補語となることはできるが、前置詞の目的語となることはできない。

$\begin{cases} \text{\textbf{Teaching} is \textbf{learning}.} \\ \text{\textbf{To teach} is \textbf{to learn}.} \end{cases}$ (教えることはすなわち学ぶことだ)

$\begin{cases} \text{I like \textbf{teaching}.} \\ \text{I like \textbf{to teach}.} \end{cases}$ (私は教えることが好きだ)

$\begin{cases} \text{I am fond \textbf{of teaching}.} \quad (私は教えることが好きだ) \\ \text{[" I am fond \textbf{of to teach} " は誤り]} \end{cases}$

826 動詞によって Gerund を目的語とするもの、Infinitive を目的語とするもの、またどちらをも目的語となし得るものとある。注意すべきもの二、三を次に掲げておこう。

$\begin{cases} \text{I } like \text{ \textbf{to read} (or \textbf{reading}) novels. (私は小説を読むのが好きだ)} \\ \text{I have } enjoyed \text{ \textbf{reading} this novel. (この小説を読んで面白かった)} \end{cases}$

$\begin{cases} \text{I } remember \text{ \textbf{meeting} him somewhere. (彼にはどこかで会った覚} \\ \text{えがある) [過去]} \\ \text{Please } remember \text{ \textbf{to post} the letter. (手紙を出すのを忘れないでく} \\ \text{ださい) [未来]} \end{cases}$

$\begin{cases} \text{I don't } care \text{ \textbf{to run} the risk. (そんな危険を冒すことはしたくな} \\ \text{い——おことわりだ)} \\ \text{I don't } mind \text{ \textbf{running} the risk. (そのくらいの危険を冒すことは} \\ \text{いとわない——引き受ける)} \end{cases}$

$\begin{cases} \text{When did you } begin \text{ \textbf{teaching} (or \textbf{to teach}) English? (君はい} \\ \text{つから英語の教師を始めたか)} \\ \text{I } commenced \text{ \textbf{teaching} it a year ago. (1 年前から始めた)} \end{cases}$

$\begin{cases} \text{The child has } ceased \text{ \textbf{crying}. (子供が泣きやんだ)} \\ \text{The child has } ceased \text{ \textbf{to cry}. (子供が近ごろ泣かなくなった)} \end{cases}$

It has *stopped* **raining**. (雨がやんだ)

cf. We *stopped* **to rest** ourselves. (私たちは休むために止まった)

(4) PREPOSITION AND GERUND
前置詞と動名詞

827 前項に述べたように Infinitive は前置詞の目的語となれないから、Gerund がその役をすべて引き受ける。

(a) 独立の前置詞の目的語となる場合。

He is *above* **selling** his country. (彼は国を売るような人間ではない)
The ostrich is used *for* **riding**. (だちょうは乗用に供せられる)
I made a mistake *in* **trusting** such a man. (あんな人間を信じたのがまちがいだった)
On **leaving** school, he went into business. (彼は学校を出てすぐ実業界にはいった)

(b) 動詞に伴なう前置詞の目的語となる場合。

He *talks of* **going** abroad. (彼は洋行するなどと言っている)
He *insisted on* **knowing** the reason. (彼はぜひ理由を聞きたいと言った)
He *persists in* **denying** his knowledge. (彼は知らない知らないと言い張っている)
I could not *keep from* **crying**. (私は泣かざるを得なかった)

(c) 形容詞に伴なう前置詞の目的語となる場合。

I am *fond of* **reading** novels. (私は小説を読むことが好きだ)
He is *afraid of* **making** mistakes. (彼はまちがいをするかと心配しているのだ)
I am *tired of* **teaching**. (私は教えることがいやになった)
I am *tired with* **walking**. (私は歩いて疲れた)

828 【注意】 形または意味の上から、たがいに対照的な意味になる一組の動詞、または形容詞で異なった構文をとるものがある。

His youth **enables** him **to work**. (彼は若いから働ける)
His age **disables** him **from working**. (彼は年寄りだから働けない)

I **persuaded** him **to go**. (行くように彼を説き伏せた)
I **dissuaded** him **from going**. (彼の行くのを思いとどまらせた)

He is **able** (or **unable**) **to teach**. (彼は教える能力がある、ない)
He is **capable** (or **incapable**) **of being taught**. (彼は教えられる能力がある、ない)

He **forbade** me **to smoke**. (彼は私に喫煙を禁じた)
The law **prohibits** minors **from smoking**. (法律は未成年者の喫煙を禁ずる)

(5) GERUNDIVE CONSTRUCTION
動 名 詞 構 文

829 Gerund を用いて Noun Clause を Phrase に変形する場合には、その Noun Clause の Subject は所有格となって Gerund の Sense-subject となる。この構文を **Gerundive Construction** (動名詞構文) という。

> I am sure **that he will pass**.
> I am sure **of his passing**.
> (彼が及第することは確かだ)
>
> **That a man makes money**, is no proof of his merits.
> **A man's making money** is no proof of his merits.
> (金をためるということは、その人が偉いというしょうこにはならない)

こういう構文において Sense-subject が代名詞ならば所有格の形になることが多いが、名詞は前置詞の次に来る場合はしばしば "'s" をはぶき、目的格となる。ことに無生物をいう名詞においては "'s" のない形の方が正しい。

> I am glad **that the examination is** over.
> I am glad *of* **the examination being** over.
> I am glad *of* **its being** over.
> (私は試験がすんでうれしい)
>
> He is proud *of* **his father('s) being** a rich man. (彼は父が金持ちなのをじまんしている)
> I was not aware *of* **his being** such a rich man. (私は彼がそんな金持ちとは知らなかった)

830 Principal Clause と同一の Subject を持つ Noun Clause を Gerund に変形する場合には、Principal Clause の Subject が同時に Gerund の Sense-subject ともなるから、Noun Clause の Subject は全然そのあとを残さないこととなる。

(a) $\begin{cases} \text{I am sure that I shall succeed.} \\ \text{I am sure of [\textbf{my}] succeeding.} \end{cases}$ (私はきっと成功すると思っている)

(b) $\begin{cases} \text{I am sure that \textbf{you} will succeed.} \\ \text{I am sure of \textbf{your} succeeding.} \end{cases}$ (君はきっと成功する)

(a) では "I" が "succeeding" の Sense-subject となるから "my succeeding" とする必要はない。(b) では "your" が "succeeding" の Sense-subject である。

$\begin{cases} \text{\textbf{He} insisted on [\textbf{his}] knowing my reason.} \text{ (彼はぜひ私の理由を聞きたいといった)} \\ \text{\textbf{He} insisted on \textbf{my} telling him the reason.} \text{ (彼は私にぜひ理由をいえといった)} \end{cases}$

$\begin{cases} \text{(a) He blamed \textbf{me} for [\textbf{my}] \textbf{neglecting} to write.} \text{ (彼は私が便りをしなかったといって非難した)} \\ \text{(b) He blamed \textbf{me} for \textbf{my brother['s]} \textbf{neglecting} to write.} \text{ (私の弟が便りをしなかったといって彼は私を非難した)} \end{cases}$

(a) では "blame" の Object である "me" が "neglecting" の Sense-subject となるから "my neglecting" とする必要はない。(b) では "my brother" が "neglecting" の Sense-subject である。

一般のことをいう場合の Gerund には全然 Sense-subject の必要がない。比較：——

$\begin{cases} \textbf{Doing} \text{ so is difficult } (=\text{It is difficult } \textit{for anybody} \text{ to do so}). \text{ (だれでもそうするのは困難である)} \\ \textbf{My doing} \text{ so is difficult } (=\text{It is difficult } \textit{for me} \text{ to do so}). \text{ (私がそうするのは困難である)} \end{cases}$

Reading good books makes one wise. (良い本を読めば賢くなる)

(6) GERUND AND NOUN COMPARED

動名詞と名詞との比較

831 Gerund は名詞として用いられるけれども、元来が動詞であるから、動詞としての付属語すなわち目的語、補語、あるいは副詞を伴なうことはできるが、名詞としての付属語すなわち冠詞や形容詞を伴なうことはできない。

それに反してたとえ Gerund と同じ形を持っていても完全に名詞化して Verbal noun (動詞状名詞) として用いられる場合には、冠詞や形容詞を伴なうことはできるが、今度は目的語、補語、副詞などを伴なうことはできない。

Gerund	Verbal Noun
He earns his living by **writing** *novels*. (彼は小説を書いて生計を立てている)	He earns his living by *the* **writing** *of novels*. (彼は小説の著作で生計を立てている)
Rising *early* is good for the health. (早く起きることは健康によい)	*Early* **rising** is good for the health. (早起きは健康によい)

【注意】 (1) 左欄の " writing " は動詞の性質を有し " novels " という目的語を伴ない、右欄の " writing " は Verbal Noun として純粋の名詞と同様に " the " という冠詞と " of novels " という形容詞句を伴なう。左の " early " は副詞、右の " early " は形容詞。

(2) Gerund と同じ形を持ち、完全に名詞として用いられるものの例を二、三掲げておこう。

 (a) **Abstract Nouns**:—
   learning (学問), reading (読書), writing (文の書き方、書くこと), painting (画法), etc.

 (b) **Common Nouns**:—
   a writing, writings (文章), a painting, paintings (絵画), a building, buildings (建物), etc.

(7) USES OF THE PERFECT FORM
完了形の用法

832 Gerund の Perfect Form は Finite Verb の示す動作・状態よりも以前に行なわれた動作を示すものである。

- He repents that he *was* (or *has been*) idle.
- He repents of **having been** idle.
- (彼は怠惰であったことを悔いている)
- He repented that he *had been* idle in his youth.
- He repented of **having been** idle in his youth.
- (彼は若い時怠惰であったことを悔いていた)

【注意】 前後の関係で時の観念が明らかな場合には Perfect Form の代わりに Simple Form を用いることがある。

I remember **meeting** (=*having met*) him at my uncle's. (私は彼におじの家で会ったことを覚えている)

He blamed me for **neglecting** (=*having neglected*) to write. (彼は便りをしなかったというので私を非難した)

(8) IDIOMATIC USES OF THE GERUND
動名詞の慣用

833 (1) **There is no saying.** = $\begin{cases} It\ is\ impossible\ to\ say. \\ We\ can't\ say. \end{cases}$

There is no saying what may happen. (どんなことになるか<u>知れたものではない</u>)

There is no accounting for tastes. (趣味というものは<u>説明ができない</u>——たで食う虫もすきずき)

834 (2) **It is no use trying.** = *It is useless to try.*

It is no use trying to persuade him. (彼を説き伏せようとしてもだめだ)

It is no use crying over spilt milk. (こぼれた乳を悲しんで泣いても何のかいもない——覆水盆にかえらず)

【注意】 これは
It is **of no use** (=*useless*) to try.
There is **no use in** trying.
の二つの類似した構文が考えられるが、その二つを混同して
It is no use trying.
という形ができたものと思われる。

835 (3) **cannot help laughing** (help=avoid, suppress)

$$= \begin{cases} cannot\ avoid\ laughing. \\ cannot\ forbear\ laughing. \\ cannot\ refrain\ from\ laughing. \\ cannot\ (choose)\ but\ laugh. \end{cases}$$

I could not help laughing. （笑わずにはおれなかった）
I cannot help thinking so. （そう考えざるを得ない）

836 (4) **of one's own painting**=*painted by one*
He showed me a picture **of his own painting**. （彼は自分で描いた絵を私に見せた）
He sent me a pheasant **of his own shooting**. （彼は自分で撃ったきじを私に送ってくれた）
It is a profession **of his own choosing**. （それは彼が自ら選んだ職業だ）

837 (5) **go swimming**=「泳ぎに行く」
One fine day he **went swimming** in a river. （ある天気のよい日彼は川へ泳ぎに出かけた）
go fishing （漁に行く）　　**go hunting** （狩に行く）
go shopping （買物に行く）

【注意】 これらの形は " go *for* swimming ", " go *for* shopping " などの意味であり、古い英語では " go *a*-swimming " のように言ったが、この "a-" は " on " の変形である。したがって、歴史的には、"swimming"、"shopping" などが Gerund であることは明らかであるが、"a-" も " for " も省略された、上のような形ではこれを Participle とも考えられる。また " came **running** " （走ってきた）；He went out **running** （走り出た）などの場合は " -ing " の形は「目的」をあらわさず、述語動詞をくわしくしたもので、これは Participle である (cf. §809)。

EXERCISE 52

Gerund を用いて次の和文を英訳せよ。
1. 父が偉いからといって何もじまんするわけがない。
2. 君はそんなことをして恥ずかしくないか。
3. 私は京都に着くとすぐ田中をたずねた。
4. 戦争がすんで喜ばぬ者はひとりもなかった。
5. 母は私の失敗を気づかっている。
6. 君は失敗するおそれなどはない。
7. 彼は小説を読んで日を送る。
8. 私は<u>彼の有様を見て</u> (to see him in that condition) 泣かざるを得なかった。
9. 走るのはよい運動 (exercise) だ。
10. こんなよい天気にはとても家にはいられない。

(E) AUXILIARY VERB
助　動　詞

838　助動詞の数はきわめて少なく、おもなものは次の八つである。

$\left.\begin{array}{l}\textbf{Shall}\\ \textbf{Will}\end{array}\right\}$＋Root-form ....Future Tense

$\left.\begin{array}{l}\textbf{Can}\\ \textbf{May}\\ \textbf{Must}\end{array}\right\}$＋Root-form..Potential Mood

Be＋$\left\{\begin{array}{l}\text{Present Participle ....Progressive Tense}\\ \text{Past Participle ....Passive Voice}\end{array}\right.$

Have＋Past Participle..Perfect Tense

Do＋ Root-form ....$\left\{\begin{array}{l}\text{Negation}\\ \text{Interrogation}\\ \text{Emphasis}\end{array}\right.$

以上のほか "**need**", "**dare**", "**ought**" の三つも助動詞と

して取り扱われる。これらのうち **"shall"**, **"will"**, **"can"**, **"may"**, **"must"**, **"be"**, **"have"** の七つはすでに Tenses, Mood の部 (§§ 563—752) で詳説した。残る助動詞は **"do"**, **"need"**, **"dare"**, **"ought"** の四つである。

839 Anomalous Finites われわれは、平叙文を疑問文・否定文にするときに、(1) "do" の助けを借りない、(2) "do" の助けを借りる、のように 2 通りの作り方があることを知っている。

(1) You **are** a boy. → **Are** you a boy? → You **are** not a boy.

(2) You swim. → **Do** you **swim**? → You **do** not **swim**.

この (1) は、"be" や "have" が文中に用いられ、直接主語につづく形すなわち、"am", "are", "is", "was", "were", "have", "has", "had" などを疑問文、否定文になおすときに、疑問文においては、主語と位置を変えて文頭に出る、否定文においては、それらの動詞形のすぐあとに "not" をおくという型である。

これに反し、(2) は "swim", "go", "come" など一般の動詞について、疑問文、否定文を作るときの型で、いずれも "do" の助けをかりる。言いかえれば、この場合には、(1) の "**Are** you ...?", "You **are** not..." の are のくるべき位置に、**"do"**, **"does"**, **"did"** が挿入され、さきの "swim", "go", "come" は、そのあとへ原形の形ではいる。

さて、一般の動詞は、みな (2) の型に属する。(1) の型に属するものはごくわずかであって、"be", "have" のほかには "may", "can", "must" などの助動詞が大半をしめる。そして、(1) の型、すなわち、疑問文で文頭に来ることができるし、否定文で not の直前に来ることができるような動詞というとき、これらは、すべて、文中で主語に直接つづく動詞形を問題にしているのであ

って、こういう動詞形を **Finite Verb**（定形動詞）という（cf. §518）。すなわち Finite Verb とは動詞形であって、しかも、不定詞、原形、動名詞、分詞以外の形をいうのである。

定形動詞であって、しかも (1) の型に属するものを **Anomalous Finites**（変則定動詞）という。具体的には、次の 24 個であり、これらは、not の直前にくることができるから 24 friends of "not" とも呼ばれている。

 am, are, is, was, were / have, has, had / do, does, did / shall, should / will, would / can, could / may, might / must / ought / need / dare / used

なお、一般の本動詞 "go", "swim", "teach" など "do" の助けをかりる方は Non-anomalous（非変則）な動詞という。

【注意】(1) 上の表に "do", "does", "did" がはいっているのはもちろん助動詞の "do" である。"How *do* you *do*?", "I *do* not *do* so." などでみればわかるように、はじめの "do" は助動詞で、Anomalous であって (1) の型の条件にあっている。それぞれ 2 番目の "do" は本動詞で、これは "swim" などにおきかえても同じ用法となり、まさに (2) の型で Non-anomalous である。

(2) ある動詞が Anomalous としても、Non-anomalous としても用いられる場合に、これから、「Anomalous としての用法」、「Non-anomalous としての用法」という言い方をするから、その具体的な形がすぐ頭に浮かぶようでなくてはならない。

  I have a secretary.（わたしには秘書がいる）

Anomalous	Non-Anomalous
Have you a secretary?	**Do you have** a secretary?
I **haven't** a secretary.	I **don't have** a secretary.

  He used to say so.（彼は常にそう言っていた）

Anomalous	Non-Anomalous
Used he to say so?	**Did he use** to say so?
He **used not** to say so.	He **didn't use** to say so.

このうち "have" の場合は、**Anomalous** に用いた場合と、**Non-anomalous** に用いた場合とで意味がちがうことがあって、とくに重要であるから §§842―844 でくわしく述べる。

"Do"

840 1. "Do" in Question and Negative Statements （疑問および否定文における "Do"）——助動詞としての "do" は主として疑問文および否定文を作るのに用いられる。

Interrogation	Negation
Do you go? （君は行くか）	I **do** not go. （私は行かない）
Does he go? （彼は行くか）	He **does** not go. （彼は行かない）
Did you go? （君は行ったか）	I **did** not go. （行かなかった）

841 【注意】 (1) 文中に、Anomalous (cf. §839) である助動詞を含む場合は、"do" のせわにならないから、当然次のようになる。

Will you go? （君は行くつもりか）	I **will** not go. （私は行かないつもり）
May I go? （私は行ってもよいか）	You **must** not go. （行ってはいけない）
Has he gone? （彼は行ってしまったか）	He **has** not gone. （まだ行かない）

(2) 古文ではどんな動詞でもみな Anomalous として用いられ "do" を用いず、直接に "not" をつけた。今日でも詩や擬古文に往々みられる。

{ I **know** not. （古文体）   (Anomalous)
{ I **do** not know. （現代文）   (Non-anomalous)

"**Tell** me **not** in mournful numbers,

Life is but an empty dream."—*Longfellow*.

（悲しき詩句もてわれに告ぐるなかれ、人生は一場の はかなき 夢に過ぎずと）

I **doubt not** that you are right. （君の言の正しいことは疑わない）

I **care not** what others may say. （人が何といおうとかまわない）

(3) 今日ふつうに用いられる "I think not", "I hope not" などを古文体の "I know not" の形と混同して "I don't think", "I don't hope" の意味であると解してはならない。この場合の "not" は "think" や "hope" を否定するのでなくて、ある否定文を 1 語で代表しているのである。

{ Will he die? （彼は死ぬでしょうか）
{ I **hope not**. (=I hope he will not die.) （彼は死にはしますまい）

助　動　詞

> Will he recover? (なおるでしょうか)
> I **am afraid not**. (=I am afraid he will not recover.) (どうもむずかしいと思います)

842 "**have, has, had**" の 2 用法。"have, has, had" は "am, are, is" などと同じく、Anomalous (cf. §839) であって、本動詞としても "I have not...", "Have you...?" などの形をとり、"do" のせわにはならないのが原則であるが、近頃は "have" に Non-anomalous としての用法が多くなってきている。そこでここに "have" が Non-anomalous として用いられる場合を列挙しておく。これは "have" が本動詞である場合(完了の「"have"＋過去分詞」でない場合)も含む。

[第一]　文が過去である場合。

この場合は、"Had you", "I had not" という形がおちつきが悪いから、Non-anomalous とする：

Did you have any money? (金を持っていたか)
> No, I **didn't have** any money. (少しも持っていなかった)
> No, I **had** no money. [この場合は "had not" の形を避けているから問題にならない。cf. §845 (c)]

What **did he have**? (彼は何を持っていたか)

[第二]　"have" が「所有」「存在」の意味をはなれて、特別な意味(主として動作)に変わっている場合。

What time **do you have** lunch? (昼食は何時に食べますか)
Do you have any ice-cream today? (アイスクリームがありますか) [食堂の人に]

そのほか

have a rest (休む)　**have** a swim (泳ぐ)　**have** a good time (楽しく時をすごす)

など「"have"＋名詞」の慣用句は Non-anomalous である。

843 この Non-anomalous (特殊な意味)；Anomalous (所有、存在の意味)というのをそれぞれ (a), (b) としてならべてみよう。この (b)=Anomalous の場合の "have" は、口調をよくするため

"have got" とも言う場合がある。

(a) **Does your teacher** *always* **have** a text-book for English lessons?
(先生は英語の時間にテキストを使いますか)
(b) **Have you** (**got**) your text-book now?
(今テキストを持っているか)

cf. {
How often **do you have** English lessons a week?
(1週に何回英語の授業があるか) [have=receive]
Have you an English lesson today? (きょうは英語の時間があるか) [授業の存在]
}

844 [第三] 同じ意味に用いた "have" が、2用法をもつときは、Non-anomalous の方が「習慣的」(真理的); Anomalous の方が「一時的」という区別が考えられていることが多い。

Do you have much time for recreation? (レクリエーションをする時間が多いですか) [いつもの経験; 一般論]
Have you (**got**) time for a game this afternoon? (きょうの午後は試合をする時間がありますか)
I **don't have** a secretary. (私には秘書がいません) [主義として]
I **haven't got** a secretary now. (今秘書がいません) [きょうは休んでいる]

[第四] Causative "have" は常に Non-anomalous である。

How often **do you have** your hair cut? (きみは、どれくらいのわりあいで散髪に行くのか)

[第五] "have to"="must" の "have" も Non-anomalous の方が慣用的である。

You **don't have to** go. (きみは行かなくてもよい)

もし、Anomalous に用いれば口調をよくするため "You **haven't got** to go" のように言う。

【注意】(1) "had better" の形は常に Anomalous である。
Had you not better go?
Hadn't you better go? } (君は行った方がよくないか)

(2) アメリカ英語では「所有、存在」の "have" でも Non-anomalous にする傾向がある ("I **don't have** a brother" のように)。

助　動　詞

(3) 助動詞の "have" [完了形を作る]は常に Anomalous に用いる。

次に、一般動詞を疑問文、否定文に用いて、しかも do を用いない場合、すなわち、平叙文と同等の構文とするべき場合をあげておく。

845 （a） 疑問文の主語が疑問詞であるか、あるいは疑問詞に修飾されている場合には " **do** " を用いない。すなわち、平叙文と同じ扱いをする。

Who **broke** the window?（だれが窓をこわしたか）
What **happened**?（何事が起こったか）
Whose horse **won** the race?（だれの馬が競馬に勝ったか）
Which bottle **holds** most?（どの びん が一番たくさんはいるか）
How many students **passed** the examination?（何人の学生が試験に合格したか）

（b） 従属疑問文中には " **do** " を用いない (cf. § 299)。すなわち、これも平叙文とする。

| What **does** he **want**? （彼は何が欲しいのか） | Ask him what he **wants**. （何が欲しいのか彼にたずねよ） |
| Where **does** he **live**? （彼はどこに住んでいるか） | I don't know where he **lives**. （どこに住んでいるか知らぬ） |

（c） " **not** " 以外の否定詞を用いた否定文には " **do** " を用いない。

Don't tell a lie.（うそをつくな）	**Never tell** a lie.（決してうそをつくな）
They **did not come**. （彼らは来なかった）	⎧**None** of them **came**. ⎨**Nobody came**. ⎩（だれも来なかった）
He **does not know** English or German.（彼は英語もドイツ語も知らない）	He **knows neither** English **nor** German. （彼は英語もドイツ語も知らない）
I **do not know** anything about it.（そのことについては何も知らない）	I **know nothing** about it.（そのことについては何も知らない）

846 2. **"Do" of Emphasis** (強調の "Do")——動詞の意味を強めるために肯定文に **"do"**, **"did"** を用いることがある。

> He **does work** hard, but somehow he remains as poor as ever. (彼は働くことは働くが、どういうものか相変わらず貧乏している)
> I **did go** to see him, but he was absent. (彼の所へ行くことは行ったが、るすだった)
> War is an evil; but if you **do fight**, fight it out. (戦争は罪悪である。しかし戦うとなったらあくまで戦うべきだ)
> You do not eat at all. **Do take** some! (あなた すこしも召し上がらない、まあ すこし召し上がれよ)
> 【注意】 強調の "do", "does", "did" は強く発音する。

847 3. **"Do" as Pro-Verb** (代動詞としての **"Do"**)——動詞の反復を避けるために **"do"** を用いることがある。

> I love you more than he **does** (=*loves you*). (私が君を愛するのは彼が君を愛する以上だ)
> Use a book as a bee **does** (=*uses*) a flower. (みつばちが花を利用するように書物を利用せよ)
> Did you go?—Yes, I **did** (=*went*). (君は行きましたか——ええ、行きました)
> I like beef. (私は牛肉が好きだ)
> —**So do** I (=*I like, too*). (私も)
> I don't like pork. (私は豚肉を好かない)
> {**Nor do** I
Neither do I} (=*I don't like it, either*). (私も)

> 【注意】 (1) "**So do I**" は「私も同様」と自分も加える意味に用い、"**So I do**" は「おっしゃる通りそうです」と答えるのに用いる。
> {You seem to like beef; so do I. (君は牛肉が好きのようだね、私も好きさ) [全文がひとりの発言]
> "You seem to like beef." "So I do." (「君は牛肉が好きのようだね」「ああ、好きだよ」) [ふたりの会話]
> (2) ほかに助動詞のある場合は "do" を用いない。
> My mother **has gone** to the play.—**So has mine.** (私の母は芝居に行った——私の母も)
> I **will** go.—**So will** I. (私は行くつもりだ——私も)

(3) Anomalous として用いるべき場合の "**have**" (cf. §§ 842-844) と "**be**" とは本動詞の場合でも, "do" の助けを借りない。

I **have** a bicycle.—**So have I**. (私は自転車がある――私も)
I **am** a student.—**So am I**. (私は学生だ――私も)

"Need"

848 "**need not**" が「何々するにおよばない」という意味に用いられることは "must" の項 (§ 722) で述べた。その場合は "can", "may", "must" などと同類の助動詞と見るべきで, 三人称単数の語尾に "**-s**" をつけず Root-infinitive につづく。否定の意味を疑問の形であらわす場合も同様。

You **need not** do so. (君はそうするには及ばない)
He **need not** work. (彼は働かなくてもよい)
Why **need** he work? (なぜ働く必要があろうか)

過去のことは Perfect Form をつけてあらわす。

You **need not have done** so (=did not need to do so, but you did). (君はそんなことをするには及ばなかったのだ, 余計なことをしたものだ)
Why **need** he **have come** tonight? (彼は今晩来るにはおよばなかったのだ)

"need" の肯定形は三人称単数の語尾に "**-s**" をつけ加え, "**to**" のある Infinitive を伴なう。この場合は本動詞である。"need to" は "must" (=have to) の意味でそれより強い。

He **needs to** learn. (彼は学ぶことを要する)
It **needs to** be done with care. (念入りにしなくてはならない)

"**scarcely**", "**hardly**", "**only**" などは否定の意味を含むから "not" に準ずる。

{It **need hardly** be said that...
 I **need hardly** say that... } (ほとんど言う必要がない)
 I **need only** say that... (こう言いさえすればよい)

"**need not**" は "must (=have to)" の否定だから "do not have to" に書きかえることができる。したがって過去に "**did not have to**" を用いることができる。

I **did not have to** go. （私は行くにおよばなかったのだ）

"**need**" が名詞、代名詞などを目的語にする場合も常に本動詞として扱う。したがって三人称単数に "**-s**" をつける。

A boy often wants what he **does** not **need**, and he sometimes **needs** what he does not want. （子供というものは入用でないものを欲しがることがよくあるが、また時としては欲しないもの——懲罰——を必要とするものだ）
He says he **needs** no money. （彼は金は欲しくないといっている）

"Dare"

849 "**dare**" は「あえてする」という意の動詞であるが、否定および疑問においては一種の助動詞として、三人称単数現在の語尾に "**-s**" をつけず、動詞の Root-form に結びつく。これには本動詞、すなわち Non-anomalous (cf. 839) としての用法もあるから合わせて記しておく。

He **dares** to insult me. （彼はなまいきにも私を侮辱する）
Dare he (=Does he dare to) insult me? （彼が私を侮辱し得ようか）
He **dare** not (=He does not dare to) insult me. （彼はあえて私を侮辱し得ない）
How **dare** you (=How do you dare to) insult me? （君はよくもぼくを侮辱するな）

第1例の "dares" は本動詞である。

過去の形は一定していない。

{They **dared** (or **durst**) **not** come.
They **did not dare to** come.} （彼らはあえて来得なかった）

"**I dare say**" はあやふやなことを押し切っていう心持ちか

ら"I suppose"と同意に用いられる。これは一人称のほかにはあまり用いられないのであるが、Reported Speech では "he dares to say", "he dared to say" など三人称になることもある。

You are tired, **I dare say** (or **I daresay**). (さぞお疲れでしょう)

"Ought"

850 "**ought**" も疑問・否定の作り方について言えば、Anomalous (cf. §839) に用いるが、これは "to" のある Infinitive に伴なう。

You **ought to** pay what you owe.
(=*It is proper* that you *should* pay what you owe.)
(借りた物は返すが当然——義務)
He **ought to** succeed, for he is so industrious.
(=*It is natural* that he *should* succeed,...)
(彼は勤勉だから成功するのは当り前だ——自然の結果)
You **ought** not **to** go to such a place. (そんな所へ行くべきではない)

過去の意味は "ought" に Perfect Infinitive をつけてあらわす。

You **ought to have done** it long ago. (君はずっと以前にそれをすべきはずであった)
You **ought** not **to have done** such a thing. (君はそんなことをすべきではなかった)

ただし Sequence of Tenses による過去としては "ought" をそのまま用いる。

He said, "You **ought to** be satisfied."
He said that I **ought to** be satisfied.
(彼は私に満足すべきはずだといった)

EXERCISE 53

次の和文を英訳せよ。
1. きみは金を持っていなかったのか。
2. はい、持っていなかったのです。
3. 私の家では犬を一ぴき飼って (to keep) いる。――私の家でも。
4. 私の家には自動車がある (to have)。――私の家にも。
5. タコ (octopus) には足が 8 本ある。――イカ (cuttle-fish) にも。
6. 私は行くことは行ったが彼に会えなかった。
7. わたしの家を見つけるのに困難を感じ (have difficulty) ましたか。
8. 私は金持ちになりたくない。――私も。
9. 私はビールを好かない。――私も。
10. 君のねこは、しばしば子ねこを生み (have kittens) ますか。

6. ADVERB
副　　詞

851 副詞は通例次の4種に分類される。
1. **Demonstrative Adverb** (指示副詞)
2. **Interrogative Adverb** (疑問副詞)
3. **Relative Adverb** (関係副詞)
4. **Simple Adverb** (単純副詞)

【注意】 1, 2, 3 はそれぞれ指示代名詞、疑問代名詞、関係代名詞に対応する意味をもち、他の語に関連して用いられ代名詞的性質をもつから、この三つを総称して **Pronomial Adverb** (代名詞的副詞) ともいう。
Simple Adverb は他の語に関係なくそれ自身独立の意味をもつものである。

I. DEMONSTRATIVE ADVERB
指　示　副　詞

852 指示副詞は、指示代名詞または指示形容詞の "this"、"that"、"such" に対応する副詞で、通例前に出た語に関係して用いられるが、まれには後に出てくる語に関係することもある。

853 **Time** (時):──

I was still young **then** (=*at that time*). (あの時は私もまだ若かった)

854 **Place** (場所):──

He is buried **here** (=*at this place*). (彼はここに葬られている)
Have you ever been **there** (=*at that place*)? (君はそこへ行ったことがあるか)

855 物の「あるなし」をいう "be" に伴なう "there" は単に文を導くための Expletive (虚辞) であるから、場所をあらわすには文の終わりに別に副詞をつけなければならない。

> **There are** many beautiful flowers *in the garden*. (園には美しい花がたくさんある)
> **Is there** a high school *here*? (ここには高等学校がありますか)
> **There was** no inn *there* (そこには 1 軒も宿屋がなかった)
> If it goes on raining, **there will be** a flood. (この雨がやまないと大水になるだろう)
> **There ought to be** more high schools *in Tokyo* (東京にはもっと高校があるべきだ)
> **There must have been** a heavy rainfall *in the mountain*. (山の方は豪雨があったにちがいない)
> **There seems to have been** a rainfall. (降雨があったらしい)
> **There is** many a slip *betwixt the cup and the lip*. (100 里の道は 99 里でやっと半分だ) [もう一息がむずかしい] [諺]

856 "be" のほかに存在、生死、出来事、往来などをあらわす自動詞は "There *is*" の "is" の代わりに用いて主語を動詞の後に置くことができる。

> Once upon a time **there lived** an old man (=an old man lived). (昔々ひとりのおじいさんがありました)
> **There was born** a child (=A child was born) to them. (彼らにひとりの子供が生まれた)
> **There broke out** a rebellion (=A rebellion broke out). (暴動が起こった)
> **There came** a bird (=A bird came) flying into the room. (1 羽の鳥が室内へ飛び込んだ)

857 【注意】 (1) "there" で始まる構文では Subject は動詞の次にあるから動詞の人称、数をきめるのに注意を要する。
 (2) 次の差異に注意せよ。
> **What is there** on the desk?—**There is a book**. (机の上に何があるか――本が 1 冊ある)
> **Where is** the book?—**It is on the desk**. (本はどこにあるか――[本は]机の上にある)

858 "there", "here" が名詞の後について形容詞として用いられることがある。

> He teachs in the high school **there**. (彼はそこの高校で教えている)
> She attends the girls' high school **here**. (彼女はここの女子高校に通っている)

859 Manner (仕方):──

> **Thus** (=*In this manner*) they lived for years in a state of much happiness. (こういうふうで彼らは何年も大へん楽しく暮した)
> Don't talk **so** (=*in such manner*). (まあそんなふうに言うな)

860 Degree (程度):──

> I have **thus far** written letter upon letter about the matter. (これまで私はこの件について何本も何本も手紙を出した)
> **So far** you are right. (そこまでは君の言うとおりだ)
> He is not **so** (=*to such a degree*) rich. (彼はそのように金持ちではない) [cf. He is not **very** rich. (彼はあまり金持ちでない)]
> A pencil will do **as** (=*to the same degree*) well (鉛筆でもよろしい) [同様に役に立つ]

861 形容詞、副詞の比較級に伴なう "the" は "to that degree" (それだけ)の意の指示副詞である (cf. §428)。

> ⎧ I love him (**all**) **the better because** he has faults
> ⎨ I love him **all the better for** his faults.
> ⎩ (彼に欠点があるからそれだけよけい彼を愛する──欠点があるからかえって好きだ)
> ⎧ I do **not** love him **the less** because he has faults.
> ⎪ I love him **none the less for** his faults.
> ⎨ He has faults, but I love him **none the less**.
> ⎪ He has faults, **nevertheless** I love him.
> ⎩ (彼に欠点があるからといってそれだけ少なく彼を愛するということはない──欠点があるにもかかわらずやはり愛する)
> I feel **the better for** my journey. (旅行したので気持ちがよい)
> The invalid is **the worse for** his visit to the hotsprings. (病人は温泉へ行ってかえって悪くなった)

I will help you **the more** willingly **because** I know your father.
(おとうさまを存じておりますからいっそう 喜んで ご助力いたします)

So much **the better**. (それならなおよい)

II. INTERROGATIVE ADVERB
疑　問　副　詞

862　Time (時):——

When are you going to leave?（君はいつ立つか——日、月年など）

(At) **What time** do you go to bed?（君は何時に寝るか —— 時刻）
［文頭の at は口語では はぶく］

How long have you been living in Japan?（あなたは日本に何年住んでいますか——いつから日本にいますか——継続期間）

How often do you write home every month?（君は月に何度家へ手紙を出すか——度数）

863　Place (場所):——

Where does he live?（彼はどこに住んでいるか——場所）

How far is it from here to Yokohama?（ここから横浜までどれほどあるか——距離）

【注意】 文語で " from where? " の代わりに " **whence?** " を、" where to? " の代わりに " **whither?** " を用いることがある。

864　Manner (仕方):——

How (=*In what manner*) has he done it?（どんなふうにしたか、上手にしたか下手にしたか——できばえ）

How (=*By what means*) did he do it?（どうやってしたか——手段）

How (=*In what state of health*) is your mother?（おかあさんはいかがですか、お元気ですか——状態）

【注意】「君はそれをどう思うか」は " **What** do you think of it? " で、これを " **How** ... " とすると「思考の仕方」をたずねることになる。

865 Degree (程度):──

How (=*To what degree*) did you like the picture? (その映画を見てどう思ったか)
How far (=*To what extent*) was the report true? (どの程度まで評判は事実であったか)

866 Reason (理由):──

Why (=*For what reason*) did you not attend the meeting? (なぜ君は会に出なかったか)
How (=*From what cause*) is it that you are always so late? (あなたのいつもそう遅いのはどういうわけですか)

INDEFINITE INTERROGATIVE ADVERB
(不定疑問副詞)

867 疑問代名詞に対して不定疑問代名詞があるように、疑問副詞に対して不定疑問副詞がある (cf. §301)。

不定疑問副詞	普通疑問副詞
Did you **ever** see a lion? (君はライオンを見たことがあるか)	**When** did you see a lion? (君はいつライオンを見たか)
Did you go **anywhere**? (君はどこかへ行ったか)	**Where** did you go? (君はどこへ行ったか)

III. RELATIVE ADVERB
関 係 副 詞

868 1. 関係副詞 (**Relative Adverb**) のおもなものは "**when**", "**where**", "**why**", "**how**" の四つで、それぞれ時間、場所、理由、仕方をあらわす語を先行詞として用いられる。ただし先行詞は省略されることが多い。ことに "how" の場合にそうである。

すなわち " the way how " においては " the way " か " how " かのどちらかを用い " the way how " となることはない。

> The news reached us (*at the time*) **when** it was least expected. (もっとも思いがけない時に報道がとどいた)
> Put it (*in the place*) **where** you found it. (見つけた所に置け)
> That is (*the reason*) **why** I cannot consent. (それが私の承知できない理由だ)
> This is **how** it happened. (そのことが起こったのはこんな次第だ)
> [意味は This is (the way) how....]

【注意】 " I don't know **how** large it is " (どれほどの大きさか知らない)は " **How** large is it ? " に応ずるもので " how " は疑問副詞である。

869 【注意】 (1) Antecedent の有無によって関係副詞の導く Clause の文法上の位置が異なってくる。

> (a) I don't know the exact time **when** it happened. (いつの出来事か正確な時日は知らない)
> (b) I don't know **when** it happened. (いつの出来事か知らない)

(a) においては " the exact time " は " know " の Object で " when it happened " は " time " という名詞を修飾する Adjective Clause である。(b) においては " when it happened " が " know " の Object すなわち Noun Clause である。

> (c) I found it on the table **where** I had left it. (もと置いておいたテーブルの上にあった)
> (d) I found it **where** I had left it. (もと置いておいた所にあった)

(c) においては " on the table " は " found " にかかる Adverb Phrase で、" where I had left it " は " table " を修飾する Adjective Clause である。(d) においては " where I had left it " が " found " にかかる Adverb Clause である。

(2) " **when** ", " **how** " の代わりに " **that** " を用いることがある。また全然これを省略することもある。

> His father died on the day **when** he was born.
> His father died on the day **that** he was born.
> His father died　　the day　　he was born.
> (彼の父は彼の生れたその日に死んだのである)

> This is [the way] **how** he managed it.
> This is the way **that** he managed it.
> (彼はこんなふうにそれをやってのけたのだ)

870 2. 関係副詞にも 関係代名詞と 同じような 追叙的用法が ある (cf. §§ 308-310)。

> He went to Shizuoka, **where** (=*and there*) he stayed for three days. (彼は静岡へ行き、そこで 3 日間滞在した)
> He stayed there till Saturday, **when** (=*and then*) he started for Kyoto. (彼は土曜日までそこに滞在し、それから京都に向け出発した)

871 3. 「" the "+Comparative..., " the "+Comparative」の形において後の "the" (=*to that extent*) は前に述べた指示副詞で、前の " the " (=*to what extent*) は関係副詞である (cf. §429)。

> **The higher** up you go, **the colder** it becomes. (高く登るに<u>従ってそれだけ</u>寒くなる——高く登れば登るほど寒くなる)
> **The harder** you work, **the sooner** you will improve. (勉強すればするほど進歩が早い)
> **The more** money a man has, **the more** greedy he will be. (金がたまるほど人は根性がきたなくなる)
> 【注意】 この構文は次のように省略されることが多い。
> **The sooner, the better.** (早ければ早いほどよい)
> **The more, the merrier.** (人数が多ければ多いほど面白い)

872 4. " whenever ", " wherever ", " however " の三つは **Compound Relative Adverb** (複合関係副詞)と称すべきものである。§330 で述べた複合関係代名詞と比較せよ。

> Come **whenever** (=*at any time that*) you like. (いつでも好きな時においでなさい)
> **Whenever** (=*Every time that*) I meet him, I speak seriously to him. (会うたびごとに意見する)
> Sit **wherever** (=*in any place that*) you like. (どこでも好きな所へおすわりなさい)
> My dog follows me **wherever** (=*to any place that*) I go. (私の犬はどこでも私の行く所へついて来る)

873 Concessive Clause に用いられる場合:——

> **Whenever** (=*No matter when*) you may go, you will find him at his books. (いつ行ってみても彼は勉強している)

Wherever (=*No matter where*) you may go, you cannot succeed without perseverance. (どこへ行っても忍耐なしに成功はできない)
However (=*No matter how*) hard you may try, you cannot master a language in a month or two. (どんなに勉強したってひと月やふた月で1国語を習得することはできない)

IV. SIMPLE ADVERB
単 純 副 詞

874 単純副詞は意味の上からいろいろに分類して見ることができる。

(1) **Adverb of Time** (時の副詞):――

(a) **Time** (時日)――"When?" (いつ) に答えるもの:――

now (今), lately (近ごろ), long ago (ずっと以前), soon (じきに), at once (ただちに), early (早く), today (きょう), next year (来年), etc.

(b) **Duration** (期間)――"How long?" (何時間、何日間、何年間など) に答えるもの:――

long (長い間), forever (永久に), for ten years (10年間), all day (終日), etc.

(c) **Repetition** (反復)――"How often?" (何度) に答えるもの:――

once (一度), often (しばしば), seldom (めったにない), at times (時々), daily (毎日), etc.

(d) **Order** (順序):――

first (最初に), next (次に), last (最後に), etc.

(2) **Adverb of Place** (場所の副詞):――

far (遠く), near (近く), to and fro (あちこちに), **west-wards** (西方へ), home (家へ), above (上へ), etc.

（3） **Adverb of Quantity or Degree** (分量あるいは程度の副詞):――

> much (多), little (少), greatly (大いに), slightly (少しく), enough (十分に), too (あまり), hardly (ほとんどない), etc.

（4） **Adverb of Quality or Manner** (性質あるいは方法の副詞):――

> well (よく), ill (悪く), wisely (賢く), willingly (喜んで), bravely (勇敢に), etc.

（5） **Adverb of Affirmation or Negation** (肯定、否定の副詞):――

> yes, no, not, never, etc.

（6） **Sentence-modifying Adverb** (文を修飾する副詞)――意味からいえば Adverb of Manner の中に属すべきであるが、とくに Sentence 全体を修飾するものをいう。

> He will **certainly** succeed. (=*It is certain* that he will succeed.) (彼はきっと成功するでしょう)
> The revolt is **clearly** a reaction against misrule. (=*It is clear* that the revolt is...) (この暴動は明らかに失政に対する反動である)

875【注意】同一の副詞で、(a) 文全体を modify する場合と、(b) 単語を modify する場合と二つの用法をもつものがある。

> (a) **Happily** he did not die　(幸いにも彼は死ななかった)
> (b) He did not die **happily**.　(幸福な死に方をしなかった)

> (a) He **kindly** showed me the way.　(彼は親切にも道を案内してくれた)
> (b) He showed me the way **kindly**.　(彼はていねいに道を案内してくれた)

以下 Simple Adverb のうち、とくに注意を要するものの用法を説く。

"Ago", "Before", and "Since"

876 1. 時の長さをあらわす語に伴なう **"ago"** は「今より...前」の意で Past Tense に伴ない、同じく **"before"** は「その時より...前」の意で通例 Indirect Narration 中の Past Perfect に伴なう。**"since"** は "ago", "before" 両方の意に用いられる。

 He *died* three years **ago** (or **since**). (彼は 3 年前に死んだ)
 He said his father *had died* three years **before** (or **since**). (父は 3 年前に死にましたと彼が言った)

 【注意】 **"ago"** は時の長短にかかわらず、" a few minutes ago " (二、三分前), " ages ago " (大昔) などと用いられるが、**"since"** はあまり久しい昔には用いられない。

877 2. **"before"** が時間の長さを示す副詞を伴なわず独立に用いられる場合は " before now " (今より以前に), " before then " (その時より前に) の意になる。この場合には Present Perfect, Past, Past Perfect のいずれにも伴なうことができる。

 I *have met* him **before**. (以前彼に会ったことがある)
 I *met* him once **before**. (以前一度彼に会った)
 She said she *had met* him **before**. (彼女は前に彼に会ったことがあるといった)

878 3. **"since"** が独立に用いられるのは " since then " (その時以来) という継続の意であるから Perfect Tense に伴なうものである。

 I met him last month and *have* not *seen* him **since**. (私は先月彼に会ったまま、それ以来会っていない)

口調を整えるため "since" の前に "ever" を加えることがある。

 His father died three years ago, and he *has lived* with his uncle **ever since**. (彼の父は 3 年前に死んだ、それ以来彼はおじの家にせわになっている) [訳し方に注意]

【注意】 "now", "then" などの前にある "before", "since" は前置詞である。その場合の "now", "then" は名詞相当である。接続詞としての "before", "since" は後で説明する (cf. §§ 979, 980, 984)。

"Yet" and "Still"

879 "yet" は疑問および否定に用いられ、<u>完了</u>、<u>未完了</u>をあらわす (cf. § 641)。

> Has the bell rung **yet**? (<u>もう</u>ベルが鳴ったか)
> It has **not** rung **yet**. (<u>まだ</u>鳴ってない)

"still" は<u>継続</u>をあらわす。

> Is he **still** living? (彼は<u>まだ</u>生きているか)
> The old building is **still** in use. (古い建物がまだ使われている)

"Much", "Very", and "Too"

880 "very" は形容詞、副詞を修飾することはできるが動詞を直接に修飾することはできない。動詞を修飾するには "much" あるいは "very much" を用いる。

> { I am **very** *fond* of it.
> { I *like* it **very much**. } (私はそれが非常にすきだ)

Past Participle を修飾するには "much" を用い、"very" を用いない。ただし純粋の形容詞となった Participle は "very" で修飾することができる。

> { I was **much** *surprised* at the news. (私はその知らせに接して大いに驚いた)
> { I heard a **very** *surprising* news. (非常に驚くべき知らせに接した)
> { His face wore a **very** [*or* much] *surprised* expression. (彼の顔はたいへん驚いた様子を帯びていた)

【注意】 "tired", "pleased" などは Past Participle であるが純粋の形容詞に近いものであるから "I am **very tired**" (たいへん疲れた),

"I was **very pleased**" (たいへんうれしい)などということもあるが、"I am **very delighted**", "I was **very surprised**" などは避けるか、または "very much delighted" のように "much" とともに用いるのがよい。

881 "**much**" は比較級または最上級の形容詞を、"**very**" は原級または最上級の形容詞を修飾する。

> This is **very** *good*. (これは大いに上等だ)
> This is **much** *better* than that. (この方があれよりずっと上等だ)
> This is **much** *the best*—*the* **very** *best* of all. (これが皆の中で一番上等だ)
> {I will do *the* **very** *best* I can.
> {I will do *my* **very** *utmost*. } (できるだけ努力いたします)
> He drank it to *the* **very** *last* drop. (最後の1滴まで飲みつくした)

882 "**too**" も "**very**" と同じく直接に動詞または Past Participle を修飾することができないから、"much" を伴い「"too+much"+Participle」の形で用いる。

> I was **too much** *surprised* to speak. (驚いてものが言えなかった)
> I was **too much** *fatigued* to proceed any farther. (あまり疲れてもはや1歩も進めなかった)

"Little" and "A Little"

883 "**little**" と "**a little**" との区別は形容詞の場合と同様である (cf. § 361)。

> He is **little** better than he was yesterday. (きのうよりあまりよくはない)
> He is **a little** better this morning. (けさはすこしはよい)

884 "**little**" が "know", "think", "dream" などにつく場合は "not at all" の意味で強い否定である。

> You **little** know what mischief you have done! (お前は自分がどんな悪いことをしたかすこしも知らないのだ)

I **little** thought that it was you. (それが君とは少しも知らなかった)
I **little** expected that he would come. (彼が来ようとは夢にも思わなかった)
Little did I dream of ever seeing this day! (今日の[このような]目に会おうとは夢にも思わなかった)

885 【注意】 "**not a little**" は「すくなからず大いに」の意で肯定、"**not in the least**" は「すこしも」の意で否定。

{ I was **not a little** surprised. (すくなからず驚いた)
{ I was **not in the least** surprised. (すこしも驚かなかった)

886 "**how**", "**so**", "**as**", "**too**" などに伴なう "**little**" も一種の否定と見てよい。

This anecdote shows **how little** he knows the world. (この話でも彼がいかに世間見ずであるかがわかる)
He knows the world **so little** that he trusts everybody. (彼は世間見ずでだれでも信用する)
He knows the world **as little as** (=*no more than*) a baby. (彼の世間見ずは赤ん坊も同然だ)
He knows the world **too little** to do for a lawyer. (彼はあまり世間見ずで弁護士に向かない)

"Hardly", "Scarcely", and "Seldom"

887 この三つは "little" と同じく否定の意味を持つ。

It is **hardly possible** (=*almost impossible*). (まず不可能だ)
He **scarcely ever** (=*almost never*) goes to church. (彼は教会へ行くことはほとんどない)
He **seldom** goes to church. (彼はめったに教会へ行かない)
He has tasted **scarcely anything** (=*almost nothing*) during the past week. (彼はこの 1 週間ほとんど何も食べない)
There is **hardly any** (=*almost no*) chance. (ほとんど見込みはない)

"Yes" and "No"

888 問の形が肯定であると否定であるとにかかわらず、肯定文による答には "**Yes**" を、否定文による答には "**No**" を用いる。したがって日本語の「はい」「いいえ」とは反対の場合もできるから、とくに注意を要する。

 Can you swim?（君は泳げるか）
 ―{**Yes**, I can.（はい、泳げます）
   No, I can't.（いいえ、泳げません）
 Can't you swim?（君は泳げないのか）
 ―{**No**, I can't.（はい、泳げません）
   Yes, I can.（いいえ、泳げます）
 Are you going there?（君行くの）
 ―{**Yes**, I am.（ああ、行くよ）
   No, I'm not.（いや、行かない）
 Aren't you going there?（君は行かないのか）
 ―{**Yes**, I am.（なに、行くよ）
   No, I'm not.（ああ、行かない）
 We have no school tomorrow, have we?（あすは授業はないでしょう）
 ―**No**.（ええ、ありません）

889【注意】(1) "No" で始まる文が肯定文であるように思われることがある。そういう場合は、実は、"No" の次に否定文が一つはぶかれているのである。

 Is your father at home?（おとうさんはご在宅ですか）
 ―**No**, he is away at the seaside.（いいえ、海水浴に行って不在です）

この例では "**No**, he **is not** at home" というのを "**No**" 1 語に含ませて、すぐ後へ別の文が続いたのである。

 Is he not old?（彼は年寄りではありませんか）
 ―**No**, he is young.（いえ、若いです）

これは "**No**, he **is not** old: he is young" の略と見てよい。

(2) 問に答えるのでなくても、相手が<u>否定したこと</u>に同感の場合には "No" を用い、相手の否定に反対を表する場合には "Yes" を用いる。

- (a) **No** one speaks English better than Ito. (伊藤ほど英語の達者な者はない)
- (b) **No.** (=No one speaks it better than he.) (そうだ、伊藤ほど達者な者はない)
- (c) **Yes**, Sato speaks better than he. (なあに、あるよ、佐藤の方が達者だよ)

- (a) He does **not** work hard enough. (彼は勉強が足りない)
- (b) **No.** (そうだ、勉強が足りない)

- (a) You should **not** have done such a thing. (君はそんなことをすべきではなかったのだ)
- (b) **No.** (そうだ、私はそんなことをすべきではなかった)

FORMATION OF ADVERBS
副詞の作り方

890 性質の副詞はたいてい形容詞の語尾に "-ly" をつけて作る。このとき、いくらかつづりの変化を伴なうこともある。

（a） "y" で終わる形容詞は "y" を "i" に変えて "ly" を加える。

Adjective	Adverb
happy（幸福な）	happ**ily**（幸福に）
heavy（重い）	heav**ily**（重く）
sly（ずるい）	sl**ily** (or sl**yly**)（ずるく）
gay（陽気な）	ga**ily** (or ga**yly**)（陽気に）

（b） "le" で終わる形容詞は "e" を除いて "y" を加える。

| noble（高尚な） | nob**ly**（高尚に） |
| possible（可能な） | possib**ly**（たぶん） |

（c） "ll" で終わる形容詞は単に "y" を加える。

| dull（にぶい） | dull**y**（にぶく） |
| full（じゅうぶんな） | full**y**（じゅうぶんに） |

（d） "ue" で終わる形容詞は "e" を除いて "ly" を加える。

| due （適当な） | duly （適当に） |
| true （真の） | truly （真に） |

891【注意】(1) 形容詞そのままの形を副詞として用いるのと " **-ly** " をつけて用いるのとで意味が異なるものがある。

- He bought **cheap** and sold **dear**. （彼は安く買って高く売った）
- The victory was **cheaply** bought. （その勝利を得るのに大した損害はなかった）
- You shall pay **dearly** for those words. （そんなことを言うと今にひどい目にあわせるぞ）

すなわち " cheap ", " dear " は実際の代価の高低をいい、" cheaply ", " dearly " は比喩的に用いられる。

- I arrived **late** last night. （私は昨晩おそく着いた）
- I have seen nothing of him **lately**. （近ごろ一向彼に会わない）

- The kite mounted **high**. （たこが高く上った）
- He was **highly** pleased at the news. （彼はその知らせに接して大いに喜んだ）

- He shouted **loudly**. （大きな声をして叫んだ）
- to read **aloud** （声を立てて読む——黙読の反対、音読）

(2) 形容詞と副詞と同形のものがある。

Adjective	Adverb
Is he **well**? （彼は丈夫か）	Speak **well** of others. （人のことはよく言え）
He is **ill**. （彼は病気だ）	Don't speak **ill** of others. （人のことを悪く言うな）
He is a **fast** walker. （彼は足早だ）	He walks **fast**. （彼は足が早い）
He is an **early** riser. （彼は早起きだ）	He rises **early**. （彼は早く起きる）
He is a **hard** worker. （彼は勉強家だ）	He works **hard**. （彼はよく勉強する）

USES OF ADVERBS
副 詞 の 用 法

　副詞は動詞、形容詞、副詞を修飾するのが通例であるが、そのほかは次に列挙するような用法がある。

892　1.　名詞あるいは名詞相当語を修飾する例：――

　Even *a schoolboy* can read it. (小学校の生徒でもそんなものは読める)
　He is **only** *a student*. (彼は学生にすぎない)
　She is **almost** *a woman* (=She is *almost full-grown*). (彼女はほとんど一人前の女だ)

893　2.　Adverb Phrase を修飾する例：――

　He left **soon** *after my arrival*. (彼は私の到着後間もなく出発した)
　The gate is shut **exactly** *at ten o'clock*. (門は正確に 10 時にしめられる)
　By this time we had got **half** *through the wood*. (われわれはこの時すでに森を半分通りぬけていた)

894　3.　Adverb Clause を修飾する例：――

　He left **soon** *after I arrived*. (彼は私が着いてから間もなく出発した)
　He did so, **only** *because he could not help doing so*. (彼はそうせざるを得なかったばかりにそうしたのだ)

895　4.　全文を修飾する例：――(cf. §§ 874 (6), 875)

　Certainly he is an honest man.
　　(=*It is certain* that he is an honest man.)
　　(たしかに彼は正直者だ)
　Perhaps he has failed.
　　(=*It may be* that he has failed.)
　　(彼は失敗したかもしれない)

896　5.　副詞が形容詞として用いられる例：――

　the **then** ministry=the ministry *then in power* (その時の内閣)
　a **far** country=a country *far distant* (遠い国)
　an **only** son (一人むすこ)

897　6.　副詞が名詞として用いられる例：――

> **Now** is the time. （さあこの時だ）
> It is but a mile or so from **here** to **there**. （ここからあそこまで1マイルそこそこだ）
> **Where** do you come from? （ご出身地はどちらですか）
> 【注意】"here", "there", "where" などは元来副詞であるが、前置詞の目的である場合は名詞相当語と見るべきである。

898　7.　Complement として用いられる例：――

> *Is* he still **there**?—No, he *is* **here**. （彼はまだあそこにいるか、いやここにいる）
> I *am* **off** before the end of the month. （今月のうちに出発してしまう）
> The examination *is* **over**. （試験がすんだ）
> The cherry-blossoms will *be* **out** (=*open*) in a few days. （桜も二、三日中に咲くだろう）

POSITION OF ADVERBS
副　詞　の　位　置

899　副詞を文中のどういう位置に配置すべきかはなかなかむずかしい問題であるが、大体においてその修飾すべき語にもっとも近く置くのを原則とする。

900　1.　動詞に対しては副詞は前に出ることも後につくこともできる。Adverb of Manner は通例 Object の後に置かれる。

> He **readily consented**. （彼は進んで承知した）
> He **consented reluctantly**. （彼はいやいや承知した）
> **Pronounce** each word **distinctly**. （一語一語はっきり発音しなさい）

901　2.　形容詞、副詞、またはそれらの相当語句などを修飾する副詞は、それらの語、句、節の前に出る。

> It is **very** *kind* of you to say so. （君がそういってくれるのはたいへん親切だ）

I am **quite** *satisfied*. (私はじゅうぶん満足です)

He speaks English **remarkably** *well*. (彼はなかなか上手に英語を話す)

He left **shortly** *after my arrival*. (彼は私の到着後じきに出発した)

He left **shortly** *after I arrived*. (彼は私が着いて間もなく出発した)

902 【例外】副詞としての "**enough**" はその修飾する語の後に来る (cf. §§ 364 & 365)。

Is she *old* **enough** to get married? (彼女はお嫁に行ける年ごろか)

He spoke *highly* **enough** of what you had done. (彼は君のしたことをさかんにほめた)

Have you *slept* **enough**? (じゅうぶん眠ったか)

903 3. "to" のある Infinitive を修飾する副詞は "to" の前に置くのが通例であるが、また Root-form の後に来ることもある。

He taught us **always to speak** the truth. (彼は私たちに常に真実を語れと教えた)

I advised him **never** (or **not**) **to tell** a lie. (私は彼に決してうそをつくなと忠告した)

He asked me **to call again**. (彼は私にまたおいでくださいといった)

これらの場合に "to always speak", "to again call" などするのはよくない。このように "to" と Root-form との間に副詞のはさまった形を **Split Infinitive** (分離不定詞) といって、やむを得ない場合のほかは用いないのがよいとされている。

904 4. 前に述べたことを受ける指示副詞は、文の先頭に置く。

905 5. 時を示す副詞の位置には3通りある。**I. II. III.** でその位置を示せば、次のとおりである。

> **I.** + 主語　　助動詞 + **II.** + 動詞　　目的語 + **III.**

（a） "**soon**", "**sometimes**", "**afterwards**", "**lately**" などは三つの位置のいずれに置いてもよい。

> Sometimes he will take a holiday.
> He will sometimes take a holiday.
> He will take a holiday sometimes.
> (彼は時々休暇を取る——仕事を休む)

(b) "**ever**", "**never**", "**always**", "**generally**" は常に II. の位置に来る。

> Have you **ever** been at Kyoto? (君は京都へ行ったことがあるか)
> I have **never** been there. (行ったことがない)
> I have **always** lived here. (私はもとからここに住んでいる)
> I am **generally** at home in the morning. (午前中はたいがい家におります)

【注意】 語勢を強めるために "never", "ever" を助動詞の前に置くことがある。

> I will **never** go there again.
> I **never** will go there again. [*Emphatic*]
> (もう決してそこへは行かない)

> No man has **ever** done it.
> No man **ever** has done. [*Emphatic*]
> (それをした人はいまだかつてない)

(c) **often, seldom, rarely** などは通例 II. の位置だが、ほかの副詞を伴なう場合は III. の位置に移ることが多い。

> He **often** comes here. (彼は時々ここへ来る)
> I go there very **often**. (私はしばしばそこへ行く)

906 6. 一定の時を示す副詞は文頭または末尾に置く。

> **Yesterday** Mr. Arai came to see me. (きのう新井君が訪ねてきた)
> He comes to see me **every Sunday**. (彼は毎日曜私を訪ねる)

【注意】 "now" は (1) 文頭にあるとき「さあ」「これから」などの意味、(2) 文中または文末にあるとき「今」(現在)の意味。

> **Now** we are ready. (さあ用意ができた)
> We are **now** in spring. (今は春です)
> Post the coupon **now**. (クーポンを今すぐお送りください)

907 7. 場所の副詞は常に動詞の後につく。時の副詞と場所の副詞とを併用する場合は、場所を先に、時を後にするのが通例である。

He often comes **here**. (彼はよくここへ来る)
He will be **here this evening**. (彼は今晩ここへ来るだろう)
Napoleon died **at St. Helena, on the 5th of May, 1821** (ナポレオンは 1821 年 5 月 5 日セント・ヘレナで死んだ)

908 8. 前置詞が 副詞として（動詞と 融合して）用いられたものは Noun Object の前に出ることはできるが、Pronoun Object には必ずその後につく。

He cut **down** *one of his father's cherry-trees.* (彼は父の桜の木の1本を切り倒した)
He cut *it* **down** with his hatchet. (彼は おの でそれを切り倒した)
I told him to put **on** *his hat.* (私は彼に帽子をかぶるようにいった)
He put *it* **on**. (彼はそれをかぶった)

909 強調のために、副詞を文頭に出すことが多い。この場合、しばしば、(否定の意味の副詞のときは常に)、「助動詞＋動詞」のように語順が変わり、疑問文と同じ語順となる。

We had no sooner got on shore, than it began to blow hard.
No sooner **had we** got on shore, than it began to blow hard.
(われわれが上陸するとすぐ風がひどく吹き出した)
I little **expected** to meet you again.
Little **did I expect** to meet you again.
(君に再会しようとは夢にも思わなかった)
I remember the scene well.
Well **do I remember** the scene.
(その場の光景をよく覚えている)

910 【注意】 "**away**", "**off**", "**up**", "**down**" など補語的な副詞を文の先頭に出す場合は、動詞をそれに伴なわせて主語の 前へ出し、 別に "do" を加えないことが多い。また主語が代名詞である場合には、動詞の位置さえも変更しないことが多い。

The ball **went away**.
Away went the ball. [≒Away *was* the ball.]
(ボールが飛んで行った)

We **went off** like the wind, down the hill.
Off we **went** like the wind, down the hill.
(われわれは風のように丘を下って行った)

COMPARISON OF ADVERBS
副 詞 の 比 較

911　程度、分量、仕方などをあらわす副詞は形容詞のように比較の変化を持っている (cf. §§ 415-424)。

（a）　一音節の副詞および少数の二音節副詞は "**-er**", "**-est**" をつけて比較級および最上級を作る。

Positive	Comparative	Superlative
fast （速く）	faster	fastest
soon （早く）	sooner	soonest
late （遅く）	later	latest
often （しばしば）	oftener	oftenest

（b）　"**-ly**" の語尾を持つ副詞は "**more**", "**most**" をつけて比較級、最上級を作る。

kindly （親切に）	more kindly	most kindly
bravely （勇敢に）	more bravely	most bravely

【例外】"**early**" は形容詞と副詞と同形で "**earlier**", "**earliest**" と変化する。

（c）　不規則な比較形を持つもの。

well （良く）	better	best
badly ill ｝（悪く）	worse	worst
much （多く）	more	most
little （すこし）	less	least
far （遠く）	｛farther 　further	farthest furthest

EXERCISE 54

(**A**) 次の和文を英訳せよ。
1. 彼はいつも朝早く起きて夜は遅く寝る。
2. 大声でわめくほど、なおウサギは速く走って行った。
3. 彼は事業に成功したものだから、なおさらねたみを受けた (to be envied)。
4. 彼は彼女のことばを思い出して、それを声に出して言った。
5. 私がここで何をしているのか、彼らにはわかっていないのだ。
6. 彼はほめられたから なお一そう勉強した。
7. 君はいつ彼が帰ると思うか。
8. 君はいつ彼が帰るか知っているか。
9. あなたは夕方出かけることがありますか。
10. 夕方はめったに出かけません。

(**B**) 次の文に誤りがあれば正せ。
1. Is the invalid little better? (病人は少しはいいか)
2. He is not very better than yesterday. (きのうよりあまりよくもない)
3. I remember I ever have been there. Perhaps it was about ten years before. (私はかつてそこへ行ったことを覚えている、たぶん 10 年くらい前だろう)
4. I was told that he had died a fortnight ago (彼は 2 週間前に死んだということであった)
5. Never I saw such a grand sight. (こんな壮観は見たことがない)

(**C**) 次の文中の空所に " Yes " あるいは " No " を補え。
1. Did you not find him at home? (彼は家にいなかったのか)
   —, he was out. (はい、不在でした)
2. He is the best English scholar in our school. (彼は私たちの学校で一番英語ができる)
   ——. (そうだ)
3. No one speaks English better than he. (彼ほど上手に英語を話す人はない)
   ——. (そうだ)
4. Did he not attend the meeting? (彼は会に出席しなかったのか)
   —, he was absent. (はい、欠席でした)
5. There was no one else there, was there? (そこにはほかにだれもいなかったんだろう)
   —, I was alone. (はい、私ひとりでした)

7. PREPOSITION

前 置 詞

FORMS OF PREPOSITIONS
(前 置 詞 の 形)

912 本来の前置詞の数はそう多くはない。Alphabet 順にあげるとおよそ次のようになる。

about	before	down	throughout
above	behind	for	to
across	below	from	toward(s)
after	beneath	in	under
against	beside	into	underneath
along	besides	of	up
alongside	between	off	with
amidst	betwixt	on	within
among(st)	beyond	out of	without
around	but	over	
at	by	through	

以上のほかに他の品詞で前置詞の代用をするものがある。

913 (a) **Participial Preposition** (分詞状前置詞) ── Sense-subject を持たない分詞が前置詞のように用いられたものをいう (cf. §821)。

> **concerning** the matter （その件に関して）
> **during** the holidays （休暇中）
> **notwithstanding** the rain （雨にもかかわらず）

914 (b) **Preposition Phrase** ── これは二つ以上の語が集まっ

[478]

て Phrase を作り、1個の前置詞の役目をするもので非常に数が多い。二つ三つ例をあげておく。

as for (については), as to (について), because of (のゆえに), by means of (の手段により), in front of (の前に), in spite of (にもかかわらず), in place of (の代わりに), on account of (のために), on (*or* in) behalf of (に代わって), according to (にしたがえば), with respect to (に関して), etc.

> "**As for** me, give me liberty or give me death." (人はいざ知らず、われには自由を与えよ、しからずんば死を与えよ)
> There is no doubt **as to** who will be elected. (だれが当選するかについて疑いはない) [" as to " は節の前にも来る]
> He cannot work **because of** his age. (彼は年寄りで働けない)
> Thoughts are expressed **by means of** words. (思想は言語によって表現される)
> There is a garden **in front of** the house. (家の前に庭がある)
> He attended the meeting **in spite of** his illness. (病気にもかかわらず彼は会に出席した)
> Mr. Ito is teaching **in place of** the principal. (伊藤先生が校長の代わりに教えている)
> I am obliged to absent myself **on account of** illness. (病気のためやむを得ず欠席いたします) [理由]
> I called on him **on behalf of** my father. (父の代理で彼を訪問した)
> **According to** the papers, the matter grows serious. (新聞によれば事態はいよいよ重大です)
> I wrote to him **with respect to** this matter. (この件に関して彼に手紙を出した)

THE OBJECT OF A PREPOSITION
(前 置 詞 の 目 的 語)

915 前置詞の目的語は通例、名詞または代名詞であるが、そのほか名詞相当の語、句、節を目的語とすることもある。

(a) **Gerund** (動名詞):――

He talks **of** *going* abroad. (彼は洋行するなどといっている)
Illness prevented me **from** *attending* your lecture. (病気のためご講演に出席することができませんでした)

(b) **Infinitive** (不定詞)は原則として前置詞の目的語とならないが **"about"**, **"but"** は時に不定詞を目的語とすることがある。

He is **about** *to start* on a tour. (彼は漫遊に出かけようとしている)
She does nothing **but** *cry* all day. (彼女は1日中泣くばかり)

(c) 名詞化した **Adverb** (副詞):――

till *now* (今まで), **since** *then* (その時以来), **from** *here* (ここから), etc.

(d) 名詞化した **Adjective** (形容詞):――

in *general* (概して), **in** *private* (ひそかに), **of** *late* (近ごろ), etc.

(e) **Phrase** (句):――

He came out **from** *behind the door*. (彼は戸のかげから出て来た)
He stayed **until** *toward evening*. (彼は夕方まで止まっていた)
【注意】 "from behind" などのように前置詞が二つ重なったものを **Double Preposition** という。

(f) **Clause** (節):――

Everything depends **upon** *whether he will consent or not*. (すべては彼が承知するかしないかによる)
We consulted **about** *what we should do with the money*. (私たちはその金をどう処分すべきかについて相談した)

916 【注意】 (1) 前置詞の目的語は前置詞のすぐ後にあるのを通例とするが、目的語が疑問詞または関係代名詞のときは、目的語は通例前置詞と離れて前に出る。しかし必ず常にそうというわけではない (cf. §317, note)。

What have you come here **for**? (君は何のためにここへ来たのか)
Where do you come **from**? (君はお国はどこですか)
Whom do you speak **of**? (君はだれのことをいうのか)
the man **that** you spoke **of** (君のお話しの方)

(2) 次のような場合には、目的語である関係代名詞は省略される (cf. §§ 324 & 782)。

> I want a knife to sharpen my pencil **with**.
> (=I want a knife **with** *which* to sharpen my pencil.)
> (鉛筆をけずるのにナイフが欲しい)
> There were no chairs to sit **on**.
> (=There were no chairs **on** *which* to sit.)
> (腰をかける いす が一つもなかった)

PREPOSITIONS AS OTHER PARTS OF SPEECH
(前置詞の他品詞転用)

917 前置詞が他の品詞として用いられることがある。

(a) **As Adverbs** (副詞として)——これは目的語がはぶかれるために前置詞が副詞となるのである。

> I have never met him **before** [this]. (彼には今まで一度も会ったことがない)
> He looked cautiously **round** [him]. (彼は用心深くあたりを見まわした)
> Come **in** (=Come **into** the room). (おはいり)
> Show him **in** (=Show him **into** the room). (お通ししなさい)
> He went **out** (=He went **out of** the room). (彼は出て行った)
> Put **on** your coat (=Put your coat **on** your back). (上衣を着なさい)
> He has **on** a straw hat (=He has a straw hat **on** his head). (彼は麦わら帽子をかぶっている)
> Take **off** your boots (=Take your boots **off** your feet). (くつをおぬぎなさい)

918 【注意】 こういう副詞は動詞の Object である名詞の後に移すことができる。Object が代名詞のときは副詞を必ずその次に置く。

> { Put **on** your hat.
> { Put your hat **on**. } (帽子をおかぶりなさい)
> { Take your hat and put it **on**. (帽子を取っておかぶりなさい)

919 (b) **As Adjectives** (形容詞として):——

> The **above** rule holds good in this case. (上述の規則はこの場合

にもあてはまる)
an **up** or **down** train (上り列車、下り列車)

920 (c) **As Conjunctions** (接続詞として):——

He arrived **before** I departed. (彼は私が立つ前に着いた)
I waited **till** he arrived. (私は彼が着くまで待っていた)

【注意】 これは元来前置詞の次に "**that**" という接続詞があって Noun Clause を導いたのであるが、その "**that**" が今は用いられなくなったために前置詞が接続詞の役目をするのである。

USES OF PREPOSITIONS
前置詞の用法

(1) PREPOSITION OF TIME
(時の前置詞)

921 1. **At, In, On**——"**at**" は何時何分、夜明け、正午、初め、終わりなど時の一点をさす場合に用い、"**in**" は月、季節、年、世紀など長い時期をいう場合に用い、"**on**" は特定の場合、特定の日を示す。

At:—(**at**) what time? (何時に), **at** eight o'clock (8時に), **at** half past eleven (11時半に);
at daybreak (夜明けに), **at** noon (正午に), **at** midnight (真夜中に);
at the beginning (middle, end) of June (6月の初め、半ば、末に);
at that time (その時), **at** this moment (今), etc.

In:—**in** January (1月), **in** spring (春);
in 1912 (1912年), **in** the 39th year of Showa (昭和39年);
in the Twentieth Century (20世紀), etc.

On:—**on** one occasion (一度), **on** the present occasion (問題になっているこの場合に), **on** the 3rd of November (11月3日に), **on** the night of the 12th (12日の夜に), **on** Sunday (日曜日に), **on** New Year's Eve (大みそかに), etc.

【注意】 (1) 何月の何日、何月の末などという場合には、月の前に "**of**" を用いる。

at the end **of** this month (今月の末に), **on** the 5th **of May** (*or* on May 5th) (5 月の 5 日に).

また何日の朝などという場合には日の前に " **of** " を用いる。

on the morning **of** the 8th (8 日の朝).

(2) 何日ときまっていない、昼間、午前、午後、晩などには " **in** " を用いる。ただし " **night** " には " **at** " がつく。

in the daytime (昼間), **in** the morning (朝, 午前), **in** the afternoon (午後), **in** the evening (晩), **at** night (夜).

比較:— { It happened **in** the evening. (それは晩のことであった)
{ It happened **on** the evening of the 13th. (それは 13 日の晩のことであった)

ただし「朝早く」などという場合にはきまった日でも " in " を用いて " early **in** the morning **of** (or **on**) the 6th." (6 日の朝早く) という。

922 2. **From, Since**——" **since** " は現在まで継続することの出発点を示す。すなわち " **since** then＝**from** then **till now** " の関係で、多くは Present Perfect の動詞に伴なう。" **from** " は単に、事が始まる出発点を示すので Past Tense に伴なうことが多い。

He has been living in Japan **since** 1948. (彼は 1948 年から日本に住んでいる)

It has been raining **since** last Friday. (この前の金曜から雨が降っている)

He works **from** dawn **till** dusk. (彼は夜が明けるから暗くなるまでせっせと働く)

He lived in America **from** 1902 **to** (or **till**) 1907. (彼は 1902 年から 1907 年までアメリカに住んでいた)

【注意】 " **begin** " および " **commence** " という動詞の次には決して " **from** " を用いない。日本語の「8 時から」などにとらわれないこと。

School *begins* **at** eight o'clock. (学校は 8 時に始まる)

The new term *commences* **on** the 11th of September. (新学期は 9 月 11 日に始まる)

The academic year *commences* **in** April. (学年は 4 月に始まる)

923 3. **By, Till**——" **till** " は継続の終止点を示し、" **by** " は完了の時限を示す。

I shall be here **till** six. (6 時までここにおります)
I shall be here **by** six. (6 時までにここに来ます)

【注意】 "by" を過去のことにいえば「その時はすでに」、現在についていえば「今ごろはすでに」の意となる。

比較:— { He must have arrived **by** this (今ごろはもう着いたにちがいない)
He will arrive **by** tomorrow morning. (あすの朝までには着くでしょう)

924 4. **In, Within, After**——"**in**" はある期間の経過を示し、"**within**" は期間以内を示す。"**in**" および "**within**" が現在を起点とするのに反し、"**after**" は過去を起点として時の経過を示す。

I shall be back **in** a few days. (二、三日たてば帰って来ます)
I shall be back **within** a week. (1 週間以内に帰ります)
He came back **after** a week (=a *week after*). (彼は 1 週間たってから帰って来た)

【注意】 「何時間たてば」という場合に "after" を用いることはできないが、「何時以後は」という場合は "after" を用いてよい。

I shall be free **in** an hour's time. (1 時間たてば暇になります)[最後を "—'s time" とするのが英語のスタイル]
I shall be free **after** one o'clock. (1 時から後は暇です)

925 5. **Before, After; To, Past**——いずれもある時の前後を示す前置詞であるが、"**to**", "**past**" は時刻をいうのに用いる。

I started **before** daylight, and arrived **after** dark. (夜が明けぬうちに出発して日が暮れてから着いた)
I started at a quarter **to** six, and arrived at half **past** seven. (6 時 15 分前に出発して 7 時半に着いた)

【注意】 アメリカでは "to" の代わりに "of" を、"past" の代わりに "after" をしばしば用いる。

926 6. **For, During, Through**——"**for**" は何時間、何年間などと、ある動作が全期間を占める場合に用いられ、"**during**" は、ある動作が別の動作の継続期間の一部分（または全部）を占め

る場合に用いられ、**"through"** は初めから終わりまで引き続くという意味をあらわす。

I was absent **for** a week. (私は 1 週間不在にした)
He took my place **during** my absence. (私の不在中彼が代理をしてくれた) [my absence の継続中全部]
{ He often falls asleep **during** the lesson. (彼は時々授業中にいねむりをする) [lesson の継続中の一部分]
He was asleep all **through** the lesson. (授業中ずっと眠っていた)
【注意】 次の区別に注意せよ。
{ **In summer** people go to the seaside. (夏は人が海水浴に行く)
Are you going anywhere **during the summer**? (この夏中にどこかへお出かけになりますか)

EXERCISE 55

次の和文を英訳せよ。
1. 朝早く出発して夜遅く着いた。
2. 授業は午前 8 時に始まって午後 2 時半に終わる。
3. 会談 (talk) は昭和 37 年 2 月に始まって (to be started) およそ 1 年間続いた (to last)。
4. 試験は 11 日から始まるから、10 日までに帰りたまえ。
5. 何時に彼をうかがわせましょう。
6. 10 時 10 分前によこしてください。
7. 競技会はこんどの土曜日です。
8. 私は今月の末までここに滞在する。
9. 彼は今月の末までには帰るだろう。
10. 24 時間以内にご回答ください。

---

(2) PREPOSITION OF PLACE
(場 所 の 前 置 詞)

927 1. **At, In**——**"at"** は村、町、小島その他すべてせまい地点に用い、**"in"** は国、大都会その他すべて広い場所に用いる。

I passed my holidays **at** Hakone. (私は箱根で休暇を過ごした)
The school is **at** Kanda **in** Tokyo. (その学校は東京神田にある)
to arrive **at** Tokyo Station (東京駅に着く)
to arrive **in** Tokyo (東京に着く)

【注意】 広くても遠隔の地などをいう場合は地図上の 1 点と考えて "at" を用いる。

to arrive **at** London (ロンドンに着く)

この二つは場所の意味から転じて状態をあらわす。

Japan was then **at war** with Russia. (その当時日本はロシヤと交戦中であった)
We are now **at peace** with our neighbours. (日本は目下近くの国国と平和状態にある)
He is **in** good health. (彼は丈夫だ)

928　2. On, Off ── "on" は表面あるいは線に接触していることをあらわす。

There is a book **on** the table. (テーブルの上に本がある──上向きの表面)
Insects can walk **on** the ceiling. (虫は天井をはうことができる──下向きの表面)
London is situated **on** the Thames. (ロンドンはテムズ河にそっている──線)

"off" はすべて "on" の反対で離隔を示す。

to sit **on** (*or* in) a chair (いすに掛ける)
to fall **off** a chair (いすから落ちる)

to put one's hat **on** one's head (=to **put on** one's hat) (帽子をかぶる)
to take one's hat **off** one's head (=to **take off** one's hat) (帽子を脱ぐ)

The island is situated **on the coast** of Izu. (島は伊豆の沿岸にある)
The ship was wrecked **off the coast of** Shirahama. (船は白浜沖で難破した)

無形の状態をいう場合も "on" と "off" とは対立する。

> He is **on duty** today. (彼はきょう当番だ、勤務中だ)
> He will be **off duty** tomorrow. (あすは非番だろう)

929 3. **In, Into, Out of**——"**in**" は中にある静止の状態、"**into**" は中へはいる運動、"**out of**" は外にある状態および外へ出る運動両方をあらわす。

> There was no one **in** the room. (室内にだれもいなかった)
> I went **into** the room. (私は室内へはいった)
> He came **out of** the room. (彼は へや から出てきた)

【注意】(1) 後の名詞をはぶけば、"**go in**"(はいる),"**come out**"(出る)となる。この場合の "in","out" は副詞である。

He went **out** (=*out of the house*) **into** the garden. (家から庭へ出た)
Come **in** (=*into the house*) **out of** the wet. (雨の降る所から中へはいれ)

(2) 出入点の「から」は "**at**" であらわす。

He entered **at** the back gate. (彼は裏門からはいって来た)
He went out **at** the front door. (玄関から出て行った)

実際の場所でなく、状態をいう場合も同じ関係である。

> He is deeply **in** debt. (彼は非常に借金がある)
> Don't **run into** debt. (借金をするな)
> I manage to keep **out of** debt. (どうやら借金はせずにやっている)

【注意】"into" の代わりに "in" を用いることもまれにある。

to put one's hand **in** (or **into**) one's pocket (ポケットへ手をつっ込む)
Please put more coal **in** the stove. (ストーブにもっと石炭を入れてください)
to fall **in** love with.... (...に恋する)

930 4. **Above, Below; Over, Under**——"**above**" (="*higher than*"), "**below**" (="*lower than*") は単に位置の高低を示し、"**over**", "**under**" は真上、真下を示す。

{The moon has risen **above** the horizon. (月が地平線上に上った)
{The sun has sunk **below** the horizon. (太陽が地平線下に没した)
{The house stands **under** a tree. (家は木の下に立っている)
{A tree hangs **over** the house. (1本の木が家の上におおいかかっている)

【注意】 次のような場合に "**on**" と "**over**" と混同してはならない。
{The lamp is **on** the table. (ランプはテーブルの上にのっている)
{The lamp hangs **over** the table. (ランプはテーブルの上につるしてある)

<u>階級の上下</u>をいうにも "**above**", "**below**" を用いる。

He is **above** me in rank.—I am **below** him in rank. (彼の方が私より位が上——私の方が下)

上に立つ、下に立つなどという<u>支配関係</u>は "**over**", "**under**" を用いてあらわす。

The czar **ruled over** a vast empire. (ロシヤ皇帝は広大な帝国を支配した)
I am placed **under** his orders. (私は彼の指揮を受ける地位です)

<u>数量の多少</u>をいうには "**over**", "**under**"; "**above**", "**below**" を一様に用いる。

He must be **above** (or **over**) forty. — He cannot be **under** (or **below**) forty. (彼は 40 才以上にちがいない——40 才以下のはずがない)
The number of the students is always **above** 3,000——is never **under** 3,000. (生徒の数は常に 3,000 をこしている——決して 3,000 を下らない)

931 5. **Around, Round, About**——" **around** " は<u>周囲に静止</u>の位置を示し、" **round** " は<u>周囲をまわる運動</u>を示す。

{They sat **around** the fire. (彼らは炉を囲んですわっていた)
{The moon moves **round** the earth. (月は地球の周囲をまわる)

" **about** " は漠然と<u>そのあたり</u>をさすので、静止にも運動にも用いられる。

She wore a neckerchief **around** her neck. (彼女は首巻をしていた)
Her hair hung **about** her neck (ほつれ毛が首のあたりに垂れていた)

{ We walked **round** the pond. (池の周囲を歩いた)
{ We rowed **about** the pond. (池の中を方々こぎまわった)

932 6. **Along, Across, Through**——"**along**" は長いものに沿う位置、"**across**" は交叉または横断、"**through**" は貫通をあらわす。

The road runs **along** the track. (道は線路に沿っている)
The road runs **across** the track. (道は線路を横断している)
The river flows **through** the city. (川は市内を貫流している)

933 7. **Among, Between**——"**among**" は多数の中にまじるという意味、"**between**" は両者の間にはさまるという意味。

{ He concealed himself **in** the forest. (彼は森の中に隠れた)
{ He concealed himself **among** the trees. (彼は木の間に隠れた)
{ He concealed himself **between** the two houses. (彼は家と家との間に隠れた)

この二つは、また、多数間、両者間に分配をあらわすのにも用いられる。

{ He distributed the money **among** his followers. (彼は金を手下どもに分けてやった)
{ He divided the property **between** his two sons. (彼は財産をふたりの子供に分けてやった)

934 8. **By, Beside, At**——"**by**" も "**beside**" (=*by the side of*) も共に接近を示すものであるが、"**by**" の方は日常言いなれた語句中に用いられる傾向がある。

There is a pine-tree **by** the gate. (門のそばに松がある)
There is a maple-tree **beside** the barn. (なやのそばにカエデがある)

【注意】 "to **stand by** one" は「味方をする、助ける」の意味に

使われるから、「そばに立つ」のは "to **stand beside** one" を用いる方がよい。

> He **sat by** me. (彼は私のそばにすわった)
> He was **standing beside** me. (彼は私のそばに立っていた)
> He **stood by** me. (彼は私の肩を持った——味方になった)

"**by**" および "**beside**" は偶然の接近を示し、"**at**" は意識的な接近を示す。

> There is a willow-tree **by** the well. (井戸ばたに1本の柳がある)
> The maid is **at** the well. (女中が井戸ばたへ行っている——水くみなどの目的)
> The party halted **at** a fountain. (一行は、とある泉のほとりに止まった——休憩などの目的)
> There was a large tree **beside** the fountain. (その泉のそばに1本の大樹があった)

935 9. **Before, Behind, After**——"**before**" は前、"**behind**" は後または陰、"**after**" は後から追うという意味をあらわす。

> The captive was brought **before** the king. (とりこは王の前に引き出された)
> The waiter stands **behind** the customers. (給仕が客の後に立つ)
> He was hiding **behind** the curtain. (彼はカーテンのかげにかくれていた)
> I walked **behind** him. (私は彼の後について歩いた)
> I ran **after** him. (私は彼を追いかけた)
>
> 【注意】 前後の位置を示すには次のような Preposition Phrase がある。
> There is a pine-tree **in front of** the house. (家の前に1本の松の木がある)
> There is a garden {**at the back of** / **in the rear of**} the house. (裏に庭がある)
> He walked **ahead of** me. (彼は私の先へ立って歩いた)
> There were three ladies waiting **ahead of** me. (わたしの前に3人の婦人が待っていた) [病院の順番など]

936 10. **To, Toward, For**——"**toward**" は単に運動の方向を示し、"**to**" は到着を示す。

I saw a man coming **toward** me. (一人の男が私のいる方へ来るのが見えた)

He went **to** the door. (彼は戸口へ行った)

"**to**" を単に方向に用いることもあるが "**toward**" とは少しちがう。

{ The needle points **to** the north. (針は北をさす)
{ The house looks **toward** the north. (家は北に面している)

"**for**" は "**start**", "**leave**" など出発動詞に伴ない<u>目的地</u>を示す。

{ He has gone **to** America. (彼はアメリカへ行った)
{ He has left (*or* started) **for** America. (彼はアメリカに向って出発した)

【注意】「出発」の意味のときは "start" よりも "leave" の方が慣用的であり、とくに次に "for...", "on..." が来ないときは "leave" の方を用いるのがよい。"start" は競技などの「スタート」または「...しはじめる」などの意味に用いることが多い。

EXERCISE 56

次の和文を英訳せよ。

1. 川づたいに行くと橋があります、その橋の少し<u>上流</u>に滝があります。
2. 川は橋の下が一番深い。
3. 明日は隅田川で<u>レガッタ</u> (regatta) がある。
4. 山頂は雲の上にそびえている。
5. 私たちは遅くまで町内を<u>ぶらついた</u> (to stroll)。
6. 彼は海岸に別荘を持っている。
7. 彼の家族は今海岸に[海水浴のために]行っている。
8. 私は表口 (front door) からはいった。
9. 泥棒は<u>天窓</u> (skylight) からはいった。
10. だれか玄関へ来ている。だれだか行ってごらん。

(3) SEPARATION AND ADHERENCE
(分 離 と 付 着)

937 1. **From:**──分離は通例 "**from**" を用いてあらわす。

I have **parted from** my partner. (私は仲間と別れた)
He has **retired from** business. (彼は実業界から退いた)
Illness **prevented** me **from** attending the meeting. (病気のため会に出席できなかった)
[比較] {to **absént** oneself (=be **ábsent**) **from** school. (欠席)
{to **presént** oneself (=be **présent**) **at** the meeting. (出席)

938 2. **Of:**──軽減、奪取などの動詞の次には "**of**" を用いて「動詞＋人＋"of"＋物」の形にする。

"I will **ease** you **of** your burden." So saying the highwayman **robbed** him **of** his money. (「荷物を軽くしてやろう」といっておいはぎが彼の金を奪った)
[比較] to **steal** money **from** one (人から金を盗む)
This medicine will **relieve** you **of** your pain. (このくすりが苦痛を減らす──このくすりを用いれば苦痛がなくなる)

939 3. **To:**──"**to**" は "**from**" の反対で付着をあらわす。

{ You must **adhere to** your original plan. (はじめの計画をどこまでも固守しなくてはいけない)
{ You must not **depart from** it on any account. (どんなことがあっても計画を変更してはならない)
He can **stick to** nothing. (彼は何事にも執着することができない──あきっぽい)
You must **keep to** your agreement. (契約を守ってくれなくては困る)

(4) SOURCE OR ORIGIN
(源泉 または 出所)

源泉・出所を示す前置詞のおもなものは "**from**", "**of**", "**out of**" の三つである。動詞により、また意味によりどれを用いるべきか一定している。

940 1. From:——

He **rose from** the ranks to be a general. (彼は兵卒から身を起こして大将まで上った)
The trouble **arises from** racial prejudice. (この紛争は人種的偏見から起こる)
The book is **translated from** the French. (この本はフランス語から訳したものだ)
He **comes from** Sendai. (彼は仙台出身です)

941 2. Of:——

He **comes of** a good family. (彼は名門の出身です)
I want to **ask** a favour **of** you. (あなたにお願いしたいことがある)
He was **born of** rich parents. (彼は金持ちの家に生まれた)

942 3. Out of:——

Plants grow **out of** the earth. (植物は地からはえる)
I had to pay **out of** my own pocket. (私は自腹を切らなければならなかった)

次に掲げる動詞には "**from**", "**of**" どちらもつく。

Of (or **from**) whom did you **buy** it? (だれから買ったか)
I **borrowed** it **from** (or **of**) Mr. Murai. (村井君から借りた)
You must not **expect** too much **of** (or **from**) me. (私に過大の望みをかけては困る) [訳し方に注意]

(5) COMPARISON AND AGREEMENT
(比　較　と　一　致)

943 With, To——" with " はくらべる、" to " はたとえる意味に用いられる。

I have **compared** the translation **with** the original. (訳文と原文とをくらべてみた)
Life is **compared to** a voyage. (人生は航海にたとえられる)

等、不等、あるいは比例には " **to** " を用いる。

He is not **equal to** his task. (彼は任に堪えない)
Ten to one, he will fail. (十中八九まで彼は失敗だ)

<u>一致</u>、<u>不一致</u>、<u>承諾</u>、<u>不承諾</u>などにも "**with**" あるいは "**to**" を用いる。

I **agree with** you on that point. (その点においては君と同意見だ)
I can not **consent to** such terms. (そのような条件には応ずることができない)
I cannot **comply with** your request. (ご依頼に応じられません)

(6) MATERIAL
(材　料)

944 1. **From, Of**——でき上ったものが<u>材料の原形をそのまま持っている場合</u>には "**of**" を用い、全然原形を失っている場合には "**from**" を用いる。

Wine is **made from** grapes. (ぶどう酒はぶどうから作る)
Beer is **brewed from** barley. (ビールは大麦から醸造する)
What are pens **made of**? (ペンは何で作るか)

945 2. **Out of**——上述の "**of**" は元来 "out of" の "out" がはぶかれたものである。動詞と前置詞とが離れている場合には "**out of**" を用いるのが通例である。比較:——

Many useful things are **made of** Japanese paper. (いろいろな有用品が日本紙で作られる)
The Japanese **make** many things **out of** paper. (日本人は紙でいろいろの物を作る)

946 【注意】 次のような場合には通例 "**out**" をはぶく。
I will **make** a man (out) **of** you. (私がお前を一人前にしてやる)
(2) でき上ったものをいうときには "**into**" を用いる。これは後に述べる変化の結果をあらわす "**into**" である (cf. § 960)。

We **make** many things **out of** bamboo. (竹でいろいろな物を作る)
We **make** bamboo **into** many things. (竹をいろいろな物にこしらえる)
Cotton is spun **into** thread. (わたは、つむいで糸にする)

(7) CAUSE
(原　因)

947　1.　**From**――直接の原因をいう場合には通例 "**from**" を用いる。

> Many people smoke **from** habit. (習慣で喫煙する人が多い)
> He was taken ill **from** drinking too much. (彼は飲みすぎて病気になった)

948　2.　**Through** ――中間的な原因、消極的な原因には多く "**through**" を用いる。

> He lost his place **through** neglect of duty. (彼は職務怠慢のため職を失った)
> This happened **through** his carelessness. (これは彼の不注意から起こったのだ)

949　3.　**Of**――"**die**" という動詞の次に死因である病名をいう場合および "**come**" という動詞で原因をあらわす場合には "**of**" を用いる。

> He **died of** apoplexy. (彼は卒中で死んだ)
> Your illness **comes of** drinking too much. (君の病気は飲みすぎのためだ)

950　【注意】(1) "**cause**"(原因)という語を用いれば "**die**" の次でも "**from**" を用いる。
> He died **from** some unknown **cause**. (彼の死は原因不明だ)

(2) "**suffer**" という動詞の次には "**from**" を用いる。
> He is **suffering from** consumption. (彼は肺病にかかっている)

951　4.　**At, Over**――この二つは共に感情の原因を示すが、"**at**" は見て、聞いて、報に接してなどという場合に用い、"**over**" は原因そのものを示すに用いる。

> The child rejoiced **at the sight of** its mother. (子供が母を見てよろこんだ)

They tremble **at the sound of** his footsteps. (彼らは彼の足音を聞いてふるえる)
The whole nation rejoiced **at the news of** victory. (勝報に接して全国民がよろこんだ)
Everybody is surprised **at** his success. (彼の成功には皆驚いている)
He was angry **at** my words. (彼は私のいったことを怒っていた)
The nation rejoiced **over** the victory. (国民は勝利をよろこんだ)
They mourned **over** his death (彼らは彼の死を悲しんだ)

952 【注意】「怒る」「気に入る」などの<u>原因</u>には "**at**" を用いるが、その感情の<u>対象</u>には "**with**" を用いる。

Don't be angry **with** me. (わたしのことをおこらないでください)
{ I am **pleased with** my new man. (こんどの男は気に入った)
{ I am especially **pleased at** his honesty. (ことに正直なところが気に入った)

953 5. **With, For**——この二つは動作の<u>原因</u>を示すが、"**with**" は外から肉体におよぶ原因、"**for**" は心に対する無形の原因を示す。

{ He was shivering **with** cold. (彼は寒くてふるえていた)
{ He trembled **for** fear. (彼はこわがってふるえた)
 I am **tired with** walking all day. (1日歩いたので<u>疲れた</u>)
 cf. I am **tired of** my work. (仕事に<u>あきた</u>)

(8) REASON
(理　由)

954 1. **For**——"**for**" は<u>交換</u>の意味から転じて 理由を示し、また進んで<u>必要</u>などをもあらわす。

For what reason (=*Why*) do you refuse? (どういう理由でことわるのか)
This is my **reason for** refusing. (これが私がことわる理由です)
There is no **occasion for** haste. (何も急ぐことはない)

<u>賞罰の理由</u>、<u>有名なわけ</u>などをいうにも "**for**" を用いる。

Heaven has rewarded him **for** his honesty. (天が彼の正直を賞したのだ)

He was dismissed **for** neglecting his duties (彼は職を怠ったために免職になった)

Nikko is **celebrated for** its scenery. (日光は景色で有名だ)

The judge praised the man **for** his wisdom. (裁判官は彼の知恵をほめた) [訳し方に注意]

955　2. **On**:――

He resigned **on the ground of** ill health. (彼は健康がすぐれないという理由で辞職した)

He resigned **on the pretence of** ill health. (彼は健康がよくないと称して辞職した) [口実]

(9) **PURPOSE**
(目　的)

956　1. **For, After**――" for " は " **leave for...** "（...に向かって出発）など方向すなわち目的地を示す用法から転じて目的を示すようになる (cf. §936)。

" **After** " は " **run after** "（追いかける）など追求の意味から目的をあらわすようになった (cf. §935)。

What do you go to school **for**? (君は何のために学校へ通うか)

He is travelling **for the benefit of** his health (彼は保養のため旅行している)

Man **seeks for** happiness. (人は幸福を求める)

He is much **run after**. (彼は非常な売れっ子だ)

They **hunger** (or **thirst**) **after** knowledge (彼らは知識を渇望する)

957　2. **On**――" **journey** "（旅）, " **tour** "（観光旅行）, " **expedition** "（学術旅行）, " **excursion** "（遊覧旅行）, " **trip** "（小旅行）, " **business** "（用事）, " **errand** "（使い）などの名詞を用いて、「...にでかける」意味をあらわすには " **on** " を用いる。

He has started **on a tour** round the world. (彼は世界一周に出かけた)

He has come to town **on business**. (彼は用事のために上京した)

The boy has gone **on an errand**. (子供はお使いに行った)

【注意】 "**walk**" (散歩), "**ride**" (乗馬) などには "**for**" を用いる)。

Will you come out **for a walk**? (散歩に出ないか)

958   3.   "**for**" はまた<u>交換</u>の意をあらわす。

I have **exchanged** my old bicycle **for** a new one. (私は古い自転車を新しいのと交換した)

What did you **give for** your bicycle? (君は自転車にいくら出したか)

I must **thank** you **for** your kindness. (ご親切ありがとう)

(10) RESULT
(結　果)

959   1.   **To**——結果はすべて "**to**" を用いてあらわす。

I hope change of air will prove **to your benefit**. (転地が君のために良いだろうと思う)

I found **to my joy** that he was still alive. (うれしいことには彼はまだ生きていた——彼の生きていたのを知って喜んだ)

Some poor fellows were **burnt to death** (かわいそうに焼け死んだ者がある)

960   2.   **Into**——<u>変化</u>の結果は "**into**" を用いてあらわす。

Heat **changes** water **into** steam. (熱が水を蒸気に変える)

Divide the line **into** two equal parts. (この線を 2 等分せよ)

(11) STANDARD AND RATE
(基 準 と 割 合)

961   1.   **By**——計量の基準には "**by**" を用いる。

Pencils are sold **by the dozen** (=*at so much per dozen*). (鉛筆はダースいくらで売る)

"**by**" はまた「...で数えるほどたくさん」の意味にも用いられる。比較——

> Beer is sold **by the gallon**. (ビールはガロンいくらで売買する)
> He drinks beer **by the gallon.** (彼はガロンで量るほど——何ガロンというほど——ビールを飲む)

比較の差をあらわすにも "**by**" を用いる。

> He is my junior **by three years**. (彼は私より三つ年下だ)
> The pole is too short **by a foot**. (さおの長さが 1 フィートだけ足りない)

962 2. **At**——値段その他の割合をあらわすには "**at**" を用いる。

> The train was running **at the rate of** 50 miles an hour. (列車は 1 時間 50 マイルの速力で走っていた)
> The land is **valued at** 100,000 yen. (土地は 10 万円と評価されている)
> I will buy it **at any price**. (いくら出しても買う)

963 【注意】 1 個いくら、100 円で何個など割合をいうには "**at**" を用いるが、全体の代価をいうには "**for**" を用いる。比較:——
  (a) The house sold **at** a good price. (家がいい値で売れた)
  (b) The house sold **for** one million yen. (家が 100 万円に売れた)

(a) の方は坪いくらなどという割合がよいのである。

(b) の方は全体の代価が 100 万円で 1 坪の値段は安いのか高いのか不明である。

(12) REFERENCE
(関　連)

964 1. **Of, About**——この二つはいずれも "**tell**"(つげる), "**talk**"(話す), "**speak**"(言う), "**hear**"(聞く), "**know**"(知る), "**think**"(考える) などに伴なって用いられるが、"**of**" は単に人または物などの存在に関し、"**about**" は人または物に関する何事かをいう場合に用いる。

I know **of** such a man （そういう人のいることは知っている）
But I don't know well **about** him （しかし その人のことをよくは知らない）

965 2. **About, On**——"**matter**"(事件)という語には"**about**"を、"**subject**"(問題)という語には"**on**"を用いる。

I have written to him {on the subject. / about the matter.
(この件について彼に手紙を出した)

(13) OPPOSITION
(反　　　対)

966 Against:——<u>対向</u>の位置をあらわすのがもとで、すべて<u>反対</u>の意味をあらわす。

He was leaning **against** the post. （彼は柱にもたれていた）
I was compelled to drink **against** my will. （私は意志に反して無理に飲まされた）
{The government was **against** war. （その政府は非戦論であった）
{The people were **for** war. （その国民は主戦論であった）

(14) AGENT AND INSTRUMENT
(動 作 主 と 手 段)

967 1. **By**——Passive Verb の後に Agent (動作主)を示すには"**by**"を用いる。

David killed Goliath （デイビッドがゴライアスを殺した）
Goliath was killed **by** David. （ゴライアスはデイビッドに殺された）
{A falling tile killed him.
{He was killed **by** a falling tile.} （彼は落ちた瓦にあたって死んだ）

968 2. **With**——<u>道具</u>を示すときは"**with**"を用いる。

Goliath was killed **with** a stone. （ゴライアスは石で殺された）

" by " は手段をあらわす場合にも用いられる。

> Thoughts are expressed **by means of** words. (思想は言語によって表現される)
> He succeeded **by dint of** close application. (彼は一心に勉強したおかげで成功した)
> I **know** the whole poem **by heart**. (私はその詩をすっかり暗誦している)
> Did you inform him **by letter**? (手紙で知らせたのか)
> I am going **by land**, and coming back **by water**. (私は行きは陸路、帰りは海路にする)
> He took me **by** the hand. (彼は私の手を取った)

【注意】 この最後の例は、「場所」をあらわすものともとれるが、ひろい意味で「手段」ととる方がよい。それは「人間全体」へはたらきかけるとき、その「どの部分」を「手段」として はたらきかけるかということを意味しているからである。次の例も同様。したがって訳し方に注意。

> He struck me **on** the head. (彼は私の頭をなぐった)
> He patted her **on** the shoulder. (彼は彼女の肩を静かにたたいた)
> He looked me **in** the face. (彼は私の顔を見た)
> I kicked him **in** the stomach. (私は彼の腹部を蹴った)

(15) EXCLUSION AND ADDITION
(除 外 と 付 加)

969 **But, Except, Besides**——" but " と " except " とは除外を意味し、通例 " **all** ", " **every** ", " **any** ", " **none** " などに伴なう。" **besides** " は付加を意味し、" **some** ", " **many** ", " **a few** " そのほかの分量詞に伴なう。

> He has **nothing but** his salary. (彼は俸給のほかに収入がない)
> He has **something besides** his salary. (彼は俸給のほかにも収入がある)

EXERCISE 57

(**A**) 次の和文を英訳せよ。
1. 彼は金を奪われ着物まではがされた (to be stripped)。
2. 彼は職 (office) を免ぜられた (to be relieved)。
3. フランスはぶどう酒で有名です。
4. 彼は何の病気で死んだか。
5. 彼は病と称して面会を謝絶 (to decline to see) した。
6. 君は私のことを怒っているのか。
7. 彼は家事のつごう (family reasons) で辞職した。
8. 私に来た手紙はありませんか。
9. その本は数ヵ国語 (several languages) に翻訳された。
10. 糸は織って布にする。
11. 彼が私の手を引いてくれた。
12. 電話で返事をしてください。
13. 外国では下宿 (to board) は週ぎめだ。
14. 船は全速力で走っていた (to steam)。
15. おとうさんが縁談 (match) をご承知になりましたか。

(**B**) 次の文中の空所に適当な前置詞を補え。
1. The letter was written____red ink.
2. We touched____Singapore____our way____England.
3. I will leave____April 4th____three o'clock____the afternoon
4. Oil-tankers are now built____steel.
5. We can change water____steam.
6. He is taller than you____two inches.
7. He bought the hens____500 yen apiece.
8. He seized him____the collar.
9. I arrived____Kyoto____the evening____the 15th____March____half____six (o'clock).
10. He works____morning____night every day, not resting____his labor even____Sundays.

(**C**) 次の各文の空所に前置詞を入れよ。
1. Fill the fountain-pen (　) ink.
2. Nothing shall hinder me (　) accomplishing the task
3. I will keep you informed (　) the state of affairs.
4. I was relieved (　) acute pain

5. A man of perverse temper likes to see others (　) trouble.
6. Inquire (　) the first man you meet which way you should take.
7. In the Roman numerals, C stands (　) one hundred.
8. Take care of what you say: there is a servant (　) hearing.
9. The manager should look (　) all the accounts.
10. In his speech he dwelt (　) the importance of education and merely hinted (　) the need of giving teachers good preparatory training.

(**D**) 次の文を英訳せよ。ただし各文の下線を施した「で」のところは必ず適当な前置詞で表現すること。
　　例：彼の家は煉瓦で出来ている。His house is built *of* brick.
1. "蝶々夫人" をイタリア語で歌うのを聞いたことがおありですか。
2. おとなしそうにみえますが、実はあの男は厚かましいので有名です。
3. 提出の書類はすべて黒インクで書くこと。
4. その人工衛星は肉眼ではとても見えません。
5. この国ではガソリンはリットルで売られる。

8. CONJUNCTION

接 続 詞

970 接続詞はこれを二つに大別する。
1. **Coordinate Conjunction** (等位接続詞)
2. **Subordinate Conjunction** (従属接続詞)

【注意】 以上2種のいずれに属するを問わず "as well as", "in order that" などのように数語が相集まって一接続詞の役目をなすものを **Conjunction Phrase** (接続詞句) といい、"both...and", "not only ...but also" などのように常に前後相応じて用いられるものを **Correlative Conjunction** (相関接続詞) という。

I. COORDINATE CONJUNCTION
等 位 接 続 詞

971 文法上 対等の 位置をもつ語、句、節などを 接続する ものを **Coordinate Conjunction** (等位接続詞)という。

(a) *Taro* **and** *Jiro* are great friends. (太郎と次郎とは大の仲よしだ)
(b) Are you going *by land* **or** *by sea*? (君は陸路を行くか海路を行くか)
(c) *He is old*, **but** *he is still strong*. (彼は老年だがまだ強健だ)

(a) の **"and"** に結びつけられる "Taro"、"Jiro" の両単語は共に "are" の Subject で同一の文法的価値を持つものである。

(b) の **"or"** に結びつけられる "by land" と "by sea" は共に "go" にかかる Adverb Phrase で、やはり対等のものである。

[504]

等 位 接 続 詞

(c) の "**but**" は "he is old" と "he is still strong" という独立対等の Clause を結びつけるものである。

等位接続詞はまた次の4種に分けられる。

(1) **Copulative Conjunction** (連結接続詞)
(2) **Alternative Conjunction** (選択接続詞)
(3) **Adversative Conjunction** (反意接続詞)
(4) **Causal Conjunction** (因由接続詞)

(1) COPULATIVE CONJUNCTION
連 結 接 続 詞

972 単に語、句、節を連結するだけの役目をなすものをいう。

He is a poet **and** a novelist. (彼は詩人で小説家だ)
He is a poet, **and also** a philosopher. (彼は詩人でまた哲学者だ)
He is a poet, **and** a good one, **too**. (彼は詩人だ、しかも立派な詩人だ)

【注意】 同等の語を3個以上並べるときには各語の間を Comma で切り、最終の語の前にのみ "**and**" を置く。

He speaks, reads, **and** writes equally well. (彼は話すことも読むことも書くことも皆上手だ)

I do not want to go: **besides** I have no time. (私は行きたくない、それに暇もない)
He is well educated; **moreover**, he is a genius. (彼はりっぱな教育を受けている、それにまた彼は天才だ)

This book is interesting **and** instructive. (この本はおもしろくてまたためになる)
It is $\begin{cases}\textbf{both}\\ \textbf{alike}\\ \textbf{at once}\end{cases}$ interesting **and** instructive. (おもしろくもありまた同時にためにもなる)
It is **not** $\begin{cases}\textbf{only}\\ \textbf{merely}\end{cases}$ interesting, **but** $\begin{cases}\textbf{also}\\ \textbf{likewise}\end{cases}$ instructive. (おもしろいばかりでなくまたためにもなる)
It is instructive **as well as** interesting. (おもしろくもあるがためにもなる)

【注意】 二つの語句を結ぶには "and" だけで "A and B" として もたりるのであるが、両方とも強くいうには "both" を加えて "**both A and B**" といい、両者間に軽重をつけ、A を重く見るときは "**A as well as B**" (B と等しく A も) となり、A を一層強くいうときは "**not only B, but also A**" (B のみならず A もまた) となる。

> His name is known **not only** in Japan, **but also** in China.
> (彼の名は日本のみならず中国においても知られている)
> His name is known **not only** in Japan, **but** all over the world.
> (彼の名は日本のみならず世界中に知られている)

【注意】 (1) 日本と中国とのように別の同類項を重ねていうときには "**not only...but also**" を用い、「日本のみならず世界中」というように漸層的に拡張する言い方には "**not only...but**" を用いるのが通例である。

(2) "**not only**" の次に来るものと "**but (also)**" の次に来るものとが文法上同一の資格を持つものでなければならない。

> He **not only** *abuses* his wife **but also** *beats* her. (彼は妻をののしるのみならず、打ちもする)
> He abuses **not only** *his wife* **but also** *his sister*. (彼は妻のみならず妹をののしる)
> He saw clearly **not only** *what had happened*, **but** *what was about to happen*. (彼はすでに起こったことばかりでなく、これから起ころうとしていることをも明らかに見てとった)

(2) ALTERNATIVE CONJUNCTION

選 択 接 続 詞

973 二つのもののうち一つを<u>選ぶ</u>という意味を持つものをいう。

> Do you know French, **or** German? (君はフランス語を知っているのか、<u>それとも</u>ドイツ語か)
> Do you know **either** French **or** German? (君はフランス語かドイツ語か<u>どちらか</u>知っているか)
> He knows **neither** French **nor** German. (彼はフランス語もドイツ語も<u>どちらも</u>知らない)

【注意】 二つを否定する場合、最初に "neither" を用いれば後は "nor" であるが、はじめが他の否定語ならば後は "or" である。

{ He does **not** drink **or** smoke.
  He **neither** drinks **nor** smokes. } (彼は酒もタバコもやらない)

{ He has **no** father **or** mother.
  He has **neither** a father **nor** a mother. } (彼は父も母もない)

{ I am not rich, **and** I do not wish to be, **either**.
  I am not rich, **neither** do I wish to be.
  I am not rich, **nor** do I wish to be.
  (私は金持ちではない、また金持ちになりたくもない) }

(3) ADVERSATIVE CONJUNCTION

反 意 接 続 詞

974 反対の意味をあらわすものをいう。

He is poor **but** proud. (彼は貧乏だが気位が高い)

He is young, **and yet** he is prudent. (彼は若い、それにもかかわらず思慮がある)

Everybody went against him; **still** he persisted. (皆彼に反対した、それでもなお彼は強情を張っていた)

It is a fault, which, **however**, is a pardonable one. (それはなるほど過失ではある、しかし許すべき過失である)

{ It may sound strange, **nevertheless** it is true.
  It may sound strange, **but** it is true **for all that**.
  (ふしぎに聞こえるかもしれないが、それにもかかわらず事実だ) }

{ I am a late riser, **but** I rise early sometimes. (私は朝寝だが時には早く起きる)
  I am a late riser, **while** he is an early riser. (私は朝寝だ、それに反して彼は早起きだ) }

{ **Indeed** he is young, **but** he is prudent. (なるほど彼は若い、しかし思慮がある)
  It is true he is old, **but** he is still strong. (なるほど彼は年寄りだ、しかしまだ強健だ)
  A good method, **to be sure**; **but** hard to practise. (なるほどよい方法だ、しかし実行は困難だ) }

(4) **CAUSAL CONJUNCTION**
因 由 接 続 詞

975 原因・理由の接続詞、すなわち前提と結論とを連結するもの。

> All men are mortal; kings are men; **therefore** kings are mortal.
> (人間は皆死ぬ、王様も人間だ、だから王様も死ぬ)
> He always wears a red shirt: **hence** his nickname "Red Shirt".
> (彼はいつも赤いシャツを着ている、だから赤シャツというあだ名をつけられている)
> I have no money, **so** I can't buy it. (私は金がない、だからそれを買うことはできない)
> Have you walked all the way?—**then** you must be tired. (ずっと歩いて来たんですか、ではさぞ疲れたでしょう)
>
> 【注意】 この項に挙げたものは、いずれも副詞が接続詞の役目を兼ねたものである。

II. SUBORDINATE CONJUNCTION
従 属 接 続 詞

976 Subordinate Clause (従属節) すなわち Noun Clause (名詞節), Adjective Clause (形容詞節), または Adverb Clause (副詞節) を導く接続詞を **Subordinate Conjunction** (従属接続詞) という。

977 1. Noun Clause は "**that**", "**if**", "**whether**" または "**who**", "**which**", "**what**" などの Dependent Interrogative (従属疑問詞) に導かれる (cf. §299)。

> { **That** he will succeed is certain.
> { It is certain **that** he will succeed. } (彼の成功するのは確かだ)
> I asked **if** his father was at home. (私は彼におとうさんはご在宅かとたずねた)

I don't know **whether** it is true **or** not. (私はそれが事実かどうか知らない)

【注意】 "that" に導かれる Noun Clause が動詞の Object であるときは "that" はしばしば省略される。

I think (**that**) he will certainly succeed. (彼はきっと成功するだろうと思う)

978 2. Adjective Clause は Relative Pronoun, Relative Adjective, Relative Adverb に導かれる。それぞれその項を見よ。

979 3. Adverb Clause を導く接続詞のおもなものを列挙する。

(a) **Time** (時):――

{He learned English **when** he was young (彼は若い時に英語を習った)
He took my place **while** I was ill. (私の病気中彼が代理をした)
You may come **whenever** you like (君はいつでも好きな時来てよい)

You may read it **as** you run. (走りながら読める＝ごくやさしい)
It is ten years **since** I left home. (故郷を出てから 10 年になる)
I must wait **till** (=**until**) he arrives. (彼の着くまで待たなくてはならない)
I left **before** he arrived. (私は彼が着く前に出発した)
He arrived **after** I left. (彼は私が出発した後に着いた)

{He left the room **as soon as** he saw me. (彼は私を見るやいなやへやを出て行った)
He had no **sooner** seen me **than** he left the room. (彼は私を見るとすぐにへやを出て行った) [Tense に注意]
He had **scarcely** seen me **when** he left the room. (彼は私を見るか見ないうちにへやを出て行った) [Tense に注意]

{You shall want for nothing **as long as** (=*while*) I live. (私の生きている間はお前たちに不自由はさせない)
Any book will do **so long as** (=*if only*) it is interesting. (おもしろくさえあれば何の本でもよろしい)

980 【注意】 (1) 時の副詞節の動詞が "be" であれば、**その主語とともに省略される**のがふつうである。ただし、これはその主語が主節の主語と同一の場合に限る。

I learned English while (I was) in the country (私はいなかにいるころ英語を習った)

When (he was) young, he was not happy. (彼は若い時は幸福ではなかった)

(2) "when" と "then" とが呼応して用いられることがある。

When the casement rattles in the gust, and the snow-flakes of the sleety rain-drops pelt hard against the window-panes, **then** I spread out my sheet of paper,... (風に窓がガタピシと鳴り、雪やみぞれまじりの雨が強く窓ガラスをたたくとき、その時自分は紙を拡げて筆を取るのである)

(3) "since" はまた前置詞あるいは副詞としても用いられる。

Conjunction:—He has lived (*or* been living) here **since** his father died. (彼は父が死んでからここに住んでいる)

Preposition:—He has lived (*or* been living) here **since** his father's death. (彼は父の死去以来ここに住んでいる)

Adverb:— His father died three years ago. He has lived (*or* been living) here ever **since**. (彼の父は3年前に死んだ。それ以来彼はここに住んでいる)

(4) "since" の導く Clause の動詞は Past で、Principal Clause の動詞は Present Perfect である。ただし「時の経過」を示すのに "it" を主語にすれば "it is" と現在を用いる。

Three years *have passed* **since** he *died*. ⎫ (彼が死んでから3年に
It *is* three years **since** he *died*. ⎭ なる)

Three years *had passed* **since** he *had died*. ⎫ (彼が死んでから3年
It *was* three years **since** he *had died*. ⎭ たっていた)

(5) "before" にも副詞、前置詞としての用法がある。

Conjunction:—I saw him **before** I left. (出発する前に彼に会った)

Preposition:—I saw him **before** my departure. (出発前に彼に会った)

Adverb:— I have seen him **before**. (以前彼に会ったことがある)

(6) "before" には次のような用法がある。

It will be **some time before** he gets well. (彼はまだじきにはなおるまい)

It will **not** be **long before** he gets well. (まもなくなおるだろう)

従 属 接 続 詞　　　　　　511

> I had **not** waited **long** (=It was **not long**) **before** he appeared. (待つほどもなく彼がやって来た)
> I had **not** proceeded **far before** I began to feel tired. (遠くも行かぬうちに疲れを感じてきた)

The cherry-blossoms will be out **before long** (=shortly). (まもなく桜が咲くだろう)

最終の例の " before " は前置詞で、" long " (=a long time) と結合して Adverb Phrase を作ったのである。

981　(b) **Place** (場所):――

Leave the flower **where** it is. (花を今ある所にそのままにしておけ――やはり野に置け れんげ草)

He is welcomed **wherever** he goes. (彼は至る所で歓迎される)

982　(c) **Comparison of Manner** (方法の比較):――

He treats me **as** he would treat a servant. (彼は召使を扱うように私を扱う)

He treats me **as if** I were a servant. (彼は私をまるで召使扱いにする)

As the desert is like a sea, **so** is the camel like a ship. (さばくが海のようなものであるごとく、ラクダは船のようなものである)

As you sow, **so** will you reap. (因果応報) [諺]

As is the teacher, **so** is the pupil. (教師も教師なら、生徒も生徒だ)

983　(d) **Comparison of Degree** (程度の比較):――

He is **as** tall **as** his **brother** [is]. (彼は兄と同じくらい背が高い)

He is **not so** tall **as** his **brother** [is]. (彼は兄ほど背が高くない)

He is taller **than** his brother [is]. (彼は兄より背が高い)

【注意】　連関している二つを離して見れば " as...as " の前の " as "、および " so...as " の " so " は副詞である。

984　(e) **Cause or Reason** (原因または理由):――

> He is beloved of all, **because** he is honest. (彼は正直だから皆にかわいがられる)
> He must be honest, **for** he is beloved of all. (彼は正直にちがいない、皆にかわいがられるから)

【注意】　" because " は原因を示し、" for " は推論の根拠を説明する。" for " の方は Coordinate Conjunction の部に入るべきものである。

> I believe it **because** everybody says so. (皆がそういうから私は信ずる)
> **Since** you say so, must believe it. (君がそういうからには信じなければならない)

> **As** I am ill, I will not go. }
> I am ill, **so** I will not go. } (病気だから行かない)

【注意】 "so" は Coordinate Conjunction である。

> People despise him, **because** he is poorly dressed. (服装がまずしい<u>ものだから</u>、人が彼を軽べつする)
> I do **not** despise him **because** he is poorly dressed. (服装がまずしい<u>からとて</u>私は彼を軽べつしたりしない)

985 (f) **Effect** (結果):――

> He studied **so** diligently **that** he was soon at the top of his class.
> He studied with **such** diligence **that** he was soon at the top of his class.
> (彼は非常に勉強した<u>ものだから</u>まもなくクラスで一番になった)

> We had walked nearly 20 miles at a stretch, **so that** we began to feel tired and hungry. (私たちはつづけて 20 マイルも歩いた<u>ものだから</u>疲れて腹が減ってきた)

986 (g) **Purpose** (目的):――

He works hard { **(so) that** / **(in order) that** } his family **may** live in comfort.
(彼は家族が安楽に暮せるようにかせぐ)

987 (h) **Condition** (条件) の Clause が "**if**", "**unless**", "**in case**", "**provided that**" などに導かれることは条件文のところで述べた (cf. §736)。

988 (i) **Concession** (譲歩):――

> **Although** (=**Though**) he is rich, he is not happy. (彼は金持ちだけれど幸福ではない)
> **Whether** it may be true **or** not, it does not concern us. (事実であろうとなかろうと私たちに関係はない)
> **If** he is old, he is still strong. (彼は年寄りだけれど強健だ)

【注意】 この "if" は、「もし前提が言えるの<u>なら</u>、同様に結論も言

える」という対照の意味からかわったもの。

> **If** I can't see, I can hear a finger stirring. (なるほど、おれはめくらだが、それでも、耳の方は指のうごくのまでもきこえる)
>
> **Even if** I were rich, I would work. (たとえ金持ちでも私は働く)
>
> ⎧ Brave **as** he was (=*Though* he was brave), he turned pale. (さすが勇敢な彼も青くなった)
> ⎨ Hero **as** he was (=*Though* he was a hero), he turned pale. (さすがの英雄も青くなった)
> ⎩ Gallantly **as** they stormed the position, they were at last repulsed. (勇ましく彼らはその陣地を襲ったが、ついに撃退された)

989 (1) Concession をあらわす "as" は通例、名詞、形容詞、副詞などの次に来る。その場合の名詞には冠詞をはぶく。

(2) これと同じ位置の "as" が譲歩でなくて理由を示すこともある。

> Field bird **as** it is, the skylark has its nest in the field. (ひばりは野の鳥だから野に巣を作る)

OTHER PARTS OF SPEECH AS CONJUNCTIONS

(他品詞の接続詞転用)

990 他の品詞に属する語で接続詞に代用されるものが多い。

Noun:──

> He ran off **the moment** (=*as soon as*) he saw me. (彼は私を見るやいなや逃げ去った)
>
> I started **the instant** (=*as soon as*) I heard the report. (その報を聞くとただちに出発した)
>
> **The spring** I was fourteen, father built this house. (私の14才の春 父がこの家を建てた)
>
> **Every time** I meet him, I talk seriously to him. (私は彼に会うたびごとに説諭する)

Adverb:──

> He left the room **directly** (=*as soon as*) he saw me. (彼は私を見るやいなや へやを出て行った)
>
> **Immediately** (=*As soon as*) I saw him, I knew he was not a vulgar man. (私は彼を見るとすぐさま彼が俗物でないということ

を知った）

Once you float, you will always float. （一度浮くようになれば、もういつも浮く）

Now that (=*Since*) he is dead, we have no one to fear. （もう彼が死んだからこわい者はない）

Now you mention it, I do remember. （お話を聞いて思い出した）

Read it by all means, **only** read it carefully. （ぜひ読みたまえ、ただし精読したまえ）

Participle :——

分詞が接続詞に代用される例は §821 に掲げたから、ここにははぶく。

EXERCISE 58

(A) 次の和文を英訳せよ。
1. 彼は学問のみならず経験もある。
2. 彼は ABC も知らない、また学ぼうともしない。
3. 君はペンが欲しいのか、それとも鉛筆が欲しいのか。
4. 君はペンと鉛筆と、どちらが欲しいのか。
5. ふたりは結婚して3日もたたないうちに夫婦げんかを始めた。
6. 1時間も待ってからようやく彼がやって来た。
7. 1時間も待つか待たぬうちに彼がやって来た。
8. 彼女は姉におとらず美しいが、姉ほどかしこくはない。
9. いつでもつごうのよい (convenient) ときに返してくれたまえ。

(B) 次の文中の空所に適当な接続詞を補え。
1. This is the place____we dwell.
2. We shall fail,____we are not industrious.
3. He is not only a statesman,____a scholar.
4. He speaks English,____he were an English man.
5. It is neither cold____hot.
6. ____it was quite fine, I took an umbrella,____it should rain as I came back.
7. We must eat____we may live.
8. He is not such a fool____he looks.
9. She is tall,____he is taller.
10. I don't care____you go____stay.

9. INTERJECTION

間　投　詞

991　間投詞は、その名の示すように、文中に投げ入れられるもので、文の構成にはあまり関係がない。

間投詞中には "O!", "alas!" など本来のものもあるが、他の品詞から転用されるものも多い。おもな間投詞の例を次に掲げる。

驚き：—(まあ), What!(何だって), Oh dear!(あらまあ), Dear me!(おやおや), To be sure!(まさか), Lo!(見よ——こはいかに), Behold!(見よ), Good heavens!(これは驚いた)

【注意】 "O!" は常に頭文字で記す。

悲しみ：—Oh!(ああ), Alas!(悲しいかな)

喜び：—Hurrah!(万歳), Hurray!(万歳)

賞讃：—Bravo!(あっぱれ、えらい、よくやった)

賛成：—Hear! hear!(ヒヤヒヤ、謹聴謹聴)

軽べつ：—Pooh!(ばかな), Fie upon you!(いやだね), Tut!(え、じれったい), Pshaw!(なんだつまらん), Humph!(ヘン), For shame!(恥を知れ、恥かしくないか), Nonsense!(バカな)

注意：—Hullo!(おい), Ahoy!(おーい), Hark!(聞け), Look!(あれ、見よ), Hush!(静かに、しっ)

挨拶：—Good morning!(おはよう), Good evening!(今晩は), Good night!(おやすみなさい), Good-bye!(さようなら), Farewell!(さよなら、ごきげんよう), Adieu! [ədjúː](さようなら), Au revoir [óu rəvwáːr](さようなら、いずれまた)

笑声：—Ha, ha! He, he! Aha!

まね声：—Bow-wow!(犬のワンワン), Mew!(ねこのニャーニャー), Caw!(烏のカアカア), Baa!(羊のメー), Cock-a-doodle-doo!(おんどりのコケコッコー), Buzz!(はちのブンブン), Pop!(ポン), Bang!(ドンと戸のしまる音), Rub-a-dub!(太鼓のドンドコドン),

Ding-dong!（鐘の音）

"Well", "Why" は間投詞としていろいろに用いられる。

Well, who would have thought it?（まあ、だれがそんなことを考えたろうか——驚き）
Well, I never.（まあ驚いた、まさか）
Well, here we are at last.（ああ、とうとう着いた——安心）
Well, then?（ふん、それから——答をうながす）
Well, it can't be helped.（ふふん、どうも仕方がない——あきらめ）
Why, what a bruise you have got!（まあ、なんというけがをしたんだろう——発見の驚き）
Why, of course...（もちろん...じゃないか）
What is twice two? **Why,** four.（2の2倍はいくつ？ もちろん4さ）
Why, a child could answer that.（何だ、子供でもわかることじゃないか——わかり切ったことを問われて驚く）
Why, what is the harm?（いったい、どこが悪い、別に害はないじゃないか）
Is it true?—**Why,** yes, I think so.（本当かね。——そうだね、まあそう思うね——ためらい）

新自修英文典

"EXERCISE" 解答

EXERCISE 1

1. [sístim], [fi:ld], [et, eit], [rǽndəm]
2. [lɑ:f], [nɔ́lidʒ], [brɔ:d], [jʌŋ]
3. [kud], [ʃu:], [və:b], [əbáut]
4. [greit], [ðou], [stail], [paund]
5. [bɔi], [aidíə], [prɛə], [tuə]
6. [bæŋk], [méʒə], [méθəd], [bíʃəp]
7. [néitʃə], [jiə], [mægəzí:n], [kɔmpəzíʃən]

EXERCISE 2

1. Bees (名), make (動), honey (名).
2. Make (動), haste (名), slowly (副).

【注】 "make" は他動詞、"haste" はその目的語だが、2語結合して「急ぐ」という複合自動詞となったものと見てもよい。

3. Mother (名), may (助動), I (代), go (動), to (前), the (冠), play (名).
4. Never (副), tell (動), a (冠), lie (名).
5. Iron (名), is (動), a (冠), useful (形), metal (名).
6. The (冠), sun (名), rises (動), in (前), the (冠), east (名).
7. A (冠), week (名), has (動), seven (形), days (名).
8. Heigh-ho (間), I (代), 'm (=am) (動), tired (形), to (前), death (名).

[注] "I'm tired" を受動態と考え、'm (=am) (助動), tired (動) としてもよい。

9. They (代), attend (動), the (冠), same (形), school (名).
10. We (代), see (動), with (前), eyes (名), and (接), hear (動), with (前), ears (名).

EXERCISE 3

1. "after the sun had set" という副詞節を含む複文。
2. 単文。"after sunset" は副詞句。
3. "You advance slowly" "(You advance) steadily" という独立した2文を "but" でつないだ重文。
4. 複文。"The spring I was fourteen" は "left" にかかる副詞節、"the spring" は "when I was fourteen" という場合の "when" と同様、接続詞の役目をする。
5. 複文。"of whom you spoke the other day" は "man" にかかる形容詞節。
6. 単文。"notwithstanding the heavy snowstorm" は副詞句、"notwithstanding" は前置詞の役目をするもの。
7. "Is he an Englishman?", "(Is he) an American?" という独立した文を "or" でつないだ重文。
8. 複文。"That he will succeed" は名詞節で "is" の主語となっている。
9. 複文。"that he will succeed" は名詞節で主語の "it" と同じもの。
10. 単文。

EXERCISE 4

1. S+V+C.
2. S+V+O+C.
3. S+V+I-O+D-O.
4. S+V+C.
5. S+V+O+C.
6. S+V+I-O+D-O.
7. S+V+O.
8. S+V+I-O+D-O.
9. S+V+O.
10. S+V+O.

EXERCISE 5

(A)

1. Osaka is called the Manchester of Japan.
2. In those days the Rothschilds were the richest family in the world.
3. What is the English for the Japanese, "hana"?
4. A Mr. Takahashi inquired for you in your absence.

5. Is the Ito you speak of a stout man?
6. I am reading Ōgai. My brother is reading Sōseki.
7. The Alps are the backbone of Europe.
8. The Sumida empties into the Bay of Tokyo
9. The Pescadores lie between China and Formosa.

(**B**)

1. " New York Times "→" The New York Times ".
2. " Philippine Islands " に定冠詞をつけるか、" the Philippines " とする。" American United State " を " the United States of America " とする。
3. " a Japanese " の " a " を " the " とし、" English " に " the " をつける。
4. " Genji " および " Heiké " にそれぞれ " the " をつける。" the Minamotos "（源家）、" the Tairas "（平家）などいうのと同じで一族をあらわすものだからである。
5. " Shakespeare " に " the " をつける。

EXERCISE 6

1. Years of labour has come to naught.
2. That girl is a skilful performer on the guitar.
3. He has something of the hero in him.
4. Days passed without a line from him.
5. The bamboo is a kind of grass.
6. The early bird catches the worm.
7. He gave up the sword for the plough.
8. The Japanese regard the pine-tree as an emblem of constancy.
9. The steam-engine was invented by James Watt.
10. Sweets are bad for the stomach.

EXERCISE 7

(**A**)

1. He has a large family to provide for.
2. The people were against war.

3. The Balkan Peninsula is the home of many peoples.
4. That steamer carries both passengers and merchandise.
5. A civilized people knows how to govern itself.
6. The tailor makes coats, trousers, and other articles of clothing.
7. The crew were all saved.
8. What do people say?
9. Have you been out hunting? Have you found any game?
10. He has a large collection of pictures.

(**B**)

1. この文の " audience " は " a large family " などの場合の " family " と同様単数普通名詞と見るべきであるから " were " を " was " としなければならない。
2. この文の " audience " は衆多名詞で複数の取り扱いを受けるべきだから " were " で正しい。
3. " is " を " are " とする。
4. " families " では「数家族」の意となる、この文では「家の人々」の意だから " His family " と単数の形で複数 [個々のメンバー] の意味を持たせる。
5. 誤りなし。
6. 誤りなし。
7. この文の " army " は個々の兵をさすものだから、衆多名詞である。したがって " was " を " were " にしなければならない。
8. " few furnitures " を " little furniture" とする。" many rooms " は室数の多いことだから誤りではない。ただし " much room " としてもよい。そうすれば " room " は " space " の意で「家が広い」という意味になる。
9. " Who *are those* people at the gate?" とする。
10. " people " を " peoples " とする。" nations " (国民)の意味だからである。

EXERCISE 8

(**A**)

1. We have had many long rains lately.
2. We have had much rain this year.

3. It is only a bruise, and no bones are broken.
4. A bone has stuck in my throat and it will not come out.
5. The products of the Transvaal are diamonds.

【注】 " Transvaal ", " Hague " などは固有名詞でも " the " をつける。

6. This is a good wine for invalids.
7. It is reported so in today's paper.
8. What is cheese made from?
9. No throwing stones into the pond.

【注】 掲示文には " No smoking "（禁煙）などのように " -ing " の形を用いることが多い。

10. London is subject to frequent fogs.

【注】 " to be subject to… " は「…を免れない」という意。

(B)

1. " a few pieces of chalk " とする。
2. 電灯、ガス灯そのものを指すならば普通名詞だから複数にして "Electric lights are brighter than gas lights " などとすべきであるが、ここは電気の光はガスの光より明るいという意味だから " Electric light is brighter than gas light " と両方単数にする方がよい。
3. " bones " を " bone " とする。
4. " money " の前に " any " をつける。
5. " metal " を " metals " と複数にする。
6. 正。" Several papers " は数編の論文をあらわすから複数でよい。
7. 正。その地方のすべての新聞に書いてあるような場合には " the papers " と複数形に定冠詞をつけて用いる。
8. " papers " を " paper " とする。紙を二、三枚という意味ならば " a few sheets of paper " などとする。" a composition " は誤りではない。
9. ビスケットは普通名詞だから好き嫌いなど一般のことをいうには " biscuits " と複数にする。
10. " is *made of* ivory " または " is *of* ivory " とする。

EXERCISE 9

(A)

1. choice, life, trial, whiteness, justice, honesty.

2. advice, belief, decision, discovery, intention, loss.
3. occupation, feeling, movement (*or* motion), failure, speech.
4. strength, wisdom, distance, bravery, splendour, invention, election, instruction, knowledge, agreement.
5. (a) success (b) succession ; statement, union (*or* unity), difficulty, youth.

(**B**)

1. Perseverance will conquer everything.
2. {He is the (*or* an) incarnation of avarice.
   {He is avarice itself.
3. His style is clearness itself.

【注】「カーライルの文」とか「漱石の文」とかいう場合の文は文体の意味だから " style " という。

4. The world was astonished at the bravery of the French.
5. He did not fear death.
6. {Life is compared to a voyage.
   {Life is likened to a voyage.

【注】 " to compare *x with y* " は「*x* を *y* とくらべる」の意味である。「*x* を *y* にたとえる」意味には " to compare *x to y* " を用いる。

7. This discovery is of scientific interest.
8. But it is of no practical value.
9. I became aquainted with him by chance.

【注】 " Chance made us acquainted " としてもよい。

10. He speaks English with rare fluency.

(**C**)

1. 「演説」の意の " speech " は普通名詞だから " *a* more eloquent speech " とする。
2. " Your Excellency " は三人称単数だから動詞は " is " とする。
3. " absence " は名詞だから " absent " と形容詞になおす。
4. " study " は名詞だから " studious " または " diligent " と形容詞にする。
5. " was very courteous " とするかまたは " was courtesy itself " とする。

EXERCISE 10

(A)

1. I must have a new pair of shoes made.
2. Is there any news?
3. The children are playing on the sands.
4. The whole city was reduced to ashes.
5. How many teeth has man?
6. Are any wild ducks or wild geese found here?
7. He stands six feet two inches.
8. A cow has cloven hoofs.

【注】まれには "hooves" ともいう。

9. Look at the flies on the ceiling.
10. There are many volcanoes in this country.

(B)

1. "monkies" を "monkeys" とする。
2. "deers" を "deer" とする。
3. "a spectacle" を "spectacles" とする。
4. "mices" を "mice" とする。
5. "handkerchieves" を "handkerchiefs" とする。そして "of" をはぶいて、"two dozen handkerchiefs" とする方がよい。

(C)

1. footmen, lives, roofs, negroes, mice.
2. cargoes, sheep, duties, flies, volcanoes.
3. Germans, cities, wives, races, women, fathers-in-law, donkeys.
4. gulfs, commanders-in-chief, major generals.
5. churches, villages, Japanese, stomachs, consuls-general.

【注】"stomach" の "ch" は [k] の音。"major general" は "major" が形容詞で "general" が主だからそちらを pl. にする。"consul-general" では "consul" が名詞で "general" は形容詞である。

EXERCISE 11

(A)

landlady, marchioness, count (*or* earl), peahen, widower, peeress lioness, hostess, tigress, mistress, waitress, granddaughter, heiress, negress duchess, bee.

(**B**)

1. Have you a nephew or a niece?
2. It is a pity that the child should have been a girl.
3. His parents were glad to hear of his success.
4. The prince and princess were pupils of the same tutor.
5. She became a widow at twenty-eight.
6. The baby was found asleep beside its dead mother.
7. As the ship has finished her repairs, she will shortly weigh anchor.
8. China is a vast country. It covers an area larger than that of the whole Europe.
9. The dog saw a cat and ran after it.

EXERCISE 12

(**A**)

1. This is the opinion of my wife's father.

【注】 " This is my wife's father's opinion " としても誤りとはいえないが所有格が二つ重なって面白くない。

2. Spare me for god's sake.
3. Shall you pass the shoemaker's on your way home?
4. The surface of the lid was shining bright.
5. Have you read the life of Frederick the Great?

【注】 所有格の形は著者をいうのに用いられる、例:——
　　Boswell's " Life of Johnson ".
　　（ボズウェル著の「ジョンソン伝」）

6. I live within five minutes' walk of the school.
7. He is home after three years' absence.
8. Three-fourths of the earth's surface is water.
9. He was never at his wit's end.
10. He has spent a year's income in a month's journey.

(**B**)

1. " The King of England's Palace " とする。

2. " John's, Frank's, and Mary's boots " とする。
3. " The boys of this class are diligent " とする。

【注】 名詞 " diligence " を " diligent " と形容詞になおす。§89 [注意] を見よ。

4. " barber " を " barber's " とする。
5. 「だれだか当てることができるか」という以上、友人中の一人をいうにちがいないから " I met a friend of your brother's " としなければならない。

(C)

1. Ranke (主), historian (主、" was " の Complement).
2. Ranke (所、" historian's " と同格), historian's (所), works (目、" read " の Object).
3. man (主), burglar (主).
4. man (目), burglar (目).
5. man (主), burglar (主).
6. man (目), burglar (目、前置詞 " for " の Object).
7. mother (主), doll (目).
8. doll (主).
9. doll (目、Retained Object).
10. summer (目、Adverbial Objective).

EXERCISE 13

(A)

1. Does it snow much here?
2. He went mad and burned his own house.
3. You said so yourself.
4. {It was the beginning of spring and was still cold.
   {It was early spring and was still cold.
5. He hanged himself.

【注】 くわしくいえば " He committed suicide by hanging himself." (首をつって自殺した) である。

6. I met a friend of yours this morning.
7. It is about three kilometres (from here) to the school.
8. This is not mine. Mine is much larger than this.

9. It is a room of my own that I want.
10. What did you give for that overcoat of yours?

【注】 金額をいうときは " How much?" の代わりに " What?" を用いるのが通例である。

(B)

1. " Ours ", " theirs " はそれぞれ " our father ", " their father " の代わりであるから " are " [2個所とも] は " is " と単数形にする。
2. " It is you that (or who) are wrong " とする。
3. " him" を " he " とする。
4. " her " を " she " とする。
5. " it " を " one " とする。

(C)

1. It was the dog, not the man, that I feared.
2. Who is it that you want to see?
3. It was against my will that I did so.
4. Who is it that has broken the window?
5. It was with great difficulty that we finished the work.

EXERCISE 14

(A)

1. The castle of Nagoya is finer than that of Osaka.
2. The population of Osaka is larger than that of Nagoya.

【注】 " population " は " large—small " で比較する。

3. This book is more difficult than the one you are reading.
4. I want three black pencils and two red ones.
5. My horse can run faster than yours.
6. I want to buy a microscope, but have no money to buy one (**with**).
7. Please post this letter, and that immediately.
8. I have been studying English these five years.
9. I shall be back this day (next) week.
10. He is a ruffian, and his son is another.

(B)

1. I wanted an umbrella, but no one had *any* (or *one*) to spare

2. He bought an umbrella, and lent *it* to me.
3. This hat is *mine*. That is *yours*.
4. Health is of more value than money; *this* cannot give such true happiness as *that*.
5. One of them was a girl, *the others* were all boys.
6. The new buildings are not yet finished, and *the old ones* are still in use.
7. He was a patriot; his son was also *one* (*or* his son was *another*).
8. Though he talked like a man of sense, his actions were *those* of a fool.
9. Do you want a knife?——Yes, I want *one*.
10. He has a brother and a sister; *the one* is abroad, and *the other* is in town.

(**C**)

1. "Ito's one" の "one" を除く。
2. "his" を "one's" に変える。
3. "this one" の "one" を除く。
4. "my one" を "mine" になおす。
5. "another" を "the other" とする。

EXERCISE 15

1. I have the same dictionary as you have.
2. He always talks of having been entertained at such and such a place by such and such a man.
3. Some people say that the good and the beautiful are one and the same thing.
4. He follows the same profession as (*or* that) you do.
5. That is the same beggar that I gave a nickel the other day.
6. { I never saw such an impertinent fellow.
    I never saw such impertinence.
7. What a great man! I never saw such a great man in my life.

【注】 6. 7. とも "I have never seen" と現在完了にしてもよい。

8. I come from the same part of the country with Mr. Ito.
9. He studied under the same teacher that I did.
10. It is of no use to read such books as you cannot understand.

【注】 この場合 "It is no use reading..." の形にしてもよい。

EXERCISE 16

(A)

1. Is there anyone upstairs?
2. There is someone in the next room.
3. I will buy it at any price.
4. One day I was out hiking in the woods.
5. I will go there some day.
6. I can't find my knife. Somebody must have taken it.
7. Tell the maid to bring some butter.
8. Shall I give you some bread?
9. Give me some biscuits.
10. There is not a single mistake in this book.

(B)

1. any   2. some   3. any   4. any   5. any

EXERCISE 17

(A)

1. The meeting is held every other Sunday.
2. I wonder if there is anyone so rich as to be able to buy anything and everything.
3. The students of that school are all good scholars.
4. All of them cannot be good scholars.
5. Have you any more questions to ask me?
6. Are these all the mistakes in my composition?
7. Does he know English at all?
8. All Japanese are not brave.
9. Such opportunities do not occur every day.
10. That comet appears every seven years.

(B)

1. Every   2. Any   3. every   4. every

"EXERCISE" 解答   529

5. Every   6. every   7. Either   8. Any
9. any   10. either

EXERCISE 18

(A)

1. Who has done such a thing?
2. Don't you know who has done it?
3. Who do you think has done it?
4. Who and what in the world are you?
5. When did he say he should (*or* would) call?
6. Did he say when he should (*or* would) call?
7. That is the doctor's car. Is anyone ill?
8. I wonder who is ill.
9. Is [there] anything the matter with you?
10. You have been crying; what is the matter with you?

(B)

1. "Who" を "whom" にする。(ただし口語では "who" でもよい)
2. "Who" を "whom" にする。(ただし口語では "who" でもよい)
3. "Whom" を "who" にする。["it was..." の補語だから]
4. "Whom" を "whose" にする。
5. "Who" を "which" にする。

EXERCISE 19

(A)

1. A woman whose husband is dead is called a widow.
2. The man with whom I live has a large family.
3. Who that is honest can do such a thing?
4. I have photographed a gentleman and his dog that were just passing by.
5. He has two sons, both of whom attend our school.
6. [There is] No man but has his faults.
7. He has more money than he can spend.

8. $\begin{Bmatrix} \text{One who} \\ \text{Whoever} \end{Bmatrix}$ wishes to succeed must persevere.
9. Whatever you may do, you cannot succeed without perseverance.

(**B**)

1. "whom" を "who" にする。
2. "whomever" を "whoever" にする。
3. 誤りはない。
4. "I love my parents, who are…" と Continuative Use にしなければならない。
5. "whomever" を "whoever" にする。
6. "who was" を "who were" または "that were" とする。
7. "it" を除く。"must be endured" の Subject は "what cannot be cured" という Noun Clause であるから、別に Subject は不要。
8. "whomever visit" を "whoever visits" にする。
9. "which" は "difficulties" を受け複数だから "was" を "were" にする。
10. "whom" を "who" とする。

(**C**)

(1) の "which" ("of" は後へ回す), (2) の "that", (4) の "that".

EXERCISE 20

(**A**)

1. Few people live to be a hundred.
2. There are many people who do not drink, but few who do not smoke.
3. $\begin{cases} \text{There used to be many fires in Tokyo,} \\ \text{Fires used to be very frequent in Tokyo,} \\ \text{Tokyo used to have frequent fires,} \end{cases}$ but there are very few now.
4. Pencils are sold at so much a dozen.
5. One who has little money has few friends.
6. He has much learning, besides a little experience.
7. The boys are climbing a tree like so many monkeys.
8. Was there any money in the purse you lost?—Yes, there was a little; so I am sorry I lost it.

9. There was little money in it; so I don't mind the loss.
10. What you can learn in two or three hours takes me as many days.

(**B**)

1. much (money), little (sense) 2. few 3. much 4. a few
5. little (to get), many (to keep) 6. a little 7. little 8. little
9. many (English books), few (German books) 10. a little

EXERCISE 21

(**A**)

1. The earth revolves round the sun in $365^1/_4$ (three hundred and sixty-five and a quarter) days.
2. Eggs were very scarce, and we had to pay double the usual price.
3. He became a father in his teens.
4. Our school has five times as many students as yours.
5. Tens of thousands of lives were lost.
6. He went over to America when he was 15 years old.
7. He is 47 years of age, but he looks like a man in his thirties.
8. That station was opened to business on August the 13th of the 37th year of Shōwa (*or* of 1962).
9. A year has over 8,760 (eighty-seven hundred and sixty) hours.
10. What is the meaning of the fourth word in the third line from the bottom?

(**B**)

1. China is twenty times as large as Japan. または China is twenty times the size of Japan. とする。
2. She has ten times as many inhabitants as Japan. または She has ten times the number of Japanese population. とする。
3. " many hundred times " または " hundreds of times " とする。
4. " Three fourths " と複数にする。ただし動詞は " is " のままでよい。
5. " For the first " を " At first " にする。

EXERCISE 22

1. An iron ship is lighter than a wooden one.

2. There are many bronze statues in Tokyo.
3. His wife is an English lady.
4. The Danes invaded England.
5. To hear him speak German, one would take him for a German.
6. There are few stone bridges in Tokyo.
7. Is he a Frenchman?——No, he is a Spaniard.
8. There are many Buddhist temples in Kyoto.
9. That is the British Embassy.
10. Dutchmen were the first Europeans to set foot on Japanese soil.

EXERCISE 23

(A)

1. What is the most interesting of all your lessons?
2. Which is the longer, the Toné or the Shinano?
3. The Shinano is by far the longer of the two.
4. I will make further inquiry into the matter.
5. {Mathematics is more difficult than any other lesson.
   {Mathematics is the most difficult of all the lessons.
6. He is five centimeters taller than I.
7. Who is the oldest of us all (*or* among us)?
8. Which do you think (is) the better, heat or cold?
9. Which do you like better, spring or autumn?
10. I think autumn is the pleasanter (of the two).

(B)

1. "old" を "elder" にする。
2. "furthest" を "farthest" にする。
3. "She is the finer boat of the two" とすれば誤りはなくなる。ただし "She is the finer of the two boats" とした方がよい。
4. "taller" の次に "than" を入れれば文法的に正しくなる。ただし全文を "He is taller, but less strong, than I" としてもよい。
5. "well" を "better" にする。
6. "than" を "to" にする。
7. "any" の次に "other" を入れる。
8. "any country" を "any other country" とする。

9. "larger" の前に "the" を加える。
10. the largest circulation of all (the) dailies in England または a larger circulation than any other daily in England とする。

(C)

1. He is the most handsome man (that) I ever saw.
【注】handsome, handsomer, handsomest とも変化する。
2. This is the most amusing story (that) I ever heard.
3. He is the greatest man that ever lived.
4. He speaks English best of all.
5. He was the bravest man in the whole army.
6. She is prettier than either of her sisters.
7. Lake Biwa is larger than any other lake in Japan.
8. Perhaps English is easier than any other language.
9. There is no country older than China in the world.
10. I don't think there is a more interesting novel than the "Gone with the Wind".

(D)

1. angrier, angriest ; farther (or further), farthest (or furthest) ; more beautiful, most beautiful ; hotter, hottest ; cleaner, cleanest.
2. bigger, biggest ; heavier, heaviest ; more, most ; braver, bravest.
3. merrier, merriest ; thinner, thinnest.
4. worse, worst ; better, best ; more famous, most famous ; less, least.
5. drier, driest ; truer. truest ; gayer, gayest ; prettier, prettiest ; politer, politest.

EXERCISE 24

(A)

1. Please shut the window.
2. I am looking out for a man who can speak English.
3. He had the misfortune to lose his parents in his infancy.
4. Handkerchiefs are sold by the dozen.
5. The mercury stands at 30° [thirty degrees] in the shade.
6. He is not the (or a) man to desert a friend in need.
7. I will stay there a day or two.

8. What does beef cost? It costs 400 yen a pound.
9. He was appointed Governor of Kanagawa Prefecture.
10. The radio has given place to the television.

(**B**)

1. " *the* kindness to tell me *the* way to *the* station " とする。ただし、どの駅でもよい場合なら " a station " でもよい。
2. " A graduation ceremony " の " A " を " The " に、" at an end of " の " an " を " the " にする。
3. " prison " に " the " をつける。
4. " the " を " a " にする。
5. " an animal " の " an " を除く。
6. " an " を " a " にする。
7. " room " に " the " をつける。
8. " a widow " の a をはぶく。ただし、「母でしかも未亡人」という意味を強めるためと見れば、はぶかなくてもよい。
9. 原文のままでは「女の子は語学者になるよりも男の子になる方がよい」という意味になるから、" boy " の前に " a " を加えなくてはならない。
10. " from a place to a place " を " from place to place " とし、" a flute in a hand " を " flute in hand " とする。

(**C**)

1. *a* tall and thin man ; *a* short and stout lady
2. *a* tall and *a* short man
3. in *the* morning ; *a* visit ; *an* intimate friend
4. *a* lawyer ; *a* better statesman ; *a* soldier

【注】 " A lawyer would make a better stateman than soldier." とすれば「法律家が転職する場合には軍人に成るよりも政治家になる方がよい」という意味になる。

5. The ostrich, the largest bird.

【注】 こういう場合 " on earth " の中の " earth " には " the " をつけない。

EXERCISE 25

1. He committed suicide by hanging himself.
2. He is now dressing himself.
3. I beg you will exert yourself in my behalf.

4. I am sorry I cannot avail myself of your kindness.
5. He seated himself beside me.
6. You need not make yourself uneasy.
7. I was obliged to absent myself from school on account of illness.
8. It is no use trying to excuse yourself.
9. Please help yourself freely to the cake.
10. The drama needs no explanation, for it explains itself.

EXERCISE 26

1. 「帰省してみたらみな達者でいたか」というつもりならば
    How did you *find* your family at home?
    などいうが、「国を出て来るときは みな壮健であったか」というつもりならば "find" の代わりに "leave" を用いる。
2. I found (*or* left) them all well.
3. I will make Hanako your bride.
4. You have made me what I am.
5. Keep your eyes shut.
6. You may call him a great man, but you cannot call him a good man.
7. The doctor found him dead.
8. Keep the bath warm.
9. You must not take it amiss.
10. People call him rich.

EXERCISE 27

(A)

1. I will buy you a pretty doll on your birthday.
2. I (have) bought a new watch, so I have sold the old one to Sato.
3. Your brother painted (*or* drew) me a beautiful picture.
4. I still owe you much money.
5. Please get me a ticket.
6. I will teach you how to ride a bicycle.
7. He wrote me a long letter.
8. Will you hold me this bundle (*or* hold this bundle for me)?

9. This pamphlet cost me thirty yen.
10. I will read you an amusing story.

(**B**)

1. 間接目的語が代名詞だから原文のままがよろしい。ただし順序を変えるとすれば、I will make a new suit of clothes for you.
2. 同上、If you are a good boy, I will bring some cake to you.
3. 同上、If you keep quiet, I will get a picture-book for you.
4. 同上、When I was sick in bed, he read an interesting novel to me.

【注】 次のような区別がある:—

> If you cannot read the letter, I will *read* it *for you*.
> （手紙が読めないなら私が読んであげよう）[代わりに読む]
> I have received a curious letter. I will *read* it *to you*.
> （私のところへ変な手紙が来た、君に読んで聞かせよう）

5. I have lent your brother my dictionary.
6. "to leave" は文の構造により、次のように意味がちがう。

> He has *left me* everything.
> （彼は財産をすっかり私に残した——遺産）
> He has *left* everything *to me*.
> （彼は万事を私に任せた）

ゆえに本題は原文のまま。

7. 原文のままがよろしいが、順序を変えれば She sang a song for us.

【注】 "to *sing to*..." は「...に合わせて歌う」意があるから、「歌って聞かせる」方には "to *sing for* one" を用いた方がよい。

8. 単に「手紙をやる」というときは "I will *write to him* at once." (さっそく彼に手紙を出しましょう) などとして "letter" という語は使わないが、長い手紙とか短い手紙とか形容詞がつく場合には "I *wrote him* a long letter" のような構文にするのが通例である。もっとも "I *wrote* a long letter *to him*" に変えても誤りとはいえない。

9. I still owe a lot of money to my tailor.
10. We must choose a good birthday present for Mary.

EXERCISE 28

1. A new-born kitten cannot see.
2. Some robbers stopped the train.
3. Express trains do not stop at this station.

4. I wonder what a snail eats like.
5. The house sold for 3,000,000 yen.
6. Blotting paper feels rough.
7. Will these apples keep over the winter?
8. What dose this liquor drink like?
9. It drinks like good wine.
10. This road leads to the station

EXERCISE 29

(A)

1. He looked happy.
2. The invalid is getting better every day.
3. Leaves turn crimson in autumn.
4. I fear he will go mad with vexation at the news of his failure
5. My prediction has come true.
6. I will be somebody in the world.

【注】 未来の事に " be " を用いれば " become " の意味となる。

7. You look young for your age.
8. I managed to keep awake with difficulty.
9. Dreams sometimes come true.
10. He grew alarmed and turned pale.

(B)

1. I went into her room, and *found* her in tears.
2. What *makes* it impossible to do so?
3. Too much wine will *make* you sick.
4. A good night's rest will *set* you right.
5. Vexation nearly *drove* him mad.

EXERCISE 30

(A)

1. When did you dream that strange dream?
2. The audience shouted applause
3. He lived a busy life

4. He died a natural death.
5. All men seek for happiness.
6. He is still young, so you must look after him.
7. They called upon me to make a speech.
8. Listen to me for this once.

(**B**)

1. sit (seated)　2. sat　3. seated　4. lay　5. laid, lay
6. lain　7. lie　8. laid　9. raised　10. risen

(**C**)

1. " lay " を " lie " にする。
2. " seated " を " seated ourselves " または " sat down " とする。「すわっていた」という意味ならば " were seated " となる。
3. " laying " を " lying " とする。
4. " fell " を " felled " とする。
5. " rose " を " raised " とする。

EXERCISE 31

1. " become " は間接目的語だけをもつ授与動詞で、" you " がその間接目的語 (cf. §497, 4)。
2. " become " は不完自動、" rich " がその補語。
3. " ran " (became の意) は不完自動、" mad " がその補語。
4. " ran " は不完他動、" train " が目的語で、" off the track " が補語。
5. " threw " は他動、" stone " がその目的語、" at the dog " は副詞句である。
6. " threw " は授与動詞、" dog " が間接目的語、" bone " が直接目的語。
7. " slept " は他動詞、" sleep " がその同族目的語。
8. " overslept " は再帰動詞、" myself " がその目的語。
9. " keep " は不完他動、" you " が目的語で、" warm " が補語。
10. " keep " は不完他動、" it " が目的語で、" hot " が補語。
11. " cut " は他動、" cake " がその目的語、" in two " は副詞句。
12. " cut " は自動、" well " は副詞。
13. " returned " は自動詞。
14. " return " は授与動詞、" me " が間接目的語、" book " が直接目的語。
15. 前の " painted " は " boat " を目的語とする他動詞。後の " painted "

は目的語 " it " と、補語 " green " とをもつ不完他動。
16. " Get " は " me " という間接目的語と、" a glass of water " という直接目的語とをもつ授与動詞。
17. " Get " は " angry " という補語をもつ不完自動。
18. 前の " sing " は自動。後の " sing " は間接目的語 " us " と、直接目的語 " song " とをもつ授与動詞。
19. " appeared " は自動詞。
20. " appeared " は " (to be) terrified " という補語をもつ不完自動。

EXERCISE 32

(A)

1. The United States is a republic.
【注】 アメリカ合衆国は名の示すように 50 の州が集まってできている国である。" The United States " というのはその州の集合をさすのであるからもちろん複数で、以前は複数の取り扱いを受けたが今では単数に取り扱われる。
2. Both mother and child are doing well.
3. The news is too good to be true.
4. Neither the principal nor the teachers approve of the project.
5. The ebb and flow of the tide is due to the gravitation of the moon.
6. Three days is not enough.
7. *The Pickwick Papers* is one of the earlier works of Dickens.
8. Each and everyone of you is expected to do his duty.
9. My family are coming after me.
10. Thirty thousand yen a month is enough to live on.

(B)

1. " am " を " are " にする。
2. " Time and tide " は同意の語を二つ並べただけのことで「時」という一個の観念だから、理くつからいえば動詞は三人称単数 " waits " を用いるべきだが " wait "、" waits " どちらも用いられている。
3. " are " を " is " とする。
4. 主語は " parents " であるから " is " を " are " とする。
5. " are " を " is " にする、" Experience " に応ずるものであるから。
6. " were " を " was " にする。

7. "The rest"（話の残りの部分）は単数の扱いにすべきであるから動詞は "needs" でよい。この場合の "need" は本動詞である。
8. 誤りなし。"a number of" は複数の意味。
9. "are" を "is" にする。
10. "were" を "was" にする。

EXERCISE 33

1. Do they teach English in your school?
2. I was offered a bribe.
3. The task was found very easy.
4. He is spoken of in high terms by the teachers.
5. The boy ran away, and has not been heard of since.
6. Tea is drunk here without sugar.
7. He is respected by everybody.
8. He is known to everybody.

【注】 通則によれば "He is known *by* everybody" となるべきだが、"be known by..." には次のような用法があるから、それと混同しないように "to" を用いるのである。

  A man is known *by* the company he keeps.（人はその交じわる友によって知られる＝その人の交じわっている友を見ればその人の人物がわかる）。［この "by" は判断の基準を示す］

9. Many things are made (out) of bamboo.
10. He is thought to be a great scholar.
11. The fire destroyed many houses.
12. The door must not be left open.
13. He was found dead in the woods.
14. Our house was broken into last night.
15. It can hardly be believed.
16. He was struck with a club by the savage
17. They light the street lamps at five.
18. He was taken care of by his friends.
19. He was laughed at by all his friends.
20. By whom were you shown the way?

EXERCISE 34

(**A**)

1. That boy plays well at baseball. (He is a good baseball player.)
2. The principal is going to resign, I hear.
3. He writes a good hand. (He is a good penman.)
4. What sort of goods does he deal in?
5. If it is fine tomorrow, I will go with you.
6. When are you going abroad?
7. I am going as soon as my brother comes home (from abroad).
8. My brother comes back from America at the end of this year
9. His son holds a post under government.
10. Saké resembles sherry in colour.

(**B**)

1. I *take* the Asahi.
2. What are you *looking at*?
3. 誤りなし。
4. "will arrive" を "arrives" とする。
5. "will come" を "comes" とする。

EXERCISE 35

1. I shall never forget your kindness.
2. I will never run into debt.
3. I have worked very hard, so I hope I shall succeed this time.
4. If you will not pay me the money. I will bring an action against you.
5. If you do not pay me the money, I shall be obliged to proceed against you. ["shall" については §603 参照]

【注】 " to proceed against one "=" to bring an action against one."

6. I will not let him escape this time.
7. You shall not want for anything as long as I live.
8. Please let the children go into your garden; they shall never pick the flowers.
9. Such a fellow shall not set foot in my house again
10. You shall smart for such conduct

EXERCISE 36

1. When shall my [younger] brother call on you?
2. Let him call this evening.
3. What (*or* How much) salary shall I have?
4. You shall have as much as you like.
5. Where shall the porter carry your luggage?
6. Let him carry it to the Platform No. 3.
7. Let me have the earliest answer possible.
8. You shall have a definite answer in a few days.
9. Shall you go to school tomorrow?
10. When shall you meet Ito next time?

EXERCISE 37

1. shall	2. will	3. will	4. shall	5. shall
6. shall	7. will	8. shall	9. will	10. will
11. will	12. will	13. will	14. will	15. will
16. Shall, shall		17. Will, will	18. will	19. Will
20. Shall				

【注】 10 は He fears, "I shall die" の話法転換であって §620 により、He fears he **will** die がよい。この代わりに He fears he **is going** to die とも言う。

比較:—

I think **I'm going to** be sick. (きっと病気になってしまう)
[確信、無意志]

I think **I will have** some beer. (ぼくはビールをもらおう)
[意 志]

EXERCISE 38

(A)

1. He has seen much of life.
2. Your son has made much progress of late.
3. He has left school, and gone into business.
4. He went into business immediately on his graduation. (...as

soon as he finished school.)
5. He has been in business since his graduation. (...since he left school.)
6. I am sorry for what I have done.
7. I have been living with my uncle since my father died. (...since my father's death.)
8. My father died three years ago. So I have been living with my uncle for three years.
9. {It is three years since they got married.
   {They have been married these three years.
10. Where have you been today?
11. I have been to Hibiya to see the chrysanthemums.
12. He is now reduced to poverty, but he has seen better days (in his time).
13. He has seen his best days (already).
14. I have not heard from him for six months.
15. What have you done with the money I gave you the other day?
16. I have bought a book with it.
17. I am sorry I have kept you waiting. Have you been waiting long?
18. I have been waiting about half an hour.
19. What a long rain! It has been raining for a week.
20. We have a fine season now; we have had fair weather for a week.

(**B**)

1. "Has" を "Have" に、"already" を "yet" にする。
2. "has come into my room" を "has been in my room" とする。
3. "has come here" を "was here" とする。
4. "have read" を "read" とする。
5. "When *did* the accident *take place?*" とする。
6. "has taken place" を "took place" とする。
7. "I *have* just *received*..." とする。
8. "gone" を "been" にする。
9. "I *have never been* outside the country, but my brother *has been in* several countries" とする。
10. "gone" を "been" にする。"to" を "in" にするが、そのままでもよい。
11. "I *have been* there *once*" とする。

12. 誤りなし。
13. "I *have been studying*..." とする。　[続行中]
14. "I have been *looking at* some pictures" とする。
15. 誤りなし。
16. "to suffer" は動作の動詞であるから継続をあらわすには、"He *has been suffering* from..." としなくてはならない。
17. "I bought a bicycle, but sold it the next day" とする。
18. "has been standing" を "has stood" とする。
19. "How *have* you *enjoyed* yourself...?" とする。
20. "in my time" を "in my life" とする。"I have never had" は誤りではないが "I never had" としてもよい。

EXERCISE　39

1. When I came I here this morning, no one was yet up. (..., no one had risen yet.)
2. This morning I found the watch I had lost.
3. ⎰I picked up a stone and threw it at the dog.
   ⎱I threw the stone I had picked up at the dog.
4. The train had been running about an hour, when it (suddenly) stopped.
5. He threw up all he had eaten.
6. ⎰We had been living in Tokyo three years, when father died.
   ⎱Father died three years after we had removed into Tokyo.
7. When the fire-brigade arrived, the warehouse had been burnt down.
8. I had been waiting about an hour, when Ito came.
9. Last night I enjoyed reading the book you had kindly lent me.
10. At that time he had lost his job and was badly off.

EXERCISE　40

(A)

1. Are you still writing your composition?――I shall have finished it by the time you are back.
2. What a long rain!　If it rains tomorrow, too, it will have been raining for a week.

3. By the time you come back from abroad, this child will have finished its school.
4. Are you still eating? You have been eating about half an hour.
5. The moon will have set in an hour's time.
6. How long has he been abroad?
7. He will have been abroad for five years by the end of this year.
8. By the time you come back I shall have left here.
9. How long have you been studying English?
10. I shall have been studying it for four years next September.

【注】「いつまでで何年になる」の言い方について： たとえば「6 時<u>まで</u><u>には</u>帰ります」は " I shall be back **by** six " というがこの " by " は最終期限を示し、「帰る」のは 6 時以前に起こり得る。これに反し、(10) の「9 月で 4 年になる」は「9 月で切って考える」だけで 9 月は最終期限というわけでない。そういうとき、上の訳例のように " by " のない形をつかうのが正しい。しかし、(7) においては " the end of the month " は " next September " とは異なり、それ自身で副詞とはならず、前置詞がいる。そういうときは、やむを得ず、これを最終期限と同じに扱って " **by** the end ... " とするのである。

(**B**)

1. I *have been writing* for the last two hours.
2. Our party *had not gone* far when...
3. The ship *had run* only a short distance when...
4. I *have* not yet *finished* the book you lent me.
5. He *left* here a moment ago.

(**C**)

1. I *have been* ill all this week.
2. I *will* never do...
3. He *died* twenty years ago.
4. *Will* yo do me a favour?
5. I *have* not *seen* him since Monday last.

EXERCISE 41

1. If I were you, I would not do such a thing.
2. If the book is worth reading, I will read it.

3. If I had been a minute earlier, I should have been in time for the express.
4. Even if I were to get a million (yen) for it, I would not undertake such a work.
5. If you were to swallow a drop of this poison, you would die on the instant.
6. If he should die, what would become of his family?
7. The nation is, as it were, sleeping on a volcano.
8. If I had known your address, I would have written to you.
9. If the man is young, I will employ him.
10. If he were not so old, I would employ him.

EXERCISE 42

(A)

1. You should have consulted me.
2. It is odd that no official report should have arrived.
3. You should not speak ill of the dead.
4. It is no wonder that you should have thought so
5. { Why should I not take a taxi?
   { I see no reason why I should not take a taxi.
6. I am surprised that such an idle fellow should have succeeded.
7. It is quite natural that he should speak English well, for he has long lived in England.
8. It is no wonder that he should have succeeded.

(B)

1. should	2. would, should	3. should
4. would, should	5. would, should	6. would
7. should, would	8. would, should	9. would
10. should, would		

EXERCISE 43

1. { Whatever others may say, I will do my duty.
   { Let others say what they will, I will do my duty.

2. Confess, or I will not pardon you.
3. { If you see any other boy looking off his book, come and tell me.
    If anyone of you sees another boy looking off his book, let him come and tell me.
    Let anyone of you, who sees another boy looking off his book, come and tell me.
4. Be kind to others, and others will be kind to you.
5. Let the student bear this fact in mind.
6. Let the young man read the lives of great men.
7. Let's begin at once.
8. Suppose you were the richest man in the world, what would you do?
9. { Laugh as you will, a fact is a fact.
     However you may laugh, a fact is a fact.

EXERCISE 44

1. I wish you may have a safe journey!
2. Let's make haste so that we may be in time for the express.
3. He is always dressed respectably, so that he may not (*or* lest he should) be despised by others.
4. Whoever may talk to him, he will not listen to him.
5. You may well say that.
6. What you say may be true, but I do not believe it.
7. Whatever business you may engage in, you cannot do without knowledge of languages.
8. However hard you may work, you cannot master English in a year or so.
9. I wonder if it can be true that Tanaka has gone to Italy.
10. It cannot be true, for I met him only yesterday.

EXERCISE 45

1. Have you been to see the launching ceremony? What a grand sight it must have been!
2. I would lend you the money, if I could.

3. I wish I could solve such a hard problem.
4. I borrow money, because I cannot help doing so. I would not borrow, if I could help it.
5. If I could do anything, I would visit the moon in a rocket.
6. If you had finished the high school, you would not have had to take the examination.
7. If you had not come to my rescue, I must have been killed.
【注】 おぼれて死ぬのならば " been drowned " とする。
8. You might easily lend me the money, if you would.
9. Could you not come yesterday?—I could not come in the morning, but I could have come in the afternoon.
10. If there had been a life-boat, the crew would have been saved.

EXERCISE 46

1. I had my job to do, otherwise I would have gone abroad.
2. But for his idleness, he would be a good teacher.
3. A true friend would not do such a thing.
4. To see you do it, one would think it easy.
5. Should anyone call, say that I am ill.
6. But for this obstacle, I should (*or* might) succeed.
7. He must be ill, or else he must have come.
8. But for those noises in the streets, how sweet our life would be!
9. You had better go on a travel for the benefit of your health.
10. I would rather die than surrender.

EXERCISE 47

(A)

1. He asked me if I had ever seen a tiger.
2. The girl said that she could not find her book.
3. He said that he would accompany me if he could.
4. My cousin in Canada wrote to me, saying that my letter had arrived (*or* reached him) the day before, and that it was very cold there.
5. He asked me if I supposed that that state of things was a pleas-

ure to him.
6. He said that I had better take my umbrella with me, as it might rain.
7. I asked him to be kind enough to lend me his pencil.
8. I told them that I must (*or* I had to) be going then, and said goodbye to (*or* took leave of) them.
9. He told me that his brother had left for America a week before.
10. I asked him how old he was.

(**B**)

1. I said to him, " How long have you been living in Japan? "
2. He answered, " I have been living in Japan for five years."
3. He said, " My father has come back."
4. I asked, " When did your father come back? "
5. He answered, " My father came back yesterday."
6. My brother said to me, " Don't tell a lie."
7. She said to me, " Be good when I am gone, and love your father, and be kind to him."
8. He said, " I am very sorry for the fault I have committed."
9. I said to him, " On what business have you come up to town? "
10. He said to his sister, " If I had no business, I would go with you."

(**C**)

1. "*has* passed" を "*had* passed" とする。
2. "*has* bought" を "*had* bought" とする。
3. "wishes" を "wished" に。
4. "might" を "may" に。
5. "may" を "might" に。

EXERCISE 48

1. ⎰Your knowledge of English makes it easy for you to study German.
   ⎱As you know English, it is easy for you to study German
2. I make it a rule not to eat between meals.
3. He promises never to drink in future.

4. He is said to be seriously ill.
5. It is impossible for such an idle fellow to succeed.
6. He fancies himself to be an important person.
7. {My father has forbidden me to stay long.
   {My father has told me not to stay long.

【注】 "to forbid" は「禁止」の意味であるから "forbid **not** to..." と "not" を入れぬよう注意を要する。

8. My uncle offers to supply me with my school expenses.

【注】 "to offer" は「申し出る」の意味。

9. Ask your father to buy you a bicycle.
10. {My father intends me to be a physician.
    {My father intends to make a physician of me.

EXERCISE 49

(A)

1. I'll have my man carry your luggage to the station.
2. That teacher makes us learn everything by heart.
3. We had a fire break out in the neighbourhood last night.
4. I felt someone pat me on the shoulder.
5. I'll have my maid clean your room.
6. I don't like to have people come when I am busy.
7. Her parents made her marry against her will.
8. You (*or* I) must make the child take the medicine.

【注】 "to drink" は酒、水などを飲むこと、薬を服用するのは "to take" である。

9. {You make me think of my brother.
   { (=When I see you, I think of my brother.)

【注】 "make me think of" の代わりに "remind me of" を用いてもよい。

10. {Get someone to read it aloud for you.
    {Have someone read it aloud for you.

(B)

1. He was never heard to speak English.
2. They were seen slowly to climb up the steep path.

3. I was made to drink against my will.
4. I (*or* we) often heard him say so.
5. I (*or* we) never knew him tell a lie.

EXERCISE 50

1. Are there any houses to let in this neighbourhood?
2. Are there any sights to see in this town?
3. The English of this book is easy to understand.
4. I feared I should never live to see my native land.
5. Are you going out for a walk?
6. I am going to see the (cherry-)blossoms.
7. She has no relation to depend upon.
8. { The man was so impudent as to ask for money.
   { He was impudent enough to ask for money.
   { He had the impudence to ask for money.
9. I was so foolish as to trust such a man.
10. She is yet too young to get married.

EXERCISE 51

(A)

1. I am going out for a while to have my hair cut.
2. She quarrelled with her husband, and had her hair cut off.
3. He had his house burnt down in the recent fire, and is having a new one built.
4. I gathered the rubbish, and had it burnt up.
5. I received a letter written in violet ink.
6. I should like to see whales caught.
7. Failing in my first attempt, I did not try again.
8. Night coming on, we started for home.
9. I found her crying.
10. You should not keep a man waiting.

(B)

1. *It* being a fine day, ...

2. {Having read the book, I threw it aside.
   {The book, having been read, was thrown away.
3. Groaning and reeling under its load, the stage-coach was seen slowly ascending the hill.
4. Defeated on all sides, he began to lose his heart.
5. Going on deck, we saw a curious sight.

(**C**)

1. It being warm, I kept the window open.
2. Tanaka being absent, I had no one to help me.
3. Turning to the right, you will find the building you are looking for.
4. Dinner (being) over, we went out for a stroll.
5. I leave tomorrow, weather permitting.

(**D**)

1. He wears a worn-out coat.
2. Customs are unwritten laws.
3. I have a picture representing the Battle of the Japan Sea.
4. Who is the man living in that house?
5. A common-sized chair cannot hold him.

EXERCISE 52

1. Why should one be proud of one's father being a great man?
2. Are you not ashamed of having done such a thing?
3. {Immediately on arriving at Kyoto, I called on Tanaka.
   {Immediately on my arrival at Kyoto, ...
4. Everybody was glad of the war being over.
5. My mother is afraid of my failing (*or* failure).
6. There is no fear of your failing.
7. He passes his days in reading novels.
8. I could not {refrain from crying / help crying} to see him in that condition.
9. Running is a good exercise.
10. There is no staying at home in such fine weather.

EXERCISE 53

1. Didn't you have any money with you?
2. No, I had no money with me.
3. We keep a dog.—So do we.
4. We have a car.—So have we.
5. An octopus has eight legs.—So has a cuttle-fish.
6. I did go, but I could not see him.
7. Did you have any difficulty in finding my house?
8. I do not wish to be rich.—Neither do I (*or* Nor I, either).
9. I don't like beer.—Neither do I.
10. Does your cat often have kittens?

EXERCISE 54

(**A**)

1. He always rises early and retires (*or* goes to bed) late.
2. The louder we shouted, the faster the hare ran (away).
3. He had succeeded in his attempt, and was (all) the more envied for it.
4. He recalled her words to mind, and said them aloud.
5. Little do they know what I am doing here.
6. He worked the harder because he was praised.
7. When do you think he will be back?
8. Do you know when he will be back?
9. Do you ever go out in the evening?
10. I seldom go out in the evening.

(**B**)

1. Is the invalid *any better*?
2. { He is *little better* than yesterday.
   { He is *not much better* than yesterday.
3. I remember I have been there *once;* perhaps it was about ten years *ago*.
4. I was told that he had died a fortnight *before* (or *since*).
5. { I *never saw* such a grand sight.
   { *Never did I see* such a grand sight.

(**C**)

1. No, [I did not find him at home.]
2. Yes, [he is.]
3. No, [no one does.]
4. No, [he didn't.]
5. No, [there was no one else.]

EXERCISE 55

1. I left early in the morning, and arrived late at night.
2. School begins at 8 a.m., and closes at 2.30 p.m.

【注】 {" a.m. " は " ante meridiem (=before noon) " の略。
　　　 {" p.m. " は " post meridiem (=afternoon) " の略。

3. The talk was started in February in the thirty-seventh year of Showa (*or* in 1962), and lasted for about a year.

【注】 西暦の年号は単に数字だけを記す。

4. The examination commences on the 11th, so you must be back by the 10th.
5. What time shall he call on you?
6. Let him come at ten (minutes) to ten (o'clock).
7. The athletic meeting will be held {on Saturday next.
　　　　　　　　　　　　　　　　　　　　　　　 {next Saturday.

【注】 " next ", " last " などが週日の前にあるときは " on " をはぶく。

8. I shall stay here till the end of the (*or* this) month.
9. He will be back by the end of the month.
10. Please give me an (*or* your) answer within 24 hours.

EXERCISE 56

1. If you go *along* the river, you will come to a bridge. A little *above* the bridge you will find a fall.
2. The river is deepest *under* the bridge.
3. There is a regatta *on* the Sumida tomorrow.
4. The summit rises *above* the clouds.
5. We strolled *about* the streets till late.
6. He has a villa *by* the seaside.

7. His family are away *at* the seaside.
8. I entered *at* the front gate.
9. The burglar entered *by* the skylight.

【注】 通例「出入口」と考えられない所からはいる場合は " at " の代わりに " by " を用いる。

10. Someone is *at* the door. Go and see who it is.

EXERCISE 57

(A)

1. He was robbed of his money and stripped of his clothes.
2. He was relieved of his office.
3. France is noted for her wine.
4. What did he die of?
5. He declined to see me on the pretence of illness.
6. Are you angry with me?
7. He resigned for family reasons.

【注】 このときは通例 " reasons " と複数にする。

8. Are there any letters for me?
9. The book has been translated into several languages.
10. Thread is woven into cloth.
11. He took me by the hand.
12. Please answer by telephone.
13. In foreign countries they board by the week.
14. The ship was steaming at full speed.
15. Has your father consented to the match?

(B)

1. The letter was written *in* red ink. (手紙は赤インキで書いてあった)
2. We touched *at* Singapore *on* our way *to* England. (イギリスへの途中シンガポールに寄港した)
3. I will leave *on* April 4th *at* three o'clock *in* the afternoon. (私は4月4日午後3時に出発する)
4. Oil-tankers are now built *of* steel. (油送船は現今は鋼鉄で建造する)
5. We can change water *into* steam. (水を蒸気に変えることができる)
6. He is taller than you *by* two inches. (彼は君より2インチ高い)

7. He bought the hens *at* 500 yen apiece. (彼はめんどりを 1 羽 500 円ずつで買った)
8. He seized him *by* the collar. (彼は彼のえり首を取った)
9. I arrived *in* (or *at*) Kyoto *on* the evening *of* the 15th *of* March *at* half *past* six. (私は 3 月 15 日の夕方 6 時半に京都に着いた)
10. He works *from* morning *till* night every day, not resting *from* his labor even *on* Sundays. (彼は毎日朝から晩まで働く、日曜にも仕事を休まずに)

(**C**)

1. with:「インキで満たす」
2. from:「"hinder"＋人＋"from"＋こと」=「人が～することを妨害する」
3. of:「"inform"＋人＋"of"＋こと」=「人にことを知らせる」
4. of
5. in:"be in trouble"=「困っている」
6. of
7. for:"stand for ～"="represent ～"=「～をあらわす」
8. within:"within hearing"=「きこえる範囲に」
9. into:"look into ～"=「～をしらべる」
10. on, at:"dwell on ～"=「～を長々と話す」;"hint at ～"=「～をほのめかす、ちょっとふれる」

(**D**)

1. Have you ever heard "Madame Butterfly" sung *in* Italian?
2. He appears to be gentle, but really he is known *for* his impudence.
3. All the papers to be presented should be written *in* black ink.
4. That artificial satellite cannot be seen *by* the naked eye.
5. In this country gasoline is sold *by* the liter.

EXERCISE 58

(**A**)

1. He has not only learning, but also experience.
2. He does not know even the ABC, nor does he wish to learn it.
3. Do you want a pen, or a pencil?
4. Which do you want, a pen or a pencil?
5. They had not been married three days before they began to

quarrel.
6. I had waited about an hour before he came.
7. I had scarcely waited an hour when he came.
8. She is as beautiful, but not so clever, as her [elder] sister.
9. You may pay me (back) whenever it is convenient to you

(B)

1. This is the place *where* we dwell. (これが私たちの住んでいる場所です)
2. We shall fail, *if* we are not industrious. (私たちは勉強しないと失敗する)
3. He is *not only* a statesman, *but also* a scholar. (彼は政治家であるばかりでなく、また学者でもある)
4. He speaks English, *as if* he were an Englishman. (彼はまるでイギリス人のように英語を話す)
5. It is neither cold *nor* hot. (寒からず暑からず)
6. *Though* it was quite fine, I took an umbrella, *lest* it should rain as I came back. (ごく上天気であったけれど私はカサを持って行った、帰りに降るといけないから)

[注] この文で "so that...might not" を使うと「雨が降らないように、かさを持って行った」ことになっておかしい。そこでこれは口語体であるけれども、やむを得ず "lest...should" を用いたもの。

7. We must eat *so that* we may live. (われわれは生きんがために食わなければならない)
8. He is not such a fool *as* he looks. (彼は見かけたところのような馬鹿じゃない)
9. She is tall, *but* he is taller. (彼女は背が高い、しかし彼の方がなお高い)
10. I don't care *whether* you go *or* stay. (君が行こうと止まろうと私はかまわない)

INDEX

索引中の数字はページ数ではなく、本文欄外に太字で記した Section（項）の数をさす。"→" は「次の項も見よ」の意味。

索引中に用いた略字は次のとおりである。

adj. = adjective	*incomp.* = incomplete	*pron.* = pronoun
adv. = adverb	*interj.* = interjection	*rel.* = relative
conj. = conjunction	*interrog.* = interrogative	*v.* = verb
dat. = dative	*n.* = noun	*v.i.* = intransitive verb
demo. = demonstrative	*prep.* = preposition	*v.t.* = transitive verb

A

a 14, 442–452
  Generalizing "a" 444
  Individualizing "a" 445
  Predicative "a" 446
a (=a certain) 52, 55 (b), 451
a (=any) 52 (a)
a (=per) 452
a (=one) 448
a (=some) 450
a (=the same) 449
  a bottle of 72
  a brood of 65
  a bushel of 72
  a collection of 65
  a couple of 375
  a cup of 72
  a crowd of 65
  a few 355
  a flock of 65
  a friend of mine 192
  a gallon of 72
  a glass of 72
  a good many 350
  a great many 350
  a group of 65
  a handful of 72
  a herd of 65
  a kind of 471
  a little 880
  a Mr. —— 52
  a Miss —— 52
  a piece of 72, 84
  a pound of 72
  a shoal of 65
  a sort of 471
  a species of 471
  a swarm of 65
  a word of 84
about (*prep.* of Place) 931
about (*prep.* of Reference) 964, 965
above 930
above -ing 827

absent oneself from 488, 937
Absolute Infinitive 794
Absolute Participle 819
Abstract " the " 461
Abstract Noun 74-78
 Abstract Noun used as Collective Noun 86
 Abstract Noun used as Common Noun 83-85
 Idiomatic Uses of Abstract Noun 87-90
 Uses of Abstract Noun 79-82
 Abstract Noun+itself 89
Accent 8
according to 821, 914
Accusative Case 125, 493
across 932
actor 115
Active Voice 553
actress 115
adieu! 991
Adjective 13, 445
 Adjectives used as Nouns 410-414
 Uses of Adjectives 401
Adjective Clause 34
Adjective Complement 21
Adjective Infinitive 779-783
Adjective Phrase 33
admit 768
Adverb 23, 851-911
 Adverb qualifying Adverb Clause 894
 Adverb qualifying Adverb Phrase 893
 Adverb qualifying Noun 892
 Adverb qualifying Sentence 895
 Adverb used as Adjective 896
 Adverb used as Complement 898
 Adverb used as Conjunction 990
 Adverb used as Noun 897
 Comparison of Adverbs 911
 Formation of Adverbs 890
 Position of Adverbs 899-910
 Uses of Adverbs 892-898
Adverb Clause 34
Adverb Phrase 33
Adverbial Infinitive 784-793
Adverbial Multiplicative 392
Adverbial Objective 152
Adversative Conjunction 974
advise 770
Affirmative Sentence 40
afraid of 827
after (*prep.* of Time) 924, 925
after (*prep.* of Place) 935
 after all 287 (f)
after (*conj.*) 979
afternoon walk 400
against 966
age 86
ago 643(2), 876
aha! 991
ahoy! 991
alas! 991
alike...and 972
all 283-289
all (=as much as) 287 (b)
all+Abstract Noun 89
 all attention 89
 all but 287 (g)
 all eagerness 89
 all kindness 89

all one's life 644
all the better 428, 861
all told 287 (e)
allow 770, 771
along 932
aloud 891
Alphabet 1
already 640, 641, 656
Alternative Conjunction 973
although 988
always 582, 644
American English 399(3), [don't have] 443
an 14, 442
  an armful of 72
among 933
amuse oneself 487
and 545, 551, 972
  and also 972
  and that 208
  and too 972
  and yet 974
Anomalous Finites 839–844
another 219
Antecedent 307
anterior 440
any 246, 251, 258, 263, 265, 301
any? 263
anybody 269
anyone 268
anywhere 867
appear 510
Apodosis 735
Apposition 154, 475, 760
Appositive Relation 781
arm in arm 478
armful 72

army 61
around 931
Article 14, 441–484
as (*conj.* of Concession) 481, 988
as (*conj.* of Manner) 982
as (*conj.* of Reason) 984, 989(3)
as (*conj.* of Time) 979
as (*quasi-rel. pron.*) 335–337
  as...as 983
  as if 676, 679, 982
  as it were 677
  as for 914
  as little 886
  as long as 979
  as many 352
  as much 358
  as old again as 393
  as...so 982
  as so many 353
  as so much 359
  as soon as 979
  as to 914
  as well 860
  as well as 33 (f), 548, 972
ask 496, 497, 749, 770
assert 768
Assertive Sentence 35
at (*prep.* of Cause) 951
at (*prep.* of Place) 927, 934
at (*prep.* of Rate) 962, 963
at (*prep.* of Time) 921
  at all 287 (a)
  at best 435
  at breakfast 479
  at church 479
  at first 387 (b), 435
  at furthest 435

索　引

at home　479
at last　435
at least　435
at night　463
at once...and　972
at school　479
at table　479
at (the) latest　435
at (the) most　435
Attributive Use of Adjective　402
Atributive Relation　783
Aunt Mary　474
author　115 (note)
Auxiliary Verb　22, 517, 838 →
　ANOMALOUS FINITES, MODAL
　AUXILIARIES
avail oneself of　487
away　910
away from home　479
au revoir　991

B

bachelor　113
Bare Infinitive　518 → ROOT-FORM,
　ROOT-INFINITVE
bark at　515
baron　115
baroness　115
basket to carry...in　782
be　508, 511, 583
be (Indicative Tense Forms of)
　569
be+Infinitive　766
be (Person and Number of)　542
be (Subjunctive Tense Forms of)
　667

be able to　734, 828
be bidden　776
be dying　580
be going to　581, 592(2)
be gone　562
be heard to　774
be kind enough to　793
be made to　776
be opening　580
be permitted to　734
be raised to　514
be said to　769
be seated　514
be seen to　774
be shut　812 (note)
be so kind as to　793
be taught (Tense Forms of)　568
be to　592(1), 766
be unable to　828
be written (Subjunctive Tense
　Forms of)　669
beauty　86
because　984
because of　914
become (v. i.)　509, 511
become (dat. v.)　497(4)
become+Past Participle　811
befall　497(4)
before (adv.)　642, 643(2), 657, 876,
　877
before (conj.)　980(5), 980(6)
before (prep. of Place)　935
before (prep. of Time)　925
beg　770
begin　826
behave one's best　513 (d)
behind　935

behold! 991
beloved of 555
below 930
beside 934
besides (*prep.*) 969
besides (*conj.*) 972
bestir oneself 488
betake oneself to 488
bethink oneself of 488
between 933
bid 775
biscuit 66
billion 377
blow a gale 513 (b)
body politic 406
bone 71
both 290
both...and 972
bottle 72
bow-wow! 991
bravo! 991
breathe one's last 513 (d)
bride 113
bridegroom 113
bring 496
British 399(3)
British Commonwealth of Nations 399(3)
British Empire 399(3)
Britisher 399(3)
bread 66
bread and butter 483
brood (*n.*) 65
brother 475
build 505
bushel 72
but (*conj.*) 974

but (*prep.*) 969
but (*rel. pron.*) 339
but for 738 (b)
but for all that 974
buy 490, 494, 496
by (*prep.* of Agent) 554, 967
by (*prep.* of Place) 934
by (*prep.* of Standard) 961
by (*prep.* of Time) 923
  by far 438
  by good luck 88
  by land 479
  by letter 479
  by mail 479
  by means of 914
  by mistake 88
  by post 479
  by railway 479
  by sea 479
  by that time 651
  by the gallon 465
  by the hour 465
  by the pound 465
  by the yard 465
  by this time 640
  by train 479
  by water 479

C

cake 66
call 491, 511
can (of Ability) 720
can? (of Impossibility) 721
cannot (of Impossibility) 721
cannot...but 778 (b)
cannot help -ing 835

capable of 828
Cardinal Numerals 367-380
Case 124, 125
cattle 62
Causal conjunction 971
Causation 770
Causative "have" 777, 843
cause (*v.*) 770
cavalry 62
cease 826
chair to sit on 782
chairman 475
chances 91
cheap 891
cheaply 891
Classes of Nouns 48
Classes of Verbs 485
Clause 34
clergy 62
cloth 105
clothes 105
clothing 64
cock-sparrow 114
Cognate Object 148
collection 65
Collective Noun 61-65
Collective Singular 63
Collective "the" 459
come 809, 811
come (+Infinitive) 763
command 770
commander-in-chief 475
commence 826
committee 61, 62
Common Case 125
Common Noun 54
　Uses of Common Nouns 55, 60

company 61
Comparative Degree 415
　Formation of Comparatives 416
　Uses of the Comparative 425-429
Comparison (in a Descending Scale) 439
Comparison (of Adjective) 415
Comparison (of Adverb) 911
compel 770
Complement 17, 20
Complete Intransitive Verb 46 (i), 506
Complete Transitive Verb 46 (iii), 486
Completion 633, 640, 656, 663 (a)
Complex Sentence 43
composition 83
Compound Conditional Form 685
Compound Personal Pronoun 193-197
Compound Relative Adverb 872
Compound Relative Pronoun 330-334
Compound Sentence 44
Compound Transitive Verb 515
Compulsion 770
concerning 913
Concord 542-552
Conditional Clause → "IF"-CLAUSE
Conditional Mood 563, 682
Conditional Sentence 735
Conditional "should" and "would" 686 (c)
Conjugation 519
Conjunction 25, 970-990
Conjunction Phrase 33

considering 821
Consonant 2, 6
constantly 582
Continuance 644, 658, 663 (b)
Continuative Use of Relative Pronoun 310
Continuative Use of Relative Adverb 870
Coordinate Clause 34
Coordinate Conjunction 971-975
Coordinate Relative 308
copper 71
Copulative Conjunction 972
corps diplomatique 406
couple 109
could 727, 729, 730
could have 731-733
could you? 739 (d)
count (*n.*) 115
Countable 92
countess 115
country 458 (note)
crowd 65
cruelty itself 89
cry oneself blind 489
cry oneself to sleep 489
cup 72
cup and saucer 483
customs duties 107
czar 113, 474
czarina 113

D

dare 849
dancing-girl 824
dancing-master 824

Dative Case 125, 487
Dative Verb 19, 46 (v), 492-497
dear 891
dearly 891
decayed tooth 806
Declarative Sentence 35, 41
declare 768
Definite Article 14, 453-467
  Uses of the Definite Article 454
  Special Uses of the Definite Article 463-467
demand (*v.*) 749
Demonstrative Adjective 198, 346
Demonstrative Adverb of Degree 860
Demonstrative Adverb of Manner 859
Demonstrative Adverb of Place 854
Demonstrative Adverb of Time 853
Demonstrative Pronoun 198
Dependent Clause 34
Dependent Interrogative 299, 300, 750, 843
depths 91
Descriptive Adjective 394
destroy oneself 487
Devil take it! 673 (4)
die a glorious death 513 (a)
die of 949
Diphthong 5
Direct Imperative 700
directly (*conj.*) 990
Direct Object 19, 148, 492
Direct Narration 744
disable 828

disperse 499
dissuade 828
Distributive Adjective 470 (c)
do (as Pro-Verb) 846
do (of Emphasis) 845
do (in Question and Negation) 839–844
  do away with 560
  do good 480
  do harm 480
  do nothing but 778 (c)
  don't care 826
  don't mind 826
  do one's best 621, 706, 794
  do one's utmost 794
double 388, 389
Double Past 659
dowager 113
down (adv.) 910
dozen 373, 374
dozens of 108
Dr. —— 474
dream a dream 513 (a)
drink 501
drink like 502
drown oneself 487
duchess 115
duke 115
during 913, 926

E

each 271, 272
each other 225
early 891 (2)
earthen 395
easily 512

easy 512
eat 498
eat like 502
Editorial "we" 160
eight-day clock 107
Eight Parts of Speech 9
either 282, 301
either...or 546, 973
elder 421
eldest 421
Elements of the Sentence 32–34
emperor 115, 474
Emphatic Imperative 701
empress 115, 474
enable 770, 828
enjoy reading 826
enough (adj.) 364
enough (adv.) 365, 902
enough (n.) 365
enough to 793
entrance examination 400
Equivalents for "a" 470
Equivalents for "the" 469
escaped (adj.) 806
Essential Elements 30
even if 988
ever 642, 643(1), 643(3), 657, 867
ever (=always) 644, 645(3)
every 273–281
every other 277
every time (conj.) 990
excellency 90
except 969
Exclamation Mark 37–39
Exclamatory Sentence 38, 41
exert oneself 487
Experience 642, 657, 663 (c)

F

face to face 478
Factitive Verb 490
fall 509, 514
family 61, 62
family name 400
fancy oneself to be 767
far (*adj.*) 896
farther 423
farthest 423
fast 891 (2)
fear (*v.*) 586
feel 503, 508, 773
fell (*v.t.*) 514
female cousin 114
fetch 496
few 349, 355
Final Clause 719 (b)
fight a battle 513 (b)
fight a fight 513 (a), 561
fight it out 845
find 491, 511, 810, 813
find him to 767
Finite Verb 518
fire (*n.*) 71
fire (*v.*) 505
first 387 (a)
firstly 387 (a)
fish 62
five-act play 107
fleet 61
flock (*n.*) 65
flock (*v.*) 449
fly (*v.*) 514
fond of 827 (c)

food 64
foot 110
for (*prep.* of Cause) 953
for (*prep.* of Exchange) 958, 963
for (*prep.* of Place) 936
for (*prep.* of Purpose) 786, 956, 957
for (*prep.* of Reason) 954
for (*prep.* of Time) 926
for (*conj.*) 984
forbid 768, 770, 771, 828
for fear . . . may 695, 719 (b)
forget to 826
Formal Object 761
Formal Subject 760
Formation of Adverbs 890
Formation of Comparative and Superlative 416–418
Formation of the Plural 93–103
Formation of the Possessive 130–133
Formation of the Present Perfect 631, 632
Formation of the Tenses 566
Forms of the Infinitive 754
Forms of the Gerund 822
Forms of the Participle 797
Forms of the Protasis 736–739
for shame! 991
for the first time 387 (c)
for the most part 435
from (*prep.* of Cause) 947, 950
from (*prep.* of Material) 944
from (*prep.* of Separation) 937
from (*prep.* of Source) 940
from (*prep.* of Time) 922
  from a child 644

from door to door 478
from hand to mouth 478
from head to foot 478
from side to side 478
from time immemorial 406
Full Stop 35
furniture 64
further 423
Future 591
Future Perfect 663

G

gallon 72
game 64
Gender 112
　Modes of denoting Gender 113–115
　Remarks on Gender 116–123
Generalizing "a" 444
General MacArthur 474
generally speaking 821
Genitive Case 125
gentry 62
Gerund 518, 822
　Forms of the Gerund 822
　Idiomatic Uses of the Gerund 833–837
　Perfect Form of the Gerund 832
Gerunds and Infinitives Compared 825, 826
Gerunds and Nouns Compared 831
Gerunds and Participles Compared 823, 824
Gerundive Construction 829, 830

get 509, 811, 813
get+Object+Past Participle 813, 814
get+Past Participle 811, 812
girl friend 400
give 494–496
give birth to 480
give place to 480
give rise to 480
give way to 480
glad to see 791
glass 27, 71, 72
go 509
go swimming 837
god 115
God bless you! 673(4)
goddess 115
gold 395
golden 395
Good-bye! 41 (note), 991
Good evening! 991
Good heavens! 33 (g), 991
Good morning! 41 (note), 991
Good night! 991
goods train 107, 400
go on 809
good to drink 790
go to bed 479
go to church 479
go to market 479
go to school 479
govern(ess) 115 (note)
governor-general 406
granting that 821
greater 424
group 65
grow 509, 514, 811

grown up 806

H

ha ha! 991
had best 739 (g), 778 (a)
had better 739 (g), 778 (a)
had had to 732
had not to 848
had rather 739 (f) (note)
half 388, 390
  half as large as 393
  half as old as again 393
  half as much again as 393
  half the size of 393
hand and foot 478
handful 72
hang oneself 487
happily 875
hard 891 (2)
hardly 887
hark! 991
hate 586
haughtily 512
haughty 512
have 583, 584 (4), 841-843
  have a cold 480
  have the kindness to 793
  have to 734
have (Tense Forms of) 570
have+Object+Past Participle 814
have+Object+Root-infinitive 775, 777
have+Past Participle 631
  have arrived 647
  have been 649
  have been at (in) 650
  have been to 650
  have become 647
  have bought 648
  have come 647, 651
  have given 648
  have gone 647, 650 (3), 651, 652
  have left 647
  have sold 648
have+Object+Present Participle 810
he
  he shall 597, 605-608
  he that 165
  he who 165
  he will (Non-volitional) 598, 602, 603
  he will (Volitional) 600
head 109
hear 585, 588
hear! hear! 991
hear the case 588
hear+Object+Past Participle 813, 814 (note)
hear+Object+Present Participle 810, 814 (note)
hear+Object+Root-infinitive 773, 814 (note)
he-goat 114
heights 91
help 775
hence 975
hen-sparrow 114
herd 65
here (*adv.*) 854
here (*adj.*) 858
here (*n.*) 897
hers 190, 192

hide 499
high (*adv.*) 891
highly 891
high-teen 380
His Highness 90
Historic Present 573
honours 91
honours graduate 107
horse 110
hot-tempered 807
house to let 780
house to live in 782
how (*adv.*) 862–866
  how far 863, 865
  how little 886
  how long 644, 645(1), 658, 862
  how many 303
  how much 303
  how often 862
how (*rel. adv.*) 868
however (*conj.*) 974
however (*rel. adv.*) 872, 873
hullo! 991
humph! 991
hundreds of 108
hurrah! 991
hurray! 991
hush! 991
Hyphen 7

I

I 157
  I am glad to say 792(2)
  I am sorry that...should 693
  I am surprised that...should 691
  I am told 577
  I dare say 849
  I hear 577
  I read 577
  I shall 595, 602, 603
  I should like 739 (a)
  I should say 739 (b)
  I should think 739 (b)
  I will 596, 604
  I wish 675, 679
  I would advise 739 (e)
  I would rather 739 (f)
-ics 104 (d)
Idiomatic Plural 91
Idiomatic Uses of the Gerund 833–837
" if "-Clause 682
if+Adverb Clause 671, 736
if+Noun Clause 749, 977
if (=though) 988
ill 891(2)
immediately 990
Imperative Mood 567, 700–714
Imperative Sentence 37, 41
in (*prep.* of Place) 927, 929
in (*prep.* of Time) 921, 924
  in all 287 (e)
  in bed 479
  in behalf of 914
  in case 736
  in front of 914
  in market 479
  in one's life 643(4)
  in one's time 642, 643(4)
  in order that 719 (b), 986
  in place of 914
  in prison 479

in private 88
in spite of 33 (e), 914
in the dark 464
in the daytime 463
in the distance 414
in the evening 463
in the face 968 (note)
in the light 464
in the morning 463
in the offing 464
in the rain 464
in the shade 464
in the stomach 968 (note)
in the sun 464
in the twilight 464
in the wet 464
in triumph 88
incapable of 828
income to live on 782
Incomplete Intransitive Verb 17, 46 (ii), 507–512
Incomplete Transitive Verb 20, 46 (iv), 490, 491
Indefinite Article 14, 442–452
　Special Uses of the Indefinite Article 448–452
　Use of the Indefinite Article 444–447
Indefinite Adverb 267
Indefinite Demonstrative Adjective 246, 262–266, 470 (b)
Indefinite Interrogative Adverb 867
Indefinite Interrogative Pronoun 301
Indefinite Plural 58
Indefinite Pronoun 267–270

Indefinite Quantitative Adjective 246, 247–261, 348
Indefinite Relative Pronoun 330
indeed...but 974
Independent Clause 34
Indicative Mood 563
Indicative " should " and " would " 686(1)
Indirect Imperative 705–710
Indirect Narration 744–752
Indirect Object 19, 148, 492
Individualizing " a " 445
inferior 440
Infinitive 518, 753–795
　Forms of the Infinitive 754–757
　Uses of the Infinitive 758–795
Infinitive (of Cause) 788, 791
Infinitive (of Condition) 792(1)
Infinitive (of Purpose) 785, 790
Infinitive (of Result) 787
Infinitive (qualifying Adjective) 790–792
Infinitive (qualifying Adverb) 793
Infinitive (qualifying Verb) 784
Inflections of Nouns 92–154
Inflections of Verbs 519–562
Ing-form 541
inquire 497(3), 749
insist on 827 (b)
Interchange of Parts of Speech 27
Interjection 26, 991
Interjection Phrase 33 (g)
International Phonetic Signs 3
Interrogation Mark 36
Interrogative Adjective 302–305
Interrogative Adverb 862–867
Interrogative Pronoun 293–298

Interrogatives 292
Interrogative Sentence 36, 41, 47, 839-844
Intonation 41
Intransitive Verb 16
Intransitive Verb as Transitive 513-515
into (*prep.* of Place) 458 (note), 929
into (*prep.* of Result) 946, 960
iron 71
Irregular Forms of the Degrees 419
Irregular Verb 520, 523-540
it 170-172
it (as Formal Object) 175, 761
it (as Formal Subject) 174, 760
it (denoting Distance) 182
it (denoting Time) 181
it (denoting Weather) 180
it (of Backward Reference) 173
it (of Forward Reference) 174-178
it (of Indefinite Reference) 180-182
  it is a pity that...should 693
  it is good that...should 689
  it is necessary that...should 690
  it is no use -ing 834
  it is strange that...should 169
  it is...that 177
  it is true...but 974
  it would seem 739 (c)

J

jack-ass 114

judging from 821
junior 440
just 641
just now 641

K

kaiser 113
kaiserin 113
keep 491, 501
keep+Present Participle 809
keep + Object + Present Participle 810
keep+Complement 508
keep from -ing 827 (b)
keep out of debt 929
kind-hearted 807
kindly 875
kindness 83
kindness itself 89
Kinds of Sentences 35-45
Kinds of Verbs 516
king (as Complement) 476
king George 474
knight errant 406
knife and fork 478
know 587
know how to 762
know oneself 487

L

lad 115
lady doctor 400
lass 115
last (*adj.*) 422, 436
last (*v.*) 497 (d)

late 891
lately 891
later 422
latest 422
latter 422
Latin Comparatives 440
laugh 513
laugh at 515
lay 514
learned (*adj.*) 805, 807
least 424
leave 491, 496, 810, 813
lend 496
less 424
lesser 424
lest...should 695, 719 (b)
let 705, 775
let me 708
Letter 1
let us (let's) 709
lie 514, 584 (c), 809, 811
light (*n.*) 27, 71
light (*v.*) 27
like (*v.*) 586
like so many 353
Limited-Indefinite 55 (b), 57
Link-verb 17 (note)
listen to 588
little (*adj.*) 357, 361, 424
little (*adv.*) 883, 884
live 583, 584 (1)
live a life 513 (a)
lo! 991
long (*adv.*) 658
long live...! 673 (4)
long-armed 807
look (*v.*) 508

look! 991
look at 515, 588 (1)
look like 502
look the thanks 513 (c)
loudly 891 (1)
love (*v.*) 586
low-teen 380

M

maid-servant 114
Majesty 90
make (*incomp. v.t.*) 490, 491, 511
make (*dat. v.*) 496
make+Object+Root-infinitive 775
   make haste 33 (d), 480
   make oneself at home 487
   make room for 480
   make way for 480
male cousin 114
man 59
man servant 114
man and wife 478
manners 91
many 349-354
many a 351
marchioness 115
marquis 115
Master 115
master and pupil 478
Material Adjective 395
Material Noun 66
   Material Noun used as Common 71
   Uses of Material Nouns 67-70
may 717-719

may (in Final Clause) 719 (b)
may (in Optative Clause) 719 (c)
may (of Concession) 717 (b)
may (of Permission) 717 (a)
may (of Possibility) 718
may (of Subjunctive Use) 719
  may as well 717 (b)
  may heaven bless you! 719 (c)
  may well 717 (b)
  may you succeed! 719 (c)
Meaning of the Possessive 134–139
Meaning of the Present Perfect 633–639
means 104 (h)
measure (v.) 504
merchandise 64
metal 71
might 727–730
might have done 731–733
might I? 739 (d)
million 376
mine 188–192
Miss 115
missing 803
mistress 115
Mixed Sentence 45
Modal Auxiliaries 715–734
Modes of denoting Gender 113–115
Modifier 30
Mood 563
monarch 116
money to buy...with 782
more (=rather) 426
most 432–434
mother 473

mother and child 478
Mr. 115
Mrs. 115
Multiplicative Numerals 388–393
much (adj.) 357
much (adv.) 880, 881
must 722–724
must (=had to) 728 (3)
must (Historic Present) 728 (4)
must (of Certainty) 723 (a)
must (of Insistence) 722 (b)
must (of Necessity) 722 (a)
must (of Presumption) 723 (b)

N

name (v.) 491
nation 61
need 848
Negative Imperative 702, 703
Negative Sentence 40, 839–844
neither 282
  neither do I 846, 973
  neither...nor 546, 973
never 642, 643, 650 (3), 657
nevertheless 861, 974
news 104 (h)
next 437
night after night 478
night and day 478
no (adj.) 246, 254, 257, 260, 263, 264
  no business of yours 192
no (adv.) 888
  no sooner...than 979
nobility 62
Nominative Absolute 129
Nominative Case 126–129

Nominative of Address 128, 472
none 246, 259
none the worse 428
Non-anomalous 839-844
Non-finite verb 518
Non-progressive 754
Non-restrictive Relative 308
Non-volitional Future 594, 602, 603
Non-volitional Verb 601
nonsense! 991
nor do I 846, 973
nor I either 846
not
  not a 255, 256
  not a breath of wind 255
  not a few 356
  not a little 362, 885
  not a single 255
  not any 263
  not...because 984
  not both 291
  not every 276
  not in the least 435, 885
  not only...but (also) 548, 972
  not only...but likewise 972
  not so...as 983
  not the less 861
  not to say 794
  not to speak of 794
  not yet 656
notice (v.) 585, 773
notwithstanding 913
Noun 10, 48-154
  Noun (as Conjunction) 990
  Noun (used as Adjective) 400
Noun Infinitive 759

  Noun Infinitive as Complement 765-771
  Noun Infinitive as Subject 760
  Noun Infinitive as Object 761-764
Noun in the Possessive Case 469 (b)
Noun Clause 34
Noun Complement 21
Noun of Multitude 62, 63, 549
Noun Phrase 33
now (adv.) 640, 641, 906 (note)
now (conj.) 990
now (n.) 897
now that (=since) 990
Number 11, 92
number (v.) 504
Numeral 366-393
nurse 473

O

O! 991
oaken 395
oats 66
often 642
oh! 991
Object 18
  Object of a Preposition 915, 916
Object-complement 21, 149
Objective Case 148-153, 493
Objective of Description 153
Objective Possessive 139
Objective Relation 780
oblige 770
obliging (adj.) 802

observe 773
of (*prep.* of Cause) 949
of (*prep.* of Inference) 964
of (*prep.* of Material) 944, 946
of (*prep.* of Origin) 941
of (*prep.* of Separation) 938
  of ability 87
  of age 87
  of beauty 87
  of courage 33
  of interest 87
  of learning 87
  of no consequence 87
  of no use 87
  of one's own -ing 836
  of value 87
  of wisdom 87
off (*adv.*) 910
off (*prep.*) 928
old clothes shop 107
Omission of the Antecedent 325
Omission of the Article 427-484
Omission of the Plural Inflection 107-110
Omission of the Relative 324
on (*prep.* of Place) 928
on (*prep.* of Purpose) 957
on (*prep.* of Reason) 955
on (*prep.* of Reference) 965
  on account of 914
  on behalf of 914
  on foot 479
  on horseback 479
  on purpose 88
  on the head 968 (note)
  on the shoulder 968 (note)
one 209-215

one (=a certain) 52, 214
  one after another 226
  one after the other 226
  one another 225
  one-eyed 807
  one Mr. —— 52, 215
  one of these days 202
  one...the other 217 (b)
  one thing...another (thing) 221
  one time 214
  one who 210
once (*adv.*) 642
  once or twice 642
once (*conj.*) 990
only (*adv.*) 896
  only a little 362
  only a few 356
  only just 640, 641, 656
  only the better 861
only (*conj.*) 990
Optative Clause 719 (c)
Optative Sentence 39
or 973
order (*v.*) 770
Ordinal Numeral 381-387
orphan boy 114
orphan girl 114
other 216-227
others 223
ought 850
out of (*prep.* of Material) 945
out of (*prep.* of Place) 929
out of (*prep.* of Source) 942
over (*prep.* of Cause) 951
over (*prep.* of Place) 930
overeat oneself 488

oversleep oneself　488
overwork oneself　488

P

pains　91, 104（j）
pair　109
paper　71
part　552
Participial Adjective　800
Participial Construction　815
Participial Preposition　913
Participle　518, 796-821
　Participle as Adjective　799-801
　Participle as Complement　808
Particularizing " the "　454-458
Parts of Speech　9
party　61
Passive Voice　553
　Passive of Being　812
　Passive of Becoming　812
　Passive of Compound Transitive Verb　559, 560
　Passive of Dative Verb　558
　Passive of Incomplete Transitive Verb　557
　Passive " have "　777, 814
Past (Tense)　589
Past Participle　519
　Past Participle as Complement　811
　Past Participle of Intransitive Verb　806
　Past Participle of Transitive Verb　804, 805
Past Perfect　655
past (*prep.*)　925

pay　496
peacock　114
peahen　114
peasantry　62
pen and ink　478
pence　105
penny　105
people　61-63
people present　406
perceive　773
Perfect Infinitive　757
Period　35, 37
Permission　770
permit　768, 770
persist in -ing　827 (b)
persuade　828
Person　111
Person and Number of the Verb　542, 543
Personal Pronouns　156-197
Phonetic Sign　3-6
Phrase　33
piece　72, 84
pity　83
Platonic　396
plume oneself on　488
Plural　11
　Formation of the Plural　93-103
Plural Concord　63
Plural of Majesty　159
poet(ess)　115 (note)
poet laureate　406
police　62
pooh !　991
Position of Adverbs　899-910
Position of the Article　468
Positive Degree　415

possess 583
Possessive Adjective 346
Possessive Case 130
  Formation of the Possessive 130–133
  Meaning of the Possessive 134–139
  Remarks on the Possessive 142–147
Uses of the Possessive 140, 141
Possessive Pronoun 188–192
posterior 440
poultry 62
pound 72
power 83
praise oneself 487
Predicate 29
Predicate Verb 29
Predicate Nominative 127
Predicative "a" 446
Predicative Use of Adjectives 409
Premier (Appositive) 475
Premier Stalin 474
Preposition 24, 912–969
  Preposition and Gerund 824, 825
  Preposition as Adjective 919
  Preposition as Adverb 917, 918
  Preposition as Conjunction 920
  Preposition Phrase 33
  Preposition of Addition 969
  Preposition of Adherence 939
  Preposition of Agency 967
  Preposition of Agreement 943
  Preposition of Cause 947–953
  Preposition of Comparison 943
  Preposition of Exclusion 969
  Preposition of Instrumentality 968
  Preposition of Material 944–946
  Preposition of Opposition 966
  Preposition of Origin 940–942
  Preposition of Place 927–936
  Preposition of Purpose 956–958
  Preposition of Rate 962
  Preposition of Reason 954, 955
  Preposition of Result 959, 960
  Perposition of Reference 964, 965
  Preposition of Separation 937, 938
  Preposition of Source 940–942
  Preposition of Standard 961
  Preposition of Time 921–926
  Forms of Prepositions 912–914
  Object of a Preposition 915, 916
  Uses of Prepositions 921–969
Present Participle 519, 541, 802
Present Participle as Complement 809, 810
Present Tense 571–577
  Present Tense denoting General Truth 571
  Present Tense denoting Habitual Action 572
  Present instead of Future 574, 575
  Present instead of Future Perfect 664
  Present instead of Past 573
  Present instead of Present Perfect 577
Present Perfect 631–652
  Formation of the Present Per-

fect 631, 632
Meaning of the Present Perfect 633-639
Present Perfect instead of Future Perfect 664
Uses of the Present Perfect 640-652
present oneself at 488
present one with something 488
present something to 488
President (Appositive) 475
pride oneself on 488
prince 115
Prince Imperial 406
princess 115
Principal Clause 34
Principal Elements 30
Principal Verb 517
print (v.) 505
prior 440
Priority 660
produce (n.) 64
Professor 474, 475
prohibit 828
Prohibition 770
Pronominal Adjectives 346, 469(a)
pronounce 768
Pronouns 12, 155
Progressive Future 593
Progressive Future Perfect 665
Progressive Past 590
Progressive Past Perfect 662
Progressive Present 578
Progressive Present Perfect 653
Proper Adjectives 396
Proper Nouns 49-53
　Proper Noun Used as Common Noun 50-52
Protasis 735
prove 509, 765
provided (that) 671, 736
pshaw! 991
public 63 (note)

Q

Qualifying Infinitive 758
Quantitative Adjective 347
Quasi-Participle 807
Quasi-Relative Pronoun 335-340
Queen Victoria 474
Question Mark 36
Quotation Marks 744

R

rain (n.) 71
rain (v.) 180
raise 514
Reflexive Construction 487-489
Reflexive Pronoun 193
Reflexive Verb 488
Regular Verb 520-525
Relative Adjective 341-344
Relative Adverb 868-873
Relative Pronoun 307
Relatives 306
rely upon 559
remain (v.) 508
Remarks on Gender 116-123
Remarks on Personal Pronouns 157-169
Remarks on the Possessive 142-147

remember 587
Repetition of the Article 482-484
Reported Speech 744
Reporting Verb 744
Representative Singular 59
Representative " the " 460
Request 770
resemble 583
rest (*n.*) 552
rest oneself 487
Restrictive Relative 308, 309
Retained Object 148, 558
returned emigrant 806
rich and poor 478
riches 104 (e)
rise 514
rod and line 483
room 83
Root-form 519
Root-infinitive 518 (a), 772
rouse 514
Rule of Concord 542
run a race 513 (b), 561
run oneself out of breath 489
run one's fastest 513 (d)
run over 559

S

sad to say 792(2)
sail 109
same 226-245
savings bank 400
say 764
say (=for instance) 714
scarcely 887
scarcely . . . when 979

school 65
scissors grinder 107
score 373, 374
scores of 108
seat (*v.*) 514
seat oneself 514
Secretary of State 474
see 498, 585, 588
see+Object+Past Participle 813
see+Object+Present Participle 810
see+Object+Root-infinitive 773
see into the matter 588
seeing that 821
seem 508, 765
seldom 657, 887
sell 501
send (*dat. v.*) 496
send + Object + Present Participle 810
send for 515, 556
senior 440
Sense-subject of Infinitive 760
Sense-subject of Participle 819
Sentence 28
  Sentence Classified by Structure 42-45
  Sentence Classified by Use 35-40
Sequence of Tenses 740-743
set (*v.*) 514
several 363
several times 642, 657
shall and will 594-630
shall (in Adverb Clause) 576
shall (in Indirect Narration) 619-622

shall (in Question) 609–618
shall (of Legislation) 628
shall (of Prophecy) 629
  shall I? (Non-volitional) 610
  shall I? (Volitional) 613, 614
  shall he? 613, 614
  shall you? 610
she-goat 114
shoal 65
should (of Duty) 687
should (of Regret) 693
should (of Surprise) 691
  should have had to 733
  should have to 730
shout one's loudest 513 (d)
show 496
shut 562, 812 (note)
side by side 478
sigh 513 (a)
sight 83
silk (*adj.*) 395
silken (*adj.*) 395
silver (*adj.*) 395
Simple Adverb 874–889
Simple Conditional Form 683, 684
Simple Infinitive 756
Simple Sentence 42
since (*adv.*) 876–878
since (*conj.*)   644, 658, 979, 980(3) (4), 984
since (*prep.* of Time) 922
Singular 11
Singular Adjective 470 (a)
sink 514
sit 514, 582
sit+Past Participle 811
sit+Present Participle 809

sixpenny novel 107
sleep 513 (a)
sleeping-car 824
sleeping child 824
smell 503, 585
smile (*v.*) 513 (a)
smile a welcome 513 (c)
smoke (*v.*) 501
smoking dish 824
smoking-room 824
smooth 512
smoothly 512
so (*adv.*) 859, 860
  so and so 235
  so...as to 793
  so do I 846, 847
  so far 860
  so I do 847
  so little 886
  so long as 979
  so many 354
  so much 360
  so much the better 861
  so...that 985
  so that...may 719 (b), 986
  so to speak 794
so (*conj.*) 975
some 246–270
some (=*about*) 261
  some few 261
  some...or other 227
somebody 268
somehow or other 227
someone 268
sound 3
sovereign 116
speak 498

Special Rules of Concord 544-552
Special Uses of the Definite Article 463-467
Special Uses of the Indefinite Article 448-452
Special Uses of "shall" 628-630
Special Uses of "should" 687-695
Special Uses of "will" 623-627
Special Uses of "would" 696-699
speech 83
spin 514
spinster 113
Split Infinitive 903
sponge-cake 66
spouse 116
spread 499
stand (*v. i.*) 583, 584(2)(3)
stand (*v. t.*) 514
  stand+Past Participle 811
  stand+Present Participle 809
steel (*adj.*) 395
still 879, 974
stone 71
stop (*v.*) 826
strange to say 792(2)
straw (*adj.*) 395
stress 8
strictly speaking 821
strike root 480
stroke of luck 84
student life 400
study 588 (note) (2)
Subject 29
  Subject-word 29
Subject-complement 21, 127

Subjective Case 125
Subjective Possessive 139
Subjective Relation 779
Subjunctive Future 680, 681
Subjunctive Mood 563
Subjunctive Past 674-678
Subjunctive Past Perfect 679
Subjunctive Present 671
Subjunctive "shall" 630
Subjunctive "should" and "would" 686 (b)
Subordinate Clause 34
Subordinate Conjunction 976-989
succeed 601
such 228-235
  such (=such men) 229
  such and such 235
  such...as (=that...which) 230
  such...as (=those...which) 230
  such...as (=those...who) 230
  such as (=like) 231
  such...that 232, 985
sum total 406
Superlative Degree 415
  Formation of Superlative 416-418
  Uses of the Superlative 430-438
superior 440
suppose (=if) 714
suppose him to be 767
supposing (that) 821
swarm (*n.*) 65
sweet 512

sweetheart 113 (note)
sweetly 512
sword in hand 478
Syllable 7

T

take (*dat. v.*) 496
take care of 480, 560
take cold 480
take place 480
take root 480
talking of 821
talk of -ing 827 (b)
talk oneself hoarse 489
tart 66
taste 503
tea 71
teach (*dat. v.*) 496
teach (Tense Forms of) 568
tell (*dat. v.*) 496
tell+Object+Infinitive 770
ten-pound note 107
Tense 564
  Formation of the Tenses 566
  Tenses of the Indicative Mood 565-665
  Tenses of the Subjunctive Mood 666-681
  Tenses of the Modal Auxiliaries 716-734
than (*conj.*) 983
than (*rel. pron.*) 338
thanks 104 (i)
that (*demo. pron.*) 201-208
  that is all 287 (c)
  that is not all 287 (d)
  that of 205
  that (=the former) 203
  that watch of yours 192
that (*rel. adv.*) 869(2)
that (*rel. pron.*) 317-323
the (*article*) 14
  the+Adjective 411-413
  the (in Phrase) 463-465
  the instant 990
  the moment 990
  the one...the other 217 (c)
  the other day 217 (note)
  the others 218
  the+Proper Noun 52
  the same...as 237-241
  the same...that 237-241
  the same...when 242
  the same...where 242
  the same...which 242 (note)
  the same...with 243
  the spring 990
  the then 896
the (*demo. adv.*) 861
the (*rel. adv.*) 871
  the+Comparative 428
  the+Comparative...the+Comparative 429, 871
  the more, the better 871
  the sooner, the better 871
thee 162
theirs 189
then (*adj.*) 896
then (*adv.*) 853
then (*conj.*) 975
there (*adj.*) 858
there (*adv.*) 854-857
  there is no saying 833

there (*n.*)　897
therefore　975
these　201–203
　these...years　202, 644
they　166, 167
things Japanese　406
think　491, 763, 767
this　201–208
　this day week　202
　this (=the latter)　203
　this...the other　217 (a)
　this thing or that　204
　this time tomorrow　202
　this world of ours　192
those　201–206
　those of...　205
　those who　206
thou　162
though　481, 988
though...may　719 (a)
though...yet　989 (1)
thousands of　108
three-legged　807
Three Principal Parts of the Verb　519
three-year-old child　107
through (*prep.* of Cause)　948
through (*prep.* of Time)　926
through (*prep.* of Place)　932
throw into prison　479
throw oneself　487
thus　859
thus far　860
thy　162
tidings　104 (h)
till　27
till (*prep.*)　923

till (*conj.*)　979
time　83
time immemorial　406
tin　71
tired of　827 (c)
tired with　827 (c)
to (*prep.* of Adherence)　939
to (*prep.* of Comparison)　943
to (*prep.* of Place)　936
to (*prep.* of Result)　959
to (*prep.* of Time)　925
　to be frank with you　794
　to be sure! (*interj.*)　991
　to be sure...but　794
　to do my best　794
　to do her utmost　794
　to make matters worse　794
　to say nothing of　794
　to speak the truth　794
　to tell the truth　794
tobacco　71
tom-cat　114
too　882
too little　886
too...to　793
toward　936
Transitive Verb　18
　Transitive as Intransitive　498–505
treble　388
trillion　377
try　601
try one's hardest　513 (d)
turn (*v.*)　509, 510
turn out　765
twice　392
two-foot rule　107

U

Uncertainty 672
Uncle George 474
Uncountable 92
under 930
United Kingdom 399 (3)
Universal-Indefinite 55 (a), 57
unless 671, 736
until 979
up 910
up to that time 658
urge 770
used to 699
Uses of Adjectives 401
Uses of Adverbs 892–898
Uses of Common Nouns 55–60
Uses of "it" 170–183
Uses of Material Nouns 67–70
Uses of Prepositions 921–969
Uses of the Cases 184–187
Uses of the Comparative 425–429
Uses of the Definite Article 454–462
Uses of the Indefinite Article 444–447
Uses of the Infinitive 758
Uses of the Participle 798
Uses of the Perfect Form of Gerund 832
Uses of the Possessive 140, 141
Uses of the Present Perfect 640–652
Uses of the Superlative 430–438
Uses of Verbs 516

V

valuable 87
Venus 49
Verb 15, 485–850
  Verb of Causation 770, 775
  Verb of Causative Meaning 608
  Verb of Continuous State 583
  Verb of Destiny 647
  Verb of Disposal 648
  Verb of Emotion 586
  Verb of Involuntary Action 585–588
  Verb of Judgment 767
  Verb of Knowledge 587, 762
  Verb of Passive Meaning 608
  Verb of Perception 585, 773
  Verb of Statement 768
  Verb without the Progressive Form 583–588
Verbal noun 831
Verbid 518, 753–837
Verb Phrase 33
very 880, 881
very (+Superlative) 438
viscount 115
viscountess 115
Victorian 396
Vocative Case 128
Voice 553–562
Volitional Future 594, 604–608
Volitional Verb 601
Vowel 3, 4

W

walking dictionary 824
walking-stick 824
wanting 803
warm 27
warm oneself 487
washer man 114
washer woman 114
watch (*v.*) 773
watch and chain 483
we 159–161
wear 501
weather permitting 819 (b)
weigh 504
well (*adj.*) 420, 891 (b)
well (*adv.*) 891 (b), 911 (c)
well (*interj.*) 991
well-behaved 806
were to 678
what (*interj.*) 991
what (*interrog. adj.*) 302, 304, 305
 what kind of 471
 what sort of 471
 what time 862
what (*interrog. pron.*) 296
what (*rel. adj.*) 342
what (*rel. pron.*) 327–329
whatever (*rel. adj.*) 343
whatever (*rel. pron.*) 332, 333
whatever (=at all) 334
whatever (*conj.*) 719 (a)
when (=and then) 870
when (*conj.*) 979
when (*interrog. adv.*) 862
when (*rel. adv.*) 868
when...then 980 (2)
whenever (*conj.*) 979
whenever (*rel. adv.*) 872, 873
whenever...may 719 (a)
whence 863
where (=and there) 870
where (*conj.*) 981
where (*interrog. adv.*) 863
where (*n.*) 897
where (*rel. adv.*) 868
wherever (*conj.*) 981
wherever (*rel. adv.*) 872, 873
wherever...may 719 (a)
whether 749, 977
whether...may 719 (a)
whether...or 988
which (*interrog. adj.*) 302
which (*interrog. pron.*) 297
which (*rel. adj.*) 341
which (*rel. pron.*) 312, 314, 315
whichever (*rel. adj.*) 344
whichever (*rel. pron.*) 332, 333
whichever...may 719 (a)
while 974, 979
whither 863
who (*interrog. pron.*) 294
who (*rel. pron.*) 311, 314
who (=whom) 295 (1)
 who can but? 778 (b)
 who shall? 617
 who should...but 692
 who will? 616
whoever (*rel. pron.*) 331, 333
whoever...may 719 (a)
whomever 331
whose 295 (2)
whose-ever 331

why (*interj.*) 991
why (*interrog. adv.*) 866
  why not? 694
  why should I not? 694
why (*rel. adv.*) 868
widow 113
widower 113
wit 86
with (*prep.* of Cause) 952, 953
with (*prep.* of Comparison) 943
with (*prep.* of Instrument) 968
  with ease 88
  with fluency 88
  with kindness 88
  with respect to 914
withered flower 806
within 924
will (in Concessive Clause) 627
will (in Indirect Narration) 619-622
will (in Question) 609-618
will (of Habit) 625
will (of Insistence) 623
will not (of Refusal) 624
  will do 626
  will he? 610
  will you? 611
  will you be good enough to ...? 793
  will you be so good as to...? 793
  will you have the goodness to ...? 793
  will you kindly? 793
  will you please? 793
  will you come? vs. will you be coming? 612 (note)
woman 59 (note)
woman novelist 400
woman servant 114
wonder (*n.*) 83
wooden 395
Word 1, 32
Word order 46
work oneself ill 489
work oneself into consumption 489
would (of Habit) 699
would (of Insistence) 698
would (=I wish) 697
would (=wish to) 696
would not (of Refusal) 698
  would you? 739 (d)
write 498
write (Subjunctive Tense Forms of) 668
write to say 577

Y

ye 162
yes 888
yet 640, 641, 656, 879
yoke 109
young and old 478
you shall 597, 605-608
you will (Non-volitional) 598, 602, 603
you will (Volitional) 600
you 162, 164
yours truly 190